改革·转型·发展丛书

北京大学政治发展与
政府管理研究所

改革·转型·发展丛书

政治改革与政府转型

谢庆奎　佟福玲 / 主编
北京大学政治发展与政府管理研究所

Political Reform and Government Transformation

社会科学文献出版社
SOCIAL SCIENCES ACADEMIC PRESS (CHINA)

图书在版编目（CIP）数据

政治改革与政府转型/谢庆奎，佟福玲主编．—北京：社会科学文献出版社，2009.1
（改革·转型·发展丛书）
ISBN 978-7-5097-0556-8

Ⅰ．政…　Ⅱ．①谢…　②佟…　Ⅲ．①政治体制改革-中国-文集　②国家机构-行政管理-中国-文集
Ⅳ．D6-53

中国版本图书馆 CIP 数据核字（2008）第 201380 号

目　录

第三篇 政府改革与政府管理

第四篇 执政党觉醒

第五篇　治理求索

第六篇　政治文明建设

序　言

这是一本迟到了近五年的论文集。迟到的原因有两个方面，一是人的问题，即领导的更换和主编的调整；二是事的问题，即杂事缠身和出版社的变化。尽管如此，论文集中所提出的问题和观点，仍然没有过时，仍然是我们今天所必须面对的问题。因此，本论文集仍然具有出版的价值。

五年前，2003 年 10 月 17～19 日，“中国政府管理和政治发展”国际学术研讨会在北京香山饭店召开。本次会议由北京大学政府管理学院与教育部普通高校政治学重点研究基地——北京大学政治发展与政府管理研究所——联合举办，得到了国内外 20 多所著名高校和研究机构的积极响应，共有 80 多名专家学者参加了会议。与会的有关领导和著名政治学者有：北京大学前党委副书记、常务副校长郝斌教授，教育部社政司田敬诚处长，北京大学赵宝煦教授，吉林大学王惠岩教授，中山大学夏书章教授，天津师范大学徐大同教授，复旦大学王邦佐教授，武汉大学刘德厚教授，美国密执安大学李侃如教授，中国行政学会会长郭济教授，北京大学政治发展与政府管理研究所所长谢庆奎教授，北京大学政府管理学院副院长傅军教授等。

这次会议共收到学术论文 50 余篇，这些论文主要涉及“政治发展理论与中国政治改革”、“中国政治体制改革与中国共产党执政方式转变”、“治理理论与中国政府治理”、“中国行政体制改革与政府创新”等领域，都是当时中国政治发展与政府管理所面临的重大理论和实践问题，同时也是社会各界关注的热点问题。与会学者本着对国家负责、对人民负责的治学态度，从多角度进行学术讨论和交流，积极为中国政治体制改革和政府管理创新献计献策。与会学者还就进一步加强教育部政治学研究基地建设，加强政治学学科建设和人才培养，积极应对经济全球化给中国政府管理所带来的机遇与挑战，更好地服务于中国的政治文明建设，提出了许多建设性的意见。

经过编辑，本论文集收集了学术论文30余篇。上述观点和意见散见于各篇论文之中，至今仍具有启发意义。2007年，中国共产党召开了第十七次全国代表大会。党的十七大报告对中国的政治发展与政府管理给予了高度的关注，要求“坚定不移发展社会主义民主政治”。该报告指出，要扩大人民民主，保证人民当家作主；发展基层民主，保障人民享有更切实的民主权利；全面落实依法治国基本方略，加快建设社会主义法治国家；壮大爱国统一战线，团结一切可以团结的力量；加快行政管理体制改革，建设服务型政府；完善制约和监督机制，保证人民赋予的权力始终用来为人民谋利益。该报告还认为：“社会主义愈发展，民主也愈发展。在发展中国特色社会主义的历史进程中，中国共产党人和中国人民一定能够不断发展具有强大生命力的社会主义民主政治。”这些论述对于进一步推进中国的政治体制改革和政府管理创新，都具有非常积极的意义。本论文集基本上也是围绕这些问题展开论述的，所提的观点和意见也基本上是与此吻合的。这不是牵强附会，因为时代的主题基本未变，我们所面临的课题基本相同。因此也可以说，这本论文集也能称为学习党的十七大报告的心得体会。

由于本论文集涉及面比较广，限于时间和学识，在编辑过程中也有力不从心的时候，因而难免存在不足和缺陷，甚至有错误，敬请著者和读者谅解。

北京大学政府管理学院教授

北京大学政治发展与政府管理研究所所长

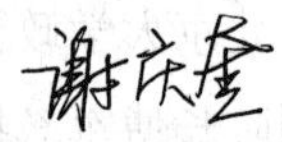

2008年9月

于北京大学燕北园

前言　加强政治科学研究此其时矣

——学习党的十六大报告

夏书章*

回忆从1952年在全国范围内进行高等教育院系调整开始，政治学等学科长期被忽视达将近30年之久。至1979年底，中国特色社会主义的伟大设计师邓小平高瞻远瞩，大声疾呼，要对这些学科赶紧“补课”。比较快的反应，当数原政治学界的一批老人倡议于1980年成立新中国的政治学会；中国社会科学院也同时对建立政治学研究所进行筹备。自那时算起，20多年以来，尽管道路曲折、艰难（相对而言，只有政治学的分支和相关学科行政学的发展还较为顺利），一言难尽，但是总算在教学研究方面，初步打开了局面，有一定的规模和相当的基础。其具体表现为：大学本科专业设置已从无到有和从少到多，学士、硕士、博士学位的授予制度齐全，评定了重点课程或名牌专业，以及重点研究基地。与行政学关系密切的公共管理硕士（MPA）专业学位的试办，也是近年的新事。此外，学术期刊的恢复，专著的陆续出版，《中国政治学年鉴》的问世，国内、国际学术会议的举行和参与，等等，都显示了学科发展的正常态势。

一

举世瞩目的中国共产党第十六次全国代表大会的胜利召开，是中国人民政治生活中的历史性大事，也使我国政治学界不约而同地深感应当喜迎中国特色社会

* 作者简介：中山大学政治事务与公共管理学院教授，中山大学行政管理研究中心顾问。

主义政治学学科发展的“春天”到来。后面所说的这种心情，主要是由于在以“全面建设小康社会开创中国特色社会主义事业新局面”为题的十六大报告中，不仅分散地提到了诸如政府职能转变、政府机构改革、社会主义民主政治、政治体制改革、党的领导方式和执政方式、政治发展、政治领域、人民当家作主、执政能力、国际政治经济新秩序等与政治学研究直接或间接有关的问题；而且有作为十大专题之一的“政治建设和政治体制改革”集中论述了政治学必须认真和深入研究的许多内容和项目。其中给人以极其深刻印象的是在如此正式和重要的文件中，非常突出地和不止一次地强调了政治文明建设的重要性。

第一，党的十六大报告肯定：“发展社会主义民主政治，建设社会主义政治文明，是全面建设小康社会的重要目标。”[①] 十分明确和显而易见，作为重要目标，就不同一般，不是可有可无，而是非有不可。否则，即不成其为小康社会，或很不全面。我们一定要研究中国特色社会主义民主政治和政治文明的含义、实质，以及如何采取相应的形式去运作、体现。因为这不只是一两句简单的政治口号，而是庄严的政治承诺，是要落实、见效的。中国政治学者对此作出贡献，应属当仁不让和责无旁贷。“不见庐山真面目，只缘身在此山中”是前人的著名诗句，说的是旁观者清。但在需要由表及里的时候，则是“不见庐山真面目，只缘不在此山中”了。

第二，党的十六大报告着重指出：“要坚持从我国国情出发，总结自己的实践经验，同时借鉴人类政治文明的有益成果，绝不能照搬西方政治制度的模式。”[②] 这里很清楚地表明：我国政治学研究，必须充分了解和切实掌握作为根本依据和出发点的国情，对自己的实践经验予以高度重视，弄清人类政治文明中有哪些可供借鉴的有益成果，以及为何和如何借鉴，还有为什么绝不能照搬西方政治制度模式，等等。在研究过程中必然涉及有关古今中外的历史、理论等方面。不仅如此，我们更需进行创新，正如党的十六大报告所说：“要着重加强制度建设，实现社会主义民主政治的制度化、规范化和程序化。”[③] 这是历史赋予

① 江泽民：《全面建设小康社会　开创中国特色社会主义新局面——在中国共产党第十六次全国代表大会上的报告》，人民出版社，2002，第31页。

② 江泽民：《全面建设小康社会　开创中国特色社会主义新局面——在中国共产党第十六次全国代表大会上的报告》，人民出版社，2002，第32页。

③ 江泽民：《全面建设小康社会　开创中国特色社会主义新局面——在中国共产党第十六次全国代表大会上的报告》，人民出版社，2002，第32页。

我们的崭新任务，也是实现全面建设小康社会重要目标的关键所在。

第三，在党的十六大报告结束语的开头部分，再一次把社会主义民主政治和政治文明列入不可或缺的地位。原话是："全面建设小康社会，开创中国特色社会主义事业新局面，就是要在中国共产党的坚强领导下，发展社会主义市场经济、社会主义民主政治和社会主义先进文化，不断促进社会主义物质文明、政治文明和精神文明的协调发展，推进中华民族的伟大复兴。"① 可见，上述的协调发展，既是"建设"、"开创"的必要条件和坚强领导的重要内容，又关系到中华民族的伟大复兴。真是所关至大，非同小可。因此，我们认为，加强政治科学研究此其时矣，不是凭空而发。以"中国政府管理与政治发展"为主题和"中国渐进政治体制改革与政治发展"等为子题的学术研讨会的举行是很及时和很有意义的事。

二

本来，人类社会有政治现象、政治活动由来已久，是无可否认的客观事实。虽然有人故意视而不见，或千方百计脱离接触，力求不去沾边，但是往往终究难以回避。从社会发展史来考察，政治现象大体上在原始社会末期便开始萌芽。自原始社会瓦解以后，人类所经历的奴隶社会、封建社会、资本主义社会，直到社会主义社会，都无不各有其显著的政治特征。在世界各国的历史记载中，也无不具有这方面的内容。

在政治学作为一门独立学科出现以前，关于政治的观点、议论，早已史不绝书。尤其是在中国，古籍里谈"政"说"治"的不胜枚举。随便引证一些，如："政者正也"、"修身齐家治国平天下"、"半部论语治天下"、《贞观政要》、《资治通鉴》等，就都是讲"政"和"治"的。在典章制度方面，世界同行公认中国是最先拥有比较完整、齐备的一套典章的国家。

应予注意的是，政治学是较早问世的重要学科之一，成为传统学科和被列入基础学科也相沿已久。我们知道，在理科（自然科学）方面有六大传统基础学科：数、理、化、天、地、生，即数学、物理学、化学、天文学、地理学或地

---

① 江泽民：《全面建设小康社会　开创中国特色社会主义新局面——在中国共产党第十六次全国代表大会上的报告》，人民出版社，2002，第56页。

学、生物学或生命科学；与之相对应，在文科（人文社会科学）方面也有六大传统基础学科：文、史、哲、政、经、法，即文学、史学、哲学、政治学或政治科学、经济学、法学。政治学被排在经济学和法学之前，可能是出于时间上的考虑。

在现代社会中，政治学的发展，仍一贯呈现积极、活跃的势头。前述关于要赶紧“补课”的郑重呼吁，已表明不容许再继续忽视下去。试环顾全球，稍具规模的著名高等学府特别是称为大学（我们过去习惯上叫“综合大学”）者，一般都设有政治学系（本科），也有设政治学院（研究生院）的。这是人才培养方面的情况，反映了社会仍确有需要。用某些暂时和表面现象、个别事例来否定这一点，并不明智。再就学术研究和实际工作去观察，有没有丰富的政治学知识，研究成果和工作实效大不一样。而且，这里指的主要是关系到战略决策、发展大计，以及处于错综复杂环境有待正确、妥善处理棘手问题之际的事。

话又说回来，只要社会上和国际上还存在政治事实，包括形式、内容、现象、环境、条件、因素等，便必须以科学的态度和方法研究其客观规律和可能发生的正、负面作用。否则，必将影响有关事业的发展进程和兴衰成败。政治建设如此重要，可想而知，应加强政治学学科建设，也不言而喻。

三

对一个国家或地区来说，政治从来不是也不应该是抽象的、空洞的。它有远大理想和具体目标，因而在正常情况下，凡事总离不开对国计民生有利的考虑。任何空头政治或倒行逆施的政治，是不能长久的。与此同时，在一定的政治环境中的各行各业、任何团体和个人都必须依法行事。例如企业，它可以依法进行独立自主经营，但不能孤立地、与世隔绝地存在和发展。它离不开公共部门首先和主要是政府活动的支持和保证。公共决策也需要“完善深入了解民情，充分反映民意，广泛集中民智，切实珍惜民力的决策机制，推进决策科学化民主化”。[①]政治与经济的关系非常密切，在各自的发展中，都不能无视彼此的实际状况和动

① 江泽民：《全面建设小康社会 开创中国特色社会主义新局面——在中国共产党第十六次全国代表大会上的报告》，人民出版社，2002，第35页。

态，而应考虑可能相互促进或制约的作用。

第一是发展战略方面。为了建设中国特色社会主义现代化，我国“以经济建设为中心”和实行改革开放，是发展战略的重大转变。表面看来，这主要似乎是新的经济发展战略，其实却不尽然，尤其是在紧随“十年浩劫”的“文化大革命”之后，与“以阶级斗争为纲”的闭关锁国政策、“宁要社会主义的草，不要资本主义的苗”、国民经济濒于破产边缘等情况相对照，应当认为首先是政治发展战略大转变的问题。否则，还想“穷过渡”，还是短缺经济，综合国力只降不升，势必对政治局面产生严重的影响和提出重大的问题：国怎能泰？民怎能安？因此，事情正是这样，是政治发展战略与经济发展战略协同变化，或后者为前者的表现形式，前者需要后者作为突出重点。

第二是发展环境方面。仍以发展经济为例。无论是“硬环境”还是“软环境”，在很大范围内和程度上，都与政府的倾向性和具体举措直接或间接相关。方针政策、规章制度之类固不待言，自然要涉及立法、司法、行政等方面的许多问题。这是其他部门所不可代替的，处理得公正、及时与否，对发展的影响自不待言。物质因素同样有很多要仰赖政府行为，像大环境中的环境保护、防治污染、维护总体生态平衡和可持续发展，不仅各级政府要采取有效措施，甚至还需要订立国际协议来进行合作和加以保证。近似的如要有安定有序的社会环境，维持较好的治安，包括惩治跨国犯罪和防止国际恐怖事件。此外，还有不可缺少的特大工程和基础设施，以及资源配置等。

第三是人力资源开发和供应方面。因为具有特殊重要性，所以单列出来。进入知识经济时代，人才问题更加突出。国际竞争实质上是人才的竞争之说，可谓有理有据。可是，谁也不能否认，人才的培养、开发是一个极其复杂和事关全民的庞大系统工程。从基础教育起，完整的教育体系愈优良，愈有助于提高人民的素质和扩大选拔高层次人才的来源。我国实行了“科教兴国”的战略，这是对可持续发展和增强国际竞争实力最具有根本重要性和最有远见的得力支持。人们常说要培育和活跃市场，但若没有货源，便不成其为市场。人才市场也是如此，要保持源源不断的供应和选优的余地，才有生机和活力，才能使我们的事业兴旺发达。“安邦治国，需才孔殷”，应是政治家们的共识。由此而联系到有必要普及政治学知识和加强政治学研究，岂非顺理成章？何况优秀的政治学人才也正是我们所急需的。

第一篇

理论视点与争鸣

现代国家建构中的非均衡性和自主性分析

徐　勇*

国家的转型既是现代化的条件，也是现代化的结果。与现代化相伴随的现代国家有两个特性，一是民族—国家，即居住在具有明确主权边界里的集体，为统一的国家机器所控制，并形成统一的国家认同；二是民主—国家，即居住在国家内的人民居于主权地位，国家机器的权威来源于公民授予，由此而产生所谓的民族主义和民主主义。在欧美国家，民族—国家和民主—国家的建构是同步的。而在中国这类后发国家，不仅民族—国家和民主—国家的建构是不同步的，而且会产生矛盾。因为，前者追求的是整体性和强制性，后者则是基于多样性和自主性。那么，对于中国这样的国家来说，在建构民族—国家之后，还有一个民主化的过程，以完成建构民主—国家的任务。而民主化的逻辑起点来自于内在的政治状态和政治行为。政治状态的非均衡性和政治行为的自主性因此被纳入当代中国政治的分析视野，并成为我们理解和透视当代中国民主化进程和特性的基点。

一

近些年，现代化、全球化浪潮汹涌澎湃，但也出现了大量的浪漫主义想象，以为现代化、全球化就是所有人以同样的方式生活，是一种整体化。其实，现代

* 作者简介：华中师范大学教授、长江学者，中国农村问题研究中心主任。

化、全球化只是一个过程，这一过程自始至终将伴随多样性、差异性，世界将以一种非均衡的方式存在。非均衡是一种实际存在的状态。从政治学意义看，非均衡性是现代政治共同体中的多样性、差异性的存在状态，是国家一体化过程中政治的具体表现形式。

在现代政治共同体中，国家无疑居于中心地位。这是由现代化造成的。以往，我们理解现代化仅仅是从时间上度量的，很少考虑其空间因素。其实，现代化不仅是由传统农业社会向现代工业社会的转变过程，而且是由一个分散、互不联系的地方性社会走向现代整体国家的过程，这就是国家化，或者说国家的一体化，也即现代民族—国家的建构。

现代化的思想渊源是理性主义。根据理性主义，人是世界的主体，世界秩序应该根据人的自由，根据人对世界的认识来安排，并由此确定其合理性。近代以来的社会正是一个理性化的社会过程。在韦伯看来，经济社会的合理化，首先起源于家庭与经营活动的分离，其次是经营活动中的合理计算，而这种计算又服从于追逐利润的经营目的。追逐利润是现代经济组织的终极目的和永不停止的动力。这便是资本的逻辑。这种逻辑要突破一切不合乎资本目的的限定，而无论这种限定是多么神圣。这正如马克思在《共产党宣言》中所说："资产阶级在它已经取得了统治的地方把一切封建的、宗法的和田园诗般的关系都破坏了。""使一切国家的生产和消费都成为世界性的了。""过去那种地方和民族的自给自足和闭关自守状态，被各民族的各方面的互相往来和各方面的互相依赖所代替了。"①

经济社会的理性化必然要求建立统一的现代民族—国家。资本的私人性要求通过作为公共性权力的国家界定和保护产权和私人利益。现代民族—国家的建立是一个将分散的互不联系和依赖的地方形成一个主权整体的过程，这就是所谓的国家化。现代化进程同时是国家化的过程。民族—国家的产生，一方面表明分散的世界联结为一个整体，从而有了统治边界明晰化的国家主权及其作为主权代表的中央权威；另一方面表明分散的社会联结为一个整体，国家统治日益深入地渗透到主权国家领域内，每个人都为国家机器所控驭。正如吉登斯所说："'民族'指居于拥有明确边界的领土上的集体，此集体隶属于统一的行政机构，其反思监

① 《马克思恩格斯选集》第1卷，人民出版社，1995，第274~276页。

控的源泉既有国内的国家机构又有国外的国家机构。”①

现代国家是政治社会的理性化产物。正如哈贝马斯所说，合理的国家机构表现为：依据一种集中的和稳定的税赋体系，控制一种集中领导的军事权力，垄断立法和法律权力，通过一种专职官员统治的形式组织行政管理。② 除了这种实体性的国家机器以外，还产生了来自于知识且可以支配大众社会的话语权。③ 所以，只有到了现代民族—国家，建立现代国家机器和权力体系并借助现代交通、信息、学校等现代工具，国家的权力才能真正覆盖到所有的国家疆域，行使对主权国家的统辖。现代政治学大师吉登斯为此指出：“只有现代民族—国家的国家机器才能成功地实现垄断暴力工具的要求，而且也只有在现代民族—国家中，国家机器的行政控制范围才能与这种要求所需的领土边界直接对应起来。”④ 国家化作为一个过程，标志着国家整体和代表国家主权的中央权威日益深入地渗透于主权国家领域，并支配整体社会。

在欧美，民族—国家建构与民主—国家的建构是同步并相互依存的。在理性主义者看来，人是主体，天赋人权，人生来平等，人完全有可能根据其意志建构一个理想的社会。因此，人们建立国家，将一部分权力让渡给国家，并不是使国家成为凌驾于社会之上的专制力量，而是为了更好地保护人的生命、财产和自由。作为地理空间上的国家是不可替换的，而作为掌握国家机器的政府是可以更迭的，这是因为只有人民才是国家的主权者，国家的权威来源于人民，主要形式便是若干年一次的选举。同时以权力分设和政党竞争保证公共权力不被滥用并反映多元化的利益。美国经过独立战争建立的共和制国家，便是民族—国家与民主—国家同步建构的典型。然而，在世界上，这种同步建构的典型是极个别的，更多的国家是先建立民族—国家，获得国家独立，民族解放，而基于个人和地方共同体基础上的民主制度尚未确立，更未成为国民的生活方式。对于这些国家来说，需要进行两次转型，第一次是由分散割裂的国家走向统一的民族—国家，第二次是由少数人专断走向人民主权的民主—国家，由此就出现了所谓的政

① 安东尼·吉登斯：《民族—国家与暴力》，胡宗泽、赵力涛、王铭铭译，三联书店，1998，第141页。

② 参见陈嘉明等《现代性与后现代性》，人民出版社，2001，第137页。

③ 参见福柯《权力的眼睛》，严锋译，上海人民出版社，1997，第37页。

④ 安东尼·吉登斯：《民族—国家与暴力》，胡宗泽、赵力涛、王铭铭译，三联书店，1998。

治发展问题。

对于发展中国家，政治发展包含国家一体化和民主化的双重过程。而这种双重过程的走向与特性更主要地取决于其内部状况。这种状况的重要特点就是政治发展的非均衡性。与全球化不代表全球所有成员用一个模式生活一样，国家化也不意味着国家的所有地方和民众都以一种样式存在。特别是在现代化、国家化程度较低的超大国家，政治社会的多样性、差异性更为明显，政治发展的非均衡性特点愈加突出。这种非均衡性主要来自于以下三个方面。

1. 文明的积淀

任何一种政治形态都生长和起始于其内在的历史环境之中，并规制其走向。与西方主流学者不同，摩尔得以写出《民主与专制的社会起源》这部名著，在于他非常注重在两大文明的起承转合的关节点上，传统社会所遗传的因子对未来历史的影响。① 中国的现代化是在传统农业文明基础上启动的，且大量的传统因子没有经历一个原社会框架下的汰选改造过程，由此规制着中国的现代化和国家化进程。农业文明是一种高度依赖于自然地理条件的文明，经济社会发展的地域性差别尤其突出。中华文明起源于大江大河，并因水利而兴衰，由此产生地方性差异，从而有所谓国与野之别、中心与边陲之分。高山峻岭、大江大河的地理沟壑与自给自足小农经济的并存，使各个地方之间互不往来也互不依存，由此积淀着语言、习俗等文明的差异性和多样性。

而作为现代国家前身的传统国家正是建立在农业文明基础上的。与西欧社会不同，中国很早就建立了统一的帝国。中华帝国包括两层含义：其一，皇帝拥有专断性，即至高无上、不受制约的决定权。其二，皇帝是国家统一性、整体性的权威象征，统治权高度集中于中央，中央权力又高度集中于皇帝，地方官僚不过是皇帝的耳目与手脚，高度依附于皇权。皇权因此成为权力的内核，并吸附和控制着国家和社会，国家和社会都围绕着这一内核而运行，构成其边层，由此形成一个以皇权为内核的洋葱型内卷式社会结构。这就是所谓的大一统国家。② 就此而言，与西欧相比，中国的国家化程度很早就已达到一个难以企及的高度。

---

① 参见巴林顿·摩尔《民主和专制的社会起源》，拓夫译，华夏出版社，1987。

② 参见徐勇《内核—边层：放权式改革——对中国改革的政治学解读》，《开放时代》2003 年第 1 期。

但是，帝国的存在并不意味着帝国的统治可以无差别地覆盖全国。西方学者吉登斯非常深刻地意识到："在民族—国家产生以前，国家机构的行政力量很少能与业已划定的疆界保持一致。"① 其深刻的原因一是治理手段的有限，二是地方性的存在。在帝国体制下，尽管皇帝拥有绝对权力，但并不意味其垄断所有权力资源。皇权可以支配、控制和影响地方，但并不能完全遮蔽地方，地方仍然存在一定的自主空间。首先，"王权止于县政"，皇权—官僚组织体系直到县，县以下实行乡村自治。这并不是说皇权不想延伸于县以下，而是皇权下延成本太高，在交通、信息等条件限制下，小农经济的有限剩余实在难以供给皇权下延必须建立的庞大官僚体系。在这一条件下，"无为而治"是更好的选择。其次，中国地域辽阔，地域阻隔性强，由于交通、信息等技术原因，对于那些离城市特别是京城较远的地方，皇权往往"鞭长莫及"。这些地方因此被认为"山高皇帝远"，有更多的自治权。正如韦伯所说："政权领域的各个部分，离统治者官邸愈远，就愈脱离统治者的影响；行政管理技术的一切手段都阻止不了这种情况的发生。"② 为此，他认为，在传统中国，"'城市'是没有自治的品官所在地，'乡村'则是没有品官的自治区。"③ 皇权一直试图消灭地方性，但地方性从来都没有被消灭过，皇权从未真正实行绝对统治。秦王朝建立之初，实行车同轨、书同文，建立绝对一致性，但不可能达致地同样、言同声，取消多样性。与"官话"相对应的是有极大差异性的"方言"。中央委派的地方官员连地方话都听不懂，遑论直接统治。因此，乡村基层社会和边远地方成为皇权控制最薄弱的边层。在这些地方，权力的边际效应甚至趋于无。这正是帝国的叛乱经常在穷乡僻壤酝酿并发起的缘故。

进入20世纪，随着现代化的进展，交通、信息、军事、官僚系统等技术条件得以改进，国家统治权日益向地方深入和延伸，国家行政权和管辖地趋于一体，统治的绝对性增强。但是新的权力内核不牢固，特别是监控体系未能深入乡村，以致经常发生地方性反叛。

在中国，民族—国家的建构源自于政治状态的非均衡性，民主—国家的转换

---

① 〔英〕安东尼·吉登斯：《民族—国家与暴力》，胡宗泽、赵力涛、王铭铭译，三联书店，1998，第59页。

② 〔德〕马克斯·韦伯：《经济与社会》（下卷），林荣远译，商务印书馆，1997，第375页。

③ 〔德〕马克斯·韦伯：《儒教与道教》，王容芬译，商务印书馆，1995，第145页。

过程也源自于此。中国在民主革命中首先在革命根据地建立人民政权。革命后，又首先将现代民主制度引入农村，实行村民自治，使农村成为将民主制度转换为大众生活方式的起点。

2. 社会的构成

尽管政治往往凌驾于社会之上，但毕竟生长于社会之中并受社会所制约。政治存在状态不是机械的，而是有机体，是在国家与社会互动过程中形成的。不同的社会生态会生长出不同的政治形式。在传统农业社会，由于生产方式的单一性，社会呈均质状态。进入现代社会以后，随着分工的发达，社会日益分化，社会的多样化和异质性愈益突出，由此构成政治多样性和非均衡性的社会土壤。

与国家相比，社会是一个复杂得多的概念。构成政治生态的社会是由多种因素形成的。从时间上看，有传统社会和现代社会；从空间上看，有乡土社会和城市社会；从人际互动看，有冲突性社会和合作性社会；从性别看，有女性社会和男性社会；从年龄看，有老年社会和青年社会；从产业看，有农业社会和工业社会，等等。正是在由一系列因素构成的社会中生成了国家。一般而言，社会构成愈复杂，国家化就愈困难，国家化过程中的非均衡性就愈突出。

中国的现代化进程具有突发性特点，外部强势力量突然将中国拽向现代化。现代性是嵌入的，而不是自然生成和发展的。完全不同质的社会因素同时存在于一个国家内。除了保存有大量的农业社会因子外，又出现了新兴的工业社会因素，并迅速追逐着世界最先进的文明成果。不仅是社会，就是构成社会的个人，也是多种矛盾因素的奇怪组合，很难明确标明某人是传统人还是现代人，是乡下人还是城里人，是臣民还是公民。社会构成的巨大差异，一方面使中国的国家化特别艰难，另一方面也规定了中国政治社会的多样性及其发展的非均衡性。与西欧社会不同，在中国，由于特殊的利益和权力结构，农民市民化，市民却农民化，经济落后的农村竟然率先应用民主自治的成果，但根深蒂固的乡土局限性又大大抵消着现代民主的制度成效。20 世纪 90 年代兴起的村民自治的命运正是如此。①

对政治状态影响最直接的社会构成是国家与社会的关系。在西欧，这一关系

---

① 参见徐勇《草根民主的崛起：价值与限度》，（香港）《中国社会科学季刊》2000 年夏季号。

遵循的逻辑是：先有市民社会，后有公民国家，再有政党政治。市民社会构成公民国家的基础，也推动着国家的一体化，但在国家一体化中仍然保存并扩展着市民社会的多样性，再通过政党更替的政治整合着多样性，从而构成政治的均衡状态。这正是这些国家的总体性政治未发生重大震荡的原因所在，其根源又来自于现代民族—国家与民主—国家建构的同步性。而在近代以来的中国，国家与社会的关系逻辑遵循的是：先有政党竞争，后有现代国家，再有市民社会。在政党竞争中尽管引入了现代性政治理念，但由于缺乏公民国家，特别是市民社会的支撑，政治理念远远未能转化为社会生活方式。由于社会、国家和政党都处于转型之中，一方面社会迅速分化，另一方面分化了的多样性社会缺乏国家和政党的有效整合，政治的非均衡性因此特别突出。

3. 国家的结构

它是指国家内部各种要素的组合及其关系，并决定着国家化进程及政治社会状态。其中，中央与地方的关系尤其重要。

在西欧，国家主权源于人权。在西方政治学者看来，人们为了建构一个能够保护自己生命、财产和自由的国家，需要让渡其个人权利，但是这种让渡是不得已的、有限的，并为法律所限定，应该愈少愈好。因为，只有个人最关心自己的利益，那些可以由个人和社群自己决定和处理的事务最好是由个人和社群自我处理。根据这一理论，西方国家一般实行地方自治制度，即地方性事务由当地人民决定。这种制度不仅不影响国家的一体化，反而是实现多样性的有机整合，达到国家一体化的必要条件。换言之，中央承认地方共同体的自治权，地方共同体同时承认中央的集中统一领导，这合乎理性主义的对等交易原则。法国著名政治学家托克维尔在考察和比较法国和美国政治后认为，美国革命后之所以能够保持和平与稳定，在相当程度上取决于“乡镇自治”的传统。在那里，“乡镇有个到处可见的激励人们进取的优点，那就是独立和有权”。正是在这种传统的自治生活方式中培育现代国家的基石——既独立自由又充满爱国心的现代公民。[①]

而在中国，虽然很早就建立了统一的帝国，但帝国的权威来自于“天意”，即“君权神授”，以皇帝为代表的中央拥有不受限制的无限权力。资源和财富的分配主要取决于政治权力的大小。正是依靠强大的政治权力而将处于一盘散沙状

① 参见托克维尔《论美国的民主》（上卷），董果良译，商务印书馆，1996，第74页。

态的小农经济社会统合为一个整体。中央与地方社会的关系是命令—服从的单边关系，地方共同体的有限权力是中央认可和让渡的。由于大一统的国家是依靠国家机器整合而成的，因此是机械的而不是有机的整体。各个地方在国家生活中处于不同的地位。如作为统治中心的城市地区，按其统治层级而处于不同地位。京城附近的及军事力量强大的地区的政治地位通常高于其他地方，也是政治权力角逐最为激烈的地方。尽管皇帝通过直接委派行政和军事官员来控制国家，但中央与地方的单边关系也不可避免地促使着地方运用各种力量和时机获取更大的权力和利益。这正是中国自秦以来经常性陷入分裂割据之中的重要原因。这种状态是现代政治发展处于非均衡状态的重要历史原因。

现代化伴随国家化，而国家的一体化需要依靠国家力量对分散社会的整合。在西方，国家的一体化来自于资本要求统一市场的内在逻辑和现代国家机器的控驭能力。中国是被迫进入现代化的，强势的外来资本不仅不追求统一的市场，反而要求分割统一的国家，划分各自的势力范围。由于国力衰弱，特别是没有实现向现代国家的转型，国家缺乏整合能力，使帝制瓦解后国家陷入深刻的一体化危机之中。这也使中国的政治处于前所未有的非均衡状态之中。如南方是民主共和的发源地，北方则是封建帝制的大本营。长期处于边缘的沿海地区第一次进入政治中心区域，扮演着领导者角色。

尽管通过民主革命建立起统一的国家，国家的整合能力空前强大，但国家结构的合理化尚是一个未完成的过程。特别是在中央和地方之间未能建构权限、责任明确的稳定性关系。各个地方因在国家战略中的地位不同而能够获得与其他地方不同的资源和政策，地区性的经济社会差距由此拉大。中央的统一权威也因此受到影响，即所谓“上有政策，下有对策”，出现了地方与中央的讨价还价、地方保护主义等。而这都是国家一体化进程中政治非均衡状态的表现，也更需要通过建构民主—国家，以民主和法治机制整合多样化的利益，建构以民主参与和多方博弈为基础的中央权威。

近百年的中国一直面临着双重任务，一是现代化及与其相伴随的国家化，二是现代国家建构中的民主化。但由于现代化的非均衡发展和国家转型未能完成，使政治社会的非均衡性更为突出，甚至出现政治断裂。这便是中国政治的现实状态，是建构现代民族—国家和民主—国家的基点。不把握这一基点，就很难科学地规划政治发展路径，准确地理解政治发展特性。

二

现代民族—国家的建构，使国家机器和行政控驭得以覆盖全部疆域，国家的支配能力空前提高。国家更有可能以“普遍性意志”、“公共性利益”的名义出现，将自己的意志无限制地推及所有领域，推动国家的整体化和同一性。特别是在民族—国家与民主—国家的建构不同步的情况下，国家极有可能成为外在或超越个人的抽象存在，成为不受制约的强制和专断性力量，从而造成社会动力和活力的缺失。而要建构民主—国家，必须引进自主性的概念。

如果说非均衡性是一种状态，那么，自主性则是一种行为。

自主性也属于现代性的概念，它是以自由、自治为基础，并与独立性、主动性和创造性相关联的。在传统社会，是无所谓自主性的，有的只是对外在于人的自然、神灵、权力的膜拜。著名政治学者亨廷顿认为：“在传统社会中，人们将其所处的自然与社会环境视为给定的，认为环境是奉神的旨意缔造的，改变永恒不变的自然和社会秩序，不仅是渎神的而且是徒劳的。传统社会很少变化，或有变化也不能被感知，因为人们不能想象到变化的存在。当人们意识到他们自己的能力，当他们开始认为自己能够理解并按自己的意志控制自然和社会之时，现代性才开始。现代化首先在于坚信人有能力通过自己的理性行为去改变自然和社会环境。”① 理性主义强调人是万灵之长，强调人根据自己的意志行事，以自己的行为改变命运，也因此有了人的自主性。这种自主性扩展到政治社会领域，便会有政治人、政治共同体的自主行为，通过这种自主性行为，改变其环境和命运。政治发展中的自主性是相对于国家统一意志和强制性而言的个人、团体和地方自主行为，与自主决定地方事务的自主权和自治权密切相关。

在现代政治过程中，自主性是衡量国家理性化的重要标志之一。但是，自主性与国家的一体化往往处于矛盾状态。因为，自主性来自于社会的多样性，更多蕴涵的是个人、团体、地方的利益，这种利益往往会与国家的统一意志相冲突。所以，自主性能否实现取决于特定的历史条件、国家目的和政治体制。如果是民

① 塞缪尔·亨廷顿：《变化社会中的政治秩序》，王冠华等译，三联书店，1989，第92页。

主政体下国家与社会的相互博弈中形成的国家意志，那么，在实现共同性的国家意志时，自主性仍然有广泛的扩展空间。反之，国家就有可能成为脱离个人的“利维坦”，压制个人的自主性。如科恩所说：“只有以民主的方式管理社会时才能充分实现社会自主——人与人相互关联的个人生活中的自主。只有在民主政体下，全体社会成员才能拿自己的规则来管理共同事务，并将自己置于这些规则的约束之下。”①

在传统中国，政权权力高度垄断于皇帝官僚体系之中，一般人外在于政治领域，是政治的被动物。民众的政治生活局限于狭隘的地方共同体之中，受外在于自身的各种规则所制约，谈不上用自己经常性的政治行为来改变其环境和命运。他们的反抗也只是由于生存所迫铤而走险的偶然性和非常态行为，之后便又回复到原有的政治框架。地方共同体对中央权威的挑战也是如此。正是由于基于个人之外的强大专制政权压抑着个人和地方的自主性，也压制着社会的创造活力，国家才积贫积弱，近代民主主义者因此倡导基于社会自主的地方自治政体。即便是晚清朝廷也在试行立宪政体的同时，实施地方自治。

但是，由于国家化的任务没有完成，更没有建立起现代民主国家，因此，地方自治体制的原则并没有得到遵循，实际上是强权势力统治的“土劣自治”。这种“自治”只能阻滞着民主—国家的构建。中国因此步入底层革命。经过近一个世纪的激烈革命，中国实现了国家的统一，建立起民主—国家的框架。

但从中华人民共和国建立一开始，就面临国家整体意志的强化与地方、社会自主性的关系问题。一方面，新兴国家必须重新构造社会，将一个个作为“狭隘观念者”的小农改造为具有国家意识的现代公民，更进一步的是具有共产主义理论的“社会主义新人”；另一方面，中国社会的多样化特别突出，社会发展的动力和源泉最终还是来自于由一个个独立性个人构成的社会。

从国家建设的角度看，作为中国共产党领袖的毛泽东注意到要吸取苏联的教训，发挥中央与地方两个积极性，也就是在经济建设中从中国经济社会多样性的特点出发，给地方一些自主决定当地事务的权力。特别是为了防范官僚机器的扩张，他非常重视发挥人民的积极性和创造精神。但是，随着现代化建设的开展，

① 〔美〕科恩：《论民主》，聂崇信、朱秀贤译，商务印书馆，1994，第274页。

中国建立起自上而下权力高度统一、经济社会发展高度一致的体制。这是因为，在现代化进程中，那些通过革命更迭政权的国家比较容易在革命后步入统制主义。首先，这些国家的革命是在强烈的民族危机下兴起的，是先知先觉的少数精英率先发起和动员的，具有强烈的意识形态倾向。在革命精英看来，为了实现民族“大我”的意志，不仅不能张扬个人“小我”，甚至要牺牲“小我”。革命不仅是要建立独立统一的国家，更要改造社会，建立一个与革命动员目标相一致的理想主义社会。革命后中国很快实行社会主义改造，以建设理想的社会。其次，在强大的军事政权力量的支撑下，国家可以顺利地根据自己的意志去动员和改造社会。正是理想化社会的追求和政权力量的强制，促使着统制主义政治体系的形成。这种体系更多的是从理想的目标出发而不是从多样化的现实状态出发，更多的是实现国家统一意志和社会的一致性，而不是由于基于社会的多样化和个人自由而产生的自主性。为此，在建构现代民族—国家的过程中，未能及时向现代民主—国家转型。

统制主义的核心是命令服从关系，它有可能在一定时期达致最紧迫的国家目的，但也会带来致命的负效应。一是国家行为的非理性化。统制主义借助国家强力规划和实施社会变迁，它不是基于个人利益和社会知识不断地相互博弈达成的共识，而是少数，甚至个别领导人的主观意志。而任何人，即便是特别优秀的人，其认识和知识都是有限度的。仅仅依靠个人意志，国家难以避免误入歧途。而统制主义的体制则会进一步放大领袖决策的失误。如人民公社时期的农业生产中出现“放卫星”的现象，“农业学大寨”运动中出现了普遍性深翻农地的举动，一直到“文化大革命”得以延续十多年之久。二是抑制着自主性。在统制主义体制下，个人和地方只不过是国家整体机器中的一颗被动的螺丝钉，没有个人利益，也没有个人的思考，自然也没有通过自主性行为改变其环境和命运的可能。而当理想主义激情一而再、再而三出现之后，国家建设和社会发展便缺乏持续不竭的活力和动力。

中国改革开放的起始点和最大的成果之一，就是对统制主义的突破和自主性的生成。这种自主性来自于对个人利益的承认和基于个人利益追求所形成的理性知识。改革开放总设计师邓小平早在1978年就意识到只有个人最关心自我利益，并理性地选择自己的行为。“生产队有了经营自主权，一小块地没有种上东西，一小片水面没有利用起来搞养殖业，社员和干部就要睡不着觉，就要开动脑筋想办法。”为此，他疾呼：“当前最迫切的是扩大厂矿企业和生产队的自主权，使每一个工厂和生产队能够千方百计地发挥主动创造精神。”[①] 中国的改革开放正是从农民个人，到基层组织，再到地方，一步步扩大其自主权，增强其自主性而取得成效的。1986 年，邓小平说：“这些年来搞改革的一条经验，就是首先调动农民的积极性，把生产经营自主权力下放给农民。农村改革是权力下放，城市经济体制改革也要权力下放，下放给企业，下放给基层。”[②] 随着个人、基层获得自主权产生明显的成效，中央进一步将自主权扩大到地方，其重要举措就是设立经济特区。通过赋予这些地方以特殊的政策和自主权力，推进其发展。由此形成“让一部人、一部分地区先富起来”的政策，这一政策的终极目的就是赋予人民和地方以自主权，以充分调动其积极性。

在传统社会，关系决定行为。由于各种先在的关系规定着行为活动，因而少有变革与创新。在现代社会，行为决定关系。正是各种自主性的行为活动，改变着既定的关系，创建新的秩序。中国改革开放以来的重要成果是自主性的培育，而自主性行为的累积和增强，造成资源控制的多元化，势必要求改变原有的政治格局，重新构造国家与社会、中央与地方的关系，以法律制度的形式规范各自的利益与权力。因为，如果没有对个人和地方利益和权力的规范，没有对自主性行为的批判性反思，基于自我利益的自主性也可能带来非理性的后果。在黑格尔看来，自主的理性行为是以对客观必然的认识为基础的。但社会的复杂性不能保证每个人，或人的每一行为都是理性的。“正如个人行为一样，社会成员自己制定的规则不能保证他们在选择和运用这些规则时的行动是明智的或公正的。”[③] 改革开放以来，中国一度陷入非理性的经济过热之中，不能不归之于突然降临的自主性引起的自我利益的恶性膨胀。当然，如果将这种自主性的膨胀仅仅归之于个人的利益扩张，那就失之肤浅了。自主性行为的非理性扩张的重要原因恰恰是来自于没有明确的制度规范和稳定的制度预期。人们只能依据经验，担心中央会随时收回其权力，因此要“抢抓机遇”，投机主义自然得以大行其道。

---

① 《邓小平文选》第 2 卷，人民出版社，1993，第 146 页。

② 《邓小平文选》第 3 卷，人民出版社，1993，第 180 页。

③ 〔美〕科恩：《论民主》，聂崇信、朱秀贤译，商务印书馆，1994，第 274 页。

正如一定时期基于理想的统制主义是难以避免的一样，一定时期基于个人和地方自我利益的自主性扩张也是难以避免的。我们需要的只是理性化的反思。只有这种分析和反思，才有助于建构合理性的社会和国家。

理想化的社会应该是一个人人自由但又负责任的社会，理想化的国家则是能够充分保障个人自由、自主和自治的国家。对于当代中国来说，这都还是一个有待持续实现的梦想。随着市场经济的发展，一个自由、自主、自治的社会正在生成，并推动着国家的转型。这种转型，不仅是要建构一个现代民族—国家，而且要建构一个存在政治多样性和自主性的现代民主—国家。这正是本文将非均衡性和自主性作为分析当代中国政治的重要概念的缘由。

维汉关系中的族群意识与政治认同*

郭正林**

民族团结是新疆各民族安居乐业、促进新疆社会发展以及边疆治理的政治条件。在影响民族团结的多重社会因素当中，族群意识和政治认同最为根本。客观地认识新疆维汉两大民族的族群意识及其国家认同的实际状况，分析这种文化意识对边疆稳定和发展的实际影响，既是边疆治理实践的迫切需要，也是民族政治研究的重要工作。为此，笔者参与的“新疆维汉关系与民族团结”课题组，于2001年5月至2002年5月在新疆四个地区对382名维吾尔族和汉族被访者进行了问卷调查，本文主要根据这次调查的数据分析整理而成。

一　调查地点与调查对象的基本状况

本课题组分别在新疆的乌鲁木齐市、伊宁市、和田市、喀什市、霍城县进行了问卷调查，同时还进行了入户访谈。

1. 乌鲁木齐

乌鲁木齐是新疆维吾尔自治区的政治、经济和文化中心，居住着汉族、维吾尔族、哈萨克族、回族等43个民族，人口150多万，其中少数民族占28%。课题组在乌鲁木齐市一共调查了88人。基本情况是：维吾尔族占41.9%，汉

* 本项研究是中山大学地方治理研究所组织的研究项目“中国西部边疆治理：新疆、西藏、云南”的成果，课题主要研究人员有郭正林、余振、王金洪、韩冬雪、陈天祥、王靖。

** 作者简介：中山大学政治与公共事务管理学院教授，博士，中山大学地方治理研究所所长。

族占 58.1%；男性占 63.4%，女性占 34.6%；高中以上文化程度的占 73%，其中大专以上文化程度占全部被访者的 43%。被调查者大多是中年人，40～49 岁的被访者占 43.7%。他们接受教育的主要地点是出生地和乌鲁木齐市。在 88 名被访者中，在乌鲁木齐土生土长的占 50%，来自内地的占 25%，其余 25% 是从新疆其他地方迁移过来的。而疆内迁移者又以南疆人为多（占 14.5%）。调查对象的职业以工人（占 60%）为主，其次是公务员（占 11%）。被访者的年收入的众数值是 15000 元以上（占 65.5%），收入在 10000～15000 元的占 16.4%。

2. 伊宁与霍城

伊宁市是伊犁哈萨克自治州州府所在地，也是伊犁行政专署驻地。伊犁哈萨克自治州总面积 35 万平方公里，人口 395.03 万，有哈萨克族、汉族、维吾尔族、蒙古族、锡伯族等 47 个民族，其中哈萨克族占 25.52%，汉族占 44.98%，维吾尔族占 15.98%，回族占 8.34%，蒙古族占 1.69%，锡伯族占 0.85%。霍城县是伊犁哈萨克自治州的一个县，人口 34 万，主要由汉族、维吾尔族、回族、哈萨克族等 29 个民族组成。

在伊宁市，课题组共调查了 70 人，维吾尔族占 60%，汉族占 38%；男性占 65%，女性占 35%；年龄主要是 30～39 岁，60 岁左右的占 12%；文化程度的中位值是大专，其中本科生占 25.7%。被访者的职业身份主要是中小学教师（占 27.3%）、公务员（占 21.2%）、离退休人员（占 12.1%）和工人（占 10.6%）。伊宁市被访者的年收入的众数值是 15000 元以上（占 35.6%），收入在 10000～15000 元的占 28.9%。在霍城县共调查了 50 人，其中维吾尔族 20 人、汉族 25 人、其他民族 5 人；男性占 61%，女性 39%；文化程度的众数值是高中，中位值是初中，文盲占了 16.7%。被访者的职业主要是公务员（占 28.6%，大多是本地领导干部）、中小学教师（占 20.4%）、工人（占 16.3%）和农民（占 10.2%）。被调查者一半是当地人，其余主要来自内地。被访者年收入的众数值是 15000 元以上（占 41.7%），收入在 10000～15000 元的占 20.8%，而收入在 6000～10000 元的占了 29.2%。

3. 喀什

喀什位于新疆的西南部，北接天山，西连帕米尔高原，南依喀喇昆仑山和昆仑山脉，东临浩瀚的塔克拉玛干大沙漠。全市辖 12 个县（市），现有 330 万人，有汉族、回族、维吾尔族、塔吉克族等13个族群；其中维吾尔族占90%。课题组在喀什共调查了74人，其中维吾尔族36人，汉族37人，其他民族1人；男性50人，女性24人；文化程度的众数值是大专（占50%）；职业主要是科级公务员（占42.6%），其次是中小学教师（占16.2%）和工人（占13.2%）。被调查者一半是当地人，其余主要来自内地。被访者年收入的众数值是6000～10000元（占31.5%）。

4. 和田

和田市位于新疆维吾尔自治区最南端，总人口168.7万，其中维吾尔族占96.85%，汉族占2.94%，其他民族占0.21%。全市共有维吾尔族、汉族、回族、塔吉克族、柯尔克孜族、锡伯族等24个民族，全市绝大多数群众信仰伊斯兰教。课题组在和田市调查了100人，其中维吾尔族43人，汉族53人，其他民族4人；男性占48.5%，女性51.5%；文化程度的众数值是大专（占39.2%），中位值是高中。被访者的职业主要是公务员（占38.2%，大多是本地领导干部）、农民（占16.9%）、中小学教师（占11.2%）和工人（占11.2%）。被调查者34.5%是本地人，50.6%来自内地，9.2%来自北疆。被访者年收入的众数值是15000元以上（占30.9%），收入在10000～15000元的占20.6%，收入在6000～10000元的占了25%。

表1列出了各调查地点被访者的民族分组情况。

表1　各调查地点被访者的民族分组

单位：人

民　族	乌鲁木齐市	霍城县	伊宁市	和田市	喀什市	总　计
维吾尔族	36	20	41	43	36	176
汉　族	50	25	26	53	37	191
其　他	0	0	2	4	1	7

二　理论视野：民族、国家与政治认同

在中文语境中，“民族”这个概念经由不同的解释而负载了许多含义。因此，在进行分析之前，必须明确我们是在什么意义上来使用这一概念。

马戎在《民族与社会发展》一书中，在综合分析的基础上，从族群论的角度，区分了族群、民族与国家的概念，辨析了它们之间的逻辑关系，认为现代汉语中的民族应该作“族群”（ethnic group）解释，而“中华民族”应该在“民族国家”（nation-state）的概念框架中才能理解。① 在西方文献中，用 nation 来简化 nation-state 不会引起误解，他们讨论一个具体族群的时候，是在 ethnicity 的意义上进行的。在《民族与国家》一书中，宁骚试图厘清国家、国族、民族、族体等概念。他根据族类共同体的概念，区分了“作为部落的民族”、“作为部族的民族”、“作为国族的民族”和“作为狭义民族的民族”，认为族类共同体的历史发展脉络，是从部落到部族，从部族到民族，再经由民族锻造出国族的过程。因此，民族的概念只有在“族类共同体”形成与发展的过程中才能把握，从而体现了历史与逻辑辩证统一的逻辑思维。②

我国的民族政治学者试图合理地界定和解释“中华民族”这一社会共同体。马戎以族群理论来解释“中华民族”。他认为，56 个民族其实是 56 个族群。因而，所谓“民族关系”、“民族矛盾”、“民族冲突”等，就是区域性的“族群关系”、“族群矛盾”、“族群冲突”。而“中华民族”（Chinese nation）就是由 56 个族群所形成的一个现代民族共同体。宁骚把“中华民族”解释成国族或广义民族，而 56 个民族依然称之为“民族”。周平则从民族与国家政权的关系来界定“国族”，认为执掌国家政权的那个民族是“国家民族”或“国族”。

无论是族群论还是国族论，所分析的对象都是进入了现代国家的民族。这样的现代民族，尽管不能等同于国家，但在政治、经济和文化等方面与国家建立了水乳交融的联系，并朝着民族—国家一体化的方向发展。从民族—国家建设的理论来看，族群、民族、国族等概念都应该放在国家认同性政治建构的大视野中才能获得有意义的解释。我们研究“民族团结”的核心问题，是各民族群体（族群）之间的关系对建立和巩固一个多民族国家的意义。在民族—国家的框架中，“民族”与“国家”实际上是一体两面。20 世纪 50 年代以来，由于劳动力市场的迅速发展，所谓单一民族（族群）的国家实际上不存在了。③ 在当今世界，绝

① 参见马戎《民族与社会发展》，民族出版社，2001，第 158 页。

② 参见宁骚《民族与国家》，北京大学出版社，1995，第 15 页。

③ 参见马戎《民族与社会发展》，民族出版社，2001，第 158 页。

大多数国家都是由多族群构成的。民族缔造了国家，国家塑造着民族，这就是民族与国家的互动。

在民族国家的视野中，同样少不了对地方政治及其文化认同的关注。因为，一定的族群总是生活在一定的地方社会，族群意识总是交织着地方认同观念。虽然地方认同与族群认同关系密切，但不是同一个概念。地方认同是不同的人群对同一个地方社会的心理认同，而族群认同是生活在同一地方的不同族群对本族共性的认同。也就是说，生活在同一地方的不同族群，可以分享共同的地方认同，但不能分享其他族群认同。例如，生活在新疆的各个民族，都会以“我们新疆人”为自豪，这就是一种跨族群的地方认同意识。因此，我们对族群认同的分析，不仅要分析族群意识，还要分析地方认同中的族群关系。而对这些地方族群认同的分析，只有同民族国家的认同性政治建设相结合，才有重要的学术价值和政策意义。

在本文中，我们主要是从族群意识及政治认同的角度来分析维汉关系，具体内容包括语言交流、社会交往（朋友圈、邻里交往、同事关系等）、互助合作、族群认同、宗教信仰、民族平等观念等方面的分析，由此揭示族群意识的差异及其对维汉关系的影响。

三　族群意识与政治认同

一个族群区别于另一个族群的文化认同，是政治人类学关心的重点。无论我们如何发现和认定族群的特征，族群意识的形成都是使之从一个自在的族群变成自为的族群的前提条件。所谓族群意识，就是从属于一个族群的成员，对本族群区别于其他族群的那些共同特征的认知与接受，并内化为一定的行为模式。族群意识并不是一成不变的，在族群发展的不同阶段，族群认同的要素结构不同，共识的程度也不一样。一般来看，族群认同的要素主要有体质、相貌、服饰、语言、文字、传说、象征符号、宗教、生产生活方式、习惯法等。

在上述的认同性要素中，最直接和最重要的就是语言。虽然语言不是族群识别的充分条件，但是一个必要条件。在新疆，作为全区社会交流的主要语言是汉语和维吾尔语。新疆维吾尔自治区的主要新闻节目、报纸、杂志一般都采用这两种通用语言。而在其他的民族自治州，当地广播电视和书刊还要采用适合本自治州的民族语言。例如，在伊犁哈萨克自治州，通行哈萨克语。

为了测量生活在新疆的维汉族群的意识，我们的调查问卷从双语交流、移民与居住关系、人际交往、族群认同等方面进行了调查。

1. 双语交流

族群之间的语言沟通是族群交往互动的基本条件。在新疆维汉关系的研究中，双语交流是十分重要的方面。我们假定，汉族使用维吾尔语的人越多，或者维吾尔族会汉语的人越多，维汉之间的双语交流也就越频繁，维汉关系也越密切。表2显示了被访者对汉语与维吾尔语社会功能的评价情况。

表2　对汉语/维吾尔语在生活和工作中实际作用的评价

单位：人

民　族	用处非常大	有用处	用处不大	没有用处	总　计
维吾尔族	115	53	2	3	173
汉　族	72	75	30	1	178
其　他	4	2	1	0	7

20世纪50年代以来，大量内地人口移居新疆。这些移民以汉族为主，主要来自军垦戍边的兵团战士和内地的集体移民。也有一些自发性的移民，这种类型的移民与军垦兵团有千丝万缕的联系。兵团移民是一种大规模、军事化的移民，由此形成了汉族在新疆聚居的一般特征：汉族群体主要分布在军垦兵团驻地，这些驻地逐渐发展成军垦城市如石河子市和遍布南、北疆的军垦农场。居住在其他城市的汉族，主要是支边干部、技术员、大中专毕业生及其子女。在新疆的农牧区，汉族人口主要以小聚居的方式（汉族农村或汉族牧场）分布在其他族群社会之中。维吾尔族等民族群体，除了居住在乌鲁木齐、吐鲁番等城市外，主要分布在地广人稀的农牧区。这种大散居、小聚居的族群分布格局在新疆是比较普遍的。

在我们的问卷调查中，来自内地的被访者占34%，其余是新疆本地居民。其次，随着市场经济的发展和城市户籍管理制度的变革，自治区内的人口迁移也开始频繁。表3显示了新疆内外的人口迁移原因。

表3　新疆内外的人口迁移原因

单位：人

民　族	工作分配	随父母	读书上学	婚　嫁	做生意	打　工	其　他	总　计
维吾尔族	22	11	9	5	5	2	1	55
汉　族	51	73	10	7	3	3	5	152
其　他	1	2	0	0	2	0	0	5

表3显示，无论是维吾尔族还是汉族，迁入所调查城市的主要原因，一是工作分配（维吾尔族占44%，汉族占33.6%），二是随父母迁入（维吾尔族占20%，汉族占48%）。对汉族群体来说，随迁是疆内汉族迁移的主要原因，这也表明被访者主要是新疆汉族的第二代人口。而且，随着时间的推移，这些汉族后代会逐渐淡忘他们的祖籍，增强“我是新疆人”的地方认同意识。

在本次调查的382名被访者中，农民只占7.3%。从职业分布来看，从高到低依次是公务员（占28.2%）、工人（占23.7%）、中小学教师（占16.1%）、个体经营户（占5.1%）、离退休人员（占3.9%）。其余所占比重都比较小。长期以来，中国各地城市干部职工的住房供给都实行单位配给制，这种配给制度决定了人们的居住格局，反映在新疆维汉城市干部职工的居住关系上，也就打破了族群聚居的传统格局。我们的问卷调查分析结果证明了这种影响的存在。我们的问卷有一个提问：“你居住的地方是否有维/汉邻居?”维吾尔族被访者回答“有”的占70.3%，汉族被访者回答“有”的占74.3%。两个族群的回答高度一致，说明城市社区维汉居住关系不再是“民族小聚居”的旧格局。

那么，族群之间居住关系的变化，是否促进了各族群成员之间的邻里交往呢?我们的调查显示，39.5%的被访者认为“非常多”，40.4%的被访者认为“不太多”，只有20.1%的被访者认为“很少”。我们还应该看到，城市楼居结构在一定程度上限制了人与人之间的日常交往，即使是同一族群的人也是这样。其实，影响族群社会交往的因素，还有工作和朋友关系。

2. 工作关系与社会交往

在工作中结成的同事关系，是影响人们社会交往的重要因素。维汉族群关系同样深受工作同事关系的影响。而且，现代化组织的发展从根本上冲击着传统的社会交往模式。表4显示了维汉被访者工作同事关系的密切程度。

表4　维汉被访者工作同事关系的密切程度

单位：人

民　族	有	关系很好	关系不好	没有维汉同事	总　计
维吾尔族	54	47	35	2	138
汉　族	63	58	53	0	174
其　他	1	3	1	0	5

由表4可见，无论是维吾尔族还是汉族的被访者，大多数认为在工作单位中形成的同事关系比较密切，回答“关系很好”的分别占了34.1%和33.3%。然而，应该看到，认为“关系不好”的人数分别占25.4%和30.5%。分析这种意见的原因，对改善维汉之间合作共事关系是十分重要的。我们的问卷中提了这样一个问题：“在你们单位里，你认为不同民族人员闹矛盾的主要原因是什么?”维吾尔族被访者回答的结果是：34.5%认为主要原因是“汉族人员不尊重民族人员”，19%认为是“民族人员不尊重汉族人员”，37.3%回答是“互相不理解”，只有9.2%的人选择“经济利益方面的原因”。汉族被访者的结果与维吾尔族人员的回答的结构基本一致：22.3%的人认为是“汉族人员不尊重民族人员”，22%认为是“民族人员不尊重汉族人员”，50.3%认为是“互相不理解”，只有5.4%认为是“经济利益方面的原因”。比较而言，在同一个单位工作的维吾尔族人员，对民族尊重与理解看得很重，而汉族人员则更重视相互理解。两者的共同点是，都不认为经济利益是维汉同事闹矛盾的主要原因。由此，揭示了在民族自治地区，各族群之间相互尊重、理解与信任的极端重要性，经济援助不再是解决民族问题的唯一办法。

体现族群交往深度的变量是“朋友圈子”这个概念。一般来说，在一个朋友圈子中，汉族或维吾尔族朋友的多少及其互助能力，反映着维汉族群社会交往的深入程度。调查显示，70.1%的维吾尔族被访者与82.3%的汉族被访者，表示他们有汉族（维吾尔族）朋友。被访者表示“交往密切”的占60%以上。其中，回答“非常密切”的维吾尔族被访者占49.7%，汉族被访者占23.4%。这说明族群界限并没有成为维汉之间结交朋友的障碍，通过密切的工作关系和邻里关系，维汉之间可以建立私人友谊。我们的调查还显示，无论维吾尔族（占78.8%）还是汉族（占78%），都表示十分愿意结交民族朋友；分别只有5.5%和4%的维汉被访者表示不愿意结交民族朋友。通过Logistic相关分析，发现民族朋友的密切程度与结交民族朋友的愿望及同事关系的好坏高度相关，显著度分别为0.000和0.008。

那么维汉族群之间结交朋友的动机是什么？我们的调查显示，寻求朋友之间的帮助是他们的动机之一。调查表明，当遇到实际困难时，愿意向民族朋友寻求援助的，维吾尔族被访者占65.1%；汉族被访者占65.4%。这表明被访的维汉族群之间是有信任感的，否则不会在遭遇困难的时候，寻求民族朋友帮助。调查还显示了这种帮助的程度。维吾尔族被访者的72.4%和汉族被访者的77.5%，都表示得到或经常得到民族朋友的帮助。只有19.9%的维吾尔族被访者和7.7%的汉族被访者表示没有得到过这种帮助（见表5）。

表5　被访者得到帮助的情况

单位：人

民　族	经常得到	得到过	很少得到	没有得到	总　计
维吾尔族	63	50	12	31	156
汉　族	57	84	27	14	182
其　他	3	4	0	0	7

在被访者中，科级以上干部所占的比重比较大（占36.6%），地州级干部被访有33人，县处级干部有28人，乡镇与科级干部有79人。他们的族群意识或者民族观念，对当地群众的族群意识有示范性影响。表6显示了维汉领导干部对合作难易程度的看法。维吾尔族干部和汉族干部的大多数，认为双方好合作。具体来看，维汉被访干部中分别有68.5%和56.3%的人，回答“很好合作”；只有11.6%和8.1%的人认为“合作很困难”。

表6　被调查地点维汉领导干部对民族合作的看法

单位：人

民　族	很　好	一　般	很困难	总　计
维吾尔族	100	29	17	146
汉　族	76	48	11	135
其　他	2	0	0	2

那么，合作困难的原因是什么呢？我们的问卷调查也作了分析。由表 7 可见，认为民族干部之间合作困难的原因，主要表现在四个方面。第一是相互信任问题，被访的维吾尔族干部有 41.9% 的人表示互信不足，导致工作合作困难；而被访的汉族干部只有 22.1% 的人有这样的看法。可见，对互信问题的看法，维汉干部的分歧比较大。第二是业务能力的差异问题或者懂不懂行的问题，在这个指标上，汉族干部（占 29%）比维吾尔族干部人数（占 18.6%）要多，说明汉族干部认为维汉干部不懂行的人比较多。第三是相互沟通的问题，显然，维汉干部都有同感（分别占 30.2% 和 32.1%），即在工作中双方沟通不足导致合作困难。第四是双方存在看法或认识上的差异，被访者的汉族干部比维吾尔族干部更多地认为双方在认识上有差异（汉族干部占 16.8%，而维吾尔族干部占 9.3%）。因此，要加强维汉干部之间的合作关系，应该注意从互信、业务、沟通及意见分歧等方面解决实际问题。

表 7　民族干部之间合作困难的原因

单位：人

民　族	信任不够	不怎么懂行	沟通困难	看法差异太大	总　计
维吾尔族	54	24	39	12	129
汉　族	29	38	42	22	131
其　他	1	1	0	1	3

3. “我是新疆人”：族群的地方政治认同

凡是定居在新疆的人，无论是世居的还是移民而来的，都会产生或强或弱的地方认同意识。这种地方认同意识的综合表达就是：“我是新疆人”或“我们新疆好地方”。毫无疑问，这种地方认同意识与新疆各族群的族群意识不是一回事，它是跨族群的地方文化认同。这种跨族群的地方文化认同，是生活在新疆的各族群共同促成的一种新的地方族群意识。由于移居新疆的汉族群体分享了这种地方政治文化认同，使其与祖籍地的族群认同出现分野。我们以新疆人的自豪感为指标，测量了新疆维汉族群的地方认同意识。调查显示，被访者大多数都有新疆地方认同意识。相比而言，维吾尔族的新疆人自豪感强度大于汉族族群。91.3% 的维吾尔族被访者表示非常自豪，只有 8.7% 的人缺乏这种意识。在汉族被访者中，70.2% 的人有强烈的新疆地方认同意识，表示作为一个新疆人感到非常自豪和高兴。经 Logistic 相关分析，地方认同意识的强弱主要同年龄（显著度为0.024）、祖籍（显著度为0.045）、家庭收入（显著度为0.089）和民族身份（显著度为0.180）相关。

新疆各族群在社会生活中所形成的地方认同，使得新疆各族群开始作为一个地方社会共同体而关注新疆族际关系的和谐以及新疆地方社会的稳定与发展。应该说，这种地方认同与现代民族—国家的发展要求是一致的。表8显示了维汉被访者对新疆族群关系的主观评价。认为目前新疆民族关系“很好”和“比较好”的，维汉被访者分别占了79.7%和72.1%。认为“不太好”的分别为12.8%和23.5%；明确表示“不好”的分别只占7.6%和4.4%。这表明，生活在新疆的维汉族群对新疆族际关系是基本满意的。然而，仍有不少的被访者对新疆的族际关系给予了消极评价。

表8 被访者对新疆族群关系和谐程度的评价

单位：人

民 族	很 好	比较好	不太好	不 好	总 计
维吾尔族	68	69	22	13	172
汉 族	34	98	43	8	183
其 他	1	4	1	0	6

族际和谐与否直接影响新疆的民族团结，即各族群之间的相互尊重、相互理解和相互帮助。表9分析了促进新疆民族团结的基本条件或主要因素。在族群相互尊重这一点上，维汉被访者是一致的，而且被大家列为最重要的促进因素（维吾尔族被访者有50.1%，汉族被访者有48.1%）。综合来看，所列举五个因素的重要性排序，维吾尔族被访者依次是：第一，各民族之间相互尊重；第二，综合因素；第三，发展经济；第四，汉族应该作出榜样；第五，国家和地方政府应落实好政策；第六，打击破坏民族团结的各种势力。汉族被访者的回答顺序是：第一，各民族之间相互尊重；第二，综合因素；第三，打击破坏民族团结的各种势力；第四，发展经济和汉族应该作出榜样；第五，国家和地方政府应落实好政策。比较两者的排列顺序，汉族被访者比较注重分裂主义对新疆稳定和民族团结的政治性影响，而维吾尔族比较注重经济发展这个基础性因素。

表 9　新疆民族团结的促进因素

单位：人

民　　族	各民族之间互相尊重	汉族应该作出榜样	国家和地方政府应该落实好政策	打击破坏民族团结的各种势力	发展经济	上述因素都重要	总　计
维吾尔族	53	22	11	8	5	6	105
汉　　族	87	16	5	18	16	39	181
其　　他	3	0	0	1	2	1	7

那么，新疆各族群为什么会产生“我是新疆人”的自豪感或地方认同意识呢？新疆人对族群关系的发展前景又持什么态度，是乐观还是悲观？这也是我们试图探讨的问题。

地方认同意识的形成固然是多因素交叉作用的产物，然而，地方民主参与制度的建立和不断完善、地方经济的良好发展态势、文化及宗教信仰政策的多元取向，是促进跨族群地方认同的政治、经济和文化基础。通过问卷分析，笔者发现大多数被访者认为新疆各民族有平等的政治法律地位，77.9% 的维吾尔族被访者和 90.1% 的汉族被访者“非常同意”或“同意”新疆各民族在政治法律上实现了平等的观点。关于文化、语言和教育的平等权利，被访者也给予了比较积极的评价，73.3% 的维吾尔族和 82.9% 的汉族表示实现了这种平等。当然，民族平等权利的实现程度，不仅取决于政治法律制度和文化教育政策的引导，还取决于地方民族经济发展的状况。对改革开放以来的新疆民族经济发展，68.8% 的维吾尔族和 65.5% 的汉族被访者认为各民族经济发展一样快。然而，分别有 19.4% 和 21.3% 的维汉被访者表示，他们不能判断各民族经济发展是不是一样快。显然，市场经济打破了“各民族经济”的界限，任何一个族群都不可能游离于这种一体化的市场经济而独自发展自己的“民族经济”。因此，深深烙着计划经济痕迹的“各民族经济”，正在被连接国内外的大市场所消解。

家庭经济收入倒是衡量族群经济差别的一个比较客观的指标。表 10 反映了被访者对经济收入差异的看法。

表 10 显示，被访者的一般看法是，族群之间家庭收入的差距不大或没有差距（维汉被调查者分别为 65.9% 和 77.4%）。相比而言，在“差距大”甚至“差距很大”两个指标上，维吾尔族被访者都比汉族为多（前一个指标多 11 个人，后一个指标多 5 个人）。这表明，维汉家庭收入还是存在一定差距的。然而，

表 10　新疆城市干部职工对家庭收入差距的看法

单位：人

民　族	没有差距	差距不大	差距大	差距很大	总　计
维吾尔族	45	67	37	21	170
汉　族	74	70	26	16	186
其　他	3	2	1	0	6

这并不是不正常的事情。而且，族群特征不是导致家庭收入差距的主要原因。经Logistic分析，影响这种差异的主要因素是职业（显著度为0.004）和教育程度（显著度为0.044），而民族因素的显著度为0.231。显然，无论是多族群构成的社区，还是单一族群构成的社区，家庭经济收入的差距都是存在的，这种差异同人们的谋生能力（体现在职业和教育等方面）有直接关系。因此，在考虑家庭经济收入差距的时候，必须跳出族群平均主义的陷阱，也不能把各族群家庭收入的不平衡状况归结为“民族经济事实上的不平等”。在市场经济的时代，社会制度所能保障的平等，首先是机会平等，然后才是通过政府转移支付的手段来抑制社会两极分化。

4. 族群信任与国家政治认同

族群认同充分体现在族群自豪感这个指标上。当一个维吾尔人对维吾尔族感到十分自豪的时候，我们就说他们有很强的族群认同意识。同样，一个汉族人对汉族这个族群感到自豪的时候，也表明他有很强的汉族群认同意识。然而，族群意识有狭隘和宽容之分。狭隘的族群意识表现为对其他族群的优点视而不见，并对其他族群采取不信任的态度，从而成为阻隔族群友好交往的心理障碍。宽容的族群意识是以博大的胸怀来对待其他族群，相信任何一个族群都有值得学习的优点，同时也承认各族群在社会习俗、传统观念、生活方式等方面存在不足。因此，理性的态度是，各族群之间取长补短、推陈出新，才能共同发展。

我们的调查显示，无论是维吾尔族还是汉族，都有很强的民族自豪感。具体来看，维汉被访者中，分别有78.7%和71.1%的人表示了强烈的民族自豪感。只有2.9%和2.2%的维汉被访者没有这种感觉。然而，要衡量这种民族自豪感是宽容的还是狭隘的，则要测量被访者对其他族群所表现出来的信任感及其对其他族群优点的认知与评价。

表11和表12分别测量了维汉被访者的民族信任感和民族优点认知。从表11可见，绝大多数维汉被访者认为，汉族或维吾尔族是值得信赖或完全值得信赖的，显示了维汉之间很高的民族信任感。维汉被访者当中，分别只有7.1%和3.3%的人表示不值得信赖。因此，缺乏民族信任的人，无论是维吾尔族还是在汉族当中，都是极少的。Logistic分析表明，民族信任感与对其他民族优点的认知高度相关，显著度为0.000。

表11　被访者的民族信任感

单位：人

民　族	完全值得信赖	值得信赖	不值得信赖	总　计
维吾尔族	71	87	12	170
汉　族	60	115	6	181
其　他	1	6	0	7

表12　被访者对其他族群的民族优点认识

单位：人

民　族	有	基本没有	没有	总　计
维吾尔族	131	32	7	170
汉　族	158	26	4	188
其　他	6	1	0	7

族群之间的和睦相处需要宽容精神来滋润。民族宽容精神不仅表现在民族信任上面，还体现在对其他族群优点的认知和肯定上面。表12显示，维汉被访者当中，分别有77.1%和84%的人认为汉族或维吾尔族有自己的优点。Logistic分析表明，民族信任感与民族宽容的相关程度高，显著度为0.000。但是，应该注意的是，维吾尔族被访者中认为汉族没有优点的人（占22.9%）高出汉族被访者近7个百分点（汉族被访者认为维吾尔族没有优点的人占16.0%）。那么，为什么维吾尔族对汉族优点认知的程度相对较低于汉族的同类评价呢？我们在访谈中发现，一些维吾尔人认为，汉族没有宗教与民族信仰或者信仰不诚心诚意，所以没有什么优点可言。对问卷数据进行Logistic分析后我们发现，民族信任优点认知同宗教信仰高度相关，显著度分别为0.002和0.006。我们的数据经过Logistic分析还显示，民族优点认知与经济收入的相关程度比较显著，显著度为0.044。

四　结论

在中国的边疆治理中，新疆处于十分重要的战略地位。这不仅是因为新疆的边境线长，接壤的国家多，而且新疆是一个多民族、多宗教、多语言的民族区域。加强各民族之间的信任和团结互助，不仅是巩固边防的需要，更是开发西部，发展西部地区，最终实现中国现代化目标的需要。毫无疑问，如果没有中国农村的现代化，只有城市的现代化；没有西部及边远地区的现代化，只有东部及中原地带的现代化，都只是局部的、残缺不全的现代化。而这种“跛足”的现代化，最终是走不了多远的。因此，新疆等西部地区的战略地位和社会发展，只有放在整个中国现代化的远景蓝图中才会凸显出来。

谋划新疆等西部地区现代化的远景，不是我们力所能及的事情。我们力所能及并关心的是分析和揭示新疆两个人口占多数的族群——维吾尔族和汉族——团结合作的现状与条件。通过系统的问卷分析，我们的基本判断如下。

第一，尽管新疆维吾尔自治区的总体经济发展水平不及内地特别是沿海地区，但改革开放以来，新疆的社会经济获得了长足的发展，开放程度不断扩大，人们的精神面貌也发生了明显的变化。因此，生活在新疆地区的各族群，以新疆为自豪的人在增多。正如本文所分析的那样，在新疆这个多族群多宗教的西部地区，正在形成一个跨越族群边界的地方认同，而且新疆各族群在地方认同的基础上，对统一的多民族国家有比较强的认同，呈现出地方区域认同与国家认同互强的良好态势。应该说，这是新疆改革开放所取得的重大政治成就。

第二，族群认同的潜在目标就是维护本族群的文化特征和发展权利，我国《宪法》和《民族区域自治法》对这些权利给予了明确的保护。因此，族群认同与对国家宪政制度的服从是一致的。民族区域的地方认同，实质上是共同生活在这个地方的各族群所形成的一种跨族群的社会认同，这种超越族群边界的地方认同，是族群之间以地域为纽带的互动结果。应该说，这种超越族群的地方认同有助于地方各族群的团结互助。

第三，尽管在新疆地区依然存在分裂主义的渗透和干扰，但是生活在新疆的各民族，寻求稳定，寻求发展，寻求安宁的生产生活环境是人心所向。因此，任何形态的分裂主义、极端宗教主义和恐怖主义都是不得人心的。在长期的共同生活中，民族之间的相互信任、相互尊重成为各族群的一种共识，这种共识滋润着民族团结和平等发展。我们的问卷调查也表明，维汉之间结交朋友的人数不少，在工作与生活中给予互相帮助已经成为一种习惯。所以，新疆的民族团结是有社会基础的，已经不是停留在口号上的政策。这种团结互助的民族关系，是新疆与祖国一道共同实现民族国家现代化的民族基础。

从新疆维汉关系的研究来分析和评判地方族际关系及其与民族国家认同的关联性，在理论上得到的启发是：族群认同、地方认同和民族国家认同，并不是相互排斥和矛盾的政治文化认同，通过一定的制度安排和政策措施，可以互强，从而在政治文化的认同性建构上把民族国家、地方社会和族群共同体有机地联系起来。

参考文献

马戎、潘乃谷、周星主编《中国民族社区发展研究》，北京大学出版社，2001。

马戎：《民族与社会发展》，民族出版社，2001。

宁骚：《民族与国家》，北京大学出版社，1995。

周平：《民族政治学》，中国社会科学出版社，2001。

潘志平：《民族自决还是民族分裂》，新疆人民出版社，1999。

阮西湖：《关于术语“民族国家”》，《世界民族》1999 年第 2 期。

王联：《世界民族主义论》，北京大学出版社，2002。

翁独健主编《中国民族关系史纲要》，中国社会科学出版社，2001。

再论作为非国家机构的政府

乔耀章*

概念引导我们探索。概念是对一定阶段历史活动的描绘。随着历史活动的进步，概念不变，但内涵已经不同。要跟上历史的步伐，就不能不分析语义和运用概念。① 清楚地定义每一个概念是进行社会科学研究的首要条件，概念不清楚就无法把被研究的现象与其他现象区分开来。② 什么是非国家机构的政府？它同国家机构的政府及政治之间是什么关系？本文拟就这些问题再作探讨。

2000年，笔者在拙著《政府理论》一书中探讨政府的定义时，曾提出两个值得研究的问题。③ 第一个问题是，作为客观存在的“实体政府”和作为观念术语的“概念政府”问题。笔者认为，实体政府是人类社会发展到一定历史阶段的产物，而反映实体政府从而对实体政府进行抽象理念化为概念政府，要比实际存在的实体政府晚得多，也就是说在作为概念的政府出现以前，实体政府早就以各种形式存在着。据考证，在中国唐宋时期，在西方14世纪以后，作为术语、概念的“政府”才出现并被人们使用，而作为实体政府却早就历史地存在着了，虽然名称有多种叫法。也就是说，作为实体的政府要比作为概念的政府要久远得多。第二个问题是，作为客观存在的实体政府是否仅仅同阶级、国家相联系？长

---

* 作者简介：苏州大学政治与公共管理学院教授、博士生导师，主要从事政治学、行政学研究。

① 参见王沪宁《比较政治分析》，上海人民出版社，1987，第23页。

② 参见王绍光《多元统一：第三部门的国际比较研究》，浙江人民出版社，1999，第5页。

③ 参见乔耀章《政府理论》，苏州大学出版社，2000，第5～12页。该书被国务院、教育部学位办公室推荐为2001～2002年度全国研究生教学用书。

期以来，在学术界对于政府的界定，占主流或主导面的传统观点都习惯于把政府与国家及国家机构相联系，无论是广义的政府还是狭义的政府，都没有超脱“国家崇拜”的理念。尤其是中国的学者都没有超出把政府作为国家的代理机构或作为国家机构的有机组成部分这个论域，由此形成两种思维定式：一种思维定式是，只注重或侧重于政府的阶级性和政治性的定性分析，而比较忽视政府的社会性、科学性方面的定量分析；另一种思维定式是，只注重或侧重于政府的社会性、科学性方面的定量分析，而比较忽视或有意回避政府的阶级性、政治性方面的定性分析。前一种情形比较集中地表现在改革开放以前的中国学者那里，后一种情形比较集中地表现在西方学者那里。这两种分析视角和思维定式都是由各国的历史社会制度以及认识的局限性决定的。要克服和避免这些局限性，就需要把观察和研究政府问题的视界超出国家和国家机构的论域，研究非国家机构的政府及其与作为国家机构的政府的相互关系。

笔者之所以提出“非国家机构的政府”这一概念和问题，是因为基于这样的逻辑思考，即政府作为处理和执掌政务的地方和场所，“政府”是指政议之府，如同“朝廷”是朝议之庭一样，主要作为政议之府而存在。在传统上指的是“我们讨论和处理公共问题的机制”。如古雅典人们在广场中集会讨论公共问题，这就是政府。但到后来，政府成了一种机构，有着专属的人员和手段，政府逐渐与公众相脱离，成了一种专门处理公共问题的社会单元。人们也逐渐忘了除了“政府”外，还有其他的机构和机制可以或实际上在承担处理公共事务之责。[①] 政府与人类社会的公共事务和公共权力紧密联系着，只要有人类社会及其公共事务的产生和存在，就必然要有行使社会公共权力、处理社会公共事务的政府。它同人类社会与生俱来并同人类社会共始终。正是基于这样的思考与认识，笔者认为所谓“非国家机构的政府”是相对于“国家机构的政府”而言的。在私有制、阶级、国家产生以前，面对原始社会的公共事务而行使原始社会公共权力的机构，如摩尔根在《古代社会》中描述的酋长会议、最高军事统帅、人民大会等就可以称之为“政府”。这是构成非国家机构的政府的第一个时期，笔者把这个时期的非国家机构的政府用“非国家机构的政府Ⅰ”来表示。随着私有制、阶级的出现，国家的产生，社会公共事务扩展了，社会公共权力开始具有了

① 参见张康之《公共行政学》，经济科学出版社，2002，第347页。

特殊的性质，即恩格斯所说的产生了“特殊的公共权力”。一方面，作为“非国家机构的政府Ⅰ”，逐步演变为作为国家机构的政府，它是对作为“非国家机构的政府Ⅰ”的历史性否定、嬗变或蜕变，国家机构的政府逐步占据主导地位；另一方面，作为“非国家机构的政府Ⅰ”的主体性历史地位并没有因为逐渐被作为国家机构的政府所取代而完全丧失其历史主体性的存在，相反，它还以其顽强的生命力，不因人们经常有意无意地遗忘它而失去自我的存在和发展，并且以作为“非国家机构的政府Ⅱ”的形式对作为“非国家机构的政府Ⅰ”的第一次自我否定并与作为国家机构的政府并存，相互作用，相互转化。当然，作为国家机构的政府与作为“非国家机构的政府Ⅱ”并存时期的主次地位和作用力的大小及其方向在社会历史发展的不同时期是所有不同的。随着作为国家机构的政府及其特殊公共权力的发展直至消亡，作为“非国家机构的政府Ⅱ”及其公共权力的日趋完善，实现对作为国家机构的政府的历史性否定，同时也实现着对作为“非国家机构的政府Ⅱ”的自我否定，即对作为“非国家机构的政府Ⅰ”的否定之否定，人类社会将进入“非国家机构的政府”及其公共权力的新的历史时期，亦即马克思和恩格斯所说的“自由人的联合体”的境界，笔者用作为“非国家机构的政府Ⅲ”来表示。在那里，用以处理社会公共事务的社会公共权力将会在更高的历史阶段上属于（确切些说是回归）全体社会成员，在那里每个人的自由发展是一切人的自由发展的条件。并且，笔者认为可以把“自由人的联合体”作为“非国家机构的政府Ⅲ”或“未来政府”、“世界政府”的另一种表达法。

基于上述分析，笔者把行使人类社会公共权力主体的政府分为“三段式”，其演进的历史过程用图1来显示（其中，实线箭头表示决定性指向，虚线箭头表示互动性指向）。

自从笔者提出“非国家机构的政府”问题以后，引起了学术界的一定关注和反响，在教学过程中也激起学生们对这个问题的讨论和争论。其中，在学术界的关注和反响中对笔者帮助和赐教最大的是倍受尊敬的北京大学政府管理学院的谢庆奎教授。在由他主编的《当代中国政府与政治》一书的第一章导论第一节中，就专门列出一个目，论证了“非国家机构的政府”问题。[①] 谢先生对这个问

① 参见谢庆奎主编《当代中国政府与政治》，高等教育出版社，2003，第8～10页。

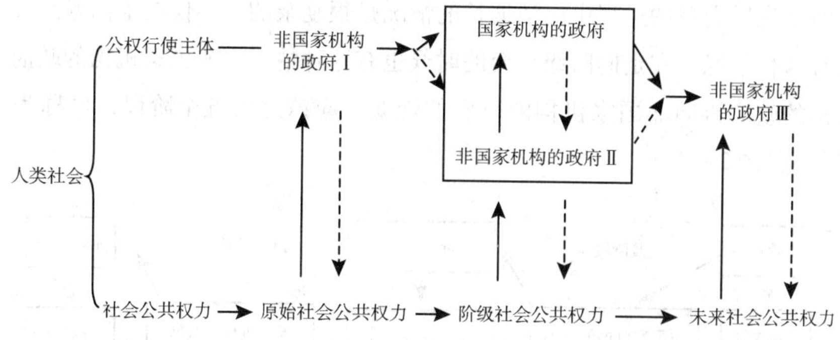

图1　政府演进的历史过程

题的研究至少有以下三点值得进一步学习和借鉴。

其一，在笔者的研究中，只是一般性地描述了非国家机构的政府，指出所谓“非国家机构的政府”，顾名思义是相对于“国家机构的政府”而言的。它不与国家机构的政府“分庭抗礼”，它只侧重于社会领域的问题，并没有能够对非国家机构的政府作一个规范性的定义。而谢先生的研究则弥补了笔者的不足。他认为，公共权力是人类社会与生俱来的，只要人类社会存在，就会有公共权力的行使。行使公共权力的主体或机构就是公共权力机构。这种公共权力机构是适应处理社会公共性事务的需要而产生的，它的基本作用是维持和协调整个社会生活的基本秩序，使社会免于瓦解，不至于陷入无休止的冲突之中。这是社会的共同需要。社会还有不同需要，公共权力机构本身也有自己的需要。这就使公共权力机构在行使公共权力时出现了复杂的情况，既要满足某些社会集团或个人的特殊需要，还要满足公共权力机构本身的需要。由此而出现了公共权力机构与社会的关系问题，以及公共权力机构内部的关系问题。这种由社会需要产生、凌驾于社会之上并为社会服务的公共权力机构，就是非国家机构的政府。

其二，在笔者的研究中，虽然历时态地绘制了非国家机构的政府的产生、变化和回归的示意图，初步描绘了社会公共权力由原始社会公共权力到阶级社会公共权力再到未来社会公共权力的发展轨迹，但是没有能够进一步提出和分析非国家机构的政府是如何向国家机构的政府转变、过渡及国家机构的政府又是如何向非国家机构的政府转变、过渡的过程。而谢先生的研究又弥补了这方面的不足，提出并初步论证了两个“过渡阶段”。他认为，非国家机构的政府向国家机构的政府的转变，以及国家机构的政府向非国家机构的政府的转变，都有一个过程。

在这两个先后交替的过程中此消彼长的情况是很复杂的，不仅在走向未来社会的时候有这种情况，在走向阶级社会的时候也有这种情况。非国家机构的政府向国家机构的政府再向非国家机构的政府的转变，应该经历五个阶段，可称为“五段式”（见图2）。

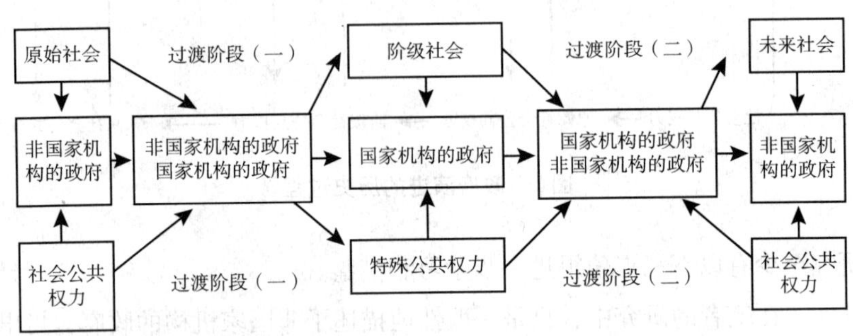

图2　人类社会政府演化示意

谢先生还进一步认为，非国家机构的政府与国家机构的政府并不是截然对立的或互不相容的。它们在过渡阶段是并存互动的、此消彼长的。在第一个过渡阶段，非国家机构的政府起主导作用，国家机构的政府逐步形成，直至取而代之。在第二个过渡阶段，国家机构的政府起主导作用，非国家机构的政府逐渐升起，最后进入人类社会的最高境界——世界大同。这样，他就把从非国家机构的政府到国家机构的政府再到非国家机构的政府的两个过渡阶段的主次地位转换或易位动态地勾勒出来了。

其三，在笔者的研究中，只是着眼于非国家机构的政府与国家机构的政府在历时态维度中的演变和在共时态维度中的互动，尚未深入论及它们之间的异同，亦即联系与区别。谢先生的研究则弥补了这方面的“空白”。他认为，非国家机构的政府与国家机构的政府相比，同样都是行使社会公共权力的组织机构体系，同样要受到风俗、习惯、道德、法律（纪律）的约束，对于其成员违反习惯，道德法律（纪律）的行为同样具有惩戒力，其规则和公共权力也具有一定的权威性。但是，非国家机构的政府与国家机构的政府，也有一些极为重要的区别，甚至是本质上的区别。首先，非国家机构的政府行使的是社会公共权力，而国家机构的政府行使的则是特殊公共权力，这种特殊性主要表现在公共权力是为特定的阶级或阶层服务的，首先要满足这些阶级或阶层的需要；其次，暴力机关的设置和使用，如军队、警察、监狱等，这是国家机构的政府的突出特点，也是非国家机构的政府所不具备的重要机关；再次，在政府的本质特性上，非国家机构的政府更多地表现为社会性、公共性，为全社会服务的特质，而国家机构的政府则更多地表现为阶级性、为统治阶级服务，兼具社会性、公共性，兼顾社会公共利益；最后，在政府的合法性上，非国家机构的政府的合法性基础是传统、氏族、功绩，而国家机构的政府的合法性也有传统、功绩，但更重要的是选举，是民意的表达。特别是近代以来的政党政治下的国家机构的政府更是如此。

除此以外，笔者还要同谢庆奎教授商榷的问题主要是：在阶级社会，非国家机构的政府是否存在及其与国家机构的政府相互作用的问题。在笔者关于政府演进的“三段式”中，力图说明的主要观点是：政府是一个不断成长发展的有机过程，人们对政府的认识远没有也不可能穷尽。因此笔者的着眼点、着力点不在于研究和阐释国家产生以前的政府即“非国家机构的政府Ⅰ”，也不在于研究和阐释国家消亡以后的政府，即“非国家机构的政府Ⅲ”，而在于研究和阐释作为国家机构的政府或与国家并存期间的政府，它是如何随国家产生于社会，又凌驾于社会之上，受社会决定和制约，并能动地反作用于社会，在国家存在的整个历史过程中，它又是如何代表国家与作为“非国家机构的政府Ⅱ”互动而此消彼长的。这要比研究两个过渡阶段的两种政府类型的并存、互动、消长显得更加现实，因而也就更加重要，更有意义。然而，谢先生明确认为，在阶级社会中，国家机构的政府与非国家机构的政府并不是在任何时候都是互为消长的。在欧洲的中世纪，在东方的古代社会，在资本主义世界的全面干预阶段，在共产主义世界的全能主义阶段，以及其他特殊阶段，作为非国家机构的政府是不存在的，或者说几乎是不存在的。这就是说，在阶级社会中，国家机构的政府与非国家机构的政府有时候是互为消长的，有时候不是互为消长的。在不是互为消长的时期，非国家机构的政府是不存在或几乎不存在的。但是在谢先生绘制的人类社会政府演化示意图中，非国家机构的政府与国家机构的政府或国家机构的政府与非国家机构的政府的互为消长情形只存在于阶级社会前后两个过渡阶段，而在整个阶级社会是不存在非国家机构的政府的。因此，就不可能产生与作为国家机构的政府的互为消长问题。如果是这样，就存在阐释话语与示意图不完全符合的情形。如果按时序就会涉及过渡阶段（一）的起止点问题，“非国家机构的政府Ⅰ”是如何消亡的问题，国家机构的政府又是如何产生的问题，阶级社会中，国家机构的政府的“独占”问题，非国家机构的政府的“中断”、“缺环”或“从有到无”的问题，还会涉及过渡阶段（二）的起止点问题，国家机构的政府是如何“消亡”的问题，非国家机构的政府又是如何“再生”或“从无到有”的问题，等等。这些问题有待于进一步商榷和探讨。

事实上，在整个阶级社会，非国家机构的政府都是客观存在的。根据“自然法”和“社会契约论”，社会或公民不可能将所有的权利都让给国家机构的政府行使，依赖国家机构的政府处理所有的社会公共事务，在社会公共事务和公共权力方面，社会或公民有着属于自己的“自留地”或“保留地”。即使在中世纪的欧洲，古代社会的东方，在资本主义世界的全面干预阶段，在共产主义世界的全能主义阶段，以及其他特殊阶段，虽然国家机构的政府被异常强化，非国家机构的政府相对弱化，以至于弱化到使人们可以忽略不计的程度，但非国家机构的政府也还是在一定程度上或多或少地潜存下来，即使它处于某种“休眠”状态，也是一种存在，而不是“不存在”或“几乎不存在”。如果在过渡阶段（一）和过渡阶段（二）之间的整个阶级社会中国家机构的政府存在时期，非国家机构的政府不存在某种连续性和可持续发展性，即上文所说的“中断”或“缺环”现象，不存在非国家机构的政府待机而发的“基因”，如果国家机构的政府与非国家机构的政府之间的并存、互动和此消彼长只存在两个过渡阶段，而在阶级、国家社会不存在，那么，过渡阶段（二）的非国家机构的政府又从何而来？或者说就难以“复活”，总不能从“空地”上重建非国家机构的政府。一般说来，从国家机构的政府中是不能自发地自然而然地“生长”出“非国家机构的政府Ⅲ”来的。事实上，当作为国家机构的政府“甚嚣尘上”或使整个社会国家化、政府化的时候，非国家机构的政府的基因仍然在属于自己的园地里默默地潜存着、发展着。正是从这个意义上说，是否客观地承认阶级社会中同国家机构的政府并存着非国家机构的政府即笔者称之为“非国家机构的政府Ⅱ”及其互动和此消彼长，这可能成为长期以来西方学者侧重于政府的社会性、科学性方面的定量分析，而中国学者则侧重于政府的阶级性、政治性方面的定性分析的一个分水岭或重要原因，由此也是导致中国和西方不同的政府治道、治理模式，进而造成不同的社会发展程度和发展质量的重要原因之一。

既然非国家机构的政府突破了把政府仅仅视为国家机构的组成部分，甚至有时把政府视为国家代名词、同义语的传统，那么，势必要对传统的政治作新的阐释。对此，武汉大学的刘德厚教授早在1996年就明确主张“广义政治观”，认为“广义政治”与“狭义政治”相对称。与通常所说的“宏观的政治学”、“微观政治学”不同，意指所有人类社会政治生活的共同特征和最一般本质。他认为，政治与人类社会同生共存；政治生活如同经济生活、文化生活一样，存在于人类社会历史发展过程的始终；阶级政治是人类社会特定的政治生活形式。广义政治理论为理解整个人类社会政治现象提供了一种新的分析方法。他曾得出结论：整个人类社会及其政治的基本类型是两种类型的无阶级社会（低级阶段的原始社会和高级阶段的共产主义社会），存在两种类型的非阶级性的政治；三种类型的阶级社会（奴隶社会、封建社会、资本主义社会），存在三种类型的以阶级性为主的政治；两种过渡性社会（原始社会制末期至奴隶制社会的形成，从资本主义向无阶级的共产主义社会高级阶段发展），出现了阶级与非阶级交叉并存的政治。这样历史地、具体地、全面地看人类社会政治生活，就能把关于经济基础最终决定社会的政治上层建筑的历史唯物主义原理贯穿于人类社会政治发展的始终。① 刘先生的“广义政治论”是对“狭义政治论”即阶级政治论的一个拓展，突破了传统的“阶级政治观”，提出并论证了“非阶级性的政治”和“过渡性的政治”问题。几年以后刘德厚教授又进一步论证了“社会政治”与“走向社会政治”问题，认为“社会政治”是相对于西方传统政治学理论中的“政治社会”而言的。政治社会主要是指阶级政治、国家政治，社会政治即指无阶级、无国家存在社会的政治类型，它存在于前阶级社会形态和未来共产主义社会中。所谓“走向社会政治”是相对于原始社会即前阶级社会的“社会政治”走向阶级社会的“政治社会”而言的，是指由阶级社会的“政治社会”走向未来无阶级社会的“社会政治”。应该说这是他几年前关于两种过渡性社会政治观的进一步深化和发展。② 刘德厚的“广义政治”及“社会政治”论是以马克思主义关于五种社会形态理论作为立论的中心轴的，其主要观点可用图3表示。

可见，刘教授的两种类型的非阶级性的政治就相当于谢教授的同原始社会、未来社会对应的两种类型的非国家机构的政府；刘教授的三种类型的阶级性为主

---

① 参见刘德厚《重视对“广义政治”理论的研究》，《武汉大学学报（哲学社会科学版）》1996年第2期。

② 参见刘德厚《关于“社会政治”与“走向社会政治”——对一个解读中国政治进程基本概念的探索》，《政治学研究》2002年第4期。

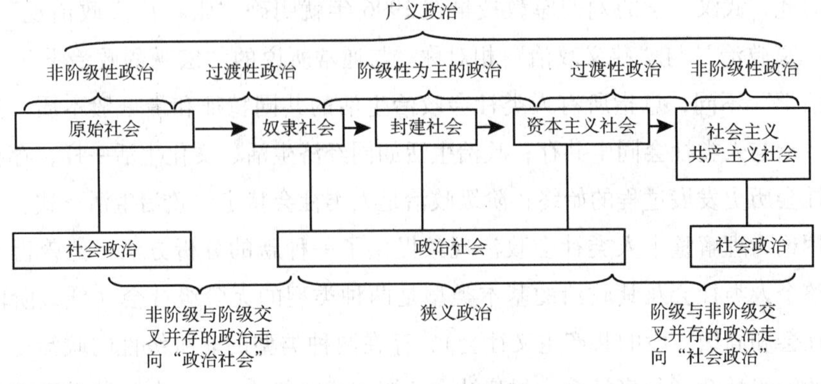

图3　刘德厚的主要观点

的政治就相当于谢教授的阶级社会的国家机构的政府；刘教授的两种过渡性社会的阶级与非阶级交叉并存的政治就相当于谢教授的过渡阶段（一）、过渡阶段（二）的国家机构的政府与非国家机构的政府。这同样是值得商榷的。事实上，在整个阶级政治或政治社会的历史阶段，非阶级性政治或社会政治还是存在着的，只是不占据主体或主导地位，它仍然同阶级政治、政治社会并存、互动和此消彼长。此种阐释并不必然导致“阶级政治泛化”，反而有利于严格限制阶级政治的论域，不使阶级政治扩大化，就如同阶级社会国家机构的政府同非国家机构的政府仍然并存、互动和此消彼长并不必然削弱国家机构的政府权威，导致无政府化或“政府泛化”，反而有利于严格限制国家机构的政府的论域，进而把有限政府置于现实的社会基础之上一样。

总之，笔者非常敬佩两位先生提出和论证非国家机构的政府和广义政治问题的理论勇气，然而，笔者同他们商榷的问题仅限于他们在理论论证中的不够彻底的部分。分析和论证非国家机构的政府与国家机构的政府在阶级、国家存在时期的并存、互动、此消彼长，对于深化我国现阶段政府改革来说，有其重要的理论意义和实践意义，它有利于处理好党政关系，推进中国特色政府治理和政治发展。限于篇幅，不在此文赘述。

当代中国国家权力总量增长及其动因

施雪华*

改革开放以来，中国物质财富的增长和分配的变化是国内外人士，特别是经济学和社会学界的学者，极为关注的问题，然而，至今还很少有国内外人士，从政治学和法学的视角去观察、分析和研究中国国家权力总量与配置的变化问题。如若只注意前者，而忽视后者，这对于全面评估改革开放以来中国社会的变迁规律，正确预测21世纪上半叶中国社会发展趋势，科学、合理地制定中国社会现代化的各种近期的和中长期的改革开放政策和措施，是极为不利的。

因此，笔者欲对正处于现代化进程中的当代中国国家权力总量、配置与运行问题进行全面深入的研究。因受篇幅所限，这里主要对当代中国国家权力总量及其动因问题作一初步研究，其他问题留待另文探讨。

一　当代中国国家权力总量的增长

中国在现代化初期国家权力总量究竟发生了什么变化？

1. 中国国家公共权力的增量与减量相抵，总量有了巨大的扩张

许多人，包括一些国外的学者、专家和政治家在观察改革开放以来的中国社会时常常有一种错觉，即认为改革开放前的中国政府几乎垄断了一切社会权力，即什么都由政府管，而改革开放后政府管得已少多了，社会有了独立生存与发展

* 作者简介：北京师范大学政治学与国际关系学院教授、博士生导师。

的空间。所以，中国国家“公权”似乎已大大缩小了。这里的错觉就在于，他们只从权力运行的领域来看权力总量变化，而忽视了衡量权力总量变化的另外两个指标，即同一权力领域的数量变化与权力新领域的开拓。事实上，改革开放前，大部分应属社会组织和公民个人的“私人权力”落到了国家和政府手中，成为国家“公共权力”的组成部分。改革开放以后，中国政府虽然确已将很大一部分属于社会组织和公民“私人权力”的领域还给了社会组织和公民个人，但仍有相当一部分社会组织和公民个人的私人领域的权力划属国家和政府公共领域的权力管辖范围，如文化宣传工作、卫生体育发展、新闻媒体和意识形态管理、国有企事业单位的管理等。改革开放后，除国有企业发展缓慢，甚至大批倒闭或濒临倒闭外，留在“公权”领域的“私权”的其余方面的数量在成倍地增长。另外，还有大量新增的社会公共事务和许多在西方国家属于私人领域的事务在中国仍保留在公共事务领域中。前者如市场管理权、环境治理权、航空航天事务管理权、外海作业和科学考察管理权、国际贸易管理权、新科学技术开发和监管权、经济特区和经济开发区管理权等，后者如交通、通信、能源、教育、文化、体育、卫生、金融、保险等（这些方面主要还是由国家和政府垄断或半垄断经营和管理，少有社会组织和公民个人涉足其中）。可见，虽然改革开放以来，中国国家公共权力领域有些地方在退缩，但公共权力总量仍得到了大规模的扩张。

当然，中国国家公共权力总量有了大规模的扩张，并不等于其各个分支权力：普选权、立宪组织权、元首权、立法权、行政权、司法权、军事权、公共经济权、公共文化权等也有了等量的增长；相反，下面的分析表明，其各个分支权力有增有减，且增减程度很不相同。

2. 普选权的增强与减弱

虽然从表面上看，20 世纪 50 年代和 60 年代初的中国各级人大普选的公民参与率远远高于改革开放后，似乎改革开放后公民普选权减弱了，实际上这是一种错觉。其一，改革开放以来，动员型政治行为的特征已大为减弱，自由意志下普选权的行使已是绝大多数情况。其二，与改革开放前相比，改革开放后的公民普选权的行使更为周期性和正常性。每当到了法定的换届日期，正常情况下公民均能如期行使普选权，不像“文化大革命”时期普选权实际上长期停止行使。这也从一个方面表明了改革开放后普选权的实际增长。其三，由于人大与人大代表的政治作用在改革开放后的中国日益提升，公民对人大代表的普选权的行使的政治影响（即民意性和民意对政治行政的影响力）也日益明显。可见，普选权的增长，主要不是体现在公民政治参与率（即人大代表选举投票率）上，而是主要体现在公民普选权行使的周期性和正常性上，体现在公民投票对人大代表的民意性和民意能力的影响力的不断提升上。

3. 立宪组织权的增长和增强

作为改革开放的初步成果的1982年《宪法》虽然颁布已经20多年，但至今仍发挥着稳定的最高权威的作用。作为国家最高权力机关的全国人大的立宪组织权不仅得到了真正的落实，而且有新的扩展。这主要表现为：一是宪法作为根本大法的权威性地位得到进一步确认。虽然至今我国尚无专门的宪法法院来从事违宪审查，但在实践中，一切违反宪法的事物（包括除宪法外的所有法律法规）和行为（任何组织的和个人的）都必须得到制止的原则，已成为司法实践的首要原则和人们日常生活的基本通则。二是全国人大的政府组织权和监督控制权在日益增强。过去，政府的组织基本上由执政党内部决定，全国人大只是行使表面的形式的通过程序而已，对政府的组织结构和人员选择没有真正的决定权。改革开放以来，特别是近几年来，全国人大及其常委会对一府两院的组织结构和人员选择有了越来越多的发言权，对一府两院的监督和控制也越来越制度化、程序化、高效化。在地方人大及其常委会那里，我们经常可以看到，执政党提名的政府高级公务人员被人大投票否决，而人大代表自己提名的人选被通过的情况。之所以全国人大的立宪组织权得以增加和增强，其中的关键在于，执政的中国共产党越来越清醒地认识到，尊重全国人大的立宪组织权，不仅有利于提高宪法和全国人大的权威性，而且有利于法治国家的建设（首要表现是遵守宪法），不仅无损于中国共产党执政党的地位，而且从长远来看，对于巩固中国共产党的执政党地位是有利的：中国共产党可以从过多的国家事务中摆脱出来，致力于自身建设。

4. 国家元首权的增长和增强

改革开放初期（1982年）重新恢复了国家主席一职。开始是礼仪性的、虚职的，后来到20世纪90年代初期，国家主席一职因与中共中央总书记、中央军委主席两职兼任，因而就具有了更多的实质性权力。如对国家和军队公职人员的任免，虽然实际上由党内决定，但从法律意义上讲，党内只是推荐，国家主席和中央军委主席的提名才是政府和军队高级公务人员的必需法律程序。在对外政策上，国家元首兼任了中央外事领导小组组长，因而，具有了真正决定对外或涉外政策和对外交往的实权等。当然，与50年代后期和60年代前期的国家元首相比，目前中国的国家元首的法定权力还是很有限的，但如上所述，因三职兼任而产生的乘数效应，则实际上既使国家权力的合法行使有了更恰当的形式（原先归属党的领袖的某些权力逐步由国家元首来行使），又使国家元首在未来的国家权力重构中已占有了明显的优势地位（国家元首有高于党的领袖和军队首领的趋势）。

5. 立法权的增长和增强

改革开放后，人大的立法权和对政府的监督权已大为加强。首先，我们可以从立法权的数量增长上去看。改革开放前人大立法的领域和事务均很有限，许多领域和事务甚至出现立法真空状态。改革开放后，中国各级人大（从中央到地方）已通过了各种法律、法规几千件，几乎覆盖了所有旧有的和新生的社会公共事务和社会私人事务领域。这里既包括大量的实体法，如《宪法》、《行政法》、《民法》、《刑法》，也包括大量的程序法（《民事诉讼法》、《行政诉讼法》等）。其次，从立法权的质量提升上看。在全国人大及其常务委员会一级出现了几次通不过的立法草案被废止或搁置的情况，有的立法草案（特别是由政府有关部门起草的“公议案”）经多次投票才通过，如新《婚姻法》就几次修正才通过，已不再是“橡皮图章”。再次，从立法权对行政权的监督和控制看。无论是全国人大及其常委会，还是地方人大及其常委会，对政府和司法部门的执法监督都越来越多、越来越有效。越来越多的违反法律的行政法规和行政、司法行为得到有效制止。最后，随着“依法治国”口号的提出并日益深入国人的心灵深处，立法权及其结果（法律）在人们心目中的权威地位也在不断提升。这实际上是立法权的另一种副产品：法律文化权的一种表现。

6. 行政权的增强与减弱

改革开放前，行政权渗透到人民生产和生活的一切领域，包括生产、经营、交换和消费，涉及老百姓的衣食住行、生老病死等。改革开放以后，行政权的行使领域已大为缩小，到20世纪80年代后期，基本退出除公共企事业外的大部分属于公民社会的经济文化领域。然而，行政权在改革开放后总量上仍然有巨大的扩张，而这一扩张主要是依靠开拓新领域来实现的。这里主要是指以前少有或没有的一些公共事务管理权落到了行政部门手里。如新增的市场（物资市场、证券市场、期货市场等）管理监督权，环境保障和治理权，知识产权监管权，外海作业和科学技术考察管理权，新科学新技术开发和监管权，对毒品交易、艾滋病等特殊事务的监控管理权，对经济特区、经济技术开发区的开发与管理权，等等。与国家其他权力相比，行政权在改革开放后表面上收缩最明显，实际上扩张最厉害。绝大部分增长的国家公共权力都落到了行政部门手中。

7. 司法权的增长与增强

首先表现为检察事务和审判事务的领域在扩大，数量在增多。国际司法事务（包括公法和私法领域）日益增多。即使国内司法事务也不断出现新领域、新事务，如对腐败行为的检察与审判，对各级官员和部门的行政诉讼的起诉、侦查与审判，计算机犯罪的起诉、侦查与审判，吸毒、贩毒问题的起诉、侦查与审判，离婚案件的增多，等等。[①] 其次，司法适用权和解释权也在增长。改革开放前，司法机关基本上是按现有的法律条文被动判决。而改革开放后，司法部门对立法的适用有了更多的弹性，在司法判决时还可对某些立法的条文运用的范围、方法和技术，包括类似案件的类推与限制等作出更多的司法实践的具体解释。这既是一种司法权向立法权的反向渗透、矫正，或改进立法的一种准立法权或曰司法立法权，也是一种司法权本身的自我扩张。另外，与法律文化权的扩张一样，随着“法治国家”的日益深入人心，司法文化权也得到了强化。改革开放前，中国人一般不愿意以司法手段解决公权与公权、公权与私权、私权与私权之间的矛盾和冲突，尤其是前两者更不愿意诉之司法。而改革开放后至今，司法的权威性、公正性、中立性日益受到公民的确认，司法权作为一种文化权力也日益得到人们的尊重和遵守。与法律文化权一样，虽然它们表面上是看不见、摸不着的权力，但它们时时刻刻都影响着人们的价值观和行为取向。所以，这也是实实在在的权力扩张。

8. 军事权的增强与减弱

改革开放以来，中国已陆续裁军150万人。主要是已陈旧的军种和兵种，特

---

① 像离婚这类事务本身是公民的私人事务，属公民社会“私权”领域。若协议离婚就不涉及“公权”，只涉及“准司法权”——婚姻调解权，但若将离婚诉之于法院由司法判决，就成为“公权”——司法权——管辖的一个组成部分。

别是陆军步兵。中国的海军和空军得到了加强。同时，中国还新增加了许多跨军种的兵种（如海军航空兵等）和特种部队（海军陆战队、电子对抗部队等）。这样，人民解放军的整体战斗力和影响力大大提升，特别对中国对外政策和对台政策的制定有着重要的影响。当然，对内在保证社会稳定和政治稳定，保证改革开放路线的连续性，保证社会主义现代化事业的顺利实现方面，同样发挥了不可忽视的关键作用。另外，在20世纪90年代初重组军队高层领导，90年代中后期严禁军队经商等整顿军队和军权等措施采取前，军队在中国经济和社会发展中的影响力也不可低估。至今军队还拥有相当大的经济权（军队控制的军工企业或军地两用企业）和文化权（军队的文艺团体、文艺院校、新闻传播和教育单位众多，且很具社会影响力）。这里需要特别说明的是，与50年代革命后初期以及“文化大革命”时期相比，改革开放后的军权确实逐渐回落到它本该拥有的位置：对外保障国家领土完整和主权独立，对内保证社会秩序和政治秩序的稳定。

9. 公共经济权的减弱与增强

改革开放后，国家和政府从绝大部分社会经济活动中撤了出来，因而，国家公共经济权力的面确实已大大缩小。然而，衡量一个政权的经济权的大小，还不能单纯从权力涉及的领域的宽与窄，而应从经济权的影响力的力度或大小来衡量。从这个角度看，虽然大部分国有企业面临利润减少，甚至严重亏损和破产的局面，有些经历着与外资和私人资本合资的过程，但国有资产仍占全社会总资产的1/3左右（约31%）。而且，现在存活的国有资产大部分处于对国计民生有着重大影响的领域，如工业、农业、交通、通信、能源、金融、保险、医药、航空航天、国际贸易等行业。国有企业的盛衰在某种意义上决定着这些行业中中国民族企业的兴衰问题。同时，一些原有的国有军工企业转为国有民用企业（如长虹集团公司等）后，国有企业对公民日常经济生活（即私人经济生活）的影响力反倒有了巨大的增长。所以，不能单纯从国有企业资产占社会总资产的比例的下降来评估国家公共经济权的减弱，也即与公民社会的私人经济权相比，国家公共经济权总体上是减弱了，但绝不能低估国家公共经济权的当代能量。

10. 公共文化权的增强与减弱

与公共经济权的总体减弱不同，在文化领域，与改革开放前相比，国家公共权力得到了总体强化。虽然，国家和政府已不再垄断一切文化领域和文化事务的领导权、管理权和业务权，即改革开放后的中国国家和政府通过开放某些文化领域（如文化、教育、电影、电视、广播、新闻、出版、互联网等）给国内和国际社会组织和公民个人，主动减弱了一部分公共文化权力，然而，它实际上通过控制和占有大部分增量权力的份额的措施，从总体上强化而不是弱化了国家的公共文化权力。比如，在教育、科学领域，虽然已允许民间资本，甚至国外资本参与中国的各级教育与科学研究工作，但民间资本和国外资本必须接受中国政府教育、科学管理部门的严格审查和监管。同时，在文化娱乐领域，电影、电视、广播、新闻、出版和互联网等领域同样允许民间资本介入，允许国外演出公司组织来华演出，但必须通过中国有关行政部门的严格审查和批准。同时，鼓励中国资本（包括国有、集体和私人资本）向国外的相应领域发展文化影响力。再比如，国家和政府通过一系列手段，加强对现有文化资源的重组和控制力、影响力，如大学合并、中央级的文化艺术团体的重组等，既有效裁减了多余的人员和编制，又使这些原本分散的文化资源、有限的国家财力发挥了更大的社会主流文化的创造力、辐射力。这对提升和扩张国家公共文化权力是很有帮助的。

二　当代中国国家权力总量增长的动因

那么，促使20多年来中国国家公共权力的总量总体上得到快速增长和强化的动因是什么呢?

首先，最大的动因是中国社会现代化启动和推进需要权威国家和效能政府，因而，大部分社会增量权力落到了国家和政府手里。如前所述，任何国家，尤其是发展中国家现代化的启动和推进均需要有一个统一、权威的国家，一个具有效率和能力的政府。原因在于，从对传统社会中总量有限且十分分散的社会资源进行重组配置和集中利用，到启动和推进现代化，不可能主要依靠刚刚萌生或成长中的自治力量有限的公民社会。因而，只能指望一个统一、权威的国家及其高效能的政府加以组织和推动。[①] 中国现代化初期的情形正是如此。“文化大革命”结束时，中国的国民经济濒临崩溃的边缘。要在这样有限的社会资源总量上启动

① 参见 Monte Palmer, *Dilemmas of Political Development: An Introduction to the Politics of the Developing Areas*, 2nd Edition, E. Peacock Publishers, Inc. 1980, pp. 130 - 177。

和推进现代化，没有一个强有力的国家公共权力是不可设想的。因为当时严格说来中国还没有公民社会，所以中国共产党及其政府作为国家公共权力的执掌者履行了以公共政策（改革开放的一系列政策）的方式，以“看得见的手”来启动和推进中国社会的现代化，实在是一种必要的历史选择。那时新增社会公共事务大多落到执政党和政府手里，执政党和政府在增量社会权力中分得最大的份额，也是必然的。

其次，由于把现代化建设作为党政工作的中心，而党政职能分开和人员兼职的方式，形式上转接但事实上却从执政党那里把部分存量权力转接到了国家和政府手里。众所周知，改革开放前，执政党把国家机关和政府部门的几乎一切重大权力均集中于中央。一切国家和社会的重大公共事务大多以党内决议的方式来框定和规范。所以，那时的国家公共权力大部分掌握在执政党手里。改革开放后，执政的中国共产党实行“党政分开”方针。现代化初期的前期（20 世纪 70 ~ 80 年代）的“党政分开”主要是职能分开（党管党务，政府管政务），人员一般不兼职（如党的总书记和国家主席不兼职，地方党委书记不兼人大常委会主任、政协主席等）。而现代化初期的后期（90 年代）的“党政分开”主要是职能分工（重大决策由执政党决定，政府实际上只是具体执行）和人员重新兼职（各级领导都如此，在中央，党的总书记兼国家主席，各省、市、自治区的党委书记常常兼人大常委会主任，副书记兼省长、副省长、政协主席等）。[①] 这两者均有其优点和缺陷。前期的党政职能分开、人员不兼职的情况，虽然有利于对党的管理，但常常使党的“一把手”的实权虚化，从而使一部分党内干部心存不安全感、大权旁落感，这是某些人走向抓实惠、捞金钱的腐败的原因之一。而后期的党政职能分工，人员兼职，虽然使高级领导干部的权力实化了，但党政权力一把抓，权力过大，也是某些领导干部走向以权换钱的腐败的重要原因之一。可见，改革开放至今的这两种处理中国执政党与政府关系的改革思路均有其弊端。当然，从权力总量变迁的角度看，无论是前一种方式，还是后一种方式，均把实权移向了国家和政府。因为，即使是兼职，由于政府事务较实，政党事务较“虚”，所以，执政党成员的主要实际工作是政务而非党务。所以，这两种党政关系改革思路与方法的最后结果几乎是相同的：执政党原本掌握和行使的国家公

① 参见汤应武《1976 年以来的中国》，经济日报出版社，1997。

共权力实际上已悄悄转接到了国家和政府手里，执政党权力弱化，执政党自身的治理却越来越松弛。这是改革开放以来执政党建设发生偏差、腐败愈演愈烈的重要的体制原因之一，也是改革开放以来，在原有存量公共权力分配中，国家和政府权力日益增长和强化的又一个重要动因。

再次，在现代化初期新增的增量权力中，也因为公民社会自身力量的有限性而大多落到了国家和政府手里。这是国家和政府公共权力大增和强化的第三个动因。众所周知，中国的公民社会萌生于改革开放之后，但至今其力量还是有限的。原因在于，公民社会内部规则和外部规则均没有能完整地建立起来，因而，其运行并不完全按照“自由平等的契约关系”这一规则来进行。这就影响了其成长壮大的速度和质量。加上中国社会现代化进程本身刚进入中期，所以，促进公民社会走向成熟的外部因素和条件也尚未充分具备（比如，成熟的法治社会，成熟的市场经济，成熟的国家与公民社会关系，成熟的政党、政府与公民社会关系等）。这样的内外因素和条件决定了在现代化初期在治理社会公共事务的权力分配中公民社会必然处于劣势，而国家和政府处于优势。绝大部分增量公共权力甚至某些私人权力落到了国家和政府手里也是完全有其客观必然性的。

最后，行政机关以效率为主要价值取向的首长制是现代化所追求的高效率目标的有效组织领导体制，因此，增量国家权力大都落到行政部门手里。在中国国家权力配置中，改革开放的前期（20 世纪 70～90 年代）之所以立法权有所扩大，但并没有置于行政权之上，行政权在各权力扩张中得到的增量权力最大，根本动因就在于，现代化进程的客观规律给国家权力内部各分支权力的扩张与缩小所留下的余地是有大小区别的，而各种不同的分支权力利用现代化进程中国家权力总量扩张的条件与能力也是不同的。众所周知，现代化进程是一个追求效率的进程。高效率是一切处于现代化进程中的事物追求的一个核心价值。随着现代化的发展，社会公共事务的迅速增多要求有一个高效率的管理主体和管理机制。显然，以民主的讨价还价为价值基础的委员会制的立法机关和以社会公正和公平为价值基础的审判委员会制（在西方还有陪审团制）的司法机关均不可能在短时期里作出一个高效率的决策并得到迅速执行。只有行政机关以效率为主要价值取向的首长制才是现代化所追求的高效率目标的有效组织领导体制。世界各国大体如此。在现代化进程中，行政机关得到了大部分增量权力，甚至原本属于立法机关的部分立法权和原本属于司法机关的部分准司法权也落到了行政机关的手里①，从而出现了“行政集权民主制”的现代新体制。② 改革开放后的中国虽然强化了“文化大革命”期间完全形式化了的人大的制宪组织权、立法权和监督权，但由于接着而来的现代化规律，人大的权力也不可能扩张至将大部分增量国家权力揽入立法部门。加上中国人大代表大多为基层群众代表，而常委会构成人员大多来自退居二线的原党政领导人。他们对法律和立法工作本身缺乏足够的理论和知识。如果人民代表大会及其常委会内部不改革，要目前的人民代表大会及其常委会发挥更大的作用，客观上也有困难。

① 参见 Michael G. Roskin, etc, *Political Science: An Introduction*, Prentice-hall, 1994, p. 26。

② 这种体制的集中表现为美国式现代总统制、英国式“首相民主制”和德国式“总理民主制”。参见 Michael Curtis (General Editor), *Introduction to Comparative Government*, 2nd Edition, Harper and Row, Publishers, 1990。

第二篇

政治改革与政治发展

1989年到21世纪初中国政治体制改革的指导思想

陈红太*

从1989年6月党的十三届四中全会到2002年11月党的十六大再到今天，这一时期中国的政治体制改革的指导思想发生了一些实质性的变化。主要的变化是改变了20世纪80年代政治体制改革的主攻方向和重点，不再提党政分开、权力下放、建立协商对话制度和保障公民权利等内容，在20世纪90年代，突出强调人民民主制度和法制建设以及机构改革。2002年党的十六大开始把改革和完善党的领导方式和执政方式提上政治体制改革日程。正确总结这一时期政治体制改革的指导思想，揭示其精神实质和思想趋向，对于中国政治体制改革的进一步深化和正确发展，都有重大的理论和实践意义。

一　人民民主法制化，建设社会主义的法治国家和政治文明

1989年以后，以江泽民为核心的党的领导集体深入思考中国政治体制改革的理论与实践，在理解党的领导、党政关系方面与党的十三大报告有明显的区别：一是认为党章规定的党的领导的三方面含义或内容是缺一不可的。思想领导是前提和基础，组织领导是保证，不能只提政治领导。党要对重大问题作出决策，党要管干部，党要管意识形态，这些原则要坚持，党的领导不能虚

* 作者简介：中国社会科学院政治学研究所研究员。

化。要根据各级党组织和政权机关、企事业单位行政组织的不同职能，进一步明确各自的职权和责任。要在坚持党的自上而下的统一领导前提下，体现不同层次、不同领域党组织的具体职能。二是强调党要坚持对国家政权机关的统一领导。政权机关必须接受党的领导，任何削弱、淡化党的领导的想法和做法，都是错误的。党的执政地位，是通过党对国家政权机关的领导来实现的。凡属方针、政策的重大问题，都要经过党委讨论，然后分头执行。党政关系的前提是党对国家政权实行统一领导，在统一领导下国家政权机关各司其职。其中最重要的是坚持和完善人民代表大会制度，充分重视发挥人大的作用。三是党对基层工作的领导应该加强而不是削弱，党对基层工作的领导只起保证监督作用还不够，党还要把基层组织建成政治领导核心。以上三点构成了以江泽民为代表的第三代领导集体对党的领导的内涵和执政方式的理解和构想。①

在上述认识基础上，党的领导集体对政治体制改革的主攻方向作了重大调整，不再提党政分开、权力下放、建立协商对话制度和保障公民权利等内容。1992 年党的十四大把政治体制改革的主要任务调整到“建设有中国特色的社会主义民主政治”上来，具体说来就是“我们应当在发展社会主义民主、健全社会主义法制方面取得明显进展”。改革的具体措施包括：完善法定的人民代表大会制度、共产党领导的多党合作和政治协商制度，以及民族区域自治制度；加强民主集中制中的决策的科学化和民主化；高度重视法制建设；搞好社会治安，强化人民民主专政职能。②

中国的人民代表大会制度和共产党领导的多党合作与政治协商制度是中国人民在中国共产党领导下创立的先进的政治制度。新中国成立以来的政治实践证明，由于多年来国家政权建设以阶级斗争为理念，所以人民代表大会制度与共产党领导的多党合作与政治协商制度并没有在政治实践中得到贯彻和落实，《宪法》所规定的人民代表大会制度与共产党领导的多党合作与政治协商制度并没

① 详细讨论见《毛泽东　邓小平　江泽民论党的建设》，中央文献出版社、中共中央党校出版社，1998，第 523、524、546、548 页；中共中央文献研究室编《十三大以来重要文献选编》中册，人民出版社，1991，第 941 ~943 页。

② 参见党的十四大报告第二部分“九十年代改革和建设的主要任务”，以及第六部分“积极推进政治体制改革，使社会主义民主和法制建设有一个较大的发展”。

有得到实际的运作。这应该说是中国政治实践最大的失误。为什么会发生“以党代政、党政不分”以及“家长制”等党垄断权力、高度集权的情况？从制度层面上就是没有真正落实体现人民民主国体性质的人民代表大会制度与共产党领导的多党合作与政治协商制度，没有把社会主义制度的特点和优势发挥出来。可以想象，如果人民代表大会制度得到真正的落实，政府向人大负责、向人大报告工作、接受人大监督，国家机关都按法定的职责履行自己的权力，人民代表大会制度所规定的权力关系真正地运作起来，那么人民代表大会还会像过去那样形同虚设，被人们称为“橡皮图章”吗？政府还会只对同级党委负责而不对人大负责吗？当然不会。正是宪法所规定的政治权力关系没有得到真正的落实，人大的职能没有得到真正的发挥，党委的领导替代人大行使权力机关的职权，党委做了许多由宪法规定本应由人大做的事，而政府只对党委负责，不对人大负责，所以才发生了“以党代政、党政不分”、党垄断权力、高度集权的情况。如果本着民主协商、互相监督的原则办事，共产党充分利用人民政协提供的广阔的政治协商、民主监督的制度空间，集思广益，谦虚谨慎，共产党的优良作风和传统就会保持，就可以避免出现邓小平所说的家长制、官僚主义等“潜制度”规则。因此，从中国政治经验出发，中国宪政体制所规定的人民代表大会制度、共产党领导的多党合作和政治协商制度对于中国民主政治实践来说具有巨大的潜在发展和作为空间。

落实人民代表大会制度和共产党领导的多党合作与政治协商制度，这不仅符合人民民主的宪政体制，有宪法依据，而且落实这两项基本政治制度，也是建设有中国特色社会主义民主政治、健全社会主义法制的迫切要求。党的十五大在继续十四大政治体制改革的路线的同时，对中国的民主法制建设提出了一些新思考和新命题。党的十五大明确提出：“推进政治体制改革，必须有利于增强党和国家的活力，保持和发挥社会主义制度的特点和优势，维护国家统一、民族团结和社会稳定，充分发挥人民群众的积极性，促进生产力发展和社会进步。”对社会主义民主的本质作了规定：“社会主义民主的本质是人民当家作主。”明确提出：“依法治国，建设社会主义法治国家。”“依法治国，就是广大人民群众在党的领导下，依照宪法和法律的规定，通过各种途径和形式管理国家事务，管理经济文化事业，管理社会事务，保证国家各项工作都依法进行，逐步实现社会主义民主的制度化、法制化，使这种制度和法律不因领导人的改变而改变，不因领导人看法和注意力的改变而改变。"[①] 在这些理论和认识基础上，党的十五大提出五个方面的改革内容：健全民主制度、加强法制建设、推进机构改革、完善民主监督制度、维护安定团结。

提出"依法治国，建设社会主义法治国家"，在中国政治发展史上具有划时代意义。中国历来是重视政治主体建设轻权力制度建设或法治建设的国家，中国历朝历代的统治者无不把执政集团的自身建设以及相应的人才选任放在一切政治工作的首位，共产党也同样把党的自身建设以及培养人的问题视为决定政治成败的关键。[②] 轻制度建设重主体的修养是中国政治文明的传统。把社会主义民主政治建设与依法治国、建设法治国家结合起来，这是中国政治文明传统的根本转型。把党的领导、人民当家作主放在宪法和法律的框架内来讨论，这是一种新的政治思维。这一思维虽然在 1982 年《宪法》中就奠定了基础[③]，但作为治国方略在执政党的党章与国家宪法中明确作出规定，应该说是党的十五大对中国政治体制改革指导思想作出的卓越贡献。

把党的领导问题放在人民民主的制度化和法制化的大框架中来思考，就会对党的执政问题作出科学的结论。执政党执掌政府行政权，这是现代西方国家执政党与国家政权机关基本的政治关系。所谓"执政"就是掌握政府的行政权。但这种政治逻辑不符合中国的政治实际。在马克思主义政治学的语境中，国体的概念并不包括国家的政权机构。国家的主体是阶级、阶层与他们的政治代表，即各种政党与各种社会政治组织的联合体。为了实现这个联合体对于国家的主宰，于是组建各种国家政权机关，通过这些国家机关，这个联合体行使当家作主的权力，行使管理国家事务、社会事务和各种经济文化事业的权力。因此共产党的执政，首先是与人民的关系，与人民这个统一战线或政治联合体中的各

---

① 参见党的十五大报告第六部分"政治体制改革和民主法制建设"。

② 在《邓小平文选》中，邓小平最关注的问题之一就是人才的发现、培养与使用问题。他在 1992 年南方谈话中同样用了大段的篇幅讲了人才问题和接班人的问题。邓小平把人的问题提到这样的高度："中国的事情能不能办好，社会主义和改革开放能不能坚持，经济能不能快一点发展起来，国家能不能长治久安，从一定意义上，关键在人。"《邓小平文选》第 3 卷，人民出版社，1993，第 380 页。

③ 1982 年《宪法》第五条明确规定："一切国家机关和武装力量、各政党和各社会团体、各企事业组织都必须遵守宪法与法律。一切违反宪法和法律的行为，必须予以追究。任何组织或者个人都不得有超越宪法和法律的特权。"

阶级各政党的关系。在政治组织层面上，是与政协中的各政党、各人民团体以及各界代表或组织的关系；在国家组织层面上，是与政权中的权力机关人民代表大会及其政府和司法机关的关系。从宪政体制的法定关系来说，人大、政府、司法机关三者之间的权力关系有明确的法制规范，“一府两院”由人大产生、受人大监督，对人大负责并报告工作。三者之间的权力关系由人民代表大会制度来规范。而党同人民的关系，党同其他政党、人民团体以及各界代表或组织的关系由各政党的章程和共产党领导的多党合作与政治协商制度来规范。因此中国共产党的执政有其独特的政治关系结构。党的十五大报告把共产党的执政作为头等重要的制度加以规范：“共产党的执政就是领导和支持人民掌握管理国家的权力，实行民主选举、民主决策、民主管理和民主监督，保证人民依法享有广泛的权利和自由，尊重和保障人权。”[①]“共产党执政的实质是人民当家作主。”[②]党同人民的关系是属于国体层面的政治关系，党代表人民的根本利益，接受人民的监督，人民接受共产党的领导是在国体层面最基本的政治关系。党领导人民、支持人民掌握管理国家的权力，也就是人民当家作主，这是国体与政体之间最基本的政治关系。而人民代表大会与“一府两院”的关系则是政体层面最基本的政治关系。可见在马克思主义的政治学语境中，在当代中国共产党和政府的用语中，共产党的执政绝不是现代西方执政党的“执政”，而是领导和支持人民掌握管理国家权力的意思，是组织和支持人民当家作主的意思。其中，共产党同人民及其同人民代表大会的关系和制度体现了当代中国政治关系和制度的实质。不能把共产党的执政仅仅理解为执掌国家的行政权，把党的执政仅仅限于党同政府的关系。

江泽民对中国政治基本关系的思考符合中国宪政体制，对党的领导的实质的理解符合中国政治的客观实际。既然共产党已经是具有几十年执政经历的执政党，党在组织和运用权力方面有相当成熟的经验，那么党就不应该舍此重要的权力资源，放弃已经掌控的国家机器，应该充分利用国家的权力资源和自身的组织资源，在新的经济和社会条件以及国际环境下，探索党的领导和执政的新方式，创造和积累党在新时期执政的合法性基础，实现执政党的现代化转

---

① 参见党的十五大报告第六部分“政治体制改革和民主法制建设”。

② 江泽民：《关于讲政治》，人民出版社，1996，第 8 页。

型。为了解决上述问题，一个重要的前提是对中国共产党在新时期的领导性质和建党原则作出正确和科学的判断。2001 年 7 月 1 日，江泽民在庆祝中国共产党成立八十周年大会上的讲话中，系统地阐述了他在 2000 年 2 月一次讲话中提出的“三个代表”重要思想。对党在新时期的领导性质和建党原则作了与时俱进的阐述：“我们党要始终代表中国先进生产力的发展要求，始终代表中国先进文化的前进方向，始终代表中国最广大人民的根本利益。”“三个代表”的实质是保持党的先进性，本质是执政为民。能否保持党的先进性，能否做到执政为民，这关系到党的领导的性质和执政的合法性。对这个问题有比较清醒的认识，就为在新的历史条件下探索党的领导和执政的新内涵、新方式奠定了基础。

在确定了党在新时期的领导性质的基础上，2002 年 11 月，党的十六大报告把改革和完善党的领导方式和执政方式列入政治体制改革的议事日程。在创建社会主义政治文明的总的目标下，在人民民主的制度化、法制化的大框架下面，江泽民对党的领导方式与执政方式作了如下新概括：“党的领导主要是政治、思想和组织领导，通过制定大政方针，提出立法建议，推荐重要干部，进行思想宣传，发挥党组织与党员的作用，坚持依法执政，实施党对国家和社会的领导。党委在同级各种组织中发挥领导核心作用，集中精力抓大事，支持各方独立负责、步调一致地开展工作。进一步改革和完善党的工作机构和工作机制。按照党总揽全局、协调各方的原则，规范党委与人大、政府、政协以及人民团体的关系，支持人大依法履行国家权力机关的职能，经过法定程序，使党的主张成为国家意志，使党组织推荐的人选成为国家政权机关的领导人员，并对他们进行监督；支持政府履行法定职能，依法行政；支持政协围绕团结和民主两大主题履行职能。加强对工会、共青团和妇联等人民团体的领导，支持他们依法按照法律和各自章程开展工作，更好地成为党联系广大人民群众的桥梁和纽带。”①

在江泽民主持党的工作期间，中国共产党的执政建设已经发生前所未有的变化。这个变化的总趋势是加强了党在同级各种组织中的领导核心作用，在发挥与完善人大作用和改善政府工作的同时，加强了党对国家政权的统一领导和对用人

① 参见党的十六大报告第五部分“政治建设和政治体制改革”。

权、重大问题的决策权的掌握。在高校等实行党委领导下的行政领导人负责制的事业单位、农村乡镇村、城市的街道等基层单位，党的基层组织是最高的领导者、决策者，“领导本地区的工作”或“对重大问题进行讨论和作出决定”。党对国家政权机关和区域性基层组织和事业单位决策权与用人权的控制，表明以江泽民为核心的党的第三代领导集体，在政治实践中已经对党的领导在新时期的内涵作出了经验性的诠释。党的领导总的来说就是“按照总揽全局、协调各方”的原则，在同级各种组织中发挥领导核心作用。党的政治领导就是“集中精力领导经济建设，组织、协调各方面的力量，同心协力，围绕经济建设开展工作”。“实行民主的科学的决策，制定和执行正确的路线、方针、政策。”党的组织领导就是统一组织和掌握国家政权、基层社会组织，组织和主导政协组织和人民团体，负责重要干部的选任和人才的管理。党的思想领导就是用马克思列宁主义、毛泽东思想、邓小平理论、“三个代表”重要思想指导我们的各项工作，贯彻党的思想路线，保证意识形态的正确导向。党的领导概括地说就是：党管决策和执行；党管国家政权、人民团体和基层，党管干部和人才；党管意识形态。江泽民在新的历史条件下所理解和诠释的党的领导，与1957年以后乃至邓小平时期所理解的党的领导的含义各有不同。自1957年夏季以后毛泽东所说的党的领导，等同于行使国家权力，党组织实际替代或等同于国家机关。邓小平主政改革开放后，鉴于党高度垄断权力、以党代政、党政不分的弊端，主张恢复新中国成立之前以及新中国成立之初的党的领导模式，把管理国家具体事务的权力交还给法定的国家机构。党的领导主要是做好决策、用人、思想政治工作三件事。所以邓小平力主党政分开。以江泽民为核心的第三代党的领导集体从政治稳定以及中国政治发展的全局与潜在的政体资源出发，强化了党对国家权力以及社会基层权力的控制。强调党委是同级各种组织的领导核心。党的领导不能限于政治领导，没有组织领导和思想领导，政治领导就是空的。所以江泽民所强调的党的领导，即承继了邓小平所说的抓大事、依法执政，同时强调党应统揽全局、协调各方，对国家机关、区域性社会基层组织与事业单位实行权力领导。同时发挥国家组织、人民团体和社会基层自治组织依法履行各自的职能。这种“以党统政”既不同于“以党代政”又不同于“党政分开”，是在宪政体制下对党政实际关系作出的新概括，也是建设“法治国家”的新的国体与政体关系的制度安排。

二 20 世纪中国政治体制改革指导思想的总体特征和未来趋向

20 世纪中国政治体制改革指导思想的总体特征是围绕党的领导和执政这一核心问题展开的。这一问题之所以成为中国两代领导核心思考政治体制改革的核心问题，是因为在当代中国，党的领导和执政的性质和方式从根本上和实质上决定着当代中国政治的基本关系、性质、过程、制度和形态。当代中国的其他政治组织，包括国家政权机关，事实上都是在党的领导和执政的性质和方式的框架内确定自身的性质、职能和过程特征。中国宪政体制规范的法定制度，其落实和贯彻，从根本上讲无不决定于领导党或执政党的组织和领导者自身的素质状况和对制度和法制执行的自觉程度。中国的政治关系和制度规范是在共产党这个领导核心的组织下整合起来和制定出来的，中国的统一的意识形态是在共产党的指导思想的宣传、教育和灌输下形成的，中国重大问题的决策和执行都是在共产党的组织、协调、动员和带头作用下完成的。一句话，中国共产党领导的先进性、正确性和执政的合法性是中国政治体系能够长期存在、正常运作和发展强大的基础。因此，中国共产党的领导和执政问题是当代中国政治的首要问题。这个问题处理的好坏，直接关系到中国政治的状况和前途。

在上述统一的特征下面，20 世纪 80 年代邓小平的政治体制改革思想与 90 年代江泽民的政治体制改革思想在强调的侧重点方面有所不同。邓小平在党的领导和执政方面强调的是党的领导和执政职能的转变，并有向新中国成立之前和新中国成立之初党的领导性质和方式恢复的倾向，重点在党的领导制度上进行改革，并且注重党的领导和执政与发展生产力和经济建设需要之间的关系。党政分开和下放权力说到底都是为了克服家长制和官僚主义，保证党和政府领导的正确和高效率，为经济建设和生产力的快速发展提供政治上的保证。在改革的策略上体现理论先导和整体性解决并注重“效率”特色。而江泽民在党的领导和执政方面强调的是在宪政框架内党和国家政权组织的整体性，强化党在国家和社会各种组织中的领导核心地位。充分利用党执政这一优势和条件，在党具有组织和掌握国家和社会权力的能力和法律保障的基础上，建立新时期党的领导的先进性和执政的合法性。强调党的领导的至上性和不可动摇性，强调对国家政权和基层社会组织领导的双重强化。政治体制改革的重点是在宪政体制内挖掘潜在的制度资源，在党的领导下把人民代表大会制度和共产党领导的多党合作和政治协商制度真正地运作起来，落到实处。把政治体制改革放在经济发展的推动下来考虑，优先解决经济发展过程中凸显的政治问题，如政府机构改革，村民自治建设等问题。在改革的策略上明显体现实践推动、渐进性和保持“稳定”的特色。[①]

在进行了多年的实践发展和改革探索之后，中国政治体制改革的大致趋向已经明确。基本思路是中国的政治体制改革要坚定地走民主法制化之路，也就是人民民主的发展要与党的领导、法制建设相结合。正如江泽民在党的十六大报告中所说的：“发展社会主义民主政治，最根本的是要把坚持党的领导、人民当家作主和依法治国有机统一起来。”[②] 三者的关系用一句话概括就是：人民在党的领导下依法治国。依法治国的“法”，首先是宪法，中国宪法规定的宪政体制是不能动摇的。其中人民民主专政的国家制度、共产党领导的多党合作与政治协商的政党制度、人民代表大会的政体制度、民主集中制的国家结构制度、民族区域自治制度、社会基层自治制度、特别行政区制度等都是宪法明确规定的根本或基本政治制度。除非对现行宪法作出根本性的修改，不然依法治国所依的法在政治上具体体现的就是这些制度。依法治国和我们进行的政治体制改革都要在这些制度的框架内进行，否则就是违反宪法。因此政治体制改革从指导思想上说，是把宪法规定的根本或基本制度真正地落到实处，真正地在政治生活中实际地运作起来，并不是要抛开中国现行的宪政体制另搞一套，或实行现代西方国家的政治体制。中国的政治体制改革的本质是现行政治体制的自我完善和自我发展，这一点必须明确。

从政治体制改革的指导思想上说，中国的政治体制改革要坚持的政治原则有两条：一是党的领导原则，一是人民民主原则。在坚持这两条原则的基础上，探索、发现并创建适合中国国情的具体实现形式。所以，中国的政治体制改革，一方面仍要抓住改革和完善党的领导方式和执政方式这一政治核心问题以及相关联的问题不放；另一方面要加大人民民主权利的保障和落实力度。中国经济体制改

---

① 关于以稳定为目标的渐进性政治体制改革的讨论，可参见徐湘林《以政治稳定为基础的中国渐进政治改革》，《战略与管理》2000 年第 5 期。

② 参见十六大报告第五部分“政治建设和政治体制改革”。

革的成功说到底是把生产经营的自主权下放给农民，然后下放给了企业，下放给了基层，调动了方方面面的积极性。[①] 这一成功的经验的实质就是人民实实在在地获得了他们需要的经济和社会的自主权利或自由权利，他们的经济解放缘于他们急需的经济与社会基本权利的获得。这应该给政治体制改革以启发。体制改革的目的不是体制自身，而是发掘这种民主制度潜在的政治资源，这种资源就是人民迫切需求的基本政治权利。[②] 中国特色的社会主义民主政治发展的根本动力将来源于人民对于政治自主权或自由权的需求。另一方面，“文化大革命”的实践证明，人民权利的获得和行使不能无序进行，要把人民权利的实现和落实体现在宪法规定的各项实现人民权利的基本制度的实际运作和落实上。如果人民权利的落实和正当行使需要创建新的实现形式或制度，政治体制改革就应把这种制度创造出来。人民权利的实际落实和正当行使也要实现制度化和法制化。

中国政治体制改革和经济体制改革的实践和经验证明，真正解决党的正确领导问题和人民权利的落实和正当行使问题，还要把党和人民两方面的政治主体的自身建设提到重要的日程，也就是把保持党的先进性和创建公民文化问题提上政治体制改革的重要日程。实践证明，无论党的正确领导机制和合法执政机制的建立，还是人民代表大会制度的实际落实，或是政府和司法机关的依法办事，或是社会基层自治组织的有效运作，一方面需要制度建设，没有制度规范政治主体的责任行使和政治运作将无法可依，无章可循；但另一方面，政治主体自身的政治文化建设随着政治发展客观经验的反馈逐渐凸显它的重要和迫切。从以往的经验来看，解决党的领导和执政方式问题，主要的思路是围绕党和国家权力的关系方面展开的。无论邓小平的党政分开还是江泽民的以党统政[③]，实质上都是围绕国家权力思考政治体制改革问题的。实际上，在当代中国，单方面的制度建设和法制建设并不能从根本上建立起符合现代市场经济和社会平等需要的政治体制。法制是一种工具，需要有符合它的要求的社会主体，民主法制化的实现和法治的运作都需要有现代性质的政党、社团和公民。因此，在新的经济基础和社会结构的条件下，如何实现执政党的“三

① 参见《邓小平文选》第3卷，人民出版社，1993，第180、242页。

② 参见董郁玉《通过政治体制改革的法制之路》，载董郁玉、施滨海编《政治中国》，今日中国出版社，1998，第65~66页。

③ 关于“以党统政”的概括和讨论，参见陈红太《从党政关系的历史变迁看中国政治体制变革的阶段特征》，《浙江学刊》2003年第6期。

个代表”和公民文化的社会化，并且使执政党的执政行为与中国经济现代化和政治民主化的要求相一致，使公民的权利意识和权利行为与法制化的要求相一致，并且在社会生活层面不用完全依赖政府的力量，而是存在大量的社会自治组织，通过这些自治组织的活动机制就可以满足公民的社会参与和政治参与的需求，实现从“善政”到“善治”的转化[①]，这些都是中国政治体制改革的迫切任务。因此，21世纪的中国政治体制改革，应该加大政治主体的自身建设的改革力度，主要包括两个层面：一是围绕党的先进性的改革，一是围绕公民文化建设的改革。

从中国的政治经验来说，政治文化的建设较之政治制度建设更具根本性。[②]也就是说，由政治思想、制度和过程内化为政治主体心理的政治理想、价值、规则、态度和对政治的评价机制和行为机制，也就是政治文化，对于实际的政治参与和过程是起决定性作用的因素。用中国传统的政治话语表达，就是先有治人而后才有治法。“法不能独立，类不能自行，得其人则存，失其人则亡。”[③] 若要“齐家、治国、平天下”，必须先“格物、致知、诚意、正心、修身”。先成就“内圣”，才可以实现“外王”。中国传统的这套政治哲学，对于现实的中国政治体制改革仍然适用。在一个传统社会的经济关系、社会关系、价值和信仰体系尚未完全解体的条件下，中国传统政治的成熟经验完全可以充分吸纳。从这种认识出发，中国政治体制改革在进一步围绕党的先进性改革党的领导体制和执政方式的同时，在围绕落实人民权利、完善和健全人民民主的各项制度的同时，要加强思想政治工作和公民文化社会化体制的改革。

加强思想政治工作和公民文化社会化工作有一个基础条件，就是马克思主义政治理论的坚持和创新。中国政治文化建设涉及的是中国政治发展的另一主题，也就是中国政治文化的更新。邓小平在20世纪末期就指出，中国80年代的改革，最大的失误是在教育方面，就是忽视了思想政治教育。邓小平提到的思想政治教育，当时主要是指理想和纪律教育、艰苦奋斗传统教育。[④] 中国的改革走到

① 参见俞可平《增量民主与善治：中国人对民主与治理的一种理解》，载徐湘林等主编《民主、政治秩序与社会变革》，中信出版社，2003，第68～72页。

② 关于政治制度和政治文化相互关系的讨论，可参见从日云《民主制度的公民教育功能》，载《学人文集》，士柏咨询网，2003年2月8日。

③ 《荀子·君道》。

④ 参见《邓小平文选》第3卷，人民出版社，1993，第287、290、306页。

今天，无论经济领域还是社会领域，也包括政治领域，目前存在的主要问题是自由主义的理念、制度和形态正在国家和社会各个领域发育壮大并逐渐地占据主导地位。以个人权利和公共权力内部和相互关系理论为核心的西方政治文明正在取代以阶级关系和国家主权内部和相互关系理论为核心的马克思主义政治文明。这种由媒体无选择地传播、经济市场化和社会自由化发育并成长起来的自由主义理念和制度规则，有很强的生命力和社会化力量。这也是中国今天政治法治制度建设之所以收效甚微、难于形成社会化的主要文化障碍。中国政治发展和体制改革到今天，已不是单纯的体制改革或制度创新那么简单，现在已到了是坚持和发展马克思主义还是实际选择自由主义这样一个历史发展转折时期。所以相对 20 世纪的中国政治体制改革，21 世纪的中国政治发展和政治体制改革，实际上提出了一个新主题，那就是中国的政治文化改革和创新的问题。中国的政治发展的目标任务不再是单一的，而是肩负着体制改革和文化更新的双重使命。而从更根本的意义上说，是否坚持和发展马克思主义基本政治理念，创建新时期马克思主义理论新境界和现代系统理论，已经成为政治体制改革推进和深化的基础。所以，新时期中国政治发展的任务，体制改革实际上成为了某种政治原则实现形式的改革，而政治文化的更新则上升为坚持、创新或创立某种政治原则的过程。政治文化的更新对中国政治发展更具有根本性。21 世纪是中国制度创新的世纪，更是文化创新的世纪。

如何通过政治体制的改革，创建那样一种政治体制：使党的领导始终保持先进性和正确性；使党的执政始终能赢得广大人民的衷心拥护，也就是获得合法性；并不断地满足人民日益增长的对于民主权利的需求，不断地创造出满足人民权利需求的各种具体的民主实现形式；同时要创建一种政治文化，这种政治文化足以使人民包括人民中的领导者理性地行使自身的权利或权力，对权利和权力的负责如同对待日常生活的责任或工作。人民有这样一种政治觉悟或权利意识的觉醒，人民深切地感到民主权利像物质财富与精神财富那样须臾不可离开，认识到法制赋予的各项民主权利是人生的第三需要，要像对待日常工作责任那样看重它、呵护它。有了这样一种政治体制与政治文化，中国政治体制改革的任务就完成了，中国特色的人民民主制度也就真正建成了。

从政治体制文化角度看中国政治发展

张海清*

一　政治发展及其条件是什么？

什么是政治发展？它往往被理解为政治现代化，是一个对应于经济发展的概念，尽管其含义多样而含糊，但作为发展中国家政治前进的目标与方向的概念化表达，依然具有不可或缺的意义。关于政治发展的含义，由于学者们的认知兴趣、分析框架、参照系统和研究目的各不相同，在理解和表述上也各有差异。

陈鸿瑜在总结国外众多学者对政治发展的看法和理解的基础上，对政治发展所作的概念界定，相对而言是比较充分而准确的。他认为："政治发展的概念可界定为一个政治系统在历史演进过程中，其结构渐趋于分化，组织渐趋于制度化，人民的动员参与支持渐趋于增强，社会愈趋于平等，政治系统的执行能力也随之加强，并能渡过转变期的危机，使政治系统之发展过程构成一种连续现象。"①

据此表述，笔者以为政治发展的定义可简要地表达为：在制度变迁中保持相对稳定的政治民主化历程。而对于民主的理解，一方面肯定它是一种普适性的政治理念和理想的现代政体类型；另一方面也承认不同国情下的政治生态环境和政

---

* 作者简介：中山大学政治事务与公共管理学院副教授，北京大学政府管理学院博士。

① 陈鸿瑜：《政治发展理论》，（台北）桂冠图书股份有限公司，1987，第30页。转引自姚建宗《国外政治发展研究述评》，《政治学研究》1999年第4期，第86页。

治体制传统的特殊性使各国的民主化道路和样式产生值得重视的差异。

毋庸置疑，由于发展中国家已不可能重复近代史上西方资本主义国家走向民主化的诸般历史条件，其民主目标的定位与实施的方式应更为切合国情，务实可行，与其空谈多数统治的“大民主”乌托邦，不如实事求是地考察民主建设的现实可行性。像萨托利在《民主新论》中反复强调的，务必清醒地区分民主的理想与民主的现实，从实践出发。正如李景鹏先生所讲：“民主从操作的意义上说，就是人民对政府的制约，即处于被管理地位的多数人对处于管理者地位的少数人的制约。这种制约的实质是人民对政府的一种利益表达。也就是说，所谓制约就是要想办法使政府维护人民的某种利益，或不要损害人民的某种利益。”① 在此意义上说，民主化的要义就是人民的利益越来越得到促进和维护的过程。

可关键问题在于，发展中国家实现以民主化为中心目标的政治发展的基本条件是什么？从实际出发去考虑，既要注意特定国家的政治生态环境——其国内经济、社会与文化条件及其国际背景，更不能忽略本国政治体制传统的特殊性。

作为现代化乃至全球化的基本动力，经济条件无疑在政治发展历程中扮演着举足轻重的角色，它直接影响着一国的社会分层结构与国际竞争力，而越来越成为影响政治生态的关键因素。可是，经济发展是民主政治发展的必要条件吗？如果仅从经济发展因素来看政治发展，那么对于以下现象就难以解释。譬如，为什么大多数富裕的阿拉伯石油输出国并没有建立民主国家？为什么富甲一方的新加坡也没有建立民主政体？为什么国内最富裕的深圳、温州等地区农民的后代出现大量的堕落态势？这些现象及其背后所反映的问题，令人不禁想到传统文化与体制因素对政治发展的重要影响。

二　政治体制文化与中国国情

许多政治发展研究学者都十分关注传统文化与政治文化的作用，发表了许多有关这方面内容的著作，如阿列克斯·英克尔斯和戴维·史密斯的《从传统人到现代人——六个发展中国家中的个人变化》、阿尔蒙德和维巴的《公民文化——五国的政治态度和民主》、派伊的《政治文化与政治发展》、英格哈特

① 李景鹏：《中国政治发展的理论研究纲要》，黑龙江人民出版社，2000，第187页。

《文化的转型》等。政治文化既可能限制和制约政治发展，又可以促进和有助于政治发展。而且，传统文化与政治文化对政治发展的影响，尤其对像中国、俄罗斯、印度这样的大国，应当是相当深刻、相当巨大而持久的。因此，发展中国家在民主化的政治发展历程中，必须十分注意对公民政治文化的培育，才能使以宪政为基础并得到广大公民支持与参与的民主政治制度真正地扎根、发芽、开花、结果。

在对政治文化的解释上，阿尔蒙德与派伊的论述一向被视为颇具权威性和代表性。阿尔蒙德首先于1956年提出了政治文化的概念，而且后来在对政治文化的研究中多次对此概念作了说明和补充。阿尔蒙德把政治文化理解为政治体系的心理取向。“它包括一国居民中当时盛行的态度、信仰、价值观和技能。”[①] 他还指出：“政治文化是由本民族的历史和现在社会、经济、政治活动进程所形成。人们在过去的经历中形成的态度类型对未来的政治行为有着重要的强制作用。”[②]而在派伊看来，政治文化是政治体系中一种有系统的“政治主观部分，它使政治体系的存在有其意义，给予各种制度以纪律，并给予个人行为以社会意义”。[③]但要指出的是，阿尔蒙德与维巴的政治文化概念主要侧重于政治主体的主观因素，而对于特定政治体制的客观因素及其对政治文化乃至一般文化传统产生的重要影响却有所忽略。而本文提出的政治体制文化概念则意欲对这后一方面有所补充。

所谓政治体制文化（简称政体文化），可视为政治文化的核心部分，是特定政治体制所产生的政治文化机制和政治社会效应，其主体部分包括官方的政治意识形态和民众的政治态度和政治参与倾向，两者均受到特定政治体制的主导或约束。它是传统文化与特定政治体制相互铸造而成的产物。

政治体制文化中的“政治体制”概念，既可指宏观意义上的政治体系或政治结构，也可指中观意义上的政体或微观意义上的政权，它包括正式的规章制度，也包括五花八门的非正式的潜规则、惯例或习俗。政治体制文化这一概念及建立在该概念上的分析框架，可谓建构在当代新制度政治学的理论体系之上，尤

---

① 阿尔蒙德：《比较政治学：体系、过程与政策》，上海译文出版社，第15页。

② 阿尔蒙德：《比较政治学：体系、过程与政策》，上海译文出版社，第29页。

③ Lucian. Pye and Sidney Verba，（eds.），*Political Culture and Political Development*. Princeton，N. J.：Princeton University Press，1965，pp. 7－8.

其同其中注重制度的文化途径的社会学制度学派和强调制度的路径依赖的历史制度学派密切相关。一方面，新制度政治学派尤为强调“政治制度、认同、价值与能力的内生性质与社会构造”，注重对特定制度的起源与路径的细致考察。①另一方面，“主导新制度学派分析的核心命题是，制度因素对在既定政体下的政治行动者的目标及其相互之间的权力分配都构成影响”。② 制度的基本作用在于，它可界定个人、团体和社会身份，使它们从属于特定的集合体。③

从现代系统科学与系统思维方式的角度看，根据李习彬提出的三元整合理论的基本假定，任何社会系统都是由集中控制行为、规范行为与子系统自主行为这三种基本的元整合行为及其组合进行组织整合的。④ 可以说，政治体制文化是政治系统中规范行为的集中体现，更是这三元整合行为进行组织整合的体现。因此，确如李先生所讲：“以儒家为主的传统文化，使我国区别于西方欧美诸国，而计划经济体制和过度集权的政治体制基础及其赖以形成和运作的体制文化，使我国不但与欧美不同，也与日本、韩国有别。因此，独特的体制基础及其体制文化，是我国最为特殊的国情。”⑤

秉承韦伯开创的社会学制度学派传统，与艾森斯塔德在其提出的“现代革命的文明框架”的基本意旨一致，建立在政治体制文化这一概念上的分析框架，同样致力于“对社会与文明体系的具体过程与变迁过程中的文化维度与制度维度之间的相互交织的分析”。“政治发展不仅仅是指物质的制度、组织和机构的建立和维持，更为重要的还在于政治文化观念，即政治态度与政治情感，以及政治价值的转变。”⑥ 政治体制文化这一概念，不仅考虑到物质性的制度与精神性的文化、价值与态度这双重因素，并从两者融为一体的格局及其内在的互动关系去考察政治发展的历程与走向。

---

① March, Olson, “Institutional Perspectives on Political Institutions”, *Comparative Politics: Notes and Readings*. Beijing: Peking University Press, 2003.

② 丝莲、史泰默：《比较政治学中的历史制度学派》，《经济社会体制比较》2003 年第 5 期，第 48 页。

③ 参见 James March, Johan Olson, *Rediscovering Institutions: The Organizational Basis of Politics*. New York: The Free Press, 1989, p. 17。

④ 参见李习彬《政府管理创新与系统思维》，北京大学出版社，2002，第 90 页。

⑤ 李习彬：《政府管理创新与系统思维》，北京大学出版社，2002，第 67 页。

⑥ 姚建宗：《国外政治发展研究述评》，《政治学研究》1999 年第 4 期，第 87 页。

从资本主义的发展史看，物质性的制度与精神性的文化之间确实形成了相互推进的互动关系。正如韦伯在其传世之作《新教伦理与资本主义精神》中所论证的，新教伦理中所体现的理性化文化精神，是资本主义市场与社会获得成功的重要动力。他指出："资本主义精神的发展完全可以理解为理性主义整体发展的一部分，而且可以从理性主义对于生活基本问题的根本立场中演绎出来。"[①] 在东方，森岛通夫在《日本为什么成功?》一书中揭示了同样的道理，阐释了日本儒家伦理观对日本资本主义的产生与发展所产生的关键性作用。

值得注意的是，中国与东亚"四小龙"同处于广义上的儒家文化圈之中，都拥有共同的"优势的源泉"，譬如相似的体质与外表，近似的书面语言，共享的传统。"东亚人因他们的家族，他们的团结，他们的集体意识以及他们对同类的忠诚而为全世界所知。"[②] 然而，正所谓"形相近，意相远"，中国与日本、韩国等国家与地区在经济、政治、社会乃至价值观念上其实却存在着较大的差异。这表明，单从传统文化因素去解释现代化或政治发展是不够的。而政治文化，尤其是包含主导性意识形态的政治体制文化，兴许可在更大程度上有助于解释政治发展问题。

中国历史上深重的政治体制文化传统是使其长期以来难以摆脱传统社会的窠臼的根源之一。"传统社会被它的传统所限定的文化视野所束缚，而现代社会在文化上则是动态的，具有变迁与革新取向。"[③] 在从传统向现代转型的近现代史历程中，中国的传统政治体制文化既受到强力的外来文化入侵的挑战而处于危机之中，又在克服这种危机后的全能主义政体中保存和延续着既有的政治体制文化传统。正如艾森斯塔德所讲："在一些伟大的历史帝国文明中，中国的文化中心与政治中心的互相交织是最紧密的，几乎成为一体。"[④] 因此，政治体制文化作为将政治体制与文化体制相互交织并合二为一的分析性概念，不仅有助于考察中国传统政治社会的演变，而且有助于探析20世纪中国政治发展的曲折路径。

---

① 韦伯：《新教伦理与资本主义精神》，于晓等译，三联书店，1987，第56页。

② R. 霍夫汉、K. 卡尔德：《东亚之锋》，载谢立中、孙立平主编《二十世纪西方现代化理论文选》，上海三联书店，2002，第1075、1076、1081页。

③ 艾森斯塔德：《传统、变革与现代性——对中国经验的反思》，载谢立中、孙立平主编《二十世纪西方现代化理论文选》，上海三联书店，2002，第1088页。

④ 艾森斯塔德：《传统、变革与现代性——对中国经验的反思》，载谢立中、孙立平主编《二十世纪西方现代化理论文选》，上海三联书店，2002，第1097页。

从广义上的政治体制文化的视角看，封闭而专制的传统中国政治—经济—社会—文化体系不能抵御体现着强大的西方近代文明的军事攻击，从而使延续了两千多年的封建帝国面临着解体与灭亡的全面危机。在此危难关头，中国共产党在救国救亡的民族主义运动中挺身而出并起到了突出的先锋队作用。由此，中国共产党拥有了建立社会主义新中国的合法地位。而且，在列宁—斯大林主义的无产阶级专政学说的指引下，中国共产党领导下的全能主义国家—政治体系成为了新中国的基本政体。

"社会革命与全能主义政治如果能控制在一定程度以内，在某些时期是能有一定的正面作用和积极后果的。"① 可是，为什么在夺取政权后的和平时期还要发动暴风骤雨式的阶级斗争乃至"文化大革命"呢？

苏中历史的异同可解释其政治道路与政治命运的异同。由于都有过漫长的封建专制经历的传统，相对封闭、落后的经济与社会结构，以及冷战和共产主义意识形态的极端化等因素，使斯大林时代的苏联与毛泽东时代的中国都带有某种极权主义或全能主义的特征。如果不从极权主义或全能主义角度，斯大林主义的"大清洗"与"文化大革命"是难以理解的。

从政治体制文化的角度看，正如邹谠、何炳棣、艾森斯塔德等学者所见，共产党红色中国政体尽管同中国传统秩序及新传统主义秩序之间有着较大的断裂性，但它同传统政体之间"还是存在明显的连续性，特别是在某些价值和取向的层次上就更是如此，这种连续性突出表现在对不同的传统象征和取向的使用，以及对这些象征和取向的支持"。② 因此，无论是在家庭、地区还是官员中的派系，传统的力量和效忠，实际上仍很强烈，并且"对由共产主义政体所建立的制度和组织产生影响"。③

在《中国政治精神》与《中国政治动力》等书中，派伊对延续至今的中国政治体制文化的诸种特征作了细致入微的分析，尽管充满着刺耳的批评，但其中

① 邹谠：《二十世纪中国政治——从宏观历史与微观行动的角度看》，牛津大学出版社，1994，第70页。

② 艾森斯塔德：《传统、变革与现代性——对中国经验的反思》，载谢立中、孙立平主编《二十世纪西方现代化理论文选》，上海三联书店，2002，第1104页。

③ 艾森斯塔德：《传统、变革与现代性——对中国经验的反思》，载谢立中、孙立平主编《二十世纪西方现代化理论文选》，上海三联书店，2002，第1108页。

也不乏真知灼见，兴许可视为苦口良药。譬如，他认为：“出于许多原因，政治文化实际上依然是塑造中国政治的独特重要因素。”① “墨守成规与背道而驰（或直译为‘背叛’）确实构成了现代中国政治的生命线。”② 概而言之，派伊指出了延续至今的中国政治体制文化的根本特色，这就是：“中国政治的动力，可谓处于一种难以调和的张力之中：一方面是领导层所强加的对共识、服从、秩序与正统性的公开义务，另一方面则是干部们对其派系集团的安全以及特殊的关系纽带的私下追求。”③ 很难否认，派伊对中国政治体制文化的深入刻画不无入木三分的确当性。

如果上述勾勒能大致体现传统政体文化对现代政体的重要性乃至决定性作用，那么，关键的问题在于，当今中国如何才能实现从传统政体文化向现代政体文化的转型呢？

三 宪政与公民文化建设对中国政治发展的意义

当今世界已进入了全球化时代，20 世纪 80 年代尤其是 90 年代，全球化特征不仅在经济、通信与技术领域日益突出，而且在社会、文化和思想观念领域也愈益突出。苏联解体与东欧剧变，广大发展中国家的民主实验，使以民主化为主流的政治转型与革新成为不可逆转的世界性潮流。孙中山先生近百年前曾说：“世界潮流，浩浩荡荡，顺之者昌，逆之者亡。”更何况当今所处之以加速度变革的全球化时代！这一时代背景，是我们探求今日中国政治发展所不可忽略的基本前提。

中国政治发展的目标是什么？也许用“民主”或“民主化”尚不足以表达；但若表述为“政治稳定”（类似于历代皇朝的“长治久安”），即使不论其有偏重维护统治政权之嫌，也显得过于模糊。按笔者对政治的基本认识，政治事务主要涉及维护公民权利与政府权力之间正当关系的博弈规则与行为以及由此引发的种种问题。这里所说的“正当关系”，一是指政府保证和维护公民权利与公共利

① Lucian Pye. *The Spirit of Chinese Politics*, New edition, Harvard University Press, 1992, p. ix.

② Lucian Pye. *The Spirit of Chinese Politics*, New edition, Harvard University Press, 1992, p. ix.

③ Lucian Pye. *The Spirit of Chinese Politics*, New edition, Harvard University Press, 1992, p. 197.

益，二是指政府因而获得的统治正当性（或合法性）、权威性与政府主权。如果这一政治意涵具有普适性，在此意义上，政治发展的目标，应着重于第一点（因为它是政府和社会公众普遍追求的目标），即最大限度地维护公民权利与公共利益。如前文所说，民主化的要义就是人民的利益越来越得到促进和维护的过程。而政府改革的目标，在着重于第二点（即维护政府的权威、权能与运作效率与效能）的同时，首先应以保证第一点为前提，尽可能保证与维护社会的公平与正义——因为这是它之所以存在并具有权威与主权的前提。

美国1787年的制宪会议和从中建构的稳定的复合民主制政体的独特经验，表明了优良的宪政基础对于政体的稳定具有决定性意义。而德国战后以来由宪政转型的成功而促成的政治文化转型的成功，对于中国当代政治发展更有直接的启示意义。正如计算机系统需要硬件和软件二元体系的双重配合，宪政建设与公民文化建设的双管齐下，必然对当今中国政治发展产生重大的积极意义。

首先，宪政建设是现代民主政体的基础建设，它影响到整个政体的稳定性和法治水平。什么是宪政？我国宪法学家张友渔认为："所谓宪政就是拿宪法规定国家体制，政权组织以及政府和人民相互之间的权利义务关系而使政府和人民都在这些规定之下，享有应享有的权利，负担应负担的义务，无论谁都不许违反和超越这些规定而自由行动的这样一种政治形式。"韩国学者权宁星则表述了更加简明的观点：宪政是依据保障人权、确立权力分立的宪法而进行统治的政治原理。[①] 可以说，宪政是现代法治化民主国家的立国之本。

对于现代国家，宪政或统治权力的正当性问题尤其具有重大意义。这是由于在现代社会，"国家的扩张强化了社会生活里规约与政治层面的可见性，并鼓励公民要求国家，以行动将一些特定的常规约定合法化"。[②]"现代国家必须拥有足够的权力来培育国家成员所认可的共善，同时这种权力的动员也赋予了国家可怕的造恶潜能。宪政主义是解决这个矛盾的最佳方式。"[③]

只有在实施宪政的基础上，才能建立"法律面前，人人平等"的真正法治秩序，才能确保政府权力与公民权利的正当关系。这是因为，宪政的本质就是限

---

① 参见王叔文主编《市场经济与宪政建设》，中国社会科学出版社，2001，第1~2页。

② 威廉·康诺利：《合法性与国家》，清华大学出版社，2002，第87~88页。

③ 威廉·康诺利：《合法性与国家》，清华大学出版社，2002，第92页。

权。“合法的权力就是有限的权力，而权力丧失合法性的方式之一就是掌权者没有意识到其权力的固有限制。”① 这些限制包括两个方面：第一，正当性规则决定了掌权者享有什么权力，以及他们可以正当地预期被统治者会有什么样的行为。第二，尊重支撑权力规则或权力体制的基本原则，并保护它们免受挑战。②所以说，只有建立真正的宪政政体，才能建立真正的现代法治社会和公民社会。

其次，公民文化建设对于传统政治体制文化的现代转型和公民社会的建设将产生更为直接的作用。在此过程中，自下而上的公民文化建设和自上而下的政治体制改革都同等重要。一方面，由于政治体制文化依然是制约着当今中国国情的重要因素，政治体制改革对社会其他体制的改革与发展必然具有关键性的推动作用。市场经济的培育、法治秩序的建立、公民社会的兴起，都离不开以政治体制改革和转型所带动的国家制度建设。③ 因此，国家制度改革与重建具有极其重大的社会性意义。

另一方面，公民文化建设在推动国家政治体制改革的过程中扮演着不可或缺的角色。毕竟，公民才是国家制度建设的真正主体。正如两千多年前亚里士多德在其奠基性著作《政治学》中所论，人在本性上是政治动物，公民与公民团体从来就是政治行为的主体。在全球性的第三波民主化浪潮中，尽管不同地区不同国家的民主化之路复杂多样，但民间社会或公民社会的兴起与成长却是其必由之路。在此意义上，通过公民文化的建设以培育积极的公民意识与公民资格（citizenship），在积极的政治参与中实现权利与义务的统一，这确实是当今中国政治发展所面临的最大问题，它是逐步限制与收缩国家权力从而理顺国家与社会之间的关系，也是逐步减少政府管制从而理顺政府职能的关键所在。

政治转型和国家制度建设的过程，正是“走出全能主义政治”与构建现代国家的过程，我们必须着重从公民自治的角度积极主动——而不是依赖政府——去构建与培养公民社会。因为政治学意义的“公民社会”概念，是指“保护公

---

① 大卫·边沁：《权力的合法化》，清华大学出版社，2002，第125页。

② 参见大卫·边沁《权力的合法化》，清华大学出版社，2002，第126页。

③ 胡鞍钢等人在近期研究项目中论证，中国需要第二次转型——开创“制度建设时代”，指出：“经济建设已经不再是党的中心工作了。”“以经济建设为中心并不能自动地保证国家长治久安。”而“以制度建设为中心是国家制度现代化的客观需要”——它包括党的改革、全国人大改革、政府改革、司法体系改革等四大政治改革。参见胡鞍钢、王绍光、周建明主编《第二次转型：国家制度建设》，清华大学出版社，2003，第1~22页。

民权利和公民政治参与的民间组织和机构”，“民间性”是其核心意涵。[1] 所以，只有公民团体本身才能推动公民社会的成长，只有公民自治才是维护公民权利与公共利益的根本途径，也只有公民团体才能成为国家制度建设的实质性政治主体。否则，在发展中国家政府忙于大量以经济利益为主的公共事务管理过程中，很难设想政府能大力去弘扬与保证公民资格的公民权利、政治权利与社会权利。[2] 尤其在中国这样一个人口大国，与不少欠发达国家一样，人权意识与观念不仅很笼统，而且还仅限于总体性的生存或温饱的最低水平。而公民团体和以公民团体为主体的自治行为或集体行动的受制约，不仅使公民权利与公共利益的保证与实现常常沦为空话，而且也使政府管制这一“警察”的权位与权能难以削减。

近年来，越来越多的事例表明了公民自治与公民参与对推动中国政治发展与政府改革的重要意义。如方兴未艾的“村民自治”，尽管存在着种种问题与缺陷，但对推动中国的基层民主建设无疑功不可没。许多城市的环境治理与小区建设，公民团体也发挥着日益显著的作用——许多是政府不愿或不能发挥的作用。由“价格听证”而推动的社会听证意识的兴起与听证制度的建立，更表明公民与公民团体的参与意识与能力的提高。这些，都为我国的政治发展与政府改革带来了蓬勃生机。

① 参见俞可平《治理与善治》，社会科学文献出版社，2000，第327页。

② 包括人身自由、言论、思想自由、财产权、获得公正的权利、参与以代议机构为依托的政治权力运作过程的权利、经济福利与安全的权利等。参见褚松燕《公民资格定义的解释模式分析》，《天津社会科学》2002年第3期，第47页。

利益分化：中国渐进政治发展的推动力

王彩波　李燕霞*

利益现象作为贯穿人类社会生活始终的中轴线，其分化过程伴随着社会分工而产生，是人类解放发展的必经阶段。改革开放后，我国的社会变革是以承认利益分化为前提而展开的。利益分化为经济发展带来了无限的生机，更为以民主为长期目标的政治发展创造了社会基础；塑造了有主体意识、参与能力的社会主体，从不同的层面为政治发展提供了巨大动力。当前，我国已经形成了以利益分化为特征的利益格局。如何看待和解决利益分化过程中产生的一系列问题，它为政治发展提出了更为现实的迫切要求。

一　中国社会利益分化的现状与特点

中国的改革发展是以培育和发展市场经济为核心内容的总体社会转型，而利益分化作为市场经济的必要构件必然随着市场经济的壮大与成熟不断发展。我国在改革开放前是根本否认利益分化的，而在改革开放后，利益分化是我国进行改革的必要前提。无论是十一届三中全会以后在农村实行的家庭联产承包责任制的政策，还是十二届三中全会以后在城市实行的转换企业经营机制、增强企业活力的改革都是对利益平均化的打破。“让一部分人和一部分地区先富起来”更

* 作者简介：王彩波，吉林大学行政学院教授，博士生导师；李燕霞，厦门大学公共事务学院政治学系教师。

是对利益分化和利益差别的承认。由于市场化进程的加剧和分配制度改革的影响，也由于体制转轨时期各种非正常因素的影响，我国的利益格局迅速实现了由利益平均向利益分化的转变。就目前我国利益分化的状况看，主要呈现以下特点。

1. 利益分化在广度上发展迅速

在计划经济体制下，我国的政治经济体制单一集中，中央高度集权的政治体制和单一所有结构的经济体制使全国人民的利益凝成铁板一块，过分强调集体利益、全局利益和国家利益，各种利益群体的利益指向单调归一。所有劳动者也几乎都是依靠国家发放的相对平均的工资维持生计。随着市场化改革的不断深入，市场经济创造了各种各样的获利渠道，人们于是“八仙过海，各显神通”，社会成员日益突破原来意义上的群体划分范畴，传统意义上的工人、农民、知识分子、干部四大群体不断分化，出现了以不同职业为主要划分依据的不同的利益群体，如工人阶级分化出了生产性工人群体、服务性工人群体、专业技术人员和管理者群体，农民中分化出了乡镇企业工人、专业户、包工头、小商贩，还有个体劳动者群体、私营企业主群体、自由职业者群体（歌星、影星、律师、自由撰稿人等），靠银行、债券、股票等获利群体等。多样的利益群体获得了国家和人们心理上的承认，不同的利益需求也都逐步通过制度化的渠道得以表达。并且，各个群体在利益调整过程中，不断实现着分化和重组。从而在全社会范围内形成了一个以分化、多元化为主要特征的不断变化的利益格局。

2. 利益分化在深度上的扩展

利益分化在深度上的扩展主要表现在以收入水平为标志的利益差距的扩大。随着市场化改革的推进，个人利益客观存在的现实得到了承认。利益竞争、优胜劣汰使人们之间在物质收益上出现巨大反差，而且由于我国的收入和财富再分配机制等配套措施尚不健全，更加大了人们之间的利益差距。城乡之间、地区之间、不同行业之间、不同所有制之间的不同利益群体的利益差距不断拉大，形成了利益分化在深度上的扩展。

3. 多种利益群体的社会影响和作用由小变大

对多种利益群体的承认，带来了人们利益意识的觉醒和利益观念的强化。利益的驱动使不同的群体逐渐习惯于从各自特殊的立场和观点来看待社会生活和改革中的一切事物，并且有更多的是考虑群体利益的倾向。这是因为，由共同的职业分工、劳动方式、分配方式联结起来的利益群体，必然产生共同的利益感受、共同的利益要求，甚至共同的荣辱观和共同的社会地位，这种共性使每个成员既受到这种意识支配又自觉不自觉地表现出维护利益群体的倾向。这种群体意识和社会观念的强化必然提高利益群体在改革中的影响和作用。

总之，我国已经实现了从整体性利益结构向多样性社会利益结构的过渡，这种过渡以及在这个过程中表现出来的社会成员利益意识的日益发展成熟和理性化，必然为我国的政治发展提供前所未有的机遇和动力。

二　利益分化为政治发展提供动力

1. 利益分化是人类解放发展的必经阶段

人类自身的解放发展是政治发展的终极目标，也是人类社会的最高理想。利益作为同人类社会几乎同时产生的事物，在人类追求解放的过程中经历着自身的变化。马克思主义认为，人类自身的解放和发展概括来讲就是指在生产力极大发展、物质极大丰富、社会普遍公平和公正的基础上，社会每个成员个性的全面发展。说到底人类自身的解放和发展，其目的就是为了满足人们普遍的需求和幸福，为了发挥一切人的潜力，为了一切人的解放。人类发展的每一步始终要以社会和人的普遍利益和需求为核心。也就是说，只有承认每个个体自身的特殊利益，尊重每个个体的特殊利益，社会才能走上正确的发展道路。再者，人类个性的全面发展必须以摆脱人身依附和思想依附为前提，而人身依附和思想依附的最实际保障就是个人经济地位、经济基础的普遍确立和得到合法承认。这样，不仅能大幅提高生产力水平，更能使每个人的主动性和创造性最大限度地发挥出来。

2. 利益分化是以发展为目标的经济演进的必要条件

利益分化起因于社会分工，又使社会分工更加细化、合理化。利益分化这一社会现象自产生之日起就与以生产力水平的提高为标志的经济发展结下了不解之缘。生产力的发展引起了广泛的社会分工，社会分工又是利益分化和多元化的催化剂。法国“社会学年鉴学派”的代表人物杜尔克姆认为，社会利益群体的分化主要是来自社会本身由于人口增长和社会发展而造成的社会分工，因为社会分工而造成的以强烈的集体意识为特征的道德规范，使不同职业的人们在生活经历、生活方式和价值观念等方面的同质性降低，从而削弱了传统社会构成的纽带——集体意识。伴随着集体意识对个人控制的减弱，人们的个性随之膨胀和发展，利益意识渐趋占据主要地位，利益分化便产生了。社会利益分化不仅造成了人们之间的差异，也造成了由于利益多元而形成的人们之间的相互求助和相互依赖。千百年来，社会就是在多元的利益格局的推动下前进发展着，并且，历史证明每一次对个人利益的合理承认都会带来生产力的大幅提高，社会分化更加合理和细致。

3. 利益分化是市场经济的内在要求

在现代社会，市场经济是推动经济发展的最有效的一种经济形态，物质利益原则作为市场经济的基本原则之一，也是推动其全部活动的主要动力。无论是个人还是企业，投身市场经济的主要目的就是获取最大利润，实现物质财富、物质利益的不断增长。同时，社会也以效益、利润、利益等指标来衡量各个市场主体的业绩，从而在客观上决定其社会地位。这种利益机制和利益评价体系必然激活人们对物质利益的需求，唤醒人们的利益意识，这便形成了利益分化的前提条件。市场经济在本质上是一种分散的经济形式，它具有瓦解同质性、整体性社会，促使其分化的内在力量。市场经济的本质是通过市场机制进行资源配置，以市场反映的价格信号来调节社会生产，鼓励优胜劣汰的竞争，推动经济发展。市场经济的上述本质决定了其资源配置方式的基本要素应是依法独立存在的利益主体，这些利益主体无论是个人还是群体，他们都应能够按照自身利益，依据市场信号作出生产和经营决策，并对其结果完全负责。如果否认这些利益主体的存在，市场经济就不能建立和发展起来。市场经济是以平等交换为特征的经济形式。“市场的基础是优势的交换。”① 资源需要通过交换来流动。这种形式的资源流动需以双方承认利益主体地位为前提条件。市场交换是以所有权为前提的。交换的成功必须具备这样的条件，即交换必须在产权明晰、利益边界明确的基础上进行，否则交换无法进行，所以，多元化的利益格局、明晰的利益主体是市场经济得以运行的必要条件。市场经济以契约精神为观念依托。在经济生活多元化的社会里，社会个体利益的自主性、排他性导致利益主体异质化。为求得自身利益

---

① 茅于轼：《生活中的经济学——对美国市场的考察》，上海人民出版社，1993，第250页。

的满足，这些彼此排他的利益主体就不得不通过契约结成利益群体或合作组织，从而使这些异质性的利益群体之间形成一种权利与义务相一致的契约性人际关系纽带。这种契约性人际关系纽带既起到了利益交换和功能互补的作用，又是市场经济的游戏规则和观念依托。

4. 利益分化为以民主为长期目标的政治发展创造社会基础

法国著名的政治学者托克维尔曾在其著作《论美国的民主》中认为："在我们这一代领导社会的人肩负的首要任务是……逐步以治世的科学取代民情的经验，以对民主的真正利益的认识取代其盲目的本能。"① 有史以来，人们对于民主有着无限的追求和向往。从根本上说，政治发展的目标是民主政治的发展，民主是人类共同的价值追求，这种追求和向往并不仅仅因为民主本身，从终极原因来说，追逐民主还有其根本的目的，即利益的实现。

远在民主意识能用文字表达之前，民主的实践就已经存在了。原始社会第一次出现了在今天看来是一种朴素的民主制度；在漫长的封建时代，民主演化为人们头脑追求的理想；直到当今，人类几个世纪的社会发展向我们昭示，民主政治不是一个口号或权谋，而是一个可以落实到社会各个层面的规则。如果大多数社会成员还缺乏一种自觉意识，即从政治上寻求对以市场为主导的经济生活的必然性及其法则加以保护的自觉意识和行为的时候，如果绝大多数社会成员没有把民主政治的价值内容作为日常生活的现实内容渗透于自己日常生活的习惯和行为方式中，那么就不会有民主的生活方式，当然也就不会有民主的社会，更不会有民主的政府、民主的政治。特别是在民主政治生长的过程中，其赖以成长的社会环境，起到了比民主的价值和制度规则更重要的作用。这其中包括广泛的有民主意识和民主参与能力的社会主体及与国家形成良好关系的市民社会的形成。

5. 利益分化塑造了有主体意识、参与能力的社会主体

美国政治学家阿尔蒙德在《比较政治学》一书中，把公民分为政盲、顺政者和参政者三类，并认为在政盲和顺民占绝大多数的政治社会中，民主政治难以实现。只有参与型的公民占大多数的社会才是民主的社会。阿尔蒙德的论述准确地揭示了民主社会对公民自身提出的要求，很难想象在一个政盲和顺民充斥的社

---

① 〔法〕托克维尔：《论美国的民主》（上册），董果良译，商务印书馆，1998，第8页。

会里，民主政治能够得以建立和顺利运行。参与型的社会主体是民主社会得以建立的必要条件和基础。那么，这种参与型的社会主体的品格如何养成呢？可以说，这一历史进程发生孕育在市场经济中，利益分化是塑造有主体意识、参与能力的社会主体的主要力量。

（1）利益分化与主体意识。所谓主体意识就是指公民认识到自己具有独立的人格和地位，不依附于任何势力，能够根据自身的判断和感情参与政治生活，相信通过政治参与能够解决有关问题。这是民主社会的社会主体必备的政治心理。这种主体意识并不是自人类产生就表现出来。在小生产社会往往形成与之相对应的小农意识和小商品意识。“他们不能代表自己，一定要别人来代表他们，他们的代表一定要是他们的主宰，是高高站在他们上面的权威，是不受限制的政府权力，这种权力保护他们不受其他阶级侵犯，并从上面赐给他们雨水和阳光。”① 这种社会意识是民主社会产生的巨大障碍。市场经济的产生，带来了利益的分化和多元化，人的依赖纽带、血缘纽带、等级差别、种族差别等在利益多元合法化面前都被打破了。束缚人的依赖关系逐步走向瓦解，这为人的主体意识的形成提供了基础和条件。我国的改革是先从经济领域开始的。承认利益多元化是在推进市场经济过程中的第一步。多种所有制并存和获利源泉多样化，唤醒了人们的利益意识，人们鲜明地意识到自己作为一个社会主体的存在，产生了应有的价值观和尊严感。与此相适应，人的传统观念、宗法思想、隶属意识也随之退出历史舞台，而代之以反映新社会关系的新思想。这样，人逐渐变成了具有自主性、独立性的人格主体。这是现代民主政治得以产生、发展的先决条件。

（2）利益分化与自由精神。这里指的自由不是哲学意义上的自由，而是政治自由，即依照法律规定，公民可以自由地参加国家和社会的管理，可以对国家大事，对国家机关及其公务员提出批评和自由表达意见的权利。民主和政治自由的关系十分密切，民主以政治自由为基础，公民政治自由实现的程度是一个国家民主实现程度的标志。

分化而产生的多样性是社会进步的动力，其中重要的原因就是：多样性本身就意味着自由，是自由的题中应有之义。利益多元化作为利益分化的结果，同

① 《马克思恩格斯选集》第1卷，人民出版社，1972，第693页。

时，它也创造着更广泛的自由，这样，最终带来的是一种自由的秩序。只有利益的自由竞争才能带来利益的最大化，实现各种利益的最佳协调，并找出调整复杂利益关系的理性原则。对最符合人性和社会进步要求的利益关系的恰当安排，任何精确计算都达不到，只有在自由竞争中实现。利益多元化及自由，并不是造成混乱无序，而是带来一种积极的开放性的自由秩序。① 在这样一种自由开放的秩序中，人的自由精神得到极大的孕育和充分的体现，出于维护自身利益而产生了自由参与政治生活的冲动是积极的、开放的、理性的，这对民主社会主体的形成大有裨益。

（3）利益分化与平等观念。平等观念是现代民主政治的思想基础。正如亚里士多德指出的那样，民主需要自由，而自由需要平等。从某种意义上讲，自由和平等是民主的真正的价值内涵。美国著名政治学家科恩在《论民主》中认为："应该采取内在的平等原则作为国家统治的基石。"② 可见平等观念对于民主国家何其重要。平等观念是市场经济的内在要求。在市场经济社会里，个人之间纵向的身份地位的等级壁垒被打破，等级观念也不复存在，身份也不是获取社会资源的条件之一。人们日益形成独立的利益主体，在各种各样的多元利益面前，任何个人和团体都不能以主宰的身份出现，竞争面前人人平等，规则面前人人平等。平等观念深入人心，并很快渗透到社会生活各个领域，形成新的文化观。这必然有助于传统文化价值的变革。尤其在我国这样一个拥有漫长封建历史的国家，长期形成的强烈的"国家本位"、"官本位"和"义务本位"的倾向以及严重的"臣民意识"，这些都是同质同构的整体利益格局的产物。只有打破这种局面，形成合理的多元利益格局，人们才能从传统的等级壁垒与观念束缚中解放出来，才能塑造出具有平等观念的现代社会主体。"民主政治是商品交换所奉行的自由平等原则在政治上的必然表现，是利益主体分化、多元化在政治上的必然表现。"③

（4）利益分化与妥协态度。从利益的角度分析，人们追求民主制度的动机是因为在大多数时候民主制度能够实现每个人的利益。利益满足是民主的终极目

① 参见林毓生《中国传统的创造性转换》，上海三联书店，1988，第121～122页。

② 〔美〕科恩：《论民主》，聂崇信、朱秀贤译，商务印书馆，1994，第74页。

③ 李淑梅：《现代社会秩序与人的自主发展》，《南开大学学报》1998年第4期，第7页。

的，利益矛盾是民主产生的内在源泉。也就是说，民主实质上是人们不同利益之间协调的产物。在这个协调过程中，免不了有利益之间的相互让步和妥协。因此，妥协的态度是现代民主社会的社会主体应具备的基本品格。

20 世纪世界性的民主实践证明，民主有两个层面的核心，一个是社会成员思想意志权益以及意愿选择的公开表达、公开实践的权利；一个是各阶级利益之间的理性妥协、协同进步，亦即一种相互宽容、兼容、谦纳的良性互动。美国法学家昂格尔认为，在欧洲历史上，君主官僚政治、贵族特权及第三等级之间的利益冲突与妥协对于西欧民主法治社会的成长有关键的意义。多元利益之间没有谁能消灭其他方，必然产生妥协。没有妥协就没有多元的政治利益、经济利益和文化价值的并存，也只有妥协的存在，社会才能以最小的成本获得最大的收益。妥协作为利益主体的一种心态，它是各方谁也不能占绝对优势时达成的状态。拒绝妥协与合作是推行暴力的前奏，也是社会灾难的征兆。“真正的妥协就是综合对立的势力，并把双方观点中精彩的部分以不完整的形式保留下来。妥协不是披上伪装的有条件的投降，它的过程是积极的，因为促进了各方参与的兴致，它的过程也是合乎理性的。”① 这种真正意义上的妥协是利益主体同意同其他利益主体共存合作的结果，是利益分化的产物。

（5）利益分化与参与意识。所谓参与意识主要指社会大众对社会生活，主要是政治生活的关心和介入程度，它是社会民主化的主要内容之一。对于这样一个范畴来说，其性质较其广度更为重要。利益分化从深度的经济领域激活了人们对物质利益的欲求，并赋予了其合法性。在经济领域，利益分化为个人或团体谋求物质利益提供了广阔的空间和机会；在政治领域，利益的独立与多元必然促使社会主体产生利益驱动型的政治诉求，为维护既得利益和新的利益的获得开辟道路。各利益阶层往往通过各种途径影响国家法律、政策的制定和执行，在维护自身利益的过程中强化了参与意识，提高了参与能力。因而由利益多元化培育出的参与意识不是盲目的参与而是建立在自主自愿基础上的参与。这才真正切中参与的实质，才真正为民主发展奠定了坚实的基础。

总之，分化多元的利益格局在瓦解同质同构的传统社会的同时，必然瓦解着具有传统的专制色彩的社会政治意识与文化。在新的经济和社会结构基础上，必

① 〔美〕科恩：《论民主》，聂崇信、朱秀贤译，商务印书馆，1994，第186页。

然塑造出具有主体意识、自由精神、平等观念、妥协态度和参与意识的社会公民。这些社会公民具有很强的自律性，讲求权利和义务相统一，有成熟的责任感。他们所持的政治理想不是乌托邦式的政治完美主义空想，而是通过努力可以使社会政治生活不断迈进更好境界的现实合理愿望，其政治参与情形不是非理性的狂热或极端的冷淡，而是伴随着丰富的理性约束的热情，对公共权威遵从而不盲从。正是这样的公民才是现代社会主体，才能促进民主政治的生成。

三　当前中国制度化建设应遵循的基本原则

当代中国社会的制度规范体系随着利益和社会结构的变化也处于新旧交替的转变过程中，这一转变的实质就是以国家组织为核心的制度规范体系转变为基于社会经济关系的制度规范体系。在这个过程中，必然会经历一段不利于社会整合的艰难时期。新的制度体系尚未建立起来或由于缺乏相应的社会关系基础而不能有效地发挥效力，而新旧社会制度并存往往导致社会的多重规范或制度矛盾。特别是社会经济领域在分化过程中并没有马上形成普遍的制度化的内在驱动力。社会缺乏共同的游戏规则，使得社会整合难度加大。如何顺利度过我国政治发展进程中的这一困难时期，主要途径和关键措施就是尽快完善我国的制度化建设，健全社会游戏规则，这是我国当前政治整合的根本任务。

任何社会制度和政策得以确立和推行，都离不开社会成员对其价值合理性和普遍有效性的认同。合理性的内涵十分丰富，在不同的条件下，其内容有所不同。在我国当前的状况下，合理性应侧重于公正，体现在现实的改革过程中这种公正应以普遍受益和改革成本共担为原则。

普遍受益是社会发展的重要原则。所谓普遍受益是指全体社会成员能够持续不断地得到从社会发展进程的推进带来的好处。其核心内容就是在客观上要求建立相对公平的制约机制。普遍受益是在公平的前提下的社会利益分配，是用一种相对公正的“游戏规则”来制约平衡社会财富的再分配（包括物质财富和精神财富）。在我国改革发展的进程中，经过改革发展的动员后，不可避免地要引起部分社会群体利益的增长以及部分社会成员利益受损，再加之以竞争规则的不规范与不公正，很容易造成部分社会群体的心理失衡，从而演变为政治体制之外的异己力量。这时，普遍受益就成为政治发展的关节点。普遍受益原则提倡的公正并不是回到“大锅饭”的平均主义的道路上去，而是以效率为前提，从社会公正的角度出发，决定每个人的贡献和收益的关系。“一方面，每个人不论贡献如何，最低都应该得到人类社会成员所应得到的东西，至少应得到生存和发展所必需的起码的权利；另一方面，每个人因其具体贡献的不平等而应平等地有相应的不平等的非基本权利。”① 普遍受益原则主张用一种公正的游戏规则来遏制利益分配不公对社会发展的侵蚀。建立健全法律法规等制度化建设，填补规范真空地带，改正规范扭曲部位。综合运用政治、法律、经济、道德等社会控制手段完善社会主义公平机制和公平观念，使以工农大众为代表的社会主体而不是少数人受益，这样社会发展才有了真正的归属感，社会质量才能真正提高。当普遍受益原则，特别是赖以支持普遍受益原则的公平机制成为整个社会的主导价值取向之后，无论是“社会中心群体”还是社会边缘群体，便会越来越多地加入体现普遍受益的体系中，从而有利于一个相对稳定的普遍受益阶层的形成，防止社会出现对立和特权阶层，避免社会解组现象的发生，保证政治的稳定。我们要认识到，在建设中国特色社会主义的进程中，全国人民的根本利益是一致的，各种具体的利益关系和内部矛盾可以在这个基础上进行调整。以普遍受益为原则建立的政治体制增强了政治体系的吸纳能力，更能激发民众的参与热情，推动政治的顺利发展。

对于我国目前的政治发展状况来说，合理性是制度化建设的根基，普遍受益是合理性的现实内容，它有助于我国当前的政治整合与稳定。总之，“以共同富裕为目标，扩大中等收入者比重，提高低收入者收入水平”，从而取得社会成员的广泛认同，减缓我国发展过程中的阻力，尽可能降低改革成本，这是我们政治发展面临的重大任务。

普遍受益原则是针对改革带来的收益而提出的，改革成本共担则是针对改革所付出的代价而提出的，改革成本共担原则是制度化建设的合理性之底线。所谓改革成本共担就是要实现改革成本的小获利群体承担机制到改革成本的大获利群体承担机制的转变。以此为原则来进行我国当前的制度化建设是针对我国当前改革发展出现的具体问题的又一项有力措施。改革成本共担是一项极为复杂的“黄金分割”工程，尤其在改革制度创新时期，改革成本的高昂已迫切

① 王海明：《平等新论》，《中国社会科学》1998 年第 5 期，第 57 页。

要求改革的参与者共同承担改革成本。其基本原则应是：改革成本的分担应与改革的获利水平成正比，即应该让改革的较大获利者承担较多的改革成本。从而改变相当长的一个时期以来，存在着改革的较少获利群体承担改革成本的不合理局面。改革成本共担的具体做法有：发展和完善资本收益税体制，包括遗产税、储蓄利息税、知识产权税、股票交易税等；统一“国民待遇”，对于国有企业、外资企业、乡镇企业、私营企业统一税率；将预算外收入纳入预算管理。

任何发展都需要代价和成本。分担改革成本就像分配改革收益一样是影响社会成员对改革、国家和政治认可度的重要因素，也是我国当前制度化政治整合理应关注的重要内容之一。

后发展国家政治合法性的二元化与政治发展逻辑

赵虎吉*

一 导言：问题、概念与方法

发达国家与后发展国家之间，在政治发展的内容上也许有一系列的相似之处(如民主化等)，但其政治发展进程却有一系列的区别，甚至是根本的区别。比如，发达国家的民主化是一维的过程，即由全体主义（王权政治）逐步走向民主化的过程，而后发展国家的民主化进程并非一维的过程，不仅出现倒退，而且普遍存在着制度规定与实际过程不一致，甚至背离的现象。本文旨在以合法性的视角探讨造成这种状况的主要原因，并探究后发展国家政治发展的基本逻辑。

合法性，是指政治统治的正当性。合法性的实质是国家与社会的关系，即社会成员对政治统治的认同。合法性包括三个要素。一是统治精英与社会成员在政治价值上的共识。二是社会成员对国家权力的形成及其运行程序和规则的认同。三是社会成员对统治有效性的认同。合法性是政治体制得以形成、维持的根源之一，因此也是一个政治共同体稳定、有序的根源之一。合法性是规范与经验，即价值与事实的统一。在价值层面，合法性涉及道德、伦理，即社会正义。在事实层面，合法性涉及政治权力的来源、运行程序和规则及其有效性等。成熟的政治体制是合法性三个要素之间的一致状态，即社会成员在政治价值倾向上的一致，

* 作者简介：中共中央党校政法部教授，博士生导师。

特别是支配者与被支配者之间的一致，政治价值与政治结构及其运行程序的一致，价值、结构与绩效之间的一致。

合法性具有社会历史性。任何一种价值观都不是绝对抽象的、绝对永恒的，而是一种具体的、历史的存在。在农业社会中，与自然经济的封闭性、单一性、自足性相适应，家庭内部的等级化伦理及秩序，泛化为国家范围的政治秩序。在商品经济社会，“契约”伦理及秩序成了合法性的基础。通过选举形成的政治上的交换关系是商品交换关系在政治上的反映。与此相适应，平等、自由、主权在民等理念及平等型政治结构、政治过程的理性化、竞争化和法制化、政治权力的公共化和有效化等成了政治合法性的基础。

政治发展，是指全体主义政治生活方式向民主主义政治生活方式的转换。政治发展也具有规范的含义和经验的含义。在规范层面，政治发展意味着权威主义政治价值倾向向平等、自由、主权在民等政治价值倾向转换并获得确立。在经验层面，政治发展包括四个基本要素：一是等级型政治结构向平等型政治结构转换，二是人格化的政治权力向世俗化、制度化、程序化转换，三是社会成员的无参与或动员型参与向积极、主动型参与转换，四是国家满足社会成员需求的能力增强。

后发展国家普遍面临两个基本历史使命：一是建立独立自主的经济体系，乃至实现现代化；二是建立独立自主的政治体制，乃至实现政治民主化。后发展国家是在特定的发展环境中启动和推进这两个历史进程的。其国际环境可以类型化为“先进—落后”二元结构环境，即后发展国家的经济发展和政治发展是在发达国家的经济发展和政治发展已经达到相当水平的时候才启动的，其起点很低，但有明确的追赶目标或参照系。就经济发展而言，后发展国家的经济发展主要不是创新过程，而是从发达国家采借现代性因素的过程。国内环境可以类型化为“强国家—弱社会”二元结构。“强国家—弱社会”二元结构，是指对各种资源（如经济、信息资源）的占有及组织化水平上的悬殊差异而形成的国家与社会关系。

本文在合法性、政治发展、发展环境的框架内，以中国和韩国为空间范围，以第二次世界大战后至20世纪90年代为时间范围，以规范研究和经验研究相结合的方法，从合法性的视角，讨论后发展国家政治发展进程的特征及其发展逻辑。

二 合法性自身的二元性与政治理念的现实性和理想性

合法性是任何政治体制得以形成、存在和维持的根源之一。政治体系的稳定与秩序是通过政治体系的发展而获得的，也就是它取决于政治体系的合法性。如同货币是市场体系的硬通货一样，合法性是政治体系在整个社会市场中的硬通货。历史上和现代社会政治体系出现的不稳定、冲突或危机，多少均与政治体系的合法性危机有关。[①] 合法性概念在罗马时代产生后，出现过规范主义和经验主义两类不同的界定，经哈贝马斯将两者结合重新界定后获得了学术界的广泛认同。规范主义合法性概念把某种永恒的美德、正义作为合法性的基础。一种统治是否合法，不依赖于大众对它的相信、赞同或忠诚，只要它是符合永恒的美德、正义的，即使他得不到大众的相信、赞同或忠诚，也是合法的，反之亦然。显然这种合法性概念具有非常明显的绝对价值主义倾向。经验主义合法性概念认为："一种统治规则的合法性乃是根据那些属于该统治的人对其合法性的相信来衡量的，这是一个'相信结构、程序、行为、决定、政策的正确性和适宜性，相信官员或领导人具有在道德上良好的品质，并且借此得到承认'的问题。"这种合法性概念依据被统治者是否相信、是否赞同某种统治来确认合法还是不合法。显然，这种定义是以经验为依据，即以事实为依据界定合法性概念的。显然，经验主义的合法性概念只强调政治秩序是否获得大众的支持和忠诚，而不管这种支持和忠诚的价值根据何在。规范主义合法性概念则只强调一种政治秩序应该合乎价值规范，而不管其是否获得大众的支持和忠诚。哈贝马斯批评了两者各自的片面性，并提出了两者结合的合法性概念，强调了一种符合价值规范基础上的支持和忠诚，既有经验性又有规范性，不是两者的排斥，而是两者的辩证统一。[②] 周丕启根据哈贝马斯的定义，进一步将合法性的要素归纳为三个：理念认同、规则认同和有效性认同。[③] 理念是价值体系，是"应该是什么"

---

① 参见许文慧主编《危机状态下的政府管理》，中国人民大学出版社，1998。

② 参见陈炳辉《试析哈贝马斯的重建性的合法性理论》，《政治学研究》1996 年第 1 期。

③ 参见周丕启《政治合法性与政治稳定：战后东亚政治发展中的国家与社会》，北京大学国际关系学院博士学位论文，2000，第 15 ~ 19 页。

的判断标准。规则是指政治主体之间的稳定的关系模式及权力的形成和运行的程序和行为规范。理念规定规则，规则传递理念，理念和规则的一致则规定政治权力的有效性。任何一种成熟的和稳定的政治体制都是合法性三要素之间的均衡状态。

合法性的规范含义，即政治价值，也即政治理念具有理想性和现实性。比如，自由、平等、主权在民等政治理念是人类所普遍追求的政治价值，是民主政治合法性的理念基础，既是人类所要实现的现实目标，同时又是人类所追求的理想。

第一，主权在民理念的理想性与现实性。主权在民原理，是指国家权力来之人民，人民才是国家的主人，由人民来决定国家大事，政府必须遵从人民的意愿。这个原理是民主政治的根本理念，各种民主政治制度是这一根本理念在实际政治生活中的具体体现，而讨论原则、妥协原则、多数原则是衔接这一理念与现实政治制度的主要途径，各种程序、规则则是民主政治制度在实际政治过程中得以实际运行的保障。在现实政治生活中，主权在民原理无法获得完全实现，即人民无法直接参与国家事务，只能通过自己的代表行使权利。实际体现主权在民原理的制度模式大致有四种，即总统制模式、内阁制模式、委员会制模式和人民代表大会制模式。这四种制度模式均是代议制，即间接民主。此外，在任何一种民主政治的制度模式中，少数精英集团实际控制政治权力。从这个角度讲，民主与非民主的主要区别在于以下三点：①精英集团是否经过人民大众的认可或同意而获得权力；②是否定期举行选举，定期更迭领导人；③精英集团与人民大众之间是不是开放的关系，即精英集团中的不合格者是否随时淘汰，人民大众中的合格者是否随时进入精英集团。

第二，平等理念的理想性与现实性。平等意味着相同或相等。平等的内涵涉及社会生活的方方面面，既有政治、经济的平等，又有法律平等、社会平等和机会平等。政治平等主要指选举权和被选举权的平等、参与国家事务权利的平等。经济平等是指大家具有相同的财富。法律平等是指行为规范面前人人平等，即任何人都处于同一规则的辐射范围之内。社会平等是指社会成员都有相同的社会尊严。机会平等是指每个人都有相同的进取机会，即每个人靠个人的功绩获得利益的权利是平等的。我们可以将这些平等按其基本属性，归结为规则平等、机会平等和结果平等。在实际社会生活中，平等只能是相对的，因为实现平等，直接与实现平等的能力有关。能力的差别决定结果的差别，而能力的差别又与受教育程度的差别直接相关。此外，就结果平等而言，如果一味地追求绝对平等就必然失去效率，而片面地追求效率，社会将失去平衡，甚至引起动乱。现实中的平等只能是平等与效率之间的相对均衡状态。

第三，自由理念的理想性与现实性。自由原理的内涵主要表现在三个方面：一是摆脱别人的束缚（消极自由），二是按自己的意愿行事（积极自由），三是行为后果自负。在现实生活中，一个人不受别人的摆布并按自己的意愿行事并不是绝对的，而是有条件的，即一个人的自由度取决于其能力的大小。能力大，自由度就大；能力小，自由度就小。此外，为了不妨碍他人的自由，每个人必须拿出一部分自由给国家，由国家制定行为规范（法律）来规约人们的行为，以建立秩序。任何人的行为都不能超出这个规范和秩序，不然就会受到惩罚，即行为后果自负。

上述三个理念是民主的基本理念，民主政治就是这些基本理念的实现方式。由于这些民主的基本理念本身具有理想性和现实性，民主政治也必然具有现实性和理想性。理想是对可取的或想要的状态的描绘。

理想与现实，既联系又有区别，这似乎是再简单不过的道理。但在政治实践中却没那么简单。萨托利不仅指出了理想与现实的关系，而且尖锐地指出：理想主义民主理论不仅不能实现民主，而且有可能毁灭民主。萨托利认为，理想来自我们对现实的不满，因此从根本上说它是对现实的反映。既然如此，就可以把理想定义为对可取的或想要的状态的描绘。理想注定只能作为理想存在。理想之所以为理想，正是因为它没有实现，因为它超越了现实。理想永远有点狂妄，它永远有点过分。理想本来就应当如此，因为它被设计出来就是为了克服抵抗。正是在不把理想视为现实时，理想才改进着现实。理想只有在同我们保持一定距离时，才会温暖我们的心。报偿往往是在追求之中，而不是在成果之中。理想与观念存在于我们的脑子里，事实和现实则是完全外在的。理想主义把人们所向往的状态描绘成可以逐渐实现的状态。对表面上没有敌人的民主构成威胁的首先是至善论，及理想主义。归根到底，正是那些大而无当的至善论者，他们不是诉诸武力就是诉诸为了目的可以不择手段的信条，或者是对无辜的理想横加指责，从而转向相反的理想。创造理想不是为了“原原本本”地把理想变为事实，而是为了向事实提出挑战。如果不明白这一点，理想终究会被牺牲掉。无节制地提升眼界，只会使现实世界受到报复。“正是人类要把国家建成天堂的努力，使国家成了人间地狱。”①

三 后发展国家合法性的二元化与理想与现实的脱节

政治，意味着建立和维持秩序，而合法的和普遍的强制性约束力是建立和维持秩序的根本保障。强制性约束力意味着支配和被支配，即被授权一方合法地和有效地支配授权一方。在成熟的民主政治体制中，支配与被支配关系的形成及维持是建立在价值共识基础上的，支配与被支配双方在价值趋向上不存在根本性冲突，即价值是一元化的。

后发展国家的经济发展和政治发展过程是在“先进—落后”二元结构环境，即在先进发达国家的示范效应下启动和推进的。因此，其经济发展过程主要不是创新过程，更不是自然历史过程，而是人为地追赶发达国家的过程。其政治发展过程也是将发达国家的先进因素，加以吸收、消化并再创造的过程。在后发展国家，自由、平等、民主等合法性的理念基础，是从发达国家传播而来的，并不是后发展国家原有的。这样，从发达国家传播而来的政治价值与本国原有的政治价值之间形成二元格局。就韩国而言，早在公元9世纪的高丽时代，韩国就将儒学定为国教，使儒学的权威主义价值倾向渗透到社会生活的各个角落。解放后，由于国家的分裂及极端对立的政治理念及政治体制的对立和对峙，南北双方的军事力量在短期内急剧膨胀并经历了残酷的三年内战，几乎所有的成年人均具有军人经历，军事文化畸形膨胀。如表1所示，儒家文化的价值倾向与军事文化的价值倾向之间，有着极强的亲和力。儒家文化的权威主义价值倾向和军事文化的权威主义价值倾向，在战争和准战争的特定环境中结合并被强化，极大地加剧了整个文化的权威主义化。另一方面，随着解放，美军给韩国带来了全新的政治价值体系。1945年9月19日，美军成立军政厅，并宣布军政厅的八项基本原则：①基本政治权力来之于国民；②政治权力执行的政策，由国民通过选举产生的国民的代表决定；③选举，由两个以上政党以竞争的方式进行；④政党必须是国民自发

① 〔美〕乔·萨托利：《民主新论》，阎克文译，东方出版社，1993，第52～53页。

的和民主的政治团体；⑤国民的基本权利必须得到确保；⑥社会舆论必须是不受政府控制的自由舆论；⑦实行法制主义；⑧政府的权力必须分立。从此，自由、平等、民主等成了韩国的基本政治理念，形成了自由主义与权威主义同时并存并激烈博弈的二元化格局。中国的新政权是“枪杆子打出来的”。中国共产党自诞生到夺取政权，一直是在战争中发展壮大的，其主要经验就是军事斗争。权威主义传统文化和军事文化在战争环境中结合并被强化，加剧了权威主义价值倾向。

表1 儒家文化的价值倾向与军事文化价值倾向之间的亲和力

儒家文化	军事文化
长幼有序的序列意识	等级化的序列意识
名分主义	严格的纪律
家族主义	团队主义
重义轻利	英雄主义
朴素辩证法	黑白逻辑

政治理念的二元化导致了制度规定与实际过程的二元化。制度是理念的体现。解放后，韩国按自由主义政治理念，建构了三权分立的中间型总统制的政治制度框架，然而，实际政治过程在权威主义传统政治价值的支撑下，却滑向了权威主义轨道。李承晚执政的第一共和国至全斗焕执政的第五共和国（只存在9个月的张勉内阁政府除外），在长达30多年的时间里，政治制度框架一直是三权分立的民主主义制度框架，而实际政治过程却一直是总统独揽权力的权威主义。国际学术界一般称其为“有限多元主义”。

制度规定与实际政治过程的二元化，又与政治结构与社会结构的二元化密切相关。韩国的政治制度框架，即政治结构是民主主义，然而社会结构却是权威主义结构，这样，民主主义的政治制度框架与权威主义社会结构之间形成二元化状态。在韩国，无论是家庭、学校、社会团体等社会组织，还是政党等政治组织或经济组织，其组织方式和管理方式，即内部秩序都是由儒家权威主义价值体系支撑的自上而下的垂直的和等级化的秩序。然而，政治结构却是平行的、自主的民主主义结构。由此，韩国形成了政治制度层面的民主主义与社会结构层面的权威主义之间的二元化状况。

上述状况的形成，与“强国家—弱社会”二元结构国内环境和“先进—落后”二元结构国际环境紧密相关。

首先，“强国家—弱社会”二元结构是指这样一种状况，即国家占有政治、经济、文化的大部分资源，与社会形成“强—弱”关系；国家的组织化水平远高于社会。解放后，韩国政府接管了日本殖民统治遗留的、占经济总量80%以上的经济资源及庞大的国家机器，在南北极端对抗的格局之下，韩国政府以各种手段严密控制了意识形态。这样，形成了国家与社会关系的“强国家—弱社会”二元结构。

其次，与“先进—落后”二元结构国际环境密切相关。国际环境的“先进—落后”二元结构，规定了后发展国家经济发展具有追赶性、外源性、急剧性、动员性、全面性等特征，而这些特征具有特定的政治要求。

第一，追赶性。这一特征表现在以下几个方面。首先，起点低，但有明确的追赶目标。其次，其发展进程主要不是创新过程，而是从发达国家那里采借现代性因素的过程，采借的是最新或较新的现代性因素，因此，有可能避免“黑暗中的探索”，缩短发展进程。再次，经济发展过程不是自然历史过程，而是对来自外部的挑战的积极回应，是人为地、自觉地追赶发达国家的大规模的行为。追赶性现代化有其特定的政治要求，即要由强大的政府启动和主导发展进程。追赶性现代化不是自然历史过程，而是对来之外部的挑战的积极回应，是突然启动的大规模的行为过程。这种过程只有强大的政府才能有效地启动和主导。

第二，外源性。外源性是指现代化所需的资金、技术和市场在国外。追赶性现代化在短期内需要大量的资金和技术，而资金和技术均在国外。产品的大量出口，即国际市场上的竞争力在现代化的相当一段时期内，主要靠产品的低价格和经济因素之外的特殊条件。因社会经济组织的能力所限，在现代化的相当一段时期内，引进外资和技术的任务只能由政府来承担。资源配置，即如何将资金和技术有效地同生产过程相连接，也要由政府来完成。这就要求政府不仅是强大的政府，同时必须是高质量的理性的政府。此外，政治稳定是引进资金和技术的前提条件。任何外商都不愿在政治混乱的国家投资或转让技术，因为“经济是一朵脆弱之花，不能在大风大浪中生根开花”。此外，对后发展国家来说，低价格是产品大量出口所不得已的政策选择，低价格必须以低工资为条件，而低工资是工人运动的潜在动因。这种状况，一方面要求政府与工人达成一定的共识，另一方面要求政府必须有能力切断大规模的工人运动合法化的可能性，以确保引进资金和技术所需的政治稳定。

第三，急剧性。后发展国家的现代化是短期内的急剧的变革过程。短期内的变革过程必然是解体与整合的矛盾运动过程。由于这个过程是由农业文明向工业文明过渡的革命性的变革过程，它始终贯穿着经济结构、政治结构、社会结构、文化结构的解体与整合的矛盾运动。而这个过程并非“新的来，旧的走”的单纯的和直线的“好事一起来”的过程，而是新旧交织在一起并进行博弈的极为复杂的过程。社会的整合水平、一体化水平不断下降，社会经常面临整合危机和一体化危机，政治稳定经常受到威胁。短期内的急剧的变革过程，又必然导致一系列的不均衡发展，如增长与分配的不均衡、贫富的不均衡、产业间的不均衡、地区间的不均衡、经济发展与政治发展的不均衡。这些不均衡必将导致一系列的不满，进而导致政治不稳定。这个特征要求由强有力的政府驾驭和控制全局和发展进程，确保政治稳定，坚定地、有序地、渐进地推进发展进程。经济发展不单纯是经济总量的增长或经济结构的变迁过程，而是整个社会的重组过程，是解体与整合的矛盾运动过程，是由农业文明转向工业文明的革命性的变革过程，是新与旧交织在一起、交错在一起并激烈冲撞的极其复杂的过程。在这个过程中，能否确保政治稳定是经济发展成功与否的关键。在政治稳定经常受到威胁的发展过程中，唯有强大而理性的政府才能确保政治稳定，以保证经济发展进程的有序推进。

第四，动员性。后发展国家的现代化是由政府自上而下地动员社会，综合使用国力，有计划地推进发展进程的过程。首先，后发展国家的现代化不是自然历史过程，而是由掌握国家政权的政治集团人为地、自上而下地动员社会的过程。其次，是在发达国家全方位的示范效应的影响下，由政府综合使用国力，以求效力最大化的过程。再次，是政府直接介入并主导经济活动和社会发展进程。计划是政府主导经济和社会发展进程的主要手段。这个特征也有特定的政治要求。首先，强大的政府是确定和推行经济和社会发展计划的基本的前提条件。其次，政治权力的高度理性化是设计切实可行的发展目标并确定正确的发展计划的基本条件。[①] 再次，决策程序和过程要科学化。

---

① 关于强政府与经济发展的关系，吉林大学的李晓教授进行了创造性的研究，提出了强政府、制度创新、制度供给、政府替代、政府质量等概念，使笔者获益匪浅。参见李晓《东亚奇迹与“强政府”——东亚模式的制度分析》，经济科学出版社，1996。

第五，全面性。全面性有两层意思：一是由于发达国家的全方位的示范效应，后发展国家自觉地或被迫地将现代化的各项任务同时展开；二是由于发达国家的全方位的示范效应，后发展国家在经济发展过程中始终面临着期望与满足的矛盾，进而面临一系列的政治不稳定。现代化的诸因素，如经济、文化、教育、政治、社会等因素中的每一个因素的发展都将牵动其他所有因素。此外，由于发达国家的示范效应，后发展国家自觉或被迫将现代化的各项任务同时展开。这就要求政府具有强大的能力，有效地驾驭和控制整个发展进程，不至于出现混乱，各项事业有序进行。由于发达国家全方位的示范效应，期望远远高于满足。一方面，期望为发展提供动力；而另一方面，超前发展的，甚至是畸形发展的期望往往成为政治不稳定的重要的潜在因素和社会秩序混乱的重要原因。这一特征也要求由强大而高效率的政府来维持政治稳定并为社会提供社会正常运行所必需的一系列的公共产品。①

上述状况必然使后发展国家陷入两难困境，即在发达国家的示范效应之下，必然面临同时展开经济发展和政治发展进程的压力，而在经济发展的一定阶段之内，经济发展和政治发展很难同步。这种状况进一步强化了政治理想与政治现实的不一致、政治制度规定与实际政治过程的不一致。

四　合法性的二元化与政治发展的逻辑

在规范层面，后发展国家的政治发展意味着权威主义政治价值倾向向平等、自由、主权在民等政治价值倾向转换并获得确立，使二元化的政治理念逐步趋于一元化的过程。在经验层面，政治发展首先是等级型政治结构向平等型政治结构转换的过程。这个过程有三层含义：一是在横向上，不同政治机构逐步分化、专门化和自主化；二是在纵向上，各层级政治机构的自主化；三是横向的和纵向的各政治机构之间的相互制约化。其次，是人格化的政治权力向世俗化、制度化、

① 关于后发展国家现代化的特征，北京大学社会学系的孙立平教授作了广泛而系统的研究。笔者的上述观点得益于孙教授的研究。孙教授的有关研究散见于《论现代化诸因素之间的关系》、《全球性现代化进程的阶段性及其特征》、《后发外生型现代化模式剖析》、《后发外生型现代化研究论纲》、《异质型社会、政治整合、政治稳定》、《权威基础转换的异步性与“权威”真空》等论文。

程序化转换。再次，是社会成员的无参与或动员型参与向积极、主动型参与转换。这个过程以“强国家—弱社会”二元结构的解体为前提。最后，是国家满足社会成员需求的能力增强。

首先，后发展国家的政治发展是逐步实现合法性的一元化的过程。如上文指出，自由、平等、民主等是人类追求的共同价值目标，也是政治合法性的理念基础。社会成员在政治理念上逐步达成共识，即传统政治理念与新的政治理念的一元化，就是后发展国家政治发展的第一个方面。儒家文化的权威主义价值倾向与民主主义的平等价值倾向是不相容的。与民主政治相适应的是积极与消极、感情与理智、一致与分歧处于均衡状态的公民政治文化，而公民政治文化中的这三对关系之间的非均衡恰恰是后发展国家政治文化的普遍特征。消极、感情、一致是传统政治文化的基本特征，而从发达国家移植过来的并与市场经济同步生长的积极、理智、个性化等与传统发生冲突，造成消极与积极、情感与理智、分歧与一致之间的背离，甚至是极端背离。但是，建构与民主政治相适应的公民政治文化，乃至达到政治理念的一元化，并非不可能。市场经济的交换、平等、自由、竞争、规则等基本属性，是连接权威主义传统政治文化与公民政治文化的媒介。

交换是市场经济的基本属性。第一，市场经济是交换的经济。生产者、销售者、消费者等经济生活中的各方是通过相互交换而连接在一起的利益整体。交换中的任何一方都必须尊重对方的利益，都必须遵守为实现整体利益而签订的相互之间的契约。从这个意义上讲，市场经济是合作的经济。第二，市场经济是自由交换的经济。买卖必须自由进行。如果，交易不是在自由地进行，而是由交易双方的本意之外的某种因素控制或支配，那么，这种交易就无法维持。交易的管理者必须严格执行交易规则，有效保护交易各方的自由，交易方可持续、有效进行。第三，市场经济是平等交换的经济。市场经济以等价交换的原则运行，排斥身份、地位等因素的干扰。第四，市场经济是竞争地进行交换的经济，能力的大小等因素产生不同的竞争结果。无视能力、努力等因素，只追求同样的竞争结果，将破坏市场经济的正常运行。第五，市场经济是按严格的规则进行交换的经济。严密而系统的规则对自由交换、平等交换、激烈竞争是生命。竞争越激烈，规则越要详尽、公正而系统，就像交通规则是交通安全的根本前提一样。

市场经济的上述价值倾向，实际上又是市场经济的政治要求。比如，经济上的交换关系要求政治上的交换，如公民与官员之间通过选举进行交换；公民之间、候选人之间在政治人格上是平等的；有选举和被选举的自由；候选人之间和政党之间的竞争必须以详尽而系统的规则来建立秩序等。在儒家文化区，市场经济的价值倾向正在猛烈地冲击着传统价值倾向并在创造新的政治文化。韩国经历30多年市场经济的洗礼后，民主政治价值理念开始获得确立，实际政治过程也开始步入民主化轨道，20世纪90年代初开始普遍实行地方自治。

其次，“强国家—弱社会”二元结构的解体是平等、自由、主权在民等民主政治理念得以实际贯彻的前提。换句话说，在国家占有大部分资源、国家的组织化水平远远高于社会的格局下，即“强国家—弱社会”二元结构格局之下，民主政治理念无法获得实际贯彻。“弱社会”是权威主义得以实际运行的社会、政治基础。唯有在“强国家—强社会”平行结构格局下，等级型政治结构才能转换成平等型政治结构，才能使国家与社会之间的单向影响关系转换成平行的双向互动关系，进而使民主主义的制度规定得以实际运行。目前，我国的政治结构在横向上，党中央、全国人大、全国政协、国务院等机构之间，只有执政党自上而下地对其他各政治机构实行单向的领导和制约，其他机构的自主化水平很低，不存在各机构与执政党之间的互动的相互制约机制。各政治机构的专门化水平很低，特别是人大。人大作为最高权力机构，拥有立法、决策、人事、监督等职能。履行这些职能，需要高水平的专门化。人大各专门委员会的组成人员要专职化，由相关专家组成的专家委员会，协助专门委员会履行其职能。在纵向上，不同层级政治机构的自主化水平很低。执政党和政府的各层级之间，基本上是单向的命令服从关系，尚未形成互动的制约关系。下级组织的行为目标由上级组织的行为目标分解而来，下级组织的权力是上级组织权力的延伸。改革开放之后，特别是1994年的税制改革之后，我国的中央与地方及地方各层级之间的关系发生了很大的变化，地方党委和地方政府的权力量有了大幅度的增加。但是，中央地方关系的基本属性依然是单向的命令服从关系。这种状况，是“强国家—弱社会”二元结构环境的必然反映。

再次，后发展国家的政治发展是逐步实现制度规定与实际政治过程一元化的过程。政治制度，是指各政治主体之间稳定的关系模式及各政治主体的产生方式，如政党制度、政府制度、司法制度、舆论制度等。这些制度（或结构）只能规定或解决不同政治主体在政治过程中的地位、产生方式等（往往以宪法、国会法或人大组织法、政府组织法等形式加以规定）。制度只能规定各政治主体在政治过程中的地位和产生方式等，而这些规定在实际政治过程中得以运行，就需要一系列详尽而具体的程序和规则，如选举程序和规则、投票程序和规则、决策程序和规则等。此外，每一个政治主体在实际政治过程中的每一个政治行为，也需要详尽而系统的程序和规则，如发言程序和规则、表决程序和规则等。只有制度规定，而无程序和规则，制度将成为一纸空文，即“没有程序正义，实体正义无从实现”。从这个意义上讲，程序和规则建设，是民主主义的制度规定与实际政治过程一元化的关键环节之一。我国的实际政治过程与制度规定不相一致的体制内原因就是只有制度规定而缺乏严密而系统的程序、规则。第一，缺乏严密而系统的规则。就政治体制内部而言，主要缺乏选举程序和规则、决策程序和规则（比如人大代表议决某项议案时，一名代表能否就同一个议案发言两次或三次，每一次发言可以讲多长时间等）、监督程序和规则等。第二，规则缺乏封闭性。封闭性是任何一种规则的生命。规则的封闭性是指规则辐射范围的全方位性，即任何人都必须在规则的辐射范围之内。如果有些人必须遵守规则，而另一些人可以不遵守规则，那么规则将失去权威性，人们就会总是想尽方法绕开规则，而不是自觉遵守。目前，我国政治生活中的许多规则缺乏封闭性。

最后，后发展国家以政治合法性的有效性基础弥补合法性的理念基础与程序基础的薄弱。政治体制是合法性的载体，是实现合法性的方式、程序和机制。从理论上讲，政治体制与其合法性基础相一致，就能获得支持和服从，反之亦然。但是，在现实政治过程中，并非总是如此。政治体制与合法性基础不相一致，实际政治过程甚至背离合法性基础也能获得大众的支持。这与政治文化类型有关。村民型和臣民型政治文化对制度上的民主体制而实际过程却是权威主义的政治体制也能提供支持和服从。这种支持和服从是动员性的。此外，在发展中国家，政治合法性的有效性基础，往往能弥补理念基础和程序基础的不足。诸多后发展国家的政治实践充分证明了这一点。“先进—落后”二元结构国际环境，要求后发展国家在政府的主导下，综合使用国力，有计划地积极追赶先进发达国家，以求效力最大化，尽可能在短期内有效地缩短与发达国家之间的差距。这就要求后发展国家在经济发展的相当一段时期内，有效地强化中央政府的能力。在东北亚地区，经济发展较成功的国家（或地区），以政府主导的方式，综合使用国力，以计划为主要手段，成功地启动和推进了经济发展进程，有效地缩短了与发达国家的差距。而国内环境的“强国家—弱社会”二元结构支撑和支持政府主导型发展模式。在这个过程中，由于“先进—落后”二元结构国际环境及发达国家的全方位示范效应，使后发展国家一直面临着全方位同步发展的压力，特别是经济发展和政治发展同步的压力、高期望与低满足而造成的压力等一系列的压力。这种格局使后发展国家的政治发展面临与发达国家完全不同的发展问题，进而使其发展进程也不同于发达国家。在经济发展的相当一段时期内，政治不稳定一直威胁经济发展和政治发展，而政治理念的一元化将是相当长的历史过程，政治组织和政治过程的制度化和程序化水平也远低于社会的期望。在这个过程中，政治稳定在很大程度上依赖于政治合法性的有效性基础，即以经济发展的成就，弥补了合法性的理念基础和程序基础的薄弱。比如，韩国的朴正熙政权明确提出“经济发展第一”，并以各种手段和方式大力强化政府的能力，将影响经济发展的一切因素视为“杂音”（特别是民主化要求），并将其予以排除，其经济发展获得了巨大的成功，并以这种政治体制的有效性弥补了因排除民众的参与要求、缺乏程序正义而带来的政治合法性基础的薄弱，维持了政治稳定。

合法性的理念基础和有效性基础之间是相辅相成的辩证关系。理念基础规定有效性基础的内容和方向。例如，满足共同体成员的需要（而不是特权阶层的需要），是政治体制的基本价值目标。另一方面，有效性基础为理念基础提供实现途径和可能性。特别是在后发展国家，经济发展对终极价值的实现具有决定性意义。随经济发展而增加的财富和教育的普及，改善和提高大众的生活和经济环境，这一过程可以防止大众的极端主义倾向，使他们的价值观更接近于中产阶层，进而使渐进主义和改良主义倾向得以规范化，使民主主义获得现实可能性；这一结果，使社会阶层结构由“宝塔型”变为“宝石型”，扩大了的中产阶层成为社会冲突的缓冲地带；财富的增加、教育的普及、渐进的改良主义价值观的确立，促进自觉的政治参与和自律机制的扩大，由此强化对集权的制约并促进民主主义的发展。①

① 参见西摩·马丁·利普塞特：《政治人——政治的社会基础》，刘钢敏、聂蓉译，商务印书馆，1993，第29~49页。

五 结论

发达国家与后发展国家（特别是儒家文化圈）的政治合法性基础状况，可以类型化为一元模式与二元模式。一元模式，是指合法性基础的单一性及其与政治结构和政治过程之间的一致状况。二元模式，是指合法性基础的二元化、社会结构与政治结构的二元化、政治制度规定与实际政治过程的二元化状况。发达国家的政治合法性基础是自身的政治价值体系“自然”演变而形成的，即政治合法性基础是一元的，社会结构与政治结构是一致的，政治制度与实际政治过程也是一致的。与此相反，后发展国家政治合法性基础则是二元的，即本国的传统政治价值与从发达国家移植而来的政治价值形成政治合法性基础的二元结构。而且这两种价值之间是相互冲突的。建立在二元化合法性基础之上的社会结构和政治结构之间又形成二元结构，即社会结构是自上而下的垂直结构，即等级结构，也即权威主义结构，而政治制度在法律规定层面却是平等结构，即民主主义结构。在制度规定层面，政治制度是民主主义，而实际政治过程却往往是权威主义，这两者之间又形成第三个二元结构。从这个意义上讲，传统的和外来的政治理念融合并创造新的政治理念、社会结构与政治结构的一元化、政治制度与实际政治过程的一元化，就是后发展国家政治发展的主要内容。

在东北亚地区，即儒家文化或汉字文化区，政治发展就是：在政治价值层面，权威主义政治价值倾向向平等、自由、主权在民等政治价值倾向转换的过程；在政治结构层面，是等级型结构向平等型结构转换的过程；在过程层面，是人格化的权力得以世俗化、制度化、程序化的过程；在有效性层面，是不断增强满足共同体成员的需求能力的过程。

合法性三个要素之间的不一致正是东北亚地区的政治特征。东北亚地区的权威主义传统政治价值与外来的民主政治理念的价值趋向存在巨大差异，由此形成政治合法性的二元化。合法性的二元化导致了制度层面的民主化与实际政治过程的权威主义化之间的二元化及制度层面的民主化与等级化社会结构之间的二元化格局。东北亚地区的政治发展过程是传统的权威主义政治价值与外来的民主政治价值激烈冲撞并逐渐融合的过程（并非单向西化的过程），这个过程不是旧的走、新的来“好事一起来”的过程，而是新旧交织在一起并激烈博弈的过程。

后发展国家的政治合法性基础的二元化、社会结构与政治结构的二元化、制度规定与实际政治过程的二元化状况，与后发展国家的“先进—落后”二元结构国际环境、“强国家—弱社会”二元结构国内环境有关。因此，后发展国家的政治发展与缩小国际环境的“先进—落后”差距、转变国内环境的“强国家—弱社会”状况直接相关。

政治民主是复杂而完整的系统。后发展国家的民主化与上述状况密切相关，因此民主化必然是一个历史过程。民主本身是理想与现实的统一体，不能将规范层面的民主和经验层面的民主混为一谈。

珠江三角洲大众媒介的角色变迁

杜　辰*

珠江三角洲地区，作为中国最早进行改革开放、发展市场经济的城市群之一，不仅具有毗邻港澳的地缘优势，而且享有国家诸多政策优惠，其市场经济发展态势良好，市场化程度相对较高，大众媒介的改革开放亦颇得风气之先。本文以报纸作为主要研究对象，采用文献研究法与内容分析法，综合宏观与微观层面，考察珠江三角洲大众媒介在改革开放时期的角色变迁。由于新闻自由与政治民主化之间具有千丝万缕的联系，大众媒介的角色变迁在一定程度上折射出政治发展的轨迹。

全文由三部分组成，第一部分是概览，概括介绍珠三角媒体的基本情况；第二部分以社会报道为焦点，对《南方日报》、《广州日报》与《羊城晚报》进行内容分析；第三部分是结论，在中国媒体整体生态的框架下，总结分析珠三角媒体的角色变迁。

一　概览

市场经济时代，市场化导向在珠三角的媒体运营中十分明显，其中，尤以报纸为最。中国的报业改革始于珠江三角洲地区，广州堪称报业改革先锋：在版面改革方面，打破全国一律的四版格局，引领扩版与改版潮流，带动电脑排版革

* 作者简介：香港浸会大学教师。

新；在经营管理改革方面，借鉴外国经验，推动报纸“发行革命”；至于组建报业集团的实践，更是遥遥领先。广州日报社成立中国首家报业集团，南方日报社和羊城晚报社，亦相继成立报业集团。三大报业集团充分利用比较优势，通过外部合作、兼并与收购，以及内部孵化与繁衍等市场手段，向规模化与集团化的方向发展，奠定珠江三角洲三足鼎立的集团对垒格局，形成激烈竞争的报业“广州模式”。[①]《南方日报》与《广州日报》分别蝉联中国销量最大的省委机关报冠军与市委机关报冠军多年，《广州日报》更成为销量仅次于中共中央机关报《人民日报》的机关报。《南方周末》、《南方都市报》与《21世纪经济报道》作为运营非常成功的跨地区媒体，在全国媒体市场占有举足轻重的地位，《南方都市报》更积极筹划在北京登陆，试图借助与中共中央党报《光明日报》合作办报的形式，将“广东经验”移植至首都地区。珠三角报纸十分注重经济效益，旨在实现新闻规律与市场规律的统一，各大报纸以市场作为新闻改革的推动力，纷纷扩版和改版，开设“投资”、“证券”与“产经”等经济专版；关于经济和市场信息的报道比重不断增加，财经新闻日益占据举足轻重的地位；广告堂而皇之地登上报纸头版，党报亦积极开拓广告资源，广告收入逐渐成为报社的最主要经济来源。

改革开放以来，珠三角报纸的大众化趋势日渐增强，呈现出十分浓郁的人性化色彩与平民化风格。一方面，在传播模式上，逐渐由“传播者本位”向“受众本位”转变，改变过去完全以传播者为主导的局面，日益重视受众的需要，通过受众调查等方式，与受众进行双向沟通，关注百姓焦点与社会热点。在报道方式方面，由单一的宣传灌输扩展为多元的传递信息、普及知识与释疑解惑；在报道重心方面，由偏重上情下达延伸至介绍方针政策、机关工作与反映社情民意并重。另一方面，在传播内容上，日益贴近社会、现实与生活，服务功能日趋增强。报纸不仅出版生活周刊，为民众提供衣食住行等各类服务信息，而且开办周末版和娱乐版，为民众营造轻松休闲园地。《南方周末》追求报纸的可读性，强调标题的醒目性与吸引力；《深圳特区报》力求报道形式的通俗化与报道内容的

---

① 广州日报报社、羊城晚报报社和南方日报报社三大报业集团，形成广州报业竞争结构的核心组合，广州绝大多数参与市场竞争的报纸均从属于三大报业集团，集中度非常高，广州报业向集约化与规模化的方向运行。报业市场份额非但未因竞争集中而减少，反而随本土竞争的纵深化而增加，市场整体规模效益提高，形成以竞争创新为典型标志的广州报业竞争优化模式。参见陈翔《报业广州模式告诉我们什么?》，《新闻通讯》2002年第5期。

大众化；《羊城晚报》立足反映生活、丰富生活，为民众提供信息服务，全力打造“我家的报纸”；《南方都市报》以民众最喜闻乐见的题材作为头版头条；《广州日报》形成生活、休闲“一本通”的立体思维①；《商旅导报》甚至以“广东最完全吃喝玩乐导报”自居。

关注民生、反映民意，是珠三角媒体大众化的显著特点与核心内容。一方面，各大报纸通过读者来信与来电等形式，为读者提供发泄不满情绪、表达批评意见的媒介管道。《南方日报》明确将“反映群众呼声，竭诚服务读者”，“鞭挞腐败现象，弘扬社会正气”，作为1992年“来信来访”专版的具体定位；《珠海特区报》开办“鼓与呼”专版，以倾听群众呼声、反映群众愿望为指导思想；《深圳特区报》增设“读者之声”、“报之友”与“群言”等专版专刊，力图从不同侧面反映社情民意。另一方面，各大报纸通过聚焦市井百态，关注百姓话题，深入民众生活。《珠江晚报》以“面向社会、面向读者、近生活和近家庭”为宗旨；《广州日报》的“都市新闻”版，以关注普通人的普通生活为主题，副刊“珠江”以注重个体精神状况及心灵表达为主旨；《南方周末》以“给弱者以关怀，让无力者有力，让悲观者前行”为己任，在坚持民生立场、注重人文关怀等方面，可谓独树一帜、用心良苦②，其“百姓记事”版，通过真实记述民众苦多甜少的现实生存状况，不遗余力地为民众鼓与呼。

作为第四种权力，珠三角媒体的舆论监督功能有所增强，批评报道成为各大报纸鞭挞社会丑恶现象的舆论武器。其中，《广州日报》的“珠三角新闻”版以舆论监督为主旨；《深圳特区报》特别开设“民主与监督”专版；《珠海特区报》改进时政报道，积极发挥舆论监督作用；《南方都市报》的调查报告每每揭发社会弊案；《南方周末》更是以揭露独家新闻著称，高扬针砭时弊、彰显正义之旗帜，已经成为中国政治民主化进程的“风向标”，于字里行间折射出中国的开放度、透明度，以及高层领导的政治风度。③

---

① 《广州日报》于1999年农历除夕，推出多达40版的“过年完全手册”，全面介绍春节期间广州的休闲娱乐项目；在1999年广州地铁开通之际，增出16版“地铁一本通”。参见薛国林《追求品位，不如先打造品牌——〈广州日报〉的新闻报道特色》，《新闻爱好者》2002年第2期。

② 参见司景新、黄宣传《民生立场和理性力量——析〈南方周末〉的人文关怀》，《新闻采编》2001年第4期。

③ 参见甄雨村《〈南方周末〉变脸引起的思考》，《明报月刊》2002年第5期。

由于本文以报纸为主要研究对象，因此，对媒体角色变迁的考察，多集中于报纸类的印刷媒介。实际上，类似的变化，同样存在于广播、电视与网络等电子媒介之中。作为中国最早以方言主持省级电台、电视台节目的地区，珠江三角洲在学习、借鉴香港节目编排与制作经验方面，可谓得天独厚，表现出非常明显的“港化”特色①，在广电改革方面，居于全国领先地位。广东人民广播电台创办中国第一家经济广播电台、第一家立体声广播电台和第一家省级教育电台，其创办经济广播电台及建设系列台等多项改革举措，成为中国各级广播电视机构竞相效仿的范本。珠江经济广播电台采用“主持人—大板块—直播节目—热线电话”的播出模式，形成饮誉全国的电台“珠江模式”。在集团化建设方面，广东人民广播电台业已成为当时中国省级广播电台中规模最大的广播集团；广东省电视台和广东南方电视台亦联合电视台、有线电视台及有线网络公司等机构，组建广东省广电集团。

珠江三角洲的电台、电视台，一方面，按照新闻规律，锐意进行新闻改革，根据市场需求，竞相更新栏目和调整频道，纷纷开办经济类和服务性的专栏与专业频道；另一方面，依循市场规律，大力推进经营管理改革，开始向组建广电集团、实现规模经营的方向迈进。在新闻改革方面，增加新闻时间，扩大新闻容量，提高新闻时效；在经营管理改革方面，注重市场化运作和集团化发展；在频道与节目改革方面，不仅设立专业频道，而且在节目设置上更加贴近社会、现实与生活，开设“市民热线”等互动栏目。随着传播价值观由政治主导向政治、经济与文化并重的过渡，珠三角媒体逐渐以关注社会民生，表达社情民意，作为基本理念和操作方法，大众化倾向日益明显。

信息时代，网络成为珠三角媒体的新锐力量。目前，南方网、大洋网和金羊网，构成地区性的三大门户网站。三大网站分别以三大报业集团为后盾，纷纷开设“财经”、“证券”、“楼市”与“置业”等理财频道，以及“旅游”、“美食”、“游戏”和“娱乐”等生活服务频道，形成服务大众的理念。基于网络作为虚拟空间所具有的匿名性，与传统媒体相比，网络的言论空间相对较大，自由度与开放性亦相对较高。三大网站通过开辟“社区”与“论坛”，密切关注社会焦点与

---

① 参见肖君和主编《中华复兴的曙光：崛起的珠江三角洲》，黑龙江教育出版社，1994，第239~273页。

热点问题。网络社区试图营造异彩纷呈的虚拟家园，囊括衣食住行、休闲娱乐与情感婚恋等诸多生活层面；网络论坛则有限度地提供抒发个人意见的虚拟天地，在不违背四项基本原则的大前提下，网民往往可以激扬文字，品评时政。

二 《南方日报》、《广州日报》和《羊城晚报》的内容分析

基于报纸作为发展较早的印刷媒介，与晚近兴起的电子媒介相比，可以更好地记录和见证社会变迁，所以本文以报纸作为大众媒介研究的重点对象。由于《南方日报》、《广州日报》和《羊城晚报》，作为“南方”、“广州”与“羊城”三大报业集团的三大“母报”，是珠三角最富盛名和最具典型性的三大报纸，其版面设置与栏目编排的变化，报道表现形式的发展，以及报道内容的变迁，无疑成为弥足珍贵的文本范例，折射出珠三角媒体角色变迁的真实状况。因此，本文将选取《南方日报》、《广州日报》和《羊城晚报》，作为内容分析的样本。

始于20世纪80年代的报业改革，构成中国改革开放的其中一环，并随市场经济的推进而向纵深发展。《南方日报》、《广州日报》和《羊城晚报》的异军突起，无不有赖于改革开放政策的制定与推行，得益于市场经济体制的建立与发展。1982年、1992年和2002年，构成改革开放以来中国发展的三个重要年份。[①] 其间，三大报纸以其特有的方式，记录和见证了中国的巨大转变。本文以10年为间隔，以15天为时间跨度，依次选取1982年、1992年与2002年的11月1~15日，作为研究时段，通过时间序列比较研究，考察珠三角媒体的角色变迁。

本文就三大报纸与社会有关的报道，按照不同的对象内容，归纳为五种主要类型：“法制与法治”、“消费者权益”、“公民权利”、“群众参政议政”，以及“专家建议与代表意见、委员提案”。实际上，上述五种主要类型正是透过大众媒介衡量社会发展程度的五大指标，其中，“法制与法治”构成民主社会的法律

---

① 1982年标志着中国城市经济体制改革的大规模展开；1992年树立起以建设社会主义市场经济体制为目标的里程碑；2002年记载了以和平交接权力为主要内容的十六大的召开。

保障与法理基础；“消费者权益”是消费者群体的主要权益；“公民权利”是民众的最基本权利；“群众参政议政”是普罗大众影响政府施政的主要方式；“专家建议、代表意见、委员提案”是社会精英对国家政策方向施加影响的重要途径。上述五种报道类型，从不同侧面，反映出大众媒介在推动社会发展过程中的角色。本文分别以1982年、1992年和2002年11月的上半月，三大报纸报道内容的分类统计数字为例，具体参见表1。

表1　三大报纸报道内容分类统计数据

单位：篇

分　类	时　间	报道数量			总　计
		《南方日报》	《广州日报》	《羊城晚报》	
法制与法治	1982年11月1～15日	37	34	17	88
	1992年11月1～15日	60	48	32	140
	2002年11月1～15日	61	98	69	228
	小　计	158	180	118	456
消费者权益	1982年11月1～15日	8	25	50	83
	1992年11月1～15日	10	35	41	86
	2002年11月1～15日	43	75	50	168
	小　计	61	135	141	337
公民权利	1982年11月1～15日	12	16	10	38
	1992年11月1～15日	15	34	13	62
	2002年11月1～15日	36	73	29	138
	小　计	63	123	52	238
群众参政议政	1982年11月1～15日	9	9	4	22
	1992年11月1～15日	10	15	8	33
	2002年11月1～15日	11	12	16	39
	小　计	30	36	28	94
专家建议、代表意见、委员提案	1982年11月1～15日	0	2	1	3
	1992年11月1～15日	6	12	3	21
	2002年11月1～15日	22	22	13	57
	小　计	28	36	17	81
总　计	—	340	510	356	1206

按照1982年、1992年与2002年的11月1～15日的时间序列，三大报纸在“法制与法治”、“消费者权益”、“公民权利”、“群众参政议政”，以及“专家建

议、代表意见、委员提案”等五大方面，报道数量均持续上升。

1. 法制与法治

在“法制与法治”方面，1982 年、1992 年与 2002 年的 11 月 1 ~ 15 日，三大报纸的相关报道数量分别为 88 篇、140 篇和 228 篇。其中，1992 年比 1982 年同期上升 59.1%，2002 年比 1992 年同期上升 62.9%，报道数量增长明显。关于“法制与法治”的报道，1982 年 11 月 1 ~ 15 日，以法制报道居多，主要包括违纪行为报道①和违法行为报道②；1992 年 11 月 1 ~ 15 日，出现关于实现法治的呼吁③；2002 年 11 月 1 ~ 15 日，对于法律效力的议论④，以及合法性的探讨⑤，成为法治报道的重要组成部分。1982 ~ 2002 年间，中国的法制建设有所发展，法治程度有所提高，三大报纸报道的侧重点，在一定程度上，亦由法制向法治倾斜，与中国的法治化轨迹相一致。

2. 消费者权益

在“消费者权益”方面，1982 年、1992 年与 2002 年的 11 月 1 ~ 15 日，三大报纸的相关报道数量分别为 83 篇、86 篇和 168 篇。其中，1992 年比 1982 年同期上升 3.6%，2002 年比 1992 年同期上升 95.3%，与 1992 年相比，2002 年同期的报道数量出现跳跃式增长。关于“消费者权益”的报道，1982 年 11 月 1 ~ 15 日，主要集中于消费者的意愿诉求与意见表达⑥；1992 年 11 月 1 ~ 15 日，

---

① 其中，关于基层领导干部因违反党纪政纪而受到处分的报道，构成违纪行为报道的重要组成部分。参见《北京朝阳农场领导干部违反财经纪律，动用公款大吃大喝受到严肃处理》，1982 年 11 月 2 日《南方日报》。

② 其中，关于地方领导干部因以权谋私等腐败行为而受到法律制裁的报道，构成违法行为报道的主要内容之一。参见《继续打击经济领域严重犯罪活动，原广宁县外贸局局长等被判徒刑》，1982 年 11 月 2 日《南方日报》。

③ 参见《不少当事人不敢告不愿告不会告，“民告官”法律要广为宣传》，1992 年 11 月 5 日《广州日报》。该文主要针对“不少当事人不敢告，怕告了反而吃亏；不愿告，怕引起麻烦；不会告，不知往何处告、怎么告”的问题，为广泛宣传《行政诉讼法》进行大力呼吁。

④ 参见《缺失宣传，法律就形同虚设》，2002 年 11 月 3 日《羊城晚报》。该文从《北京市市容环境卫生条例》在宣传与执行方面的缺失，总结出一条教训：“法律制定出来并不是就一劳永逸了，如果没有了对法律的宣传，那么这个法律就形同虚设。”

⑤ 参见《罚是否依法?》，2002 年 11 月 1 日《羊城晚报》。

⑥ 参见《买土煤炉难》，1982 年 11 月 2 日《羊城晚报》；《山区农民盼望啤酒进山》，1982 年 11 月 6 日《南方日报》；《川贝末藏玻璃，一瓶接一瓶；花生糖长幼虫，一袋又一袋》，1982 年 11 月 3 日《广州日报》。

对于假冒伪劣产品的揭露，占有极高比例①；2002 年 11 月 1 ~ 15 日，消费者权益委员会提示与投诉热点评析②成为报道的两大主要方面。一方面，通过商品质量投诉、服务质量批评，以及收费问题探讨等报道，三大报纸对于消费者权益的关注呈现出多元化的倾向；另一方面，对于虚假广告等促销陷阱的披露，以及对于消费者索赔案件的报道，亦逐渐增多，表明媒介在保护消费者权益方面，层次不断提升，作用日益完善。

在三大报纸的报道中，消费者权益委员会是出现次数最多的“准民间组织”。消费者权益委员会虽然具有半官方性质，但却以维护消费者权益、向消费者提供公共服务为主旨，通过发出消费提醒与警示，以及受理消费者投诉等一系列举措，对保护和促进消费者群体利益，发挥积极作用。与之相应，消费者群体也日益为媒体所关注。《南方日报》在 1992 年辟有“消费市场”专版，该版以“消费者之友”自居，内设“评优论劣”、“拾遗补缺”、“五色商品”与“时装橱窗”等栏目，力图为消费者提供丰富、全面的消费指南。

随着市场经济的发展，三大报纸的“维权”报道呈现出日益加强的趋势，消费者权益报道可谓林林总总，无所不包。对于消费者权益的维护，尤其是消费者投诉观念的兴起，体现出市场经济条件下“不平则鸣”的契约精神。然而，除消费者权益委员会相关报道是以消费者群体作为对象外，“消费者权益”报道多以消费者个体作为主要报道对象，反映出消费者在消费意愿诉求与意见表达等方面，仍然处于相对松散状态，尚未发育成为成熟的利益团体。

3. 公民权利

在“公民权利”方面，1982 年、1992 年与 2002 年的 11 月 1 ~ 15 日，三大报纸的相关报道数量分别为 38 篇、62 篇和 138 篇。其中，1992 年比 1982 年同期上升 63.2%，2002 年比 1992 年同期上升 122.6%，报道数量增长十分

① 参见《饲料原料被假冒掺杂现象严重》，1992 年 11 月 4 日《广州日报》；《岂容假冒伪劣中药材坑害消费者》，1992 年 11 月 4 日《广州日报》。

② 参见《彩电故障累坏消费者，消费者权益委员会称谁销售谁负责不必舍近求远》，2002 年 11 月 2 日《广州日报》；《市消费者权益委员会昨天发布今年第九号消费警示，小心“低价促销”背后有陷阱》，2002 年 11 月 7 日《羊城晚报》；《消费者投诉集中五大热点，广东省消费者权益委员会公布今年第三季度全省投诉情况，手机质量高居投诉首位》，2002 年 11 月 5 日《广州日报》，该文对手机质量，汽车售后服务，购房、留学等中介机构的经营资历，教育收费，以及食品、保健品虚假广告等消费者投诉热点问题，进行了权威分析。

可观。关于“公民权利”的报道，1982年11月1~15日，主要集中于教师的权利问题[①]，局限性非常明显；1992年和2002年的11月1~15日，则已经涉及工人、农民与知识分子[②]等多个社会阶层的权利问题，此外，亦对民工与女性[③]等社会弱势群体予以特别关注，表明媒体在捍卫公民权利方面的作用有所增大。

改革开放以来，媒体对公民权利问题，给予空前重视。1992~2002年间，在捍卫公民权利方面，三大报纸的作用日益增强，不仅密切关注社会各阶层的权利状况，而且对社会弱势群体寄予高度同情。在司法层面，通过呼吁、倡导“民告官”法律的普及，以及宣传、介绍“民告官”的诉讼案例，对民众自我权利意识的觉醒，产生一定助力。然而，“公民权利”报道完全属于对社会各阶层具体公民权利的事件性记述与议论，并没有以公民整体为对象，就抽象的公民权利，展开深刻的理论探讨。

4. 群众参政议政

在“群众参政议政”方面，1982年、1992年与2002年的11月1~15日，三大报纸的相关报道数量分别为22篇、33篇和39篇。其中，1992年比1982年同期上升50%，2002年比1992年同期上升18.2%，报道数量不断增加。关于“群众参政议政”的报道，1982年11月1~15日，主要表现为群众对基层

---

① 参见《一宗肆意侮辱教师的严重事件》，1982年11月2日《南方日报》，该文在“编者按”中指出：“人民教师担负着培养社会主义四化建设人才的重任，他们的劳动应当受到社会各方面的尊重。现在，有的地方仍不断发生侮辱、殴打教师，以及任意侵占学校场地，干扰学校正常教学秩序的事情……对这些目无法纪、肆意侮辱教师的人，有关领导部门应当作出严肃处理，以伸张正气，祛除邪气……树立关心爱护学校、尊重教师的良好社会风尚。”

② 参见《由一起房产官司而导致了十四名退休工人无辜被停发退休金》，1992年11月6日《广州日报》，该文在“编后”中认为：“一起房产官司导致了14名退休工人被停发退休金，生活无着。这种事情本来是不该发生的。这显然违反了我国对退休工人的有关劳保福利待遇的规定，也有悖于我们社会主义制度的优越性。希望有关单位及主管部门对此事引起重视，并迅速采取措施予以解决”；《被延期留置又拘留10天，一村民两告番禺公安分局》，2002年11月4日《南方日报》；《广东某计算技术研究所分房报道引起连锁反应，读者陆续来信来访本报，揭露分房亏待技术人员》，1992年11月2日《羊城晚报》。

③ 参见《给外省民工参与竞争的机会》，1992年11月6日《南方日报》，该文就外省民工的不公平遭遇发出呼吁：“南下的外省民工同样是物质财富的创作者，他们有权利获得一视同仁的法律保护、均等的待遇、平等的竞争机会”；《少女拒跳艳舞，夜逃坠楼断腿》，2002年11月2日《羊城晚报》；《为两个弱女子呼吁》，2002年11月3日《羊城晚报》。

干部不正之风的斗争①；1992 年 11 月 1 ~ 15 日，集中体现于群众对腐败现象的忧虑②；2002 年 11 月 1 ~ 15 日，既有群众对地方政府行政失当的批评③，对官场不良风气的痛斥④，也有对政府公共施政的建议⑤，对社会焦点的议论⑥。报道数量的增多与内容的丰富，显示出群众参政议政范围的扩大，以及能力的增强。

三大报纸通过拓展媒介言论空间，对群众的参政议政活动产生推动作用，群众议论国事和品评时政的自由度有所提高。然而，议政报道比例远远高于参政报道比例，说明群众对于国家政治生活的介入，仍然处于较低层面。

5. 专家建议、代表意见、委员提案

在“专家建议、代表意见、委员提案”方面，1982 年、1992 年与 2002 年的 11 月 1 ~ 15 日，三大报纸的相关报道数量分别为 3 篇、21 篇和 57 篇。其中，1992 年比 1982 年同期上升 600%，2002 年比 1992 年同期上升 171.4%，升幅非常明显。在 1992 年 11 月 1 ~ 15 日的相关报道中，有 1 篇“代表意见”报道十分

---

① 参见《纠正不正之风要坚决彻底，群众希望有关单位坚决执行市委关于“立新中”问题的处理决定》，1982 年 11 月 3 日《广州日报》。

② 参见《铲除“人情关系”腐败现象》，1992 年 11 月 3 日《广州日报》，该文以反问的形式直击“人情关系”腐败现象：“为什么我们在反腐败的工作中，一些贪污受贿的腐败现象难以深入清查，不正是人情关系网所维系的肮脏交易使之沆瀣一气，互相包庇在起作用吗？”进而大声疾呼：“铲除人情关系网的腐败现象，须针对存在问题健全工作制度，突出办事公开和民主监督及回避环节，对讲私情，以权谋私的领导应以‘不廉洁’一票否决，以严肃纪律，杜绝‘人情贿赂’，保证领导干部队伍的纯洁。”

③ 参见《朝令夕改的范本》，2002 年 11 月 1 日《南方日报》，该文就某市在摩托车牌照管理规定方面的几经变动，一语中的地指出：“一项政策的出台，是十分严肃的事情，必须经过深思熟虑，反复论证，既要考虑实际，又要顾及民意。而政策一旦出台，就应认真严肃执行。一个政府的信誉，就在于政策的稳定性和执法的公正性。在推进依法治市、信誉立市的今天，摩托车在某市的坎坷经历，可谓朝令夕改的范本。”

④ 参见《不该心安理得承受颂“青天”》，2002 年 11 月 3 日《羊城晚报》；《打破“衙吏”的业余饭碗》，2002 年 11 月 4 日《羊城晚报》，该文对广州市政府关于公开政府信息，并以法规形式进行规范的决定，大加褒扬，坚信“政务信息公开，将会狠狠地打破那些‘师爷’‘衙吏’的业余饭碗，摆正政府与公民之间的关系”，建议市民“把‘熟人好办事’的卑微心态尘封起来，堂堂正正做个对政府知根知底的真正公民，习惯政务信息的公开”。

⑤ 参见《“院长接待日”应当缓行》，2002 年 11 月 3 日《羊城晚报》；《交警持枪且慢叫好》，2002 年 11 月 3 日《羊城晚报》。

⑥ 参见《公共义务不能由企业承担》，2002 年 11 月 1 日《南方日报》；《援助比庇护更重要》，2002 年 11 月 3 日《广州日报》。

引人注目，内容涉及地方人大代表就地方政府干部人事安排发表不同意见[①]；2002年11月1~15日，关于“专家建议”的报道，除专家就城市开发提出建议[②]外，亦包括高级官员就疑难问题咨询专家[③]；关于“委员提案”的报道，除政协委员就公共施政问题，直接提议或发表意见[④]外，多以政府部门回应委员提案的形式间接出现。[⑤]“专家建议与代表意见、委员提案”报道数量的急剧飙升，显示出精英在国家治理中的作用日益增大。

旨在彰显民主党派与中国共产党同舟共济的合作精神，《广州日报》于1992年特别辟有“粤海同舟”专版，内设“政协委员”、“党派精英”、“群贤堂”与“直言录”等栏目，试图为民主党派提供表达声音的媒介场所。

与群众的参政议政相比，专家、人大代表和政协委员等社会精英，对于政府施政的影响力相对较大。实际上，三大报纸在报道数量的增长幅度方面，“专家建议与代表意见、委员提案”报道，两次升幅均大于“群众参政议政”报道，表明在参政议政层面，报纸的关注重点逐渐向精英阶层倾斜。作为政治精英，政协委员可以通过提案，促使政府部门采取一定措施或制定相应政策；人大代表甚至可以质疑地方政府的决议。作为学术精英，专家亦凭借其专业知识，扮演政府智囊角色，通过为政府官员出谋划策，对政府决策产生重要影响。精英阶层对于政治生活的介

① 参见《阳春县部分人大代表来信提出质疑，群众拥护的副县长为何提前调离》，1992年11月6日《南方日报》，全文刊登阳春县部分人大代表的来信，就深受群众爱戴的阳春县副县长蓝汉清在既未辞职，也未被县人大常委会罢免的情况下，以不服从组织分配之名，在调令下达之前，被停止行使副县长职权一事提出质疑，并且表明“希望上级有关领导深入基层，倾听阳春人民对这名副县长的呼声”的愿望。该文在“编者按”中指出，阳江市在蓝汉清的工作调动问题上，既引起当地干部、群众的不满，也得不到县人大的支持，这是有关部门民主意识不强的表现，有关部门必须正视和妥善处理这个问题。

② 参见《南沙开发侵蚀广州仅存湿地？专家建议工业区应让道以发挥湿地的“城市肾脏”功能》，2002年11月2日《南方日报》，该文就南沙开发将引发的生态环境等问题，提出专家建议，认为：“规划中的南沙石化工业区可考虑为广州这最后一块湿地让道，以给湿地一个发展空间。”

③ 参见《六大难题困扰穗司法，司法局长请专家献计献策》，2002年11月5日《南方日报》，该文报道广州市司法局长在司法行政专家咨询组研讨会上，就该市在司法鉴定管理体系、法律援助等方面的六大难题，请专家献计献策。

④ 参见《仍应取消垃圾压缩程序》，2002年11月7日《南方日报》，全文刊登广州市政协委员就解决垃圾压缩站污染问题的意见，认为取消垃圾压缩才是根治污染之法。

⑤ 参见《广州市环卫局回复政协委员提案，建隔音墙降压缩站噪音》，2002年11月7日《南方日报》，该文报道广州市环卫局针对市政协委员“关于垃圾压缩站带来二次污染引起民怨，应改善处理”的提案作出答复。

入，无疑对珠江三角洲的政治民主化进程产生了积极作用。然而，相关报道的主题，基本属于地方政府的具体施政范畴，并未涉及国家大政方针与基本国策等重大领域，精英对社会政治生活的介入，以及对国家政策方向的影响力，仍然十分有限。

综观《南方日报》、《广州日报》和《羊城晚报》在1982年、1992年和2002年的11月1~15日的报道内容，三大报纸在宣传法制和呼吁法治、维护消费者权益、捍卫公民权利、推动平民参政议政，以及倡导社会精英政治参与等方面，虽然存在不足之处，却也发挥了一定的正面作用，并且呈现出阶段性的发展态势。对于报纸的内容分析，在一定程度上印证了珠三角媒体角色的积极变化。

三　结论

市场经济时代，政治力量与市场经济力量相互争夺，形成“拔河”态势。[①] 国家、市场与大众媒介三者之间，呈现出错综复杂的关系格局，媒体空前陷入政治控制与经济驱动的张力之间。[②] 对于传播业属于信息产业的界定，以及对于媒介机构“事业性质，企业管理”的规定，使媒体的经济属性，在政治属性之外获得认可。市场体制转型已经引起媒体政治、经济与社会角色的转变，媒体的权力性质，正在由政治权力向政经权力重叠发展，由“意识形态媒介”向“产业经营媒介”过渡。

商业化作为市场化的重要一环，极大地刺激着媒体数量的增长，部分地促成媒体的多元化。商业化通过将政治约束转换为经济资本，开始改变媒体的动机。[③] 经济利益已经成为媒体的重要驱动力之一，对媒体的业务范围与工作内容产生深远影响。

珠江三角洲作为中国市场经济最发达的地区之一，媒体市场化程度较高，经济利益导向十分明显。作为最早开放的地区，珠三角的媒体改革一马当先，已经取得相当进展，在注重媒体经济效益与市场运作，精简会议新闻报道，力求报道

① 何舟、陈怀林编《中国传媒新论》，（香港）太平洋世纪出版社，1998，第66、95~101页。

② 一方面，大众媒介对推动改革负有不可推卸的意识形态责任，传达中国共产党的意志，遵从国家指令，是新闻媒介获取合法性的政治途径；另一方面，大众媒介成为在竞争市场上自负盈亏的企业，表达人民的呼声，扩大受众市场，是新闻媒介提高利润率的经济途径，以致在与政界保持依赖关系的同时，新闻媒介必须面对许多新的经济压力。

③ Barrett L. McCormick，“Recent Trends in Mainland China's Media：Political Implications of Commercialization”，*Issues & Studies* 38，No. 1，2003，pp. 175–215.

贴近社会、现实与生活等若干方面的实践，无不早于媒体市场化改革、会议新闻报道改革与“三贴近”理论的出台，并且呈现出灵活与务实的特色。

大众媒介对于民主社会，具有两种主要作用：一方面，作为衡量民主社会发育程度的标尺，大众媒介以言论、新闻和出版自由为指标，量度与刻画民主社会的发育状况。另一方面，作为建构民主社会的工具，大众媒介传播信息、提供娱乐和社会教育的功能逐渐增强。珠三角媒体在保护消费者权益、捍卫公民权利、促进市场经济发展与加强民主法制建设等若干方面，发挥着日益重要的作用。大众化倾向的加强，昭示出民众地位的不断提升。媒体对社会民生的关注，有助于民众自我意识的觉醒；对社情民意的反映，有助于公共舆论的形成。

媒体的所有制形态是媒介生态，尤其是媒介权力关系的决定性因素，媒介国有制，在本质上确立媒体作为政府政策与国家意识形态基本工具的地位[①]，规定新闻媒介必须作为“党的新闻事业”和“党的喉舌”而存在，必须坚持“为社会主义服务”和“为人民服务”的“二为”方向。“党的喉舌”作为媒体的优先角色，体现出国家对媒体角色的根本期待和要求。在高度集权的“指令型媒介体制”下，新闻工作的性质、原则与规范是既定的。[②] 媒体的根本属性是“党的新闻事业”，新闻工作的基本原则是“党性原则”，批评报道必须把握尺度，新闻传播始终存在禁区。中国的大众传播领域并非严格意义上的非官方公共领域，公共空间的拓展，必须以“四项基本原则”为不可逾越的系统边界。

新闻自由在法律保障和制度保证上的双重匮乏，造成新闻舆论监督的种种局限，导致批评报道的不发达与深度报道的不成熟，以致媒体在提高政府行政透明度、促进行政信息公开化和推动政治民主化等方面，难以发挥应有作用。珠江三角洲的大众媒介，虽然在传递信息与提供娱乐等方面的功能日益增强，但却尚未真正成为社会的“守门人”，作为媒介主体功能之一的“守望功能”，至今付之阙如。

---

① Stephanie Hemelryk Donald, Michael Keane, and Yin Hong, (eds.), *Media in China*: *Consumption*, *Content and Crisis*, London: Routledge/Curzon, 2002, pp. 4 – 5.

② 中国新闻体制的基本范式包括新闻媒介作为党和人民“喉舌”的原则，以及在中国革命时期形成的“党的新闻事业”的行为规范，该范式确定新闻工作者的基本实践活动：“政治家办报”；政府出资办报；新闻采写必须接受各级党委或党的领导干部的指导与约束，遵守“党的宣传纪律”；新闻稿在发稿前经过部主任和值班副总编审稿，重要头版要经过总编三级审稿，等等，由此构成现存体制的基本因素。参见潘忠党《新闻改革与新闻体制的改造——我国新闻改革实践的传播社会学之探讨》，《新闻与传播研究》1997 年第 3 期。

第三篇

政府改革与政府管理

中国自然垄断产业政府管制机构改革的探讨

——以中国电信产业政府管制机构为例

王俊豪*

一　中国自然垄断产业现行政府管制机构存在的问题

在传统的政府管制体制下，中国的电信、电力、铁路运输和民航等自然垄断产业由对口的政府行政部（如邮电、电力、铁道、民航等相应部局）统一规划和管制，并实行政企合一的管制体制。这些行政部既是管制政策的制定者与监督执行者，又是具体业务的实际经营者。这种高度政企合一的政府管制体制的主要弊端是：垄断经营使企业缺乏竞争活力，生产经营效率低；僵化的价格形成机制不能刺激企业努力降低成本；单一的投资主体使这些产业的投资不足，等等。中国改革开放以来，特别是20世纪90年代以来，在建立社会主义市场经济体制过程中，对原有自然垄断产业的政府管制体制进行了一定程度的改革。如中国电信产业，在相当长的一段时期内，原邮电部既是电信政策的制定者，又是电信业务的直接经营者，实行典型的政企合一的管制体制。直到1994年，原邮电部实行机构改革，把原来主管部内外电信工作的电信总局从原邮电部机关行政序列中分离出来，并在1995年办理了企业法人登记，企业名称为“中国邮电电信总局”（简称“中国电信”）。与此同时，成立了电信政务司，作为电信产业的管制机

* 作者简介：浙江财经学院教授。

构，从而在形式上实行了政企分离。但由于原邮电部在政企分离方面没有进行实质性的改革，电信政务司作为一个部属机构，它首先必须服从原邮电部的意志，因此，电信政务司很难独立化，摆脱原邮电部的束缚。事实上，电信政务司也不具备仲裁资格，显然，当原邮电部系统外的电信经营企业（如中国联通）与中国电信发生矛盾时，肯定不会自愿选择原邮电部所属的电信政务司去申请仲裁。因为电信政务司没有获得此项授权，即使它有仲裁权，由于它属于原邮电部，也难以推翻其上级的决策。这意味着中国电信产业还是缺乏一个真正意义上的专门管制机构。

1998 年，在国务院政府机构改革过程中，在原邮电部和原电子部的基础上，组建成立了信息产业部，作为我国电信管制机构。按照改革目标，信息产业部不从事电信业务经营活动，实现管制职能与电信业务的完全分离。这是对我国电信管制体制的重大改革。信息产业部成立后，积极从事一系列管制活动，并取得了相当大的成效。如制定了 20 多项重要的电信管理法规；实行不对称管制，支持中国联通的发展，支持中国网通、中国铁通等新企业进入电信市场，以培育新竞争企业，在电信产业引入并不断强化市场竞争机制；按照国务院的统一部署，对原中国电信先后两次实行重组，以形成竞争性市场结构；与国家计委共同举行电信价格听证会，接受公众参与和监督。但从国际惯例看，信息产业部还是一个存在明显不足的电信管制机构。

第一，信息产业部缺乏明确的法律地位。虽然在 1998 年信息产业部成立时，国务院对信息产业部规定了 16 项主要职责，国务院 2000 年 9 月公布实施的《中华人民共和国电信条例》第一章第三条规定：“国务院信息产业主管部门依照本条例的规定对全国电信业实施监督管理。”但是，以国务院“三定方案”形式授权的信息产业部，在电信管制过程中缺乏明确的法律地位，也不可能得到法律的充分授权。信息产业部只是国务院的一个工作部门，而不是一个符合国际惯例的、法律授权明确而充分的政府管制机构。

第二，信息产业部缺乏专业管制职能。符合国际惯例的电信管制机构的主要职能是专门对电信产业（或通信产业）的市场进入、价格、服务质量、投资、制定有关法规等实行综合性管制，而中国的信息产业部则不仅管理具有自然垄断性的电信产业，而且管理电冰箱、洗衣机等完全是竞争性的电子信息产品制造业。同时，信息产业部不仅是这些产业的“裁判员”，而且是这些产业的“教练员”，承担着“指导产业结构、产品结构和企业结构调整，指导国有企业重组、组建企业集团”等职能。

第三，信息产业部缺乏相对独立性。根据美国等经济发达国家的经验，电信管制机构应该具有相对独立性，以有利于公平、公正地开展管制活动。但中国信息产业部既受国务院的直接干预，电信产业的一些重要项目（如中国联通独家引进采用 CDMA 技术等）都由国务院拍板，也受国家计委等横向政府部门的直接制约（如国家计委对电信价格调整等具有更大的决定权）。这就使信息产业部难以独立地对电信产业的市场进入、价格、服务质量、重大投资等实行综合性管制。

第四，信息产业部缺乏必要的权威性。电信管制机构必须具有权威性，这是保证管制效率的一个前提条件。可是，信息产业部缺乏必要的权威性，这固然与信息产业部缺乏明确的法律地位有关，但更为重要的是，这和信息产业部与国有大型电信企业的干部任免制度具有密切的关系。根据现有的干部管理体制，不仅信息产业部的主要领导，中国电信、中国网通、中国移动、中国联通等中央直属企业的主要领导都由中央组织部统一任命，而且随着相当一部分信息产业部的领导和这些大型国有电信企业的领导互换岗位，管制者与被管制者的关系也发生了转变，这使信息产业部难以对实际上具有较高行政级别的国有大型电信企业采取有力的管制措施，很难维护管制者的权威性。特别是在省级层次，在政企分离的过程中，许多原有省级邮电通信管理局的主要领导成为中国电信、中国移动等大型电信公司省级分公司的负责人，这就使省级通信管理局更难在这些大型电信公司的省级分公司前面具有权威性。这正如国外一些报纸戏言：“猫想捉老鼠，老鼠比猫大。”

在中国其他自然垄断产业，也不同程度地存在与电信产业相类似的问题。如中国的铁路运输产业，它是中国政府管制体制改革幅度最小的一个自然垄断产业，至今还是实行政企合一的管制体制；中国的自来水、管道燃气等自然垄断产业，基本上是由地方政府垄断经营的，实行政企合一的管制体制。在中国的电力产业，虽然在 2002 年设立了新的管制机构——电力监管委员会，但尚未建立规范的运作机制。因此，这些改革虽然取得了一定的成效，但从总体上看，中国自然垄断产业的管制机构还存在不少问题，例如，由于这些自然垄断产业尚未建立完善的法律体系，这些管制机构缺乏明确的法律地位和必要的权威性；

缺乏一套系统的管制法规制定与实施程序；司法、社会公众监督机制比较薄弱；由于职能繁多，经济职能与管制职能混杂，难以实现专门化管制职能，等等。这些都要求中国在完善社会主义市场经济体制的过程中，深化自然垄断产业管制体制改革，在自然垄断产业设立高效率的、具有相当独立性的政府管制机构。①

二 独立的政府管制机构的优越性

独立的管制机构与通常的政府行政部存在一些显著的区别：一是政府行政部通常具有十多项甚至数十项管理职能，机构庞大而混杂；而独立管制机构的管制职能比较单一，它只当“裁判员”，不当“教练员”，更不当“运动员”。二是政府行政部，直属国家元首或政府总理领导，其负责人通常与国家元首或政府总理具有相同的任期；而独立管制机构的负责人则有较长的固定任期，不能任意免职。三是政府行政部的领导通常是政客，不一定对特定自然垄断产业拥有多少专业知识，而独立管制机构的负责人及其成员通常是所管制的自然垄断产业的专家，具有较为丰富的专业知识。

由于独立管制机构与政府行政部具有上述区别，独立管制机构显示出许多优越性。例如，自然垄断产业具有技术性强、需求复杂多变等特点，而独立管制机构是由相应自然垄断产业的专家组成，因此，独立管制机构能比政府行政部更好地履行管制职能。又如，独立管制机构不受政府领导人的直接干预，能在相当程度上避免政治影响，客观公正地进行管制活动。再如，独立管制机构的职能单一，机构与成员相对稳定，这有利于积累管制经验，保持管制政策的连贯性，有利于企业制定长期投资决策，保证自然垄断产业的长期有效供给。正因为独立管制机构具有这些优越性，许多经济发达国家在自然垄断产业民营化改革时（如英国），或者在民营企业作为自然垄断产业经营主体的情况下（如美国），通常都在自然垄断产业设立了独立管制机构，专司其管制职能。

---

① 当然，综观经济发达国家，无论是美国的管制机构，还是英国的管制机构，其独立性都是相对的，它们不仅受法律的约束，必须认真执行有关法律，而且要接受其他管制机构和司法审查。同时，它们也受新闻舆论和社会公众的监督。对此有兴趣的读者可参阅王俊豪等《美国联邦通信委员会及其运行机制》，经济管理出版社，2003，第 330 ~ 331 页。

三 经济发达国家政府管制机构的设置与特点

许多经济发达国家在自然垄断产业的民营化与政府管制体制改革中，按照有关法律，设立了具有独立性的政府管制机构。以英国为典型例子，表1归纳了英国政府在电信、煤气、自来水、电力和铁路运输产业实行民营化与政府管制体制改革时所颁布的主要法律，对各产业有关改革的重要问题作了规定，并在这五个自然垄断产业设立了新的管制机构。

表1 英国政府对于自然垄断产业的主要法律与重要内容

产业名称	法律名称	颁布时间	重要内容
电　　信	《电信法》	1984年	设立“电信管制办公室”，废除英国电信公司在电信产业的独家垄断经营权，允许该公司向社会出售股份
煤　　气	《煤气法》	1986年	设立“煤气供应管制办公室”，废除英国煤气公司的独家垄断经营权，允许该公司向社会出售股份
自来水	《自来水法》	1989年	设立“国家江河管理局”和“自来水服务管制办公室”，允许10个地区自来水公司向社会出售股份
电　　力	《电力法》	1989年	设立“电力管制办公室”，把电力产业分割为电网、分销和电力生产公司，允许这些公司向社会出售股份
铁路运输	《铁路法》	1993年	设立“铁路管制办公室”，将国有铁路重组为20多家列车运营公司，允许这些公司向社会出售股份

资料来源：Ramanadham (ed.), 1993, *Privatization: A Global Perspective*, Routledge, p. 5; *The British Railways Act 1993*。

由表1可见，英国政府在为主要自然垄断产业制定的五部法律中，都依法设立了独立的政府管制机构（在自来水产业，由于涉及重要的环境管制问题，除了设立“自来水服务管制办公室”外，还设立了“国家江河管理局”，各自从不同方面对自来水产业实施管制）。同时，由负责各产业的国务大臣委任一名总监（Director General），担任政府管制办公室主任。有关法律在规定各个产业管制总监职责的同时，也授予他们相当大的法定权力，如总监与负责本产业的国务大臣协商后，有权发放企业经营许可证，总监还有权根据实际情况修改经营许可证的一些条款。此外，总监还对被管制企业的价格、质量、投资等方面具有较大的管制权力。如果各产业的管制办公室和被管制企业在修改经营许可证条款等方面发生冲突，总监可将发生冲突的事件提交“垄断与兼并委员会”（Monopolies and Mergers Commission）裁决。同时，“公平交易办公室”（Office of Fair Trading）有权监督和调查被管制企业的反竞争或滥用市场垄断力量的行为。而国务大臣则对管制机构与被管制企业的纠纷拥有最终裁决权。可见，英国在自然垄断产业的管制机构，除了各产业新设立的管制办公室外，还包括垄断与兼并委员会和公平交易办公室这两个对所有产业都拥有管制权力的综合管制机构，而在整个政府管制运行过程中，各产业的政府管制总监与负责该产业的国务大臣（特别是总监）发挥着关键性的作用。[①]

美国与英国相比较，属于不同类型。美国从建国以来，民营企业一直在包括自然垄断产业在内的绝大多数经济领域中处于主导地位。因此，美国独立管制机构的设立不仅比英国早得多，而且，数量和规模也大得多。美国独立管制机构的诞生与发展已经历了一个较长的过程。[②] 总的看来，美国独立管制机构的出现和不断增强，在美国法律和制度发展史上是一个重要的事件。支持者认为，独立管制机构相对于司法、立法和行政部门，具有独立性，最重要的是它可以雇用大量专业技术人员，负责特定领域的管制工作，职能单一，专业性强，便于积累特定领域的管制知识和经验——而这些领域靠政治家是无法进行有效管制的。此外，它们能够制定相应的管制政策、设定标准、调解纠纷，对违规行为予以处罚，确定最高限价和最低限价，采取范围广泛而灵活的办法来实施管制，往往根据特定的社会矛盾，采取特定的办法解决问题。[③] 但是，围绕独立管制机构的有关争论，自其诞生之日起就从未停止过。早期争论的焦点集中在三个方面：一是独立管制机构集立法、行政和司法三种权力于一身，是否违反宪法的分权制衡原则；二是独立管制机构有权就自己调查的案件作出裁决，是否违反宪法规定的正当法律程序；三是独立管制机构的独立地位，是否侵犯了专属于总统的行政权力。[④] 进入20世纪80年代以后，争论的焦点则集中于管制的效率问题，并提出了放松

---

① 参见王俊豪《英国政府管制体制改革研究》，上海三联书店，1998，第94~95页。

② 参见王俊豪等《美国联邦通信委员会及其运行机制》，经济管理出版社，2003，第41~44页。

③ 参见 Ernest Gellhorn，Ronald，M. Levin，*Administrative Law and Process*，USA，West Group，1997，p. 2。

④ 参见王名扬《美国行政法》上册，中国法制出版社，1995，第179页。

管制、回归市场的主张，一些批评者认为，政府管制是低效率的，对资源造成了浪费；还有人认为其职责可以更好地由法院来履行。[①] 争论归争论，但从实践看，美国目前仍然有大量的独立管制机构活跃在社会经济生活中，发挥着不容忽视的重要作用，而且并没有迹象将要取消独立管制机构。事实上，正像对美国其他政府机构的批评也往往见诸美国社会一样，批评独立管制机构的声音很难说有更多出奇之处。但历史的经验表明，对公共机构职责及其行为的批评，往往不会导致直接取消这些机构，而是使其进一步完善，尽可能地减少它的弊端，使它更好地发挥作用。从这个意义上讲，美国独立管制机构也是批评的受益者。事实上，就独立管制机构的预算经费和职员人数而言，美国的许多独立管制机构一直处于扩张之中。[②]

英国自然垄断产业的管制机构实行总监负责制，总监具有较大的个人权力。而美国管制机构实行委员会负责制，个人权力较小，委员会通常由 5 ~ 7 名委员组成，委员由总统提名，经国会同意后任命。委员的任期超过总统任期，一般为 5 ~ 7 年，各委员会的规定不尽一致。委员的任期不是同时期满，而是交错期满。一位总统在任期间，不可能任命所有委员。委员会成员必须来自不同党派，任一党派的委员不能在委员会中占绝对多数，以保证委员会免受党派斗争的影响，作出公平的决定。

对于经济发达国家自然垄断产业的管制机构的个人权力问题，在学术界存在较大的争议。[③] 如一些学者认为，由于难以对政府管制的职权范围、违反政府管制的行为作出准确的定义，而且，被管制的自然垄断产业的客观情况在不断发生变化，这些都需要使管制机构负责人具有一定的决策空间，以保证决策的灵活性和适应性。有的学者还详细论证了赋予管制者个人权力是较好地保护管制者独立性的重要条件。[④] 如果管制机构负责人没有足够的权力，凡事都要请求政府部长或其他政府委员，就会给政府过多干预企业提供条件。管制机构负责人拥有一定

---

① 参见理查德 · B. 斯图尔特《美国行政法的重构》，沈岿译，商务印书馆，2002，第 30 ~ 36 页。

② 参见王俊豪《政府管制经济学导论——基本理论及其在政府管制实践中的应用》，商务印书馆，2001，第 19 ~ 20 页。

③ 参见王俊豪《对英国现行政府管制体制的评论》，《经济科学》1998 年第 4 期。

④ 参见 Foster，C. D.，*Privatization*，*Public Ownership and the Regulation of Natural Monopoly*，Blackwell，1992，pp. 258 – 259，395 – 399。

的权限，才能独立地、灵活地制定管制决策。

而许多学者则认为，管制权力应该由一个团体（如美国的委员会）所掌握，不能由个人所控制。[①] 如果把管制权力集中于个人身上，就会形成政府管制个性化。其结果是，如果有能力的人占有管制机构的领导岗位，他们就有可能成为有名的“公共人物”，为此，他们总是要影响由其领导的管制机构的管制风格和行为。而管制权力集中于个人的更大危险则是无能力的人掌握了管制机构的领导岗位，这将会大大影响政府管制的效率。同时，把管制权力集中于个人（各产业的管制总监）手中的一个必然结果是，总监成为特定被管制决策的制定者，而管制机构的工作人员只是为他制定决策提供必要的信息，这就容易造成管制过程的个性化。总监成为公众（特别是被管制企业）注意的焦点。例如，在英国就曾有这样的议论：“注意布赖恩·卡斯伯格（曾任电信管制总监）为狂热地促进竞争做了些什么工作?”“李特查尔德（曾任电力管制总监）怎么会这样不通情达理地要求调整管制政策?”“为什么唐·克鲁克香克（继卡斯伯格任电信管制总监）要毁坏英国电信公司?”[②] 而英国《金融时报》的一篇报道则更好地反映了管制过程个性化的情况：电信管制总监唐·克鲁克香克和英国电信公司总裁伊恩·瓦兰斯爵士之间的“舌战”不断升级，以至于伊恩·瓦兰斯不禁感到诧异：“究竟有什么东西隐藏在这位总监的雄心后面?”而唐·克鲁克香克则向伊恩·瓦兰斯质问英国电信公司的商业道德问题。这样，政府管制政策被管制者的个性所模糊了。[③] 对此，一些学者认为，管制过程个性化所造成的管制风格差异并不一定是不理想的，特别是在英国自然垄断产业政府管制体制改革初期，采用不同的管制方法有助于更好地了解并不断优化管制过程，但随着管制体制的不断完善，就需要强调管制方法的共同性与一致性。[④] 在此基础上，有的学者认为，要减少对各被管制产业所采取的管制方法的不一致性，就应该对现有的管制机构进行合并，首先是对那些管制内容比较接近的管制机构实行合并。例如，可以把英

① 参见 John Kay, “The Future of UK Utility Regulation”, in M. E. Beesley, (eds.), *Regulating Utilities: A Time For Change*? Redwood Press, 1996, pp. 145 – 171。

② Irwin M. Stelzer, “Lessons for UK Regulation from Recent US Experience”, in M. E. Beesley, (eds.), *Regulating Utilities: A Time for Change*? Rewood Press, 1996, pp. 189 – 203.

③ 参见 *The Financial Times*, 24 November, 1995。

④ 参见 John Kay, “The Future of UK Utility Regulation”, in M. E. Beesley, (eds.), *Regulating Utilities: A Time for Change*? Redwood Press, 1996, pp. 145 – 171。

国现存的“电力管制办公室”与“煤气供应管制办公室”合并为一个“能源管制办公室”。这个新的管制机构不仅包括两个现存的管制机构的功能，而且还可以对煤炭产业和石油产业实施某些管制功能。又如，通信技术的迅速发展将使电信、邮政和广播事业的联系变得更为紧密，由单个通信管制机构对这些服务领域进行统一管制也能取得更高的管制效率。①

四 中国自然垄断产业政府管制机构的设立与规范

从经济发达国家的经验看，由于自然垄断产业具有专业技术性强等特点，在近期，适宜在特定产业或相关的自然垄断产业，单独设立精干、办事效率高的政府管制机构，作为专门执法机构。这些政府管制专门机构必须得到法律确认，具有特定的法律地位。同时，由于政府管制必然涉及经济、政治、技术、法律等方面，这就要求向社会招聘一些专家参加政府管制。从而形成由行业管理专家、技术专家、经济学家、法学家等组成的专门政府管制机构。这些管制机构的基本特点是：①根据《电信法》、《电力法》、《铁路法》和《民航法》等法律而设立，具有明确的、权威的法律地位和相对独立性，并通常直接向国家最高立法机构负责。②职责明确而专一，主要包括：以法律为依据，制定具体的管制法规；颁发与修改企业经营许可证；对服务价格与服务质量实行管制；协调和裁决企业间的矛盾；监督与制裁企业的不正当竞争行为，维护公平竞争；接受并处理消费者投诉，等等。③通常以特定产业的技术、法学和经济学等方面的专家为管制机构的领导者。由于这些管制机构具有法律地位明确、管制职能专而精、专业技术和独立性强等特点，因此，它们受政治干预较少，比政府行政部能较好地履行对特定自然垄断产业的管制职能。

中国加入 WTO 后，自然垄断产业也将逐渐对外开放，根据公平竞争原则、透明度原则等，中国在自然垄断产业应设立独立的管制机构，这些管制机构与经营企业完全分离，且不对其负责，管制机构使用的决定和程序对所有竞争企业都是公平、公正的。这要求政府的管制职能不仅要与经营职能分离，而且政府的管

---

① 参见 Dieter Helm, “British Utility Regulation: Theory, Practice, and Reform”, *Oxford Review of Economic Policy*, 1994, Vol. 10, No. 3。

制职能也要与一般经济职能分离。在自然垄断产业设立独立的管制机构，有利于实现管制职能的专门化，客观、公平、公正地制定与实施管制法规。因此，中国加入 WTO 后，客观上以“倒逼”的方式要求中国加快自然垄断产业管制体制改革，设立符合国际惯例、权威性强、高效率的管制机构。

借鉴经济发达国家的基本经验，中国自然垄断产业的管制机构也应当具有明确的法律地位，并得到法律授权，拥有准立法权、行政权和准司法权。其准立法权通常包括三个主要方面：一是在一定的法律框架内，制定行政法规。由于管制机构管辖的事务大都属于专业性很强的事务，较之一般性行政事务，尽管政治性较弱，但往往技术性很强，复杂多变，因而立法机构往往缺乏足够的能力制定详尽的法律，通常只能作出一些原则性规定。而管制机构则根据法律框架制定详细、可操作的行政法规，以实现立法的目的。可见，管制机构制定的行政法规实际上是有关法律的实施细则，应该与法律保持一致。二是制定标准。有关法律对调整对象往往只规定一个原则性很强的标准，而管制机构则要根据这种原则标准，制定更具体的、可操作的执行标准。例如，有关法律规定自然垄断产业的管制价格必须公平合理，维护消费者的利益。据此，管制机构就要制定具体的管制价格标准。三是管制机构可以而且往往应当提出立法建议。在设立管制机构的有关法律中，通常规定该机构就其管辖事务，应向立法机构提出制定法律或修改法律的建议。当然，这种提出立法建议的权力，只是管制机构利用自身的专业能力和管理经验，辅助立法机构进行立法活动，本身并不是立法。这些立法建议在完成全部立法程序前，并不具有真正的约束力。

同时，管制机构的权力不限于制定抽象的规则，处理具体事务、裁决具体的争议、运用抽象的规则于具体事件，这就是管制机构的行政职能。例如，管制机构要求被管制对象提出报告，进行调查，批准某些行为，禁止某些行为，追究某些违法行为。如果不行使具体的行政权，管制机构就无法履行自己的职责。因此，管制机构在很大意义上是一个行政管理机构。

此外，管制机构对其管辖的对象是否违反法律，有裁决的权力，即准司法权。例如，电信管制机构对电信公司是否违反互联互通规则、收费是否合理可以进行裁决。这种权力具有司法性质，本来应当属于法院的管辖范围。但是，由于管制机构的管辖事务具有很强的专业性和技术性，一般法官缺乏这类专业知识和能力。因此，有关法律把这类法律争端的裁决权，授予执行该法律的管制机构行使。行使准司法权是设立管制机构的一个重要原因。

自然垄断产业管制机构的各种权力是通过其具体职能反映与实施的，其主要职能包括以下几个方面。

第一，制定具有普遍适用性的行为规则和管制标准。管制机构通过发布条例、规章，规定具有普遍适用性的行为规则和管制标准。行政条例和规章具有法律效力，相对人必须执行，违法者将受到制裁。制定条例、规章和标准是管制机构最为重要的职能。

第二，颁发和修改企业经营许可证。管制机构根据具体自然垄断产业的需求与供应能力、企业的资质等因素，颁发企业经营许可证。经营许可证实际上是管制机构与企业间的一种合同，应详细规定企业应当承担的各项义务，以及在价格、服务质量、公平交易等方面的业务规范。同时，管制机构还应根据具体产业的发展状况和供求变化、技术进步等因素，修改经营许可证的部分条款。

第三，实行进入市场的管制。自然垄断产业民营化与管制体制改革的一个重要目标是促进竞争，充分发挥竞争机制的作用，这要求允许新企业进入产业；另一方面，自然垄断产业具有较显著的规模经济和范围经济，这又需要控制进入产业的企业数量，以避免过度竞争。这要求管制机构合理控制进入壁垒，对进入市场实行管制。这种管制实质上就是控制发放经营许可证的数量和时间。

第四，制定和监督执行管制价格。管制机构应根据具体自然垄断产业的成本状况、科技进步、提高生产效率的潜力等因素制定管制价格，并周期性地实行价格调整，以刺激企业提高生产效率，并将因效率提高而带来的部分利益让渡给消费者。

第五，监督并惩处企业的不正当行为。管制机构应对企业的经营行为实行监督，如发现企业违反经营许可证所规定的条件、服务标准或其他应遵守的规则，管制机构可以中止许可或吊销其经营许可证。管制机构还可以发表禁止令，禁止有关企业采取不正当的竞争行为和各种欺诈行为。禁止令应详细规定被禁止行为的界限、范围，相对人如果违反禁止令，可申请法院实施强制和制裁。对管制机构而言，这是一种非常有用的管制手段，能够针对各种违法行为迅速采取措施，避免对经济和社会造成大的损害。此外，管制机构还可通过判付赔偿金，迫使责任人承担相应的经济责任，促使责任人实施一定行为或不实施一定行为，或改变一定行为。由于行政裁决赔偿程序比法院裁决程序简单、经济、迅速，因而能有效地实现管制目标。

第六，调查和公开信息。管制机构可对违规的企业进行调查，并公布其违规行为，如违反产品质量标准、安全标准等。公布这类信息，能够对违规企业的生存和发展造成极大威胁，有时甚至迫使违规企业陷入破产倒闭的境地。如美国安然公司、世界通信公司等企业造假丑闻被曝光后，这些企业立刻陷入了灭顶之灾。显而易见，公开市场信息将产生极大的威慑力，也是管制机构的一项重要职能。同时，公布某些信息，也有利于保护消费者的合法权益，有时，管制机构为履行职责，还可以强制企业公开其有关信息。

行政审批制度改革与政府职能重新配置

彭向刚*

党的十六大报告指出，要进一步转变政府职能，改进管理方式，“形成行为规范、运转协调、公正透明、廉洁高效的行政管理体制”。改革行政审批制度是适应世贸组织规则和社会主义市场经济体制的要求，是深化行政管理体制改革的重要内容。

一 行政审批的含义和特征

关于行政审批，虽然在我国社会生活中司空见惯，但关于它的确切含义，目前尚没有明确的界定。一般认为，所谓行政审批，就是行政机关在其管理权限范围内，根据有关政策和法律、法规，对行政相对人提出的申请事项进行审查并决定是否同意申请人的申请的过程。如果批准其申请，就意味着授予申请人从事申请名下的活动的资格或权利。行政审批既是一种行政执法行为，又是一种行政管理方式。它一般包括受理、审核、核准和备案四种形式。在立法上，行政审批常被称为行政许可。从行政法的角度看，行政审批有这样几个主要特征：第一，行政审批的主体是依据法定授权，有相关管理权限的政府行政机关。第二，行政审批是一种依申请的行政行为，也就是说，相对人申请是启动行政审批程序的前提。第三，行政审批一般以法律的禁止为前提。第四，行政审批具有解除法律禁

* 作者简介：吉林大学行政学院教授、博士生导师，博士，吉林大学社会科学处处长。

止的效力，行政主体一旦批准了相对人的申请，相对人便获得了从事批准领域活动的资格和权利。[①]

行政审批是当今世界所有国家普遍采用的一种施政方式，但在不同国家、不同时期，行政审批的特点、作用是不同的。在西方经济发达国家，由于法制化程度较高，行政审批具有三个特征：一是审批比较规范。审批要有法律和政策依据，审批是依法审批、按章审批。政府的审批权受到法律的限制和制约，审批人员的自由裁量权比较小。二是审批范围小，审批事务少。总体情况是这样，当然，西方国家也不尽相同。例如，日本政府的审批事项比美国政府的审批事项要多一些。三是审批在行政管理中的作用比较小，仅仅是一种辅助性的管理方式。政府主要运用经济手段和法律手段进行社会管理。

二 中国行政审批制度的产生

在我国，行政审批作为一种行政管理手段，源于计划经济体制。在计划经济体制下，行政审批是国家管理、控制经济及社会生活的一种非常重要的手段，所以计划经济又被称为审批经济，意指经济活动的任何一个环节都离不开审批的作用。深圳行政学院行政管理教研部副教授卞苏徽认为，行政审批制度是计划经济的行政遗产。[②] 计划体制下行政审批制度的特点是：审批范围广、环节多；审批受法律的制约性小，审批者的自由裁量权大；审批成为政府实施政务的主要方式。审批的作用主要有以下几个。

第一，配置资源。计划经济体制的一个典型特征是政府以行政手段配置资源，批项目、批资金、批物资成为计划体制下政府经济管理的重要内容。计划和审批都具有配置资源的功能与作用。不过，计划和审批在配置资源方面也有区别：一方面，作用强度不同。计划是主角，审批是配角。审批方式是计划方式的一种补充。另一方面，启动机制不同。计划是政府对企业和社会的主动性限制，审批是政府对企业和社会的被动性限制。政府的计划通常以行政命令形式下达，对资源配置具有强制性、无偿性和无条件性，企业无论同意与否都必须执行。行

① 参见王克稳《行政审批制度的改革与立法》，《政治与法律》2002 年第 2 期。

② 参见卞苏徽《审批制度改革：深圳的经验与启示》，《北京行政学院学报》2000 年第 3 期。

政审批却以管理对象的申请为前提，一般由管理相对人主动提出。问题在于计划经济条件下，许多资源都要靠政府审批去配置，审批权力无所不在。

第二，确立经营资格。在计划体制下，所有进入生产经营领域的企业都必须自觉地寻找“婆婆”，即按照生产经营的项目和范围寻找一个行业主管部门，由该行业主管部门审批后再申请注册登记。如果其生产经营项目和范围涉及几个行业主管部门，应由各行业主管部门分别审批；如果自己不能确定行业主管部门，应由政府指定行业主管部门，再由指定的行业主管部门进行审批。所以计划体制下的每一个企业都必须有自己的行业主管部门，否则，不能确立经营资格。

第三，控制社会生活。计划经济体制的另一个典型特征是行政控制。企业的一切事项都要由政府决定，企业只是政府部门的附属物，没有自主权。各行各业的大小事项都要经过政府部门审批。计划经济社会就是在行政审批制度下运行的。从人口的流动、升学、就业、调动工作，一直到购买日用消费品，都必须经过审批。可以说，计划体制下百姓的衣食住行须臾离不开政府的行政审批。

行政审批制度作为计划经济的行政遗产，曾经是计划经济时期政府履行职能的基本方式。传统的审批制度体现了计划经济体制下政府与企业、政府与社会的关系，反映出政府对社会事务实行的是一种直接的、微观的、无限的管理。

三 中国行政审批制度存在的主要问题及其危害

随着我国社会主义市场经济体制的逐步建立，从旧体制延续下来的行政审批制度的弊端日益暴露出来。我国目前规定行政审批的文件之多、审批范围之广、审批事项之细、审批权力之大、审批程序之繁、审批效率之低、审批成本之高，已成为行政审批制度中相当突出的问题。

第一，审批事项太多，审批范围太广。审批几乎涉及了所有行业和主要社会经济活动，与此相适应，政府的审批机构多，审批人员多，审批工作量大，审批在政府的管理活动中所占比重很大。审批成为政府行政管理的主要方式。而在市场经济条件下，应充分发挥市场配置资源的基础性作用，政府既不应该也没有必要审批这么多事项。审批不应该成为政府的主要管理方式，政府应该从繁多的不该管也管不好的事项中解脱出来。

第二，许多事项审批环节太多，审批时间太长。重复审批、多头审批、层层审批的现象十分严重，直接导致了政府工作和社会生产生活的低效率，这种多部门、多环节、长时间的审批很难适应市场经济竞争性、效率性和市场主体自主性的要求。

第三，审批不规范。规范化的审批一般应符合三个要求：一是要有政策、法规依据；二是要有审批条件和审批程序保障；三是审批要公开化，受到法律和公众的监督与制约。但现在许多审批事项缺乏政策和法规依据，不是依法审批、按章审批；审批的内容、条件、程序不明确，许多审批只规定了一些原则性条件，这种审批条件的模糊性，使审批人员的自由裁量权和随意性过大，容易形成不正当、不公正的审批；审批缺乏公开性，致使许多审批带有很大的不透明性和盲目性，容易滋生腐败。

第四，一些审批部门存在重审批、轻监管的现象。轻监管主要表现在两个方面：一是重审批权力，轻审批责任和审批义务。对审批行为缺乏严格的监督和有效的约束，一旦出现违法审批、违纪审批、该批不批等情况，不易或无法追究审批部门和审批人员的责任。二是重审批环节，轻市场监管。对审批之后的执行情况缺乏必要的后续监管，往往是一批了事，甚至把审批当作谋取部门利益的手段，只管在审批中收费，不管实际经营活动是否合法。很多社会经济问题实际上就是只批不管的结果。电视传媒对某些地方乱采乱挖和经营假冒伪劣商品的活动，在报道中只限于追究是否经过有关部门的审批，似乎只要经过政府审批，有合法的经营证照或向政府主管部门缴纳了各种税费，其非法行为就合法化了，这种误导性宣传产生了非常恶劣的社会影响。

存在上述问题的审批制度，带来了一系列危害。对此，苏州大学法学院副教授王克稳有过比较详细的论述。①

第一，导致政府职能的错位。政府职能的重心定位在审批上，必然弱化社会管理职能和忽视后续监管。在市场经济条件下，政府的主要职责应该是提供公共产品，如国家安全和社会公共安全的保障、自然生态环境的保护、重大基础设施的建设、市场竞争秩序的维护、社会弱势群体的救助等，这些都是市场不能有效供给的产品。向社会提供公共产品的职能决定了政府在市场条件下活动的范围和空间，即政府只能在市场失灵的领域活动。凡市场可以有效供给的领域，政府都

---

① 参见王克稳《行政审批制度的改革与立法》，《政治与法律》2002 年第 2 期。

不应当介入和干预。而目前政府大量的行政审批都集中在企业正常的生产经营范围，存在于市场可以有效调节的领域，这就导致了政府职能的错位。目前社会治安隐患丛生，重、特大安全事故不断发生，生态环境严重恶化，水土流失，土地沙化，生物多样性遭到毁灭，沙尘暴频频光顾，市场竞争无序，假冒伪劣产品充斥市场，大量下岗失业人员缺少救济与保障等，这些现象的产生除了历史的特定原因外，也在一定程度上综合反映了政府职能错位的情形及其后果。

第二，使政企分开难以实现。政企分开是我国经济体制改革的核心，也是我国经济体制改革的难点。在政企关系这一对矛盾中，政府是矛盾的主要方面，政府如果在企业生产经营活动中的每一个环节都实施管制，那么企业就无法摆脱政府的束缚而走向市场。广泛存在的行政审批的绝大部分都是对企业正常经营活动的干扰，犹如一道道不可逾越的屏障将企业与市场分隔开来。复杂的审批程序和过高的审批门槛严重影响着社会的投资积极性和企业与市场的良性互动，既增加了经济活动的“政治成本”，又使市场经营主体无法对市场信号作出自主、及时的反应。很多市场商机在马拉松式的、不负责任的行政审批中错过了。

第三，限制了市场竞争，阻碍了统一市场的形成。市场之所以充满生机与活力就是因为有竞争，而竞争的本质就是由消费者来选择和决定经营者。而实践中不少行政审批完全沦为地方保护、行业垄断的一种手段。行政审批作为市场准入手段限制了市场主体的进入。在市场主体不能自由进入市场的情形下，市场在这个领域便失去了竞争，消费者便失去了选择的自由，因而市场就不能优胜劣汰，消费者也只能接受质次价高的商品或服务。这就是为什么在我国出现打一秒钟的电话得付三分钟电话费，邮寄信件丢失不论价值只赔邮资，列车、航班晚点或延误给乘客带来不便和损失概不赔偿，逢上市场供不应求时随意涨价斩客等不合理、不公正现象的原因所在。

第四，造成了资源的闲置和浪费，容易产生“权力寻租”等腐败现象。行政审批从根本上说是一种自由裁量权。在实践中，行政审批的时间往往是不确定的，完全取决于行政机关的效率。一项投资、一个项目从提出申请到批准同意要经过哪些部门审批、受理后能在多长时间内审批完毕，对此法律很少有硬性规定，完全由行政机关在无序的状态中缓慢地运转，有时还需历经反复。“旷日持久的等待是每个投资者要学的第一课。等到有关部门审批完毕，作出许可决定，往往已耗费数月乃至数年。这足以吓退每一个精力充沛的投资者，有的投资项目也往往因此而痛失良机。特别是在审批、许可期间，如逢市场产品价格上涨，就会加大投资者的实际支出……大量的投资可能因成本加大而不得不终止……另一方面，投资者为了及早取得许可证，不得不奔波于许可机关之间，大量的人、财、物力不得不投入一道道许可证构筑起来的迷宫中"①，从而引发了一浪高过一浪的寻租和腐败狂潮。审批既是一种权力，更是一种资源。在不规范的审批制度下，审批权越大，越容易产生寻租机会，"政府权力部门化、部门权力个人化、个人权力金钱化"，就是对某些地方和部门审批导致寻租行为发生的最好诠释。可以说，凡存在着审批权力的地方，都程度不同地滋生着腐败。

四 调整行政审批行为，重新配置行政职能

尽管审批对政府来说总是难免的，但目前的许多审批有着浓厚的计划经济色彩，或者说是计划经济的变形，而且从审批本身来看，实际效果与设定的目标往往差距很大。例如，大量的行政性重复建设就是经由各级政府审批出来的，许多"无效工程"、"豆腐渣工程"也是审批出来的。这说明传统的行政审批制度已经失灵。因此，清理并减少审批事项，改革并规范审批行为，是政府改革必须面对的重要任务，也是政府职能转换程度的一个重要标志。

政府审批制度改革的目标，不单纯是为了减少一些审批事项，应该是从以审批为主的工作方式变为以监管为主的工作方式，实质是调整政府职能、重新配置行政审批权力的过程。因此，改革行政审批制度，调整行政审批行为，必须同调整政府职能重心，合理配置行政审批权力结合起来。

政府部门对社会事务采取入口审批管理和事后监督管理两种方式，审批和检查处罚是政府部门具有的两种职能。只是在计划经济体制下和在市场经济体制下，两种职能的侧重点不同。

在计划经济时期，我国各级政府部门将审批作为基本的管理手段，事后监管则作为辅助手段，形成了"强审批，弱监管"的政府行为模式。在这种模式下，政府职能重心在于计划和审批。这种"强审批，弱监管"的政府行为模式，存

① 高帆等：《市场经济与行政许可制度》，《中国法学》1994 年第 3 期。

在着一系列问题：①容易引起诉讼。世贸组织通行非歧视性原则，即政府部门应平等地对待所有服务对象。在审批事项较多的情况下，政府部门往往将行政许可发放给国有企业，这样就会出现不能公正地对待外资企业和非公企业的问题，从而引起诉讼，甚至引发国际性法律纠纷。②容易产生腐败。审批事项多意味着审批权力大，行使审批权的人员多，从而使用公共权力谋私的机会必然也会较多，“强审批”是腐败现象产生的一个重要原因。③容易带来机构膨胀。审批权是一种价值物，只要它存在着，行政机关就会去争夺，而取得了审批权力之后就要增加人员，造成机构膨胀。④难以更新行政理念。与检查处罚权行使者不同，审批权行使者自由裁量空间较大，审批行为往往是一种不规则的行为，申请者难以根据规则预见其结果，从而对审批者产生了一种畏惧感；审批者也由于掌握着发放行政许可的大权，往往实行威慑性管理而非服务性管理。⑤限制市场竞争。政府的职责是维持秩序而非保护垄断。审批事项多、进入难，而且申请者难以进入的领域常常是垄断或半垄断的领域。与审批部门存在着行政隶属关系的企业容易获得行政许可，没有这种关系的企业往往难以获得行政许可。只有减少审批事项才能将行政部门与企业的关系由隶属关系转变为监管关系。[①]

在市场经济体制下，特别是加入世贸组织以后，我国政府部门的工作方式则应由“强审批，弱监管”变为“弱审批，强监管”。

“弱审批，强监管”的行政模式，首先要求合理设定审批权力，清理审批事项和范围。在市场经济体制下，政府虽然也需要审批，但审批已不是政府管理社会的主要手段，更不是唯一手段。因为市场经济的本质是一种自由经济，是价值规律发挥主导作用的客观经济，是一种自主配置社会资源的高效率经济，是法治经济，所以，凡是市场能调节的，凡是法律和经济政策能调节的，凡是社会中介组织可以管好的，凡是企业经营自主权范围内的事项，政府便不应再审批，而必须放松对企业、商品的管制，节约使用行政审批，减少对资源的垄断及资源的行政配置。即使那些不能由企业自主决定而必须经由政府审批的事项，政府的审批活动也必须尊重客观经济规律的要求，简化审批程序，提高审批效率，并做到依法审批。所以，有人指出，在市场经济体制下，审批权的设定主要应限定在以下

① 参见北京行政学院《“入世”在即政府应尽快调整四种行为》，《北京经济信息》2001 年第 290 期。

几个方面：自然资源的开发使用，生态环境的保护，与人民的生命、财产及社会的公共安全、公共利益密切相关的领域和行业的生产经营活动。[①] 其他审批事项该取消的要坚决取消，凡是能由市场调节的、能由中介组织提供服务的、能由企业自主决定的事项，政府要坚决退出。各级政府要从加快行政职能转换的角度，按照社会主义市场经济的要求，对照 WTO 规则，依据合理性原则、有效性原则、公开性原则和责任性原则，对现有的各种审批进行一次系统清理。分清哪些是基本正确可以保留的，哪些是虽有必要但应改进的，哪些副作用很大需要完全取消，哪些有必要取消但需其他配套措施的配合，等等。在此基础上，尽快取消和简化目前可能占多数或大多数的行政性审批，有些领域的审批制度可以变为登记备案制度，进入者只需履行必要的登记备案手续而无需经过批准。取消审批事项必须与规范性文件的清理结合起来。因为许多审批权是由各类规范性文件设定的，取消审批事项首先必须对含有审批事项的各类规范性文件进行清理，规范性文件被废止了，相应的审批也就取消了。对保留下来的审批事项，应当明确程序、时限和责任，在政府公报上统一公布，并装订成册，免费向社会发放，以便增加透明度，健全监督机制，使必要的审批能够显著提高效率。同时，政府部门要把主要精力放在事后监管上，对没有获得行政许可的非法经营者和获得了行政许可的违法者进行严厉处罚。

“弱审批，强监管”的行政模式，还要求对保留下来的审批事项，严格规范行政审批程序。必须以“简化”、“公开”和“规范”为原则，加强审批程序控制和制度化管理。①公布审批有关事项。向社会公开审批事项内容、审批依据、办事程序、申报材料、承诺时限、收费标准。②优化行政审批方式。对某些稀缺性资源的配置，应兼顾市场效率性和社会公益性，如审批发放城市出租车营运证，应先由审批机关根据城市道路交通状况对城市能够容纳的出租车的数量进行评估，然后根据评估的结果将确定的出租车营运证进行公开竞价，拍卖所得用于发展城市道路交通建设。这既符合市场的竞争规则，又从宏观上控制了出租车的发展规模。③采取听政制度。对于涉及相对人重大权益或社会公共利益的行政审批事项，行政机关在作出审批或许可决定前应当组织听证。④明确审批时限。为防止行政审批的久拖不决，应当明确行政审批的期限。此外，应将有关程序制度

---

① 参见王克稳《行政审批制度的改革与立法》，《政治与法律》2002 年第 2 期。

化，建立和完善职能部门内部的会审制度、审批登录制度、听政制度、重大审批事项集体讨论决定制度，实行审批行为的过错追究制度和终身负责制，制定政府审批工作监督管理办法，落实监管责任。

"弱审批，强监管"的行政模式，还必然要求重新配置行政审批权力，主要是使审批权与检查处罚权相对分离。未来的行政部门多数是审批权与检查处罚权分离型的，有些行政部门综合行使审批权，而有些行政部门则综合行使检查处罚权。一些传统的既行使审批权又行使处罚权的行政部门将让位于新型的行政部门。这种审批权与检查处罚权之间强弱关系的变化是审批制度改革带来的政府行为模式转换的显著标志。①相对集中行使审批权。由于审批事项减少了，不再需要设立许多专门的行政审批部门，可以设立一个行政部门相对集中地行使审批权。现在，有些地方设立了行政审批中心，还有的地方建立了政府政务大楼（厅），把行使审批权的众多政府部门或其具体办事机构集中起来，采取窗口式办公、一站式服务。这都是相对集中行使审批权的具体组织形式。例如，在审批制度改革比较好的浙江省绍兴市，于2000年9月专门成立了"绍兴市便民服务中心"，该中心作为市政府的派出机构，主要履行有关行政审批的组织、协调、监督、管理和服务职能。该中心实行"一站式"审批和全过程服务，使企业和个人能够"进一家门办成，盖一个章办好，收规定费办完，按承诺日办结"。[①] ②相对集中行使检查处罚权。随着审批制度的改革，许多政府部门从日常审批事务中解脱出来，将自身的职能转到规划、协调、监督、服务上去，特别是要加强审批的后续管理，提高监管力度。提高监管力度无疑需要增加专职行政执法人员和成立新的执法部门，这样会出现执法队伍过多、过乱的问题。对此，可以通过设立专门的行政执法机构相对集中行使行政处罚权的办法加以解决，如深圳市罗湖区就设立了行政执法检查局。审批权与检查处罚权的相对分离和相对集中行使，不仅有利于加强对审批权的监督制约，抑制和防止审批权的腐败，而且有利于加强对社会和市场的监管，克服执法队伍过多、过乱和执法责任难确定的问题。

---

① 王克稳：《行政审批制度的改革与立法》，《政治与法律》2002年第2期。

中国实行政府绩效管理的可行性研究

徐双敏*

一　引言

行政效率从来是行政管理的重要内容之一。19 世纪末美国学者威尔逊在开辟行政学研究领域时，就宣称：行政学的目标和任务之一，就是要弄清“政府怎样才能够以尽可能高的效率和尽可能少的金钱或人力上的消耗来完成这些专门的任务”。[①] 20 世纪 80 年代，西方国家为解决普遍遇到的经济停滞、财政危机与公众对政府满意度下降等棘手难题，兴起了“重塑政府——建立企业化政府”的行政改革运动。在这次“以企业家精神改革政府”的运动中，绩效管理——这个在企业管理中已经相当成熟的管理理念——被引入政府管理，并取代了传统的政府效率的理念。在英国、美国、新西兰等国所实行的政府绩效管理中，完整体现了企业在经营中所一贯追求的效率、质量、顾客至上、力求完美的精神，取得了一系列成效，所以，建立高绩效政府已经成为许多国家政府改革的共识。

有鉴于西方国家政府改革的成功经验，处在转型期的中国，在完善社会主义市场经济体制时，也应对政府实施绩效管理。当前我们的政府改革任务繁重，其中包括要重新界定政府职能、规范政府行为、精简政府机构和人员，同时还要适应民主政治建设的要求，增加政府行为的公开性，扩大民众的政治参与渠道，而

* 作者简介：女，中南财经政法大学公共管理学院教授。

① 参见丁煌《西方行政学说史》，武汉大学出版社，1999，第 21 页。

要实现这些政府改革的内容，实施政府绩效管理将提供最短路径。

从一般意义上说，绩效是效率和效益的结合，绩效管理更注重发挥人的主观能动性，因而是一种更为科学的管理方式。但是政府与企业毕竟不同，政府不能完全照搬企业绩效管理的方式。政府绩效管理的难点集中在政府管理中难以量化的、价值性因素的存在，以及政府管理对象的广泛性带来的评价指标的多重性。同时，中国与西方发达国家也不同，对于我们这样一个转型国家来说，推行政府绩效管理还会遇到政府公职人员观念转变滞后、市场机制不健全的特殊困难。分析政府绩效管理的内涵，以及在当前行政环境下，我国实行政府绩效管理所面临的各种障碍，同时认识各种有利的推动因素，将建立政府绩效管理体制提上重要议事日程，就是本文的要旨。

二 政府绩效管理的内容分析

绩效管理从20世纪20年代起，被运用于企业的人力资源管理中，70年代以后形成体系，管理对象也扩展为组织、团队、员工三个层次。[①] 绩效管理在一些企业管理中的成功运用，使政府在进行自身改革时看到了借鉴的必要。80年代，在西方国家的“重塑政府”运动中，绩效管理被引入政府管理领域。但政府毕竟不是企业，两者组织性质不同，管理目的不同，运作方式不同，评价形式和标准也会不同。也就是说，一方面，企业绩效管理的一般内涵，在政府管理中会有所不同；另一方面，政府绩效管理又会与我国传统的政府管理有明显不同。

绩效是效率（efficiency）和效益（result）的总和，绩效管理是将过程管理和结果管理结合的一种管理方式。“所谓政府绩效，就是指政府在管理活动中的结果、效益及其管理工作效率、效能，是政府在行使其功能、实现其意志过程中体现出的管理能力。”[②] 也就是说，绩效管理包括效率和效益两个方面的管理。效率指投入产出比，效益则包括经济效益和社会效益，是指工作的结果、价值。

绩效（performances）与效率不同，政府管理中只追求效率是不科学的。管理学领域的效率，一般称生产效率，主要指企业管理中的投入产出比，它一般是

① 参见陈芳《绩效管理》，海天出版社，2002，第5页。

② 王强：《学习型政府——政府管理创新读本》，中国人民大学出版社，2003，第27页。

对物质成果的量化计算结果，而政府工作中的效率则是行政效率的简称，借鉴生产效率的内涵，行政效率就是行政投入与行政效果之比。行政投入与行政效果都不会是纯物质性的，仅就行政投入而言，就不仅包括人、财、物，还不可避免地要包括行政人员投入的精力、时间，甚至还有各种人际关系等，这些是不可能完全量化计算的。再就行政效果而言，不考虑价值问题显然是不行的，而价值也是无法量化计算的。当然，这并不是说政府管理中不能引入效率概念，在可量化计算的方面，应该计算效率，而在不可量化计算的方面，则要引入“效益”的概念。

绩效管理与单纯的“过程管理”不同。“过程管理”在政府管理中注重的是工作过程，其典型评价形式是所谓“干不干是态度问题，干得好不好是水平问题”，态度问题是政治问题，要严肃对待，水平问题是能力问题可宽容对待。“过程管理”在政府公职人员中典型的思想表现，则是至今为止仍有干部固守着的，所谓“一年到头辛辛苦苦，没有功劳有苦劳”的自我评价标准。这样的管理方式实际上是“政治挂帅”时代管理方式的变相延续。改革前，评价“班子”、干部的第一位的标准是政治标准，用政治标准代替业务标准、能力标准，结果就是导致政府管理的低水平、低效率。单纯“过程管理”的效果，及其产生的政府工作人员的工作心态，是与市场经济体制绝对不相适应的。在计划经济时期，社会经济行为中，没有或极度弱化了成本概念，政府部门和政府公职人员也没有成本观念，而市场经济体制建立的前提，就是市场中的责任人都是“理性经济人”，追求利益的最大化是组织和个人的本能，政府及其公职人员也不例外。建立高效政府，而不是“辛苦政府”、“好人政府”，首先是纳税人的要求，同时，也是市场经济体制的要求。

绩效管理与单纯的“政绩管理”也不同。“政绩管理”注重的是行为结果，其典型评价形式就是将行为结果等同于行为的合理性和有效性。现实中那些大大小小看似壮观、实则劳民伤财甚至有害的“政绩工程”表明，政府的行为结果不等于行为的合理性和有效性。单纯的“政绩管理”也不是市场经济体制所需要的，市场经济需要一个为其正常运作提供服务、保障的政府，而不需要一个按个人意愿、按上级好恶行事的政府。也就是说，当前在我国，不能将政府绩效简单等同于“政绩”的根本原因，在于评价“政绩”的标准片面和评价途径单一，它们与我国已建立的市场经济体制不适应。现在通常对政府或公职人员的“政绩”评价标准单纯是经济指标，而且这些指标往往还带有深刻的计划烙印。如此“政绩”管理，常常是造成公职人员行为短期化的重要制度因素。另外，“政绩”评价途径仅有一个自上而下的评价途径，也直接导致形式主义、弄虚作假。所谓“干部出数字，数字出干部”现象屡禁不绝，就是单纯实行这种管理方式的弊端的表现。

绩效管理的重点在公务员管理，但又不是单纯对公务员的管理。绩效管理的对象包括政府、政府职能部门、公务员三个层次，其中公务员队伍是绩效管理的基础层，也是管理的重心所在。激发了公务员的工作热情和主动性，整个政府的工作目标自然就容易实现了。绩效管理的核心是“以人为本”，也就是要调动公务员的积极性，注重每个公务员个人的发展。实践中，制定的管理目的和规划，是以争取实现组织目标，实现每个公务员个人价值和职业生涯计划为基点的。促使公务员充分参与组织的管理过程，实现组织与公务员的有效沟通，同时设计科学的考核指标进行考核，这些都是绩效管理的目的。

总之，绩效管理不同于以往的管理方式，它是指对管理对象的工作能力、工作态度、工作成绩、工作计划的综合管理，因而是一种更加积极、主动、全面、科学的管理方式。

三 中国实行政府绩效管理的主要障碍分析

政府绩效管理是已经被西方发达国家行政改革实践证明了的，在减轻财政压力、回应民众民主诉求、提高政府服务意识方面的有效管理方式。英国 1979 年在政府机关中编制和实行了“效率评审计划”，1991 年又在此基础上推出了“市民宪章”运动，其重要内容之一就是建立了公务员绩效评估制度，从而将单纯提高内部管理效率，推进到改进政府的公共服务效能。如果说英国为在政府管理中运用绩效管理作了初步的成功尝试，那么 1993 年美国组建“全国绩效评鉴委员会”，就是在大刀阔斧地再造“企业型”政府了。克林顿政府在不到 3 年的时间里，就减少了联邦政府 24 万名公务员，删减了 16000 页法规，简化的法规也达 31000 页。估计联邦政府的行政简化工作，每年可为纳税人节省 280 亿美元。①

① 参见王强《学习型政府——政府管理创新读本》，中国人民大学出版社，2003，第 21～23 页。

西方国家政府改革的经验值得我们认真借鉴。但中国是一个发展中的社会主义国家，这个基本国情决定了在我国政府实行绩效管理，不论是理论上还是现实中都会遇到很多困难。

困难首先来自企业与政府两种组织的性质差异。政府行政行为的非营利性、垄断性，以及公益性这些特点，决定了政府的绩效管理与企业的绩效管理从内容到形式都有不同。

在评估的价值取向上，企业可以毫无疑问地将利润和效率放在第一位，但政府就不能。作为非营利组织，政府根本就没有利润可言，而一味追求效率也容易引发诸如过度集权、行政命令、工作方法简单粗暴、“一刀切”、弄虚作假等各种“负效应”。另外，在确定政府绩效评估的价值取向问题上，将无法回避“效率”与“公平”这一对固有的矛盾。对政府而言，显然最好是两者兼顾，但实际中完全的“骑墙”是没有的，而且，“效率”与“公平”的性质是完全不同的，前者可量化评估，后者却不可量化评估。

行政成本与企业生产成本之间也存在许多的不可比性，比如我们都承认“科学技术是第一生产力”。在企业生产中，技术成本占重要地位，在有的生产部门或环节，科技成本与劳动力成本之间是反相关关系，它们之间甚至可以相互替代，而科技与生产率之间又肯定是正相关的关系，科技投入大，生产率肯定会提高。但在政府工作中，科技的作用就没有这么直接和显著。在行政过程中，行政效率的提高在多大程度上依赖于办公设备的性能，完全是一个不能确定的数值。而且，办公设备的科技含量与行政效率之间也不一定表现为正相关性。为机构设置不合理、各部门职责不清、冗员充斥、办事程序烦琐、文山会海的地方配备先进的办公设备，本身就是无效成本投入，因为这些机构、人员、工作程序、办公文件自身就是超量成本。

行政行为的垄断性特点，使政府很少感受到竞争压力，从而也不能从内部形成追求低成本、高效率的动力。激烈的竞争是企业努力降低成本、提高效率的最重要动因。即便是垄断性企业，其垄断程度也远低于政府的垄断性行为。政府所提供的公共服务可以是强制性的项目，如治安、消防、市场稽查等，也可以是投资巨大、回收周期长的项目，如交通干线、水电设施、电信、公用管道等，这些行为的垄断性由于没有外部的竞争压力，也就形成不了提高服务质量、降低生产成本的内在动力，甚至不好确定其评估的标准和方式。

其次，政府行政组织所特有的弊端也会增加政府实行绩效管理的难度。行政组织机构所特有的“伪适应”①状态的存在、行政机构自我约束动力的缺乏、行政机构追求自身效用最大化的本能等，这些弊端在很大程度上是“国家祸害”的表现形式，所以总会存在，总会阻碍我们在政府机构中实行绩效管理。

政府机构中确实存在的“帕金森定律”会给政府的绩效管理增加很大的阻力。所谓“帕金森定律”，是英国行政学者帕金森通过揭示普遍存在的行政机构臃肿现象产生的原因，总结出的行政机构自我膨胀的“定律”。帕金森认为行政官员总会不断增加自己的部属，同时也总会不断人为地制造出工作，增加新的工作量，这是一条“定律”。由于这个著名“定律”的客观性，行政机关所完成的工作与工作人员的数量之间没有必然的对应关系，也就是说，机关里是否人浮于事，评价的标准未必是看官员们上班是不是“一杯茶，一支烟，一份报纸看半天”。机关中尽管人人有事，而且终日忙碌，也未必都是在做“有用功”。这种行政机构中确实存在的“伪适应”状态，合理合法地保护着官僚主义，也显然会给绩效指标的确定增加困难。

政府机关从来是以社会管理者的身份出现在社会生活中的，而政府机关自身却没有自我约束的动力，所以也不容易制定出严格、科学的自我约束性的绩效管理政策。政府的必要性一般被归结为“市场失灵”，政府履行职能的政策性、强制性特点，使政府习惯于站在发号施令的位置，即社会组织和个人的行为都必须服从来自政府的政策、法规的约束。而政府及其公职人员所受到的行为约束不仅有限，而且绝大多数实际上是自我约束——自定的政策、规章、制度。西方学者用“经济人”假说解释政治选择行为，他们指出，由于缺乏竞争，政府的官员们没有必要关心社会财富的使用效率，也没有必要约束自己的行为。相反，如果不“制造”出超额的公共服务，不想办法“制造”出预算赤字，就不能争取到特权，不能获得要求扩编的理由，不能争取到来年的增加预算款，还有种类繁多的“精神鼓励”——荣誉。这些“制造”出来的公共服务、“制造”出来的预算赤字，往往与实际需要混杂在一起，使绩效管理无从评判。

最后，在中国实行政府绩效管理还会遇到一个重要的障碍：观念的障碍。当

---

① 参见杰伊·M. 沙夫利兹等《公共行政学经典著作》，（美国）多尔西出版社，1987，第251页。

前的“观念障碍”实际主要表现在两个方面：第一是中国传统的、根深蒂固的“官本位”思想形成的障碍。所谓“官本位”就是以做官和升迁作为衡量一个人生存价值的基本标准。其表现是，在官就居高临下，盛气凌人，在民则“畏官”、“敬官”，唯唯诺诺，在这样的心态下，谁还敢去监督政府、官员，政府、官员也难以平常心态面对下属或百姓的评价、监督。更何况这个评价监督的标准、方式、程序，以及评价结果的使用等，全部的工作要由他们自己制定、执行。第二是“理性经济人”意识的淡漠形成的障碍。绩效管理归根结底是商品经济、市场经济的产物，而在中国这个有着悠久的传统经济历史，有着汪洋大海般小生产思想的国度里，人们在国有企业的生产领域里计算成本、效益都不熟练，还要到行政领域计算成本、效益，自然更感困难。

总之，政府与企业不同，中国与发达国家不同，绩效管理在被借鉴到政府管理中时，不能简单地照搬企业的具体做法，也不能简单照搬外国的做法，其中政府及其公职人员观念的转变是最重要的。

四　中国实行政府绩效管理的可行性分析

尽管对政府实行绩效管理有诸多障碍，但是，现在中国初步建立了社会主义市场经济体制，同时，加入了世界贸易组织，政府改革的必要性和迫切性凸显，而政府实行绩效管理就是政府改革的重要组成。有美英等西方发达国家对政府实行绩效管理，并取得一些有成效的经验可资借鉴，有财政赤字居高不下的现实压力，还有党和国家反对腐败的坚定决心，在我国实行政府绩效管理应该是可行的。

在我国，建立政府绩效评估机制是完善社会主义市场经济体制的需要，所以有社会发展的可行性。我国关于建立政府绩效评估机制问题的提出是近年的事，具体说是社会主义市场经济体制初步建立起来以后的事。在计划经济时期，我们评价政府，关心的重点在于政府的性质和政府的权威，满足于建立一个人民的政府。即建立一个代表人民根本利益的政府，一个有绝对权威的政府，就是能够与计划经济体制相适应的政府。计划经济时期的政府是“万能”的，其责任是“无限”的，评估其绩效既不可能，也没必要。而社会主义市场经济体制对政府的要求完全不一样。讲求效率、效益的经济运行机制，要求政府也必须讲求效率、效益。中国作为一个经济处在转型期的发展中国家，转变政府职能还只是工作的第一步，接下来就必须关注政府绩效评估机制的建立。或者说，应该在推进政府转变职能的同时，研究建立政府绩效考评机制，这样的机制将促进政府职能的转变，从而促进经济体制的完善。

建立政府绩效评估机制是适应加入 WTO，我国行政机制与国际接轨的需要，所以有经济可行性。中国在加入 WTO 以后，传统的行政管理模式和评价标准就必须接受国际规则的约束。WTO 对政府职能及其行使方式的要求与我国传统的、在计划经济时期形成的一套有明显的不同，按国际通常标准和模式建立政府绩效评估机制，也成为我们应对加入 WTO 挑战的一个重要方面。现在我们政府的行政效率极低，几乎不可与世界发达国家同日而语。这个行政效率低表现在机构臃肿、冗员充斥，这是我国财政负担过重的根源之一；行政效率低还突出地表现在过多、过滥的审批制度的存在。加入 WTO 后，政府降低行政成本成为当务之急，而要保证行政成本降低后不反弹，建立科学的政府绩效管理机制势在必行。另外，在我国传统的行政管理评价模式中，经济利益、民众利益的内容不足，这也是明显不能适应国际化需要的。西方多数国家将增长、公平、民主、秩序作为政府绩效评估体系的价值核心①，这具有普遍意义，在建立我国的政府绩效评估体系时，也是可以借鉴的。

当前，建立政府绩效评估机制还是加强党风、政风建设的需要，所以还有政治可行性。现在，一些党员干部只当官，不办事，或者说不办实事；对上溜须拍马、阿谀奉承，对下颐指气使、飞扬跋扈；工作中互相推诿、互相扯皮；热衷于搞形式主义的“政绩工程”、“献礼工程”，以及文山会海，有人请功、无人担过等现象屡纠不正。除其他因素外，现行的干部和部门考评机制的导向作用是一个重要原因。由于评价干部的标准是诸如产值、税收额度、再就业率、破案率、脱贫人数、计划生育人流数、绿化植树面积、开传达会（报告会、讨论会等）场数、参会人数、印发宣传材料份数等数字，所以就出现了“数字出官、官出数字”的恶性循环，且屡禁不止。根本扭转这种不正之风，要靠加强党风、政风建设，更要靠制度建设，建立科学的政府绩效评估机制将是一个重要的有效环节。

---

① 参见亨廷顿等《现代化：理论与历史经验的再探讨》，罗荣渠译，上海译文出版社，1993，第 333 页。

在我国对政府实行绩效管理，可借鉴西方发达国家的理论和实践成果，又有技术可行性。20 世纪 80 年代以后在西方国家中兴起的政府改革运动，英国、新西兰、美国、丹麦、荷兰等西方国家先后进行政府改革，"现代公共管理改革对绩效与省钱同等重视"。[①] 英国在 70 年代就建立了公务员绩效评估制度的基础上，1991 年又颁布《公务员法令》，进一步完善了国家公务员的考核评估法律体系；丹麦在 80 年代初提出"回应性国家"的概念，要求政府把公民视为顾客而不是选民；美国在 1993 年的全国绩效评鉴委员会报告中，提出塑造"降低成本、提升效能的"企业型政府的新概念。他们的改革在放权分权、政府服务外包、政府内部的企业化改革、精简公务员等方面取得了显著的成就。与政府改革的实践一致的是，西方国家的政府理论从公共行政理论发展到了新公共管理理论。关于政府绩效也提出了以"三 E"——经济（economy）、效率（efficiency）、效益（effectiveness）——为主要内容的绩效评估标准，指出政治和价值观是影响政府绩效的重要因素，研究公平与效率的矛盾关系，更有学者直接提出了对政府绩效进行评估的"理性设计模式"、"社会互动设计模式"。尽管这些理论之间还存在种种矛盾甚至冲突，这些"模式"也与现实有一定距离，但这些理论和实践毕竟为我们提供了宽阔的思考空间。

在确定我国政府绩效评估的标准和方式时，可以借鉴西方学者提出的"社会互动模式"的合理之处。美国学者林德布洛姆提倡通过民主社会多元利益主体的制度性互动，协调彼此，并最终达成行政决策。[②] 他设计的社会互动模式是："分散的意见——社会互动——综合的意见。"他这样解释他设计的模式：现实的政治家与行政人员之间、政治家与民众之间、行政人员与民众之间，以及各个行政组织之间，存在着极其复杂的关系，而且他们各自对政府绩效的理解都是取决于自身的利益，所以意见是极其分散的。经过各种正式的、非正式的相互交往和互动，彼此实现了意见的协调，这个最后协调的意见，不是任何一方提出的，但却是大家可以接受的，所以它实际上是一个不同价值的综合体。林德布洛姆的"社会互动模式"看到并包含了社会不同利益个体间的矛盾问题，但却存在操作上的不现实性，即他设想的社会互动过程是无效率可言的过程，而且在这

---

① 艾琳·卡马克：《全球化和公共行政改革》，《经济社会体制比较》2002 年第 3 期，第 87 页。

② 参见 S. 皮尤主编《组织理论精粹》，中国人民大学出版社，1990，第 250 页。

样的过程中所有预定的评估指标都可能变得模糊不清，最终不能执行。但是该模式中提出的“社会互动”理念却是有启发意义的。基于这样的理念，我们设计政府绩效评估体系至少应该包括以下这些内容。

第一，评估的指标应该既包括“硬指标”，又包括“软指标”。所谓“硬指标”就是指可量化的指标，其中以经济审计为主要内容和评估的主要途径；“软指标”是指难以具体量化的公众的满意度，其中以社会评价为主要内容，评估的主要途径应是中介组织进行的社会调查。当然，这里的“软指标”有些也是可以转化为“硬指标”的，如公众对政府的支持率、政府决策的实现程度、社会的发案率等。

第二，评估的方向应该是多向的，既有自上而下的评估，又有自下而上的评估，部门、个人的自评，还有横向的互评，也就是同一级别、不同部门之间的互评。这里的评估包含三个方面，一是自评；二是系统内进行的多向评估，即政府机构内、上下级之间、同级各部门之间、领导与一般工作人员之间的相互评估；另一个是系统外进行的多向评估，即公众对政府、公众对行政领导、公众对政府公务员的评价。这样的评估内容，实际上是难以量化的，其中个人偏好会对评估结果起较大的影响作用，所以，公众参与的面应尽可能广一些。

第三，评估的时效应该是长短结合的，既有年度评估，又有任期评估；既有对短期发展计划的编制和执行，又有对长远可持续发展规划的编制和实现。这种主要针对行政领导的、强调评估时效长短结合的评估内容设计，关键是为了纠正以往“政绩型”评估模式只注重投入和过程，忽视效率和结果的弊端。

第四，评估的内容应该是经济效益与社会效益兼有。政府是非营利组织，不以追求经济效益为第一目标，但这并不等于政府运作可以不必计算经济效益，也不等于本地区的经济成就都可以算在政府的功劳簿上。这里要区分两种类型，一类是因政府的正确决策和执行，而在其管理辖区内取得的经济和社会效益，另一类是政府内部管理的经济性，以及因此产生的良好影响即产生的社会效益。

五　结论

中国在实行计划经济体制时期，从未重视行政效率和行政成本的问题，改革以后，我们的改革重心又一直偏向理顺党政关系、政企关系、机构改革、建立和完善公务员制度等，以至于我们在加入 WTO 后才蓦然发现极低的行政效率、极高的行政成本，既严重阻碍了社会主义市场经济体制的完善和正常运行，也严重损害了政府形象，损害了党群、干群关系，已到了非改不可的地步。正因为如此，党的十六大报告在谈到深化行政体制改革的任务时明确指出："提高行政效率，降低行政成本，形成行为规范、运转协调、公正透明、廉洁高效的行政管理体制。"对政府实行绩效管理，将不仅能促进党的十六大提出的行政改革目标的实现，而且能为巩固改革成果提供深层的制度保障。

另外，从本文的上述分析中还可以看到，建立和实行政府绩效管理，绝不仅仅是改变考评政府及其公职人员机制的管理方式问题，它是我们建立民主、高效、公正、廉洁的现代政府的一个重要环节。建立和实行政府绩效管理，是要以政府职能转变、政府公职人员观念转变、干部人事制度改革，以及民众社会主体意识确立、民众参与意识和参与能力增强为前提。所以，可以肯定地说，建立政府绩效管理体系绝不是一朝一夕就可以完成的，它将是一个逐步建立和实行的过程，而且这个过程，一定同时就是政府公职人员和社会公众的观念更新、行为更新过程，是现代政治文明的建设过程。

服务型政府：概念、内涵与特点

吴玉宗*

当前，政府变革和政府创新已经成为我们适应全球化要求和加强社会主义市场经济体制和政治文明建设中的重要问题，我们的政府管理需要根本的变革。全国都在探索政府管理的变革和创新，服务型政府已然成为人们关注的焦点。有专家学者对服务型政府的探索，也有各级政府开展服务型政府建设的实践。虽然各地政府在建设服务型政府方面作出了很多努力，笔者却认为这些做法很多还停留在表面层次。笔者认为，出现这样的情况缘于我们对服务型政府的研究很不够。首先，对于什么是服务型政府，不同使用者的看法是不同的。其次，对于服务型政府应该服什么样的务，也是仁者见仁。

一　服务型政府的概念

服务型政府是由两个基本词语组成的。这就是服务和政府。

首先，我们来看看“服务”的概念：

——《新华词典》的解释是：“为一定的对象工作。”①

---

* 作者简介：吴玉宗，西南民族大学经济与管理学院院长、教授。主要从事行政管理的教学和研究。1988 年在吉林大学行政学院研究生毕业。现在北京大学政府管理学院做访问学者，在谢庆奎教授指导下从事政府管理问题的研究。

① 《新华词典》，商务印书馆，2001，第 288 页。

——《汉语大辞典简编》的解释是："①为社会或他人利益办事。②犹任职。"①

——《经济大辞典》的解释是："服务即劳务。"该辞典把劳务解释为："又称服务。指以劳动的形式而不以实物形式为他人提供某种使用价值的经济过程。"②

笔者认为,《经济大辞典》的解释意思比较清楚、明白。服务就是为他人提供非实物的使用价值的活动。而且,这种服务的提供基本上建立在交换的基础之上,建立在相互需要的基础之上,是服务主体与服务客体双方自愿的交换过程。

其次,我们看看政府的概念:

——《辞海》:"政府,即国家行政机关。国家机构的组成部分。"③

——《布莱克韦尔政治学百科全书》:"就其作为秩序化统治的一种条件而言,政府是国家的权威性表现形式。其正式的功能包括制定法律,执行和贯彻法律,以及解释和应用法律。这些功能在广义上相当于立法、行政和司法功能。"④

——《当代中国政府与政治》:"从多方面考察,在有阶级的社会里,政府的定义应该是:政府是国家进行阶级统治、政治调控、权力执行和社会管理的机关。"⑤

笔者认为,政府应该是整个国家统治和管理以及为公民服务的机关。因为按照狭义的政府定义,政府就被分割了,虽然国家机关建立在分工和分权的基础上,但就其实质而言,它们是一体的。也只有它们的一体化,才能有效地履行国家统治和国家管理的职责,也才能为广大的公民服务。并且政府本来就是国家的权威性表现形式,应该是一个统一体。为什么政府会是一个服务的机关呢?从经济学的观点看,政府是广大的纳税人用自己纳的税来购买自己需要的服务,而由纳税人的税收供养的政府机关及其工作人员就应该为广大的纳税人服务。从政治学的角度来看,政府是公民需要公共服务(社会秩序和公共产品)而将自己权利之一部分让渡出来,并且用自己交纳捐税的办法建立起来的一个公共机关,人民赋予这个公共机关一定权力就是让它从事公共管理和公共服务。

---

① 《汉语大辞典简编》,汉语大辞典出版社,1998,第2580页。

② 《经济大辞典》,团结出版社,1994,第1002、1510页。

③ 《辞海》,上海辞书出版社,1999,第4164页。

④ 《布莱克韦尔政治学百科全书》,中国政法大学出版社,2002,第312页。

⑤ 谢庆奎主编《当代中国政府与政治》,高等教育出版社,2003,第8页。

最后，我们再看看“服务型政府”的概念。当前，这个术语在使用中意义的差别非常大，可以说没有一个明确的定义。有的学者还不太赞同“服务型政府”的提法，认为这个提法本身是矛盾的。认为政府是强制性的，而服务是自愿的，两者不可以结合在一起。① 但是绝大多数人还是赞成这个提法。

服务型政府这个概念人们使用率很高，但是其真正的内涵是什么，人们似乎并未深究。因此，在使用上其意义差别比较大。给服务型政府直接下定义的就更少，就笔者所见，有以下三种：

——服务型政府是指仅拥有有限管理社会的权力，对经济社会管理负有限责任，通过向市场主体提供公共服务等方式，实现政府对市场主体的互动式管理的政府模式。②

——所谓服务型政府，即政府由原来的控制者，改变为兴利者和服务者。它意味着施政目标由机关和专家决定到由民众和期待来决定，政府以控制管理为要务转变为以传输服务为要务，管理目标由经济领域转移到公共服务领域。③

——服务型政府是以全新的服务理念为支撑，充满生机和活力，不断追求发展和进步的政府。它突出以民为本，以提高政府服务技能和服务水平为中心，以“三个文明”协调发展为目标，构建以市场为导向、以公共服务为特征的政府管理体系……④

还有些专家没有明确给服务型政府下定义，但也从不同的角度进行了论述。主要有以下几种：

——服务型政府主要是指政府服务的理念或者服务精神。施雪华教授认为应该有政府服务的理念。“这一理念要求中国政府的所有法律、规则和行为都必须贯彻服务精神和准则，而不是单纯的统治和管理。”⑤

——服务型政府主要是指政府的角色。张康之说：“政府角色的自觉转变，不仅从统治的角色改变为管理的角色，而且要从管理的角色改变到服务的角色上来。”⑥

---

① http//www. hnte. gov. cn/jryw/2003/514. htm.

② http//www. baotou. gov. cn/yhb/xwy. asp？ mid =417.

③ http//www. xf. gov. cn/jclt/other/o88. htm.

④ http//www. gxi. gov. cn/feature/dzzw/dzzw： – zjdt/200382792517. htm.

⑤ 施雪华：《全球化冲击、“入世”挑战与中国政府管理理念的全面创新》，载谢庆奎主编《入世与政府先行》，中信出版社，2003 年，第 87 页。

⑥ 张康之：《寻找公共行政的伦理视角》，中国人民大学出版社，2002，第 15 页。

——服务型政府主要指政府的职能和功能。李文良教授认为："服务是政府的首要职能。"① 著名经济学家高尚全认为，应该建设公共服务型的政府，因为政府的"公共服务功能没有很好地发挥"。②

——服务型政府指的是政府的职能和角色。湖南行政学院唐绮玉认为："公共服务的职能和角色"在传统体制下被淡化，建设服务型政府就是要使政府的职能和角色转移到公共服务上来。③

要给服务型政府下一个定义还真正不容易。因为服务型政府的涵盖面非常广。它既涉及观念或者理念层面，又牵涉到政府的职能或者功能，它还可以是政府的角色定位，也包括了政府的行为方式。难怪上述三个明确定义的概念都让人感到意犹未尽。另外四个论述本身也不是给服务型政府下定义，而是从自己的角度来阐述问题。因此，它们也有自己的缺陷。

笔者认为，服务型政府概念主要是指政府的角色定位和职能定位。服务是政府的基本性质，也是政府最基本的职能。要给服务型政府下定义必须首先搞清楚服务与政府的关系，再搞清楚服务在政府的目的和任务中的作用，最后我们再把服务和政府结合起来考虑。

首先，我们来看一看服务和政府的关系。人类社会随着社会生产力的发展，社会主体产生分化，并逐步形成组织。各个组织为了避免内部和外部之间因为利益冲突而造成无谓的消耗，以最小的成本换取最大的利益而相互订立契约，把自己的一部分权利让渡出来，形成公共权力。这个公共权力的表现形式就是政府。政府要根据让渡权利的成员的要求和限定来管理公共事务，并且根据管理公共事务的需要来行使公共权力。因此，从本质上来说，政府本身并不是一个天生的统治和控制机构，而是一个为社会公众提供服务的机构。公众赋予它管理的任务本身就是让它为广大的公众服好务。因此政府和服务是不矛盾的。而且，服务就是政府的本质所在，也是政府最基本的职能。

其次，我们应该弄明白服务在政府的目的和任务中的作用。前面我们已经论述了政府的本质是服务，那就是说，政府存在的目的就是要为公民和社会组织服

① 李文良：《中国政府职能转变问题报告》，中国发展出版社，2003，第109页。

② 转引自罗勤《建设公共服务型政府》，2003年8月5日《深圳商报》。

③ http://www.fxinfo.gov.cn/qy/shownews.asp?newsid=269.

务。如果人们不需要政府的服务了，政府就没有存在的价值了。有的人会提出这样的问题：在阶级社会里，政府的目的还是服务吗？答案是肯定的。不是政府服不服务的问题，而是政府为谁服务和服务内容是什么的问题。就是在阶级社会里，政府也不纯粹是为了统治和镇压而存在的，它也承担着为社会服务的任务。既然政府的目的和任务就是服务，那么我们说服务型政府是可以的。

我们再把政府和服务结合起来看。为什么人们会感到政府和服务是风马牛不相及的呢？因为政府自从成立以来，长期成为了广大公民不可控制的异化产物。在长期的历史里，政府成为了强势集团（阶级）控制人们的工具，如马克思所说，成为了凌驾于社会（人民）之上而对人民进行镇压和控制的机构。但是，自从人民民主制度建立以来，人民对政府的约束和控制能力增强了，政府再也不是也不可能是无所顾忌的统治机构了，它必须或多或少地履行为广大公民和社会服务的职责。笔者认为，政府和服务的结合在当代民主社会是肯定的、必然的。因而，服务型政府的概念是可以成立的。

那么，什么是服务型政府呢？综合前面的专家、学者们的看法，笔者认为，所谓服务型政府就是指政府遵从民意的要求，在政府工作目的、工作内容、工作程序和工作方法上用公开的方式给公民、社会组织和社会提供方便、周到和有效的帮助，为民兴利，促进社会稳定发展。服务型政府的服务主体是各级政府，服务对象是公民、社会组织和社会，服务的宗旨是为民兴利、促进社会的稳定发展，服务的内容由民意决定，服务的方式公开透明。

二　服务型政府的基本含义

1. 服务型政府是严格建立在法律基础上并且履行法律义务的政府

前面我们已经论述过，政府是人民让渡权利的产物。人民让渡权利的多少就是政府提供什么服务的严格界限。在现代民主社会里，人民让渡权利的多少是通过法律形式来体现的。也就是说，人民让渡还是没有让渡、人民让渡多少都是用法律明文规定的。这里的第一层意思是说，政府服务的质是由人民通过特定的程序和特定的方式来让渡的，政府不能随便决定哪些该服务，哪些不该服务。这些是由人民自愿（通过人民的民意代表机关）让政府来提供服务的。如果没有人民通过法律的授权，政府是不能强迫人民接受服务的。政府不能随便扩大或者缩小服务的范围，也不能随便提高或者降低服务的强度。这里的第二层意思是说，人民赋予了政府应该为公民和社会服务的职责，政府必须严格地履行义务，而且必须主动地为公民和社会提供好服务。如果政府不服务或者不提供良好而有效的服务，政府必须承担相应的法律责任。服务型政府意味着政府是一个人民可以问责的政府。

2. 服务型政府的所有作为都必须建立在为民兴利和促进社会发展和稳定上

服务型政府的施政目标是由民众希望和合法期待来决定而不是由机关和官僚来决定的。服务型政府在对公民和社会提供服务项目、设置服务程序、采取服务方法时都要从“人民拥护不拥护，人民赞成不赞成，人民高兴不高兴”出发，提供服务项目时，除了符合法律的规定外，还要考虑是不是对人民有好处，是不是能够促进社会的繁荣和进步。

设置服务程序时，要考虑是不是方便广大群众，是不是能够节约人民办事的成本（时间和金钱），是不是有利于群众以最小的投入、最快的时间去创造财富，是不是有利于群众最方便地解决问题和困难。在采取服务的方式和方法时，应该考虑群众的认识能力、知识水平和接受能力。总之，服务型政府的所有作为都应该为群众的利益和社会的发展服务。我们之所以强调其所作所为，是因为衡量是不是服务型政府主要是看行动而不是看宣言。整天把服务挂在嘴上的政府不一定是真正的服务型政府。

3. 服务型政府的所有服务都应该是公开、公平和公正的

服务型政府和管制型政府的最大区别就是为谁服务的问题。管制型政府是为部分人服务，是按照等级需要来服务的。相同的等级才能享受相同的服务。管制就是管那些不该享受服务的人，禁止他们享受这些服务。服务型政府是公平的政府，是为所有的公民和社会成员服务的，所有的国民都享有同等的权利。服务型政府的服务内容、服务程序、服务时间、服务地点、服务方法、服务机构和服务人员都必须是公开的，而且对所有的人的服务都是公平和公正的。这是服务型政府的灵魂，虽然表面看来它只是形式问题，但其本身却具有完全的实质性意义。因为管制型政府就是依靠“暗箱操作”来维持的。

4. 服务型政府的服务应该是有弹性的、灵活的和创新的服务

服务型政府的概念本身就是为了克服传统的官僚体制（传统的韦伯的科层组织）的弊端而产生的。科层制是适应工业化时代要求的社会组织形式。20 世纪末以来，科层制的组织形态受到了广泛的攻击。的确，随着社会的发展，科层制的负面功能越来越明显。“现代社会随着网络信息技术的发展与冲击，社会机构的日益分化，传统的行政理念与治理范式越发阻碍了经济与社会的发展，科层制本身的固有缺陷越来越突出，如机构缺乏弹性，无法适应环境变化；层级太多影响行政效率；机关规模缺乏标准；机关官多兵少、不成比例；职能部门之间，囿于本位观念，互不协调，甚至相互掣肘；集中缺乏民主参与；官员对上级负责，忽视民意；机关运作中抓权、扩权屡见不鲜。”① 正是因为官僚制度造成的高高在上、不负责任、僵化死板和效率低下为人民和社会所诟病，戴维·奥斯本等学者提出了“摒弃官僚制”、突破官僚制等主张。② 虽然能不能够抛弃官僚制还是个有争议的话题，但我们对于必须克服官僚主义是没有异议的。在法律授权的前提下，政府不能一味强调照章办事，而应该充分考虑当事人的需要，给予灵活的处理。根据社会发展的需要，为公民和社会提供更加有弹性的、更加灵活的服务是服务型政府的任务。服务型政府必须简化办事手续、增加办事场所和时间，做到以顾客（公民和社会组织）为导向，为他们提供尽可能多和尽可能方便的服务，就是民众在任何时候和任何地点都能够得到服务。

三 服务型政府的基本内容

所谓服务型政府的基本内容是指服务型政府应该为公民和社会提供的主要服务的内容。关于服务型政府的基本内容也就是服务型政府的基本职责，人们也有不同的看法。有的着眼于经济发展，有的着眼于社会政策。贾治邦认为：“服务型政府的主要职责：制定公共政策，提供公共产品，搞好公共服务。”③ 高尚全认为：“服务型政府的目标模式是什么？以民为本，为人民提供公共产品，为人民搞好公共服务，要让人民富裕起来。”④

---

① 顾丽梅：《信息社会的政府管理》，天津人民出版社，2003，第69~70页。

② 参见戴维·奥斯本《摒弃官僚制：政府再造的五项战略》，谭功荣、刘霞译，中国人民大学出版社，2001；迈克尔·巴兹雷《突破官僚制：政府管理的新愿景》，孔宪遂等译，中国人民大学出版社，2001。

③ 贾治邦：《创建服务型政府的一些思考》，http//www.sxdaily.com.cn/data/bsyw/20021206/。

④ 转引自罗勤《建设公共服务型政府》，2003年8月5日《深圳商报》。

笔者认为，服务型政府的主要职责应该包括以下几个方面。

1. 制度供给服务

我们知道，政府是作为秩序化统治的机构而存在的。作为秩序化的代表的政府，必须为人们和社会提供社会秩序的制度供给，也就是要为社会制定一个权威的人人必须遵守的制度框架或者制度模式。人们需要政府首先就是希望政府能够给人们一个有序的社会环境，这个环境的建立完全依赖于政府提供良好的制度。因为只有在良好的制度条件下，人民才能按照规矩去创造财富和谋取个人的幸福。政府必须根据人类最基本、最具有普适性的价值如自由、平等、公正、安全、公平、繁荣等来向社会提供制度、执行制度和纠正已经过时的制度。政府还应该根据社会环境和自然环境的变化，不断地推进制度创新。制度供给的内容非常多，如法律制度、政治制度、财产权制度、财政制度、市场经济制度、社会保障制度等。有人会认为，制度本身是限制人民的，是规制人民的，怎么会是服务呢？但是如果没有政府提供的这种规制，就没有良好而有序的社会环境，人们之间就会陷入无休止的争吵、争夺甚至战争中。政府提供了良好的制度服务，人民的生活和工作就有了保障。笔者认为，服务型政府最好和最大的服务就是良好的制度供给。制度供给是从宏观上给公民提供的具体服务。我国经济体制改革刚一开始，社会经济就迅速发展，人民就脱离贫困而走向富裕，证明制度供给是最好的服务。“我们有理由提出政府的主要功能就是制度供给、制度实施、制度裁定以及适时的制度创新。一句话，政府功能必须以制度方式向社会提供，并且政府本身也必须按照制度行事。”① 因此，我们判断政府服务的好坏和优劣，主要要看其提供的制度框架和制度创新好还是不好。

2. 提供良好的公共政策服务

公共政策是政府为了解决和处理公共问题，达成公共利益或公共目标，经过政治过程所发展出来的原则、方针、策略、措施和办法。② 服务型政府制定的公共政策是从公共性的角度出发，为解决社会稳定发展和经济可持续发展问题而制定的政策，如环境保护政策、社会保障政策、义务教育政策、金融政策、财政政策等。这些政策有的能够直接给人们带来利益，有的通过维护社会和经济稳定、

---

① 李文良：《中国政府职能转变问题报告》，中国人民大学出版社，2003，第235页。

② 参见张成福、党秀云《公共管理学》，中国人民大学出版社，2001，第99页。

持续发展间接地为每一个公民带来利益。政府在基本制度已经确立以后，其主要的服务就是提供良好的公共政策服务。公共政策服务的水平直接体现政府的能力和水平。

3. 提供公共产品

公共产品是与私人产品相对而言的，它指的是可以被社会公众共同享用的产品，如国防、公安、司法等。还有一种准公共产品，它是介于社会公共需要和个人需要之间的产品，如教育、社会保险等。从理论上讲，公共产品的非竞争性和非排他性特征决定了不能通过市场进行分配，而只能由政府来提供。因为如果由市场来提供的话，私人不会去提供，因为私人提供对提供者来说，成本高而效用小。如果社会公众都追求自身利益最大化就会导致公共资源质量的下降，不利于社会的稳定发展。准公共产品的提供可以根据实际需要，尽可能在政府支持的情况下，让社会组织来提供，但是政府要做好组织工作。

4. 提供公共服务

公共服务是政府机关及其工作人员满足社会公共需要、提供公共产品时的劳务行为的总称。服务型政府要求政府机关及其工作人员在服务行政理念的指导下，在服务程序、服务态度、服务效率等方面为当事人提供热情、快捷、简便和周到的服务。

四　服务型政府的基本特点

服务型政府是与传统的管制型政府相对而言的。传统的科层制组织形式就是建立在对人、对下级机构的严格控制、监督和管理之上的。传统的政府是典型的科层制组织，也是更加严密的科层制组织。我国计划经济时代的政府是全能主义的政府，它控制了整个社会的所有资源，拥有无限的权力。在管理上，它讲求计划和控制，把广大的公民和社会组织都视为它们管制的对象和客体，根本谈不上为社会和公民服务的问题。他们追求的管理目标就是让老百姓规规矩矩、服服帖帖。他们管理的主要方式就是惩办主义的方式。随着我国社会主义民主化的进步和公民权利意识的增强，传统管制型政府的合法性和正当性受到了质疑和诘难。人民普遍要求政府改革为真正为社会和人民服务的政府。这是我国建设服务型政府成为热点的原因之一。

要理解服务型政府的特征，我们最好把它和管制型政府对照起来研究。

张成福、党秀云认为，传统的管制型政府与服务型政府的区别是：①施政目标，由机关和专家决定，到由民众希望和合法期待来决定；②以成本—效益为基础的效率考量，转变为民众评估的考量；③由政府以控制为要务转变为以传输服务为要务；④由对特定“功能”、“权威”、“结构”的服从，转变为对“使命”、“顾客”、“成果”的认同；⑤从一味强调按章办事到强烈的当事人取向，考虑到民众的具体情况；⑥从独断专横的领导到民众参与的领导。[①]

上面的论述基本概括了管制型政府和服务型政府的区别，也基本揭示了服务型政府的基本特征。但是，笔者认为还有不够完整的地方。笔者认为，服务型政府的主要特征体现在以下几个方面。

1. 为社会和公民服务的行政理念

管制型政府的管理理念是控制、统治和管理。在这种理念下，政府是高高在上的统治者，政府机关是对广大服务者冷冰冰的衙门。而服务型政府则是认真为公民办事、主动为社会谋利的热情的、充满人情味的、亲民的机构。

2. 人民和民意主导性

管制型政府的施政和施政评估主要遵从机构本身和机构所联系的专家的意愿，他们评估政府工作的标准是简单的效率标准。服务型政府的施政则要以人民的希望、要求为中心，其工作的评估则以社会和公民的满意度为标准。就是邓小平讲的要以人民高兴不高兴、人民拥护不拥护、人民满意不满意为政府施政的出发点和归宿。因此，服务型政府是一个亲民的政府。

3. 公开透明性

管制型政府的很大特点是自我封闭，其工作的内容和程序不向人民公开，因为人民什么都知道以后，就不好让老百姓成为顺民了。于是，在管制型政府下，政府不仅不主动提供服务，就是老百姓找到政府办事了，也是门难进、脸难看、事难办。服务型政府则把为民服务的项目内容、范围、条件、程序和主办机构都明明白白地在各种新闻媒体上公开。这样，政府在社会和民众面前是一个透明的政府，而不是一个充满神秘色彩的官僚机构。政府的公开透明也是与民意主导性紧密联系的。一个政府是不是具有民意主导性，是不是以为人民服务为宗旨，其

① 参见张成福、党秀云《公共管理学》，中国人民大学出版社，2001，第368~369页。

评判主体是老百姓。如果政府的服务内容、服务项目、服务程序、服务方式和方法都不公开，人民怎么知道应该享受哪些服务呢？人民又怎么评判政府是不是在为公民和社会服务呢？

4. 有限性

管制型政府的施政是由机构和专家决定的，其评价施政的标准是效率，这就造成了政府不断扩大服务的趋势，也造成了政府权力不断侵蚀公民和社会权利的趋势，这种趋势使政府越来越向无限政府迈进。在新中国成立以后就建立了一个全能政府，政府垄断了社会的一切资源，严格地控制着公民和社会。这种全能主义的政府扼杀了公民的创造力和社会的生机与活力。服务型政府则是有限的政府。首先，其服务内容受到法律和民意的限制。没有法律的授权和人民（通过政治过程）的认可，政府不能随意扩大服务内容。其次，政府权力受到法律、民意机构和社会的限制。由于政府的服务必须公开，政府的活动完全处于社会的监督之下，人们随时可以纠正政府扩大了的服务，可以收回政府扩张了的权力。

5. 有效性

管制型政府表面上是以效率为其工作的目的，但是层级控制、繁文缛节、照章办事、重形式轻内容等弊端却暴露无遗。服务型政府则应该是一个灵活的、精简的、富有效率的政府。由于机构更加精简、人员更加精干、服务更加周到、甩掉了许多不该管的事，服务型政府能够专心于服务工作。服务型政府应该充分考虑当事人的需要，给予灵活的处理。应该根据社会发展的需要，为公民和社会提供更为适时的、更有弹性的、更加灵活的服务。因此，这样的政府的工作效率是更高也更贴近人民的。

建设服务型政府是政府的根本变革，它包括从理念、职能到结构和行为方式的变革。我们不能把服务型政府的建设简单化、庸俗化，应该从政府全面创新的高度来认识服务型政府的建设。我们不仅要在实践上大胆探索，更要在理论上、观念上大胆创新，这样才能有效推动我国的政府创新。服务型政府是我国政府建设的目标，也是我们转变政府职能的方向标，涉及的层面非常多。我们在进行服务型政府的建设时，应该从多个层面入手。我们要用崭新的理念和思路去开展服务型政府建设。

剩余索取权利与公共管理制度创新任务

——对政府经济管理模式的思考

周文兴*

在私人和公共两个领域，剩余索取权利安排有可能归前者也有可能归后者。新中国成立后近30年时间里，国家实行强制工业化。计划经济体制环境不承认非物质产业，城镇第三产业几乎处于空白状态，人口仍然高度集中于农业部门。农业剩余索取权利逐渐被剥夺，农民生存保障靠开荒维持，大自然受到极大的侵害。在这种制度下，贫穷与人口形成恶性循环，农民始终在生存线徘徊。改革开放后，情况发生了比较大的变化，最成功的是家庭联产承包责任制的形成。

一　国民经济的最大弊端在于国家无意中享有剩余索取权利

1. 农村家庭联产承包责任制的成功在于国家临时放弃剩余索取权利

20世纪50年代开始的“统购统销”制度是典型的剥夺农民剩余的方式。70年代末以后的农村家庭联产承包责任制的成功在于国家临时放弃剩余索取权利。由于只需要交够国家规定的固定征购量，剩余全部归家庭，农民有最大的积极性。但制度惯性仍然存在，农民生存制度保障环境没有发生根本变化。这种思维惯性甚至演变到城市，导致城市化进程陷入被动和困境。80年代末以后，人口压力继续增大，乡镇机构庞大，客观上出现两个重大恶果：一是税费负担重，

---

* 作者简介：北京大学光华管理学院经济学博士、北京大学政府管理学院在站博士后研究人员。

直到农民缴纳以后没有剩余或无法缴纳；二是放弃公共责任，只维持行政基本运转，行政为行政服务。城市自身体制的原因阻挡了农民转移。城市自身体制的弊端在哪里？仍然在于剩余索取权利安排问题，主要体现在企业处于被动状态。

2. 国有经济的重大弊端在于剩余索取权利归“国家”

国有经济政企不分有制度原因。表面上，只是企业负赢不负亏；实质上，由于政府享有无限剩余索取权，剩余归国家，这种收益难以有效进入中央财政预算，小金库和变相私人金库大量存在，在腐败与合法之间打“擦边球”。云南李嘉庭案实际上间接反映了制度缺陷。政府高级官员和大中型国有企业领导人没有名义上的固定高收入和预期正常收入，强调“公仆”的无私奉献，这在逻辑上是行不通的，他们必然采取各种方式“补偿”自己。也正由于这个制度的漏洞，腐败就不可能遏止。也就是说，本来可以利用比较小的代价为高层人士提供经济安全保障，但没有这样做，这些高层人士最后演变为代表政府的无限剩余索取权拥有者，并且这些财富并没有真正进入政府财政预算。如果将这样的资金视为一种变相的“税收”，那么，中国的税收比例应该是非常高的，但却无法进入公共支出领域。一些高层人士可以利用职权实行高消费，再加上上行下效法则，不少代表政府行为和准政府行为的人事实上替国家扮演了拥有剩余索取权利的角色。这就不难理解国有企业为什么改革困难，没有或者几乎没有获取积累的机会，从而进入恶性循环。

3. 民营经济剩余索取权利仍然归“国家”

目前的增值税制度偏重于对资本征税，民营企业资本积累受到阻碍。高的个人累进税制度实际上更不利于企业家和高能力的人成长。偷、逃、漏、避税成为不得已的选择。在这样的背景下，相当多的民营企业还不得不成为腐败的制造者。例如，在房地产领域，腐败普遍存在。最后结果通常是大众来承担这种腐败成本。私人合法财产无法得到保障。各种检查、评比和审批通常是为民营企业提供主动“进贡”机会，要不就容易陷入被动状态，为各种合理合法借口所牵制。从国家利益出发，这是很成问题的。归结而言，就是民营经济最多只享受部分剩余索取权利，或者说，这种剩余索取权利不得不与官员和既定税收制度共同分享，企业享受的剩余索取权是不完全的。

二　政府显性或隐性拥有剩余索取权利的危害难以估量

从经济上看，在一个国家经济实际税负高昂，但却又无法将这种收益转化为公共服务的情况下，必然产生越来越多的扭曲。企业家不得不花费大量时间、精力和金钱获取各种本来不合理的“通行证”，企业制度创新和技术创新不足，通常负债率高，进而牵扯金融和银行体系，潜伏重大金融风险。有一个著名的“黄宗羲定律”反映了改革的困难。封建王朝的赋税改革，将先前滥征的各种摊派与附加，与正税合并在一起征收。但是，这种改革之后，政府逐渐忘记了这一并征收的赋税本身已经包括了各种摊派和附加，再次另行摊派。结果是改一次，赋税增加一次。例如，中国城镇和近郊土地为国有，国家按地价征收土地转让费。这笔收益实际上很高，流失也很高。类似这样的费如果与正税合并在一起，不但很高，而且事实上由国家享有剩余索取权利。在这种情况下，创业困难是必然的，相应就业困难也就更加顺理成章。

从政治上看，第一，官商结合既不利于官，又不利于商，更不利于民。当官也是一种职业，固定收入（可定期提高）更适合官员，这样也可以避免引诱更多的人进入这个行业，这个行业的考评、选拔和价格最应该公平、合理和透明。如果名义收入低下，选拔制度混乱，必然使这个行业成为人口过剩的行业，成为一个最赚钱的行业。一个值得吸取的教训是，政府和私营大企业利益相关的潜伏严重弊端，对经济社会乃至政府都是非常不利的。一个典型的例子是韩国的郑梦宪事件。第二，弱势群体状况难以改善，将构成社会不稳定的对抗力量。低收入者受到盘剥越多，或者政策制定考虑越不充分（或者一刀切），将使这个群体容易陷入恶性循环，在生存边缘挣扎。

三　现实中的例子——从近期热点看剩余索取权利问题

1. 与北京大学改革有关的话题：一个异端见解

北京大学无小事。北京大学改革就是中国改革。北京大学改革的外因是中央政府财政投入约束，间接导致内部财政压力，内因则很复杂。之所以有中央政府财政投入约束，主要在于必须让利于民，也就是尽可能兼顾公平和效率。

怎么改？笔者以为就一句话：需要鼓励学者拥有剩余索取权，激励产生出更多、价值更高的学术成果；需要通过职业精英硕士教育为更多人提供个人事业成功机会，在服务社会中获取足够办学经费；本科生自由选择专业、更换专业，以课程定专业，让学生利益最大化。如果更多北京大学毕业生职业成功，可以在将来为北京大学建立各种基金提供重要来源。职业精英硕士教育也可以为一些人文学科学者提供学术市场；学者有足够条件和积极性搞研究，才可能出一流成果；学生有专业转换自由，才可能成才，所谓双学位是没有多大价值的。

作为一个例子，北京大学改革仍然反映了现行体制下，高校自身拥有的剩余索取权利不够，过于依赖中央政府，高校自主权也就不够。如果说需要政府支持的话，更应当是北京市政府而不是中央政府的支持。

从本文的理论框架出发，可以认为，中央政府必须逐步摆脱掌握剩余索取权利的地位，相应要求一场观念变革。这种变革将对中国产生深远影响。

2. 科研成果为什么难以产生？

技术进步是经济增长的动力。然而，技术进步深受制度约束。

例如中国的博士后制度。博士后制度被引入中国后，最初曾发挥重大作用，但如今已经几乎完全变质。这种变质的制度的恶果是增加了各方面的困难（包括管理层的困难）。从理论上说，建立博士后制度的本意是激发年轻人的学术天赋，而历史上真正杰出的贡献大都是在其一生中的年轻时期作出的，或者在年轻时奠定最扎实的基础，这种基础也有利于将来培养学生。在站博士后其实有点类似于“吃青春饭”，属于高流动群体，不应当为生计而操心。博士后不是“读书族”，而是“研究族”，也是一种短期合同就业形式。博士后也不是相当于讲师，应该是专门的博士后研究人员（不是宽泛的研究人员），职称可以相当于副研究员或正研究员，甚至可以相当于院士，这要看其真实学术水平。但是，如今的博士后似乎已经演变为一种学历。更要命的是，生计收入低和研究经费少，再就业风险大，至于获取剩余，更不可能，理性的选择是从事非学术的活动，这样，博士后这个“行业”还越来越拥挤，但研究工作和生活条件会越来越差，恶性循环。国家也费力不讨好。

3. “三农”问题

“三农”问题本质上就是人的权利问题。目前中国农民工有近1亿人，其中跨省区流动的是3600万~4000万人。城镇如果采取排斥农民的态度，无疑会出现非常多的问题。农民有积累机会的话，才可能真正转变为城镇人。因此，政府剩余索取权利安排制度仍然很关键。如果城里的政府对流入城镇的人盘剥的话，将非常危险。

中国城乡之间在税收负担方面存在明显的累退税制。这种税收制度不但极大地加剧了城乡居民收入差距，也制约了中国经济增长。笔者的观点是进行“三农”税收制度创新，取消农业一切税收，对本国农产品开征消费税。即只对进入流通环节的粮食与其他农产品征收单一的消费税。取消以村提留、乡统筹、农村教育集资等专门面向农民征收的行政事业性收费和政府性基金、集资，取消屠宰税，取消统一规定的劳动积累工、义务工等，销售农产品不再收其他税。

对这种消费税开征的关键是从价税而不是从量税。消费税开征地点为农产品交易地，农产品消费税全部为地税，将有力地保证县乡（镇）地方财政收入。由于取消一切农业税，农民自己消费农产品的能力增强，即使需要现金，也可以自主考虑是否出售多余的农产品来换取现金。农民自己消费增加，农产品价格将升高，由于农产品价格缺乏弹性，反而有利于农民现金收入的增加。因消费税归交易地，产地将成为主要交易地，可以缓解最棘手的县乡财政压力。

应该开征25%或20%的农产品消费税，充分允许农民自由进城镇销售自己或代销他人的农产品，城镇管理部门只征收25%或20%的消费税，并且明确标出这25%的税收由消费者承担。出于城市管理的需要，相关管理成本需由城市管理部门支付。城镇管理部门最好不要多管，避免额外税费负担。农产品负担通过价格转嫁给企业和消费者，又不降低县乡两级的集财功能，将直接受到基层和农民的拥护和欢迎。由于产地的成本更低，交易价格更低，大宗产品交易通常发生在产地（小城镇、乡），而农民进城自销或代销的农产品的消费税归大中城市政府，大中城市并没有增加额外负担，反而会获取新的财政收入。农民自己通过廉价的交通运输方式（包括人力）运送农产品进城，可以降低成本，有利于农民增加现金收入。

显然，这是一个由大中小城镇消费者和企业共同来分担农村税负的税收制度，强化了税收对收入的再分配功能，减小了城乡居民收入分配差距，为农民提供了出路，为农村剩余劳动力健康转移敞开了大门，可以减少取消一切农业税以后不得不保证基层组织运转的中央财政转移支付压力，为窘迫的县乡财政提供基础保障，为以农产品为原材料的乡镇企业发挥比较优势，为其再度崛起奠定基础，为农产品丰收提供全新的激励，为农民生活水平提高带来福音，也将是我国农业技术进步的催化剂和强大制度保障。

同20世纪50年代相比，中国的农业危机和过快城市化压力导致的危机背景已经消除，即使商人囤积居奇，由于政府有强大购买力和强制力，也可以保证城市粮食供应。

人们对此可能还担心什么？人们会问：城镇居民会因为农产品消费税导致生活困难吗？政府无法实施吗？答案是否定的。第一，大多数城镇居民已经越过温饱线，即使农产品价格提高，也影响不大。事实上，不同季节的不少农产品价格已经相差比较大，同一季节的类似农产品的价格相差也比较大，比如反季节蔬菜刚上市的价格远比一般蔬菜贵。第二，农民积极性提高以后，将提高产量，市场价格不会持续走高，更何况有进口农产品冲击，农产品价格相对仍然比较稳定，但农民负担大大减轻了。第三，产量真的高了，可以出口，一些农产品在国际上有比较优势，但农业税不取消，投入抵不过产出，肯定减少产出，这更可能引起农产品价格上升，最终对城镇居民不利。过去若干次发生的情形就是这样，最后政府不得不强制压低农产品价格，严重打击了农民的积极性，也影响了政府声誉。第四，进口农产品可能最终将与本国农产品享受基本等同的消费税（关税），符合国民待遇原则，但本地农产品有强大运输成本优势。如果不率先解放本国农产品，将在国际竞争中处于非常不利的地位。第五，根据WTO规则，我国农产品实际上还有很大补贴空间，只是政府觉得这是一个大的负担而没有实施，反而还在继续剥夺农民，这是很危险的。连美国这样的农业高度发达的国家还大量补贴农业，不能不引起我们重视。至少，在全面补贴时代到来之前，完全可行的就是取消一切农业税，开征农产品消费税。第六，发达国家转基因食品的时代正在到来，如果我们不将农民负担全部解放，后果不堪设想。更重要的是，这种解放其实简单得不能再简单了，几乎各方面都受益，几乎没有受到损害的一方，是真正的帕累托改进，何乐而不为呢？即使有一些负面的东西，也应该在进一步的改革中加以弥补。

四 公共管理制度创新十项任务

实施公共制度创新、转换剩余索取权利的十项任务是：

——让农民持土地准所有权；

——让生存权成为公共物品；

——转换税收制度归宿方向；

——人人享有接受义务教育的权利；

——尽可能放开对各产业的限制；

——公开国家公共支出的内容；

——建立健全社会保障市场；

——建立地方公共物品投票体制；

——从危机管理走向公共管理；

——从城市规划走向城市管理。

在难以确定农民拥有土地所有权的情况下，有必要尽可能让农民持土地准所有权。生存权成为公共物品，有助于公共卫生事业、救济的实施等，也可以刺激内需（通过消费）。税收制度归宿方向由对资本征税转向对消费和个人征税。人人享有接受义务教育的权利，是关系国家兴亡的大事。放开对各产业的限制，有助于竞争环境的建立，繁荣经济。国家公共支出内容透明化，尊重纳税人的义务和权利。社会保障是一个蓄水池，但要保障适度。区别国家层次的要求和地方层次的要求，给地方更多决策权，地方可以采用公民投票方式决定生活方式。危机管理是必要的，但从根本上看，危机管理只是公共管理的一个方面，对于不健全的公共管理问题要及时解决。加强公共经济问题研究，服务于公共管理。与城市规划相比，城市管理更加重要，必须改变重规划、轻管理的思路。

对政府决策成本的研究

胡叔宝*

一　问题的提出

在比较威权政府和民主政府的决策时，人们习惯性地认为威权政府比民主政府的效率高，因为威权政府决策速度比较快。例如，威权政府要修一条高速公路，从构想到建成通车或许只要一年时间，而在民主国家里同样的工程两三年也难以建成。于是人们就说，威权政府比民主政府效率高。

显然，这个结论缺乏准确性，原因是判断的标准存在问题。判断决策的标准不仅要考虑决策成本（决策成本是指仅仅包括在要求两个以上的人达成协议时参与决策的估计成本），而且要考虑决策所带来的外部成本（即对个人来说外在于他自己行动的成本）以及决策所带来的收益。因此，判断决策的标准应该是决策总收益与决策总成本之差，其中，决策总成本等于决策成本与决策造成的外部成本之和。

二　决策总成本的公共理论分析

根据布坎南的理论，政府决策总成本包括决策成本和外部成本。我们用字母 C 表示外部成本函数，于是有：

* 作者简介：中国政法大学政治与公共管理学院副教授、博士。

$$C_i = f(N_a), i = 1,2,3\cdots,N$$

其中，$N_a \leqslant N$，C_i 定义为除第 i 个人以外其他个人的行动强加给他的预期外部成本，N_a 定义为整个群体中那些在最后的集体决策作出之前应当达成一致的人数。这个函数在几何图上可用图 1 的 C 曲线表示出来。

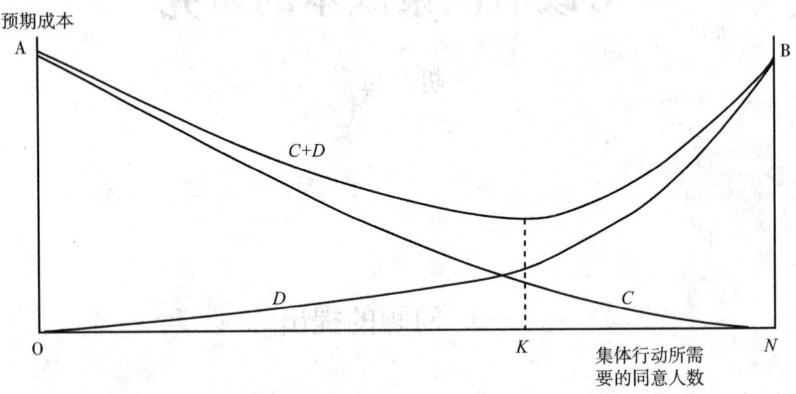

图 1　外部成本、决策成本与集体决策总成本函数

如图 1 所示，C 是向下倾斜的曲线，其导数小于零。A 是 C 与纵轴的交点，它表示每个人都可以为集体采取行动时的外部成本，N 是 C 与横轴的交点，它表示采取一致性决策时的外部成本。在 A 点的外部成本最大，因为当个人以集体的名义进行决策时，其他人将会预期集体采取任何行动时都可能给自己造成外部成本。如果改变决策规则，不是个人进行集体决策，而是从集体中选出几个特殊人物进行决策。那么，虽然他们也会给其他人带来外部性，但这与只有一个人为集体决策的情况相比，至少与决策者的预期收益背道而驰的决策就会减少甚至不存在，因而就部分减少了外部性。当选取更多的人专门为集体进行决策时，外部成本就会更小。依此类推，当采用一致性规则决策即所有人一致为集体进行决策时，每个人都会维护自身利益而使之不受外部性的影响，进而使得外部成本为零，此时达到帕累托最优状态。

与外部成本函数相比，决策成本函数则表现出相反的特性。我们用字母 D 表示决策成本函数，于是有：

$$D_i = f(N_a), i = 1,2,3\cdots,N$$

其中，$N_a \leqslant N$，D_i 表示预期第 i 个人在参与由某一项活动所规定的一整套集体决策时会招致的那些成本的现值。用几何图形表示就是图 1 中的曲线 D。

如图 1 所示，当决策者为一人时，决策成本函数为零；当采用一致性决策规则时，函数值达到最大。其原因就在于当一个人进行决策时，他无须与其他人协商，无须耗费时间精力进行协调，决策成本为零；而当决策者为两个人时，就需要花时间协商，决策成本就大于零；决策人数越多，协调就越困难，决策成本也就越大。因此，当采用一致性规则决策时，为达成一致的成本就达到最大。

由此可知，曲线 D 为增函数，表现在几何图形上就是一条向左下倾斜的曲线。需要说明的是，这里所谓的决策成本是指决策的个体之间达成决策时的预期成本的最小值，而不是一般意义上的决策成本。

在分别讨论了外部成本和决策成本的基础上，我们就可以来研究集体决策的总成本。在同一个图形上，画出 $C+D$ 的曲线就可得到总决策成本，如图 1 中的 $C+D$ 曲线所示。决策的最低总成本不在 A 点，也不在 B 点，而在 K 点。上述问题就在于只考虑了决策总成本的一部分——决策成本，而忽略了外部成本，所以得出了 A 点为决策最优点的错误结论。实际上，根据我们的分析，K 点为最优点。

K 点是如何确定的呢？根据缪勒的研究，当时间成本很小时，最优点在 $N/2$ 处；当时间成本较高时，多数决策规则是最优的。

三　政府决策效果的进一步分析

但布坎南的分析存在着下面几个问题：布坎南是用成本而不是净收益作为判断决策的标准，没有考虑信息成本（对信息成本在此不作深入研究），没有考虑组织成本。

如果以净收益决策的标准，那么，在时间成本较小时，最优决策规则大于 1/2，而不是等于 1/2，净收益曲线近似正态分布曲线，而不是 U 形曲线。

如图 2 所示，纵坐标表示净收益，横坐标表示集体行动所需要的同意人数。按照我们的分析，曲线的最高点对应的横坐标大于 $N/2$。

如果将图 1 中的横坐标改为集体行动所需要的同意机构数目，就可以运用布

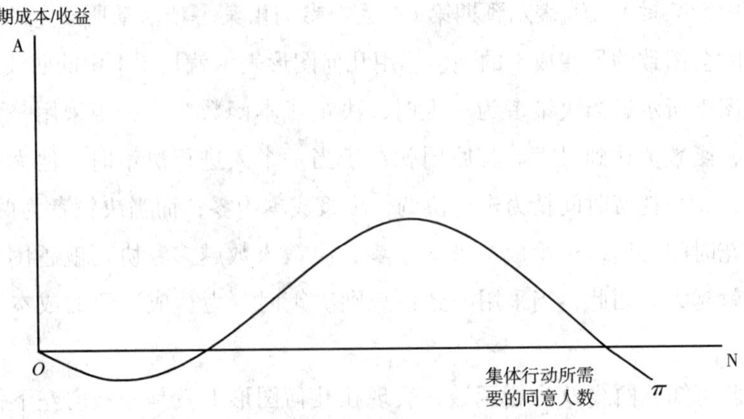

图2 净收益与集体行动所需要同意的人数的关系

坎南的理论对组织成本进行分析。我们先考虑政府横向权力情况。如果不进行横向分权，则集体行动所需要的同意机构数目为1，此时，决策成本非常大。

如图3所示，横坐标表示政府横向分权数目。C 是外部成本函数曲线，D 是决策成本函数曲线。O 点表示政府横向权力集中在一个机构手里。此时，外部成本 $C+D$ 非常大；N 点表示所有的人都拥有相同的权力，在此点时社会接近于自然状态，所对应的成本将无穷大。O 点和 N 点的成本都大于 K 点所对应的成本，因此，K 点是最佳点，此时横向权力应分为 K 个机关。也就是说分权下的决策成本小于权力集中情况下的决策成本。

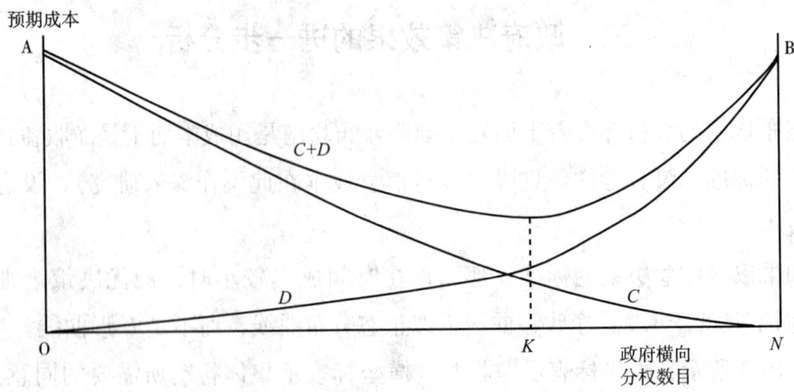

图3 政府横向分权数目

同样的道理，纵向分权下的决策成本也小于权力集中情况下的决策成本。

判定决策的成本包括决策成本、外部成本、信息成本以及组织成本，其净收益就是指决策所带来的收益与这些成本之差。

政府分权不仅影响决策的净收益，还影响着政府决策的代表性。我们分析一下政府横向分权的代表性。假设每个机关决策的代表性为 P，且存在两个分立的机构，那么，总的代表性为：

$$1-(1-P)(1-P)=2P-P^2$$

如果不存在横向分权，那么，其代表性为 P。因为 $P<1$，所以，$P<2P-P^2$，也就是说，分权情况下政府决策的代表性大于不分权时政府决策的代表性。

由此可见，组织成本问题不仅与决策成本相关，而且影响着政府决策的代表性。因此，判断政府决策的标准不仅仅是决策成本，而且与决策总收益、决策所涉及的总成本之差以及决策的代表性紧密相关。回到前面的问题，我们就很难简单地说用一年时修完公路的政府优于用三年时间修完公路的政府（即威权政府的决策效率比民主政府的决策效率高）。

参考文献

〔美〕詹姆斯·M. 布坎南、戈登·塔洛克：《同意的计算》，陈光金译，中国社会科学出版社，2000。

〔美〕丹尼斯·C. 缪勒：《公共选择理论》，杨春学等译，中国社会科学出版社，1997。

〔美〕詹姆斯·M. 布坎南、理查德·A. 马斯格雷夫：《公共财政与公共选择》，类承曜译，中国财政经济出版社，2000。

风险社会中的政府诚信体系建设

褚松燕*

全球化时代的人们生活在一个风险社会，各领域的不可预期的风险和危机不仅促使公民日益清晰地认识到作为社会—政治共同体一员的责任，而且考验着政府的治理能力及其外在的表现——诚信。当下的中国政府诚信体系也正在利益格局发生剧烈变动、各种矛盾错综复杂的转型时期催生。

一　风险社会呼唤政府诚信

1. 诚信及其结构

诚信由两部分构成，即“诚实”和“信任”。“诚实”往往应用于主体对客体（被观察者）的定性，具有客体（被观察者）的属性；而“信任”一般是主体通过对客体（被观察者）的定性而产生的感受，具有主体属性。由于体现着主体因客体“诚实”而“信任”客体的思想和行为，诚信在属性上一般被纳入道德范畴，用作人们从动态和静态两个方面衡量他人、组织、政府言行的标准，既是个人修养的信条，也是一种公共品德，更是自古以来政府治理社会的政治原则。正如孔子所言：“自古皆有死，民无信不立”①，政府对人民的诚信是立国之本。著名英国学者齐美尔（G. Simmel）指出：“现代社会在远比通常了解的更大

* 作者简介：女，国家行政学院政治学教研部副教授，博士。

①《论语·颜渊》。

程度上建立在对他人诚实的信任之上。”[①] 因此，诚信是社会中最重要的综合力量之一，构成解释和促进经济增长和政治稳定等现象的一个关键因素。社会或社会的一部分普遍信任所产生的一种力量促进人与人之间的合作，从而构成社会资本，对社会的稳定和社会的发展具有十分重要的意义。由于诚信是人的一种态度，建立在普遍的社会公德基础上，难以有物质表现，所以，作为社会关系的一种，它实际上具有不确定性。从另一方面看，也正是因为社会资本基于公共道德，它比起货币资本、人力资本等都更难获得，从而也同样具有难以改变或摧毁的特征，所以，以诚信为核心要素的社会资本[②]能够在一个具有不确定性和风险的社会中平衡社会的大震荡，起到促进社会稳定的作用。

从结构上看，诚信可以分为人格诚信、组织诚信和制度诚信。人格诚信是某个具体人物所具有的令人信任的特质，依赖于个人的品德和行为，主要存在于熟人团体当中。组织诚信是一个由多人形成的团体对外所具有的令人信任的特质，依赖于该组织成员单个人和集体的言行。制度诚信是社会成员对普遍性的行为规范和网络的认可而赋予规范和网络的信任，由此形成社会秩序。现代社会的流动性往往使制度信任更为重要，政府作为一个为社会成员提供普遍服务的组织，其诚信更多地依赖于制度及其落实，也就是说，政府诚信程度通过政府履行其职责的一切行为反映出来。因此，政府诚信程度实际上是公众对政府履行其职责情况的评价。

2. 风险社会公共管理需要政府诚信

全球化时代是激进的现代性充分展现的时代，它仿佛是“一个无法控制的功率巨大的发动机……尽管某些时候它似乎也有一条稳固的路径，但也有许多时候它会飘忽不定地转向我们无法预测的那些方向。我们也绝不会感觉到十分安全，因为它所穿越的地域充满了各种具有严重后果的风险。”[③] 如果说风险社会在西方学者眼里是以财富及其公平分配为核心问题的标准的工业化社会为起点的现代性的开始，那么，在中国这样一个处于工业化和信息化过程交织在一起的转型期的国家，财富与安全是核心问题的两面，由此也加大了风险社会公共事务管

---

① 郑也夫：《信任论》，中国广播电视出版社，2001，第16页。

② 参见李惠斌、杨雪冬《社会资本与社会发展》，社会科学文献出版社，2000，第11页。

③ Giddens，A. *The Consequences of Modernity*，Cambridge：Polity Press，1990，p. 139.

理的难度，因为“无论是拥有财富的个体，还是产生了风险的国家，都不能逃离风险而独获安全。”① 值得庆幸的是，虽然全球化时代的风险空前强烈和繁多，但由于科学技术和人们反思能力的增强，人们应对风险的能力也越来越强。

就风险社会的公共管理来说，关键在于公共危机事件的有效控制。一般来说，公共管理与政府合法性之间存在着这样的逻辑联系：公共管理事务发生，政府采取一定的政治行为来予以解决，而政治行为必然有社会结果的反馈，这个结果的反馈中包含的最重要的一点就是人们对政府是否信任，而对政府的信任又直接决定着政府合法性地位的稳固与否。于是，在这个环环相扣的过程中，存在着一个不可或缺的节点，也就是：社会公众对政府信任的来源在哪里？或者说，政府诚信的根基在哪里？可以说，一般的社会信任关系往往存在着一个超验或超脱的第三方来维持正义并提供信任关系的检验标准。而政府与社会公众之间却往往难以存在这样一个第三方。如果说有一个第三方的话，那么就是对作为逻辑前提的未经检验而又得到当代宪政国家普遍认可的契约理论。但是，超验的契约理论能够为政府与公民之间的不对称关系提供合法性基础的能力是有限的，也是脆弱的。在现实中，政府代表人民运用公共权力对社会进行管理的过程应当是使公共利益最大化的过程，政府需要以其实际行动和制度来增强社会公众的信任感、归属感和责任感，否则会导致社会公众信心不足和对政府信任的丧失，从而可能造成社会普遍失信，同时削弱政府行使公共权力的合法性。所以，公共利益的最大化不仅能够为政府赢得诚信，增强政府存在的合法性，而且能够为善治的实现提供前提。而只有诚信的政府才能获得公民的信任，从而以政治—市场—公民社会的善治结构来对抗强烈而纷繁的风险。从这个意义上说，诚信是政府治理能力的基本要求。社会的诚信首先是政府的诚信，我们需要构建政府诚信体系。

二　政府诚信的标准与功能

政府诚信作为一个体系，涉及许多方面，并通过政府行为表现出来。

1. 政府诚信的判断标准

（1）诚信政府应是负责任的政府。在风险社会，无论是否出现公共危机，

---

① 〔美〕乔治·瑞泽儿：《后现代社会理论》，谢立中译，华夏出版社，2003，第210页。

政府都应当忠实履行职责，言而有信，政策要相对稳定。对于公共危机，政府更应当果断、及时地回应公民的要求。

（2）诚信政府应是以公民为本位的服务型政府。政府必须以公共利益最大化为目标，努力提高政府部门的服务质量和效率，自觉高效地向公民提供公共物品和公共服务。

（3）诚信政府应是依法行政的政府。在任何行为中，政府都应当根据宪法、法律、法规以及法律精神来为人民服务，避免文件和领导讲话大于法的现象，使人们形成对法律和制度的信任，通过法律和制度来体现政府的诚信。

（4）诚信政府应是透明的政府。人们的利益需求创造了政府，政府的存在价值就在于满足社会成员的需求。而政府满足社会成员需要的措施、过程、方式等都应当为成员们所了解。政府的行政法规、行政规章与规范性文件，政府机构的职能、人员配置、行政程序、执法依据、会议活动及文件资料等信息都应当公开和便于公众查询，政府的决策过程因此也应当使公民知晓和参与。

2. 政府诚信的功能

（1）简化社会复杂性，维持稳定的秩序。简化复杂性是一切生物生存进化的策略，是应付充满非完备信息的复杂环境的机制。环境的复杂和不确定性使人们对确定性的需求增长，诚信正是通过对经验的积累与强化而将时间上的过去、现在和未来连接在一起，增强行为的确定性，减少社会的风险性。因此，作为一种社会资本，政府诚信在政府与公民之间架起一座桥梁，在复杂的风险社会中维持政府—公众关系的持续性，构成整个社会稳定的中枢，以某种确定性来对付不确定性，并在这种相对的确定性中培养公民对制度的信心。其中，确定性实际上还意味着一定的强制力量，这种强制力量与人们经由信任的简化程序在人们心中逐渐形成的自愿性结合在一起，就能够维持社会和政治的稳定。从这个意义上说，政府诚信作为一种主观自愿机制，与公共权力的强制机制一起维持社会的稳定和秩序。

（2）为政府提供连续的合法性基础。政府诚信与公共权力、政治权威是平行共生的机制，它们互相促进，为政府的存在和运行提供合法性。政府行使公共权力的合法性来自公民的认可和支持，所以，政府的合法性基础实际上就是某种信任。诚信政府的合法性基础是连续的、强大的，在于公民对政府提供公共物品和公共服务的能力的信任，并在这种信任关系的基础上在政府的公共权力与责任和公民的权利与义务之间营造出某种良性的动态平衡关系。政府在这两种关系中占据行动上的主动。也就是说，政府必须以其主动的行为（政绩）和对过去经验的宣传（意识形态）来不断赢得公民的信任，从而获得源源不断的稳定的支持。

（3）为构建新型治理结构提供联结点。在充满危机和风险的开放社会，新型治理结构的一个核心要素就是个人、组织和政府打破界限的合作。风险社会带来的公共管理的危机如果处理得当，有可能增强公民对政府的信任和政府对公民的信任，这种相互的信任使人们打破政治与经济、公域和私域的界限，进行跨领域、跨部门、跨地区的合作。其中，政府承担着配置社会资源的权威功能，市场则是分配社会资源的最有效的机制，各种民间志愿组织又充分展示出机动灵活的信息传送功能，而贯穿政府、市场、民间组织的主线则是以政府诚信为核心的社会诚信系统。只有在权与责对应的基础上，以政府诚信为主导，连接社会各领域的新型治理结构才可能建立起来。

（4）促进政府职能转变。政府诚信表现在政府忠实履行职责上，但履行职责首先涉及的就是政府职能的定位，在不越位、不缺位的情况下依法谋求公共利益的最大化。政府诚信的最终判断权掌握在公民手中，全体公民的切身需要和根本利益决定着政府职能在不同时期的变化，只有敏锐而正确地抓住人民对政府诚信的判断，政府的诚信体系才能维持，表现在当下的转型时期，就是要进一步转变政府职能，政府对公共事务的管理是包括经济增长、社会稳定、人民康宁等所有方面在内的一个综合系统，任何一个方面的偏颇都可能造成政府的诚信受到打击。因此，政府诚信的维持要求政府不能仅仅把增长效率优先当作长期的政策目标，其职能和政策目标需要因社会环境的变化而转变。

三　政府诚信体系的构建

政府诚信体系的构建不仅是政府本身的事，更是政府、公民和各种民间组织在政治、社会和市场等各领域的不同力量通过互惠、习俗、强制、行为等博弈活动形成的。因此，在政府诚信体系的构建中，如果说直接受益者或主体是政府的话，那么，由单个公民及其形成的各种组织所构成的社会则是间接或最终的受益者。

1. 政府诚信的层次

当代的任何一个社会—组织共同体都在一个开放的环境当中谋求生存和发展。政府诚信与个人和其他组织的诚信不同，因为在政府与公民之间不存在一个可以裁决双方是非的第三者。政府拥有强制力量自不待言，而公众惩罚政府的可选手段只有一个，那就是对政府撤回信任或干脆不再信任。因此，公众对政府的惩罚手段虽然是唯一的，但却是最终手段，直指政府存在的基础。所以，政府诚信作为一种系统信任，涵盖政府与公民两个维度，包括以下三个层次。

（1）理念。首先应当在政府部门和公务人员中树立诚信观念和责任观念，也就是要加强公务人员职业道德建设，将公共利益作为一切工作的出发点和归宿，恪尽职守，依法行政。同时，政府作为社会的主导力量，应当倡导公民的道德建设，培养公民的公共责任和社会品德，促进公共精神的形成。

（2）行为。政府诚信通过公务人员的具体行为和表现来体现，同时，政府的政策过程、行为方式等直接面对社会公众。为了维护诚信政府的形象，政府行为规程和规范、纪律等都应当体现在政府决策过程和公务人员的执行过程当中，体现在依法行政的过程当中。

（3）制度。政府诚信是一种声誉，更多地靠制度以及制度的执行来塑造和体现，因此，制度是政府诚信的核心层面。政府诚信的制度包括围绕政府诚信本身形成的制度（即如何做到诚信）和政府诚信监督制度（即评估政府诚信的制度）两个方面。前者包括政府信息公开的制度化、开放的行政程序、责任机制建设等，后者包括鼓励公民参与的各项制度建设。

2. 政府诚信的构建

在公共事务管理风险日益多样化和开放化的全球化时代，抓住契机进行政府诚信体系构建，将对我国公共权力的运行与公民的参与起到积极的作用。从根本上看，政府诚信主要依赖于制度的构建。

（1）建立政府信息公开机制，加强政府—公民沟通。毫无疑问，公民的知情权对应于政府的公共管理责任，因此，应该及时、畅通地向政策涉及的利益关系人和风险承担者提供有关政府决策、行为、预算、统计资料、财务披露等信息，并在发生公共危机的时候，将相关的宏观信息与微观信息向公众公开。因此，以公民为本位进行政府诚信的构建，首先要求建立政府信息公开机制，使政府成为透明的信息中心，这样做的过程和结果都无疑将使公民更加充分地了解政府的运作和功能，从而在政府与公民之间形成良性的沟通。在这个基础上，公民与政府之间的互信必然得到加强，增强政府的诚信度。为此，我们需要进行政府信息公开建设，将政府的行为、程序纳入制度化轨道。

(2) 建立强有力的政府权—责机制，加强政府对社会需求的回应性。这首先要求政府及其公务人员树立权力的公共性观念，做到权力与责任相对应，政府应依法行使公共权力，做到不缺位、不越权，全面、恰当地履行与公共权力相对应的职责，不能有权无责，也不能有责无权。政府是社会需求的制度化满足机制，因此，应当通过强有力的权责对应的机制，对不同时期不同社会主体的需求做到及时、恰当的反应，采取果断、准确的措施。因此，需要建立权责对应、灵敏高效的信息收集—反馈机制，对社会公众通过媒体、信访以及群体行为等反映的问题、需求和建议等信息及时了解、分析和处理。强有力的政府权—责机制还包括加强基层政府与社会在公共危机、公共服务和公共事务管理方面的自主权和与之相适应的责任，以便把握控制和解决当地公共问题的最佳时机。

(3) 建立政府、企业与民间组织的合作机制，将公民和社会组织纳入政府决策体系，既强化决策的民主性与科学性，又推动社会参与和监督的制度化。在全球化的信息时代，单纯依靠政府是难以满足社会公众的多样化需要的，社会公共事务的治理需要政治、市场和社会领域的各种主体相互间的合作。这种合作将改变现有的社会利益表达机制，尽可能把利益不同的各方力量纳入决策过程，提高政府决策的民主和科学程度，保证公共决策的质量。同时也能够形成一个上下互动的公共事务管理模式，使政府切实承担起公共事务管理、公共物品和公共服务提供的功能，从而彻底实现政府职能转变。另外，政府、企业与民间组织之间制度化的协商与合作不仅能够激发公民参与的积极性和主动性，而且能够通过民间组织来有效地整合社会力量，在公共危机的处理和公共事务的管理中增强公民—政府的互信，增加公民对公共政策的理解，从而维持较高的政府诚信度。

突发性公共卫生事件危机管理研究

——以应对SARS危机为例

迟行刚　张　鑫*

一　引言

有道之士，以近知远，以今知古，以所见知所不见。

——《吕氏春秋》

自从盘古开天辟地，上帝造人，战争与疾病一直是困扰人类社会的两大敌人。在公元2003年明媚的春天，两者又不约而同，再次冲出潘多拉的魔盒，涌向这个无辜、无知而又自大的世界。米兰·昆得拉曾说，历史中的细节是最有典型性的。3月20日，伊拉克战争打响，这不能不说是“单边主义的胜利”，当美军攻入巴格达，将广场上萨达姆的雕像推倒那一刻，更加预示着“新帝国主义的胜利”，所留下的象征性东西实在是太多太多。4月14日，美方宣布伊拉克战争中大规模的战斗已经结束。当人们还没有从关注伊拉克战争的硝烟中走出来的时候，全中国人民就进入了一场没有硝烟的战争——抗击SARS。

在分析这场瘟疫的发展过程以及中国的应对之前，让我们先弄清一些基本的理论问题，以作为后面分析的框架。

* 作者简介：迟行刚，北京大学政府管理学院讲师、博士，北京大学组织部副部长；张鑫，北京大学政府管理学院硕士毕业。

二 危机、危机管理及其理论框架

居安思危，思则有备，有备无患。

——《左传·襄公》

在西方，“危机”的概念最初来源于希腊语，普遍用于医学领域，以形容一种至关重要的、需要立即作出相应决断的状态。18～19世纪，逐渐被引入政治领域，表明政治体制或政府面临的紧急状况。后被推广使用到社会生活各个方面。①

（一）危机定义及其分类

危机研究的社会目标就是最大限度地降低人类悲剧的发生。

——〔美〕泰德·格尔

对危机进行研究时，我们发现，最令人困扰的就是对危机的定义。对社会科学文献进行粗略考察后，可以得出一大批种类繁多、与危机特点相联系的、有时是互相交叠的说法。在这里，我们首先回顾一些学者从不同角度的理解判断：

——语意学角度：有可能变好或变坏的转折点或关键时刻（英文韦伯辞典定义）；

——决策取向角度：危机就是一种情境状态，其决策主体的根本目标受到威胁，在改变决策期间时间很有限，其发生也出乎决策主体的意料；

——进程中断角度：1975～1976年在耶路撒冷举行的危机问题研讨会提出的定义是，危机是和平进程的断点，它必须具备四个条件（国家内部或外界环境发生变化、形成了对基本价值的威胁、卷入军事敌对行动的可能性极大、对威胁作出反应的时间有限）②；

——危机管理角度：对一个社会系统的基本价值和行为准则架构产生严重威胁，并且在时间压力和不确定性极高的情况下，必须对其作出关键决策的事件；

——功能事件角度：巴顿（Barton）认为危机是“一个会引起潜在负面影响

---

① 参见许文惠、张成福主编《危机状态下的政府管理》，中国人民大学出版社，1998，第89页。

② 转引自J. 多尔蒂等《争论中的国际关系理论》，邵文光译，世界知识出版社，1987，第533页。

的具有不确定性的大事件，这种事件及其后果可能对组织及其人员、产品、服务、资产和声誉造成巨大的损害”，这里值得注意的是危机影响的范畴已经扩大到了人和组织的名声，由此凸显公共沟通的重要性①；

——时机场景角度：作为一个国家所面对的危机就是指中央决策者面对这样一种场景：重要的价值受到威胁，而且可以采取处理行动的时间十分有限，同时环境的变化具有高度的不可确定性；

——系统论角度：危机是一种改变或破坏系统平衡状态的现象，也就是系统的失衡，它由一组迅速展开的事件组成，使破坏稳定的力量在总系统或任何子系统中的影响大大超过正常的水平，并增加在系统中爆发的危险；

——发展过程角度：危机是一段剧变和集体紧张的时期，在这段时间里，日常的生活方式和社会体系的核心价值观受到威胁，且威胁的方式是我们意想不到甚至是无法想象的②；

——冲突论角度：有明显抵触的社会力量之间的冲突而导致的紧张状态。

以上定义分析都各有道理，抓住了现实生活中危机的某些特征和本质。实际上，我们可以将灾害、暴乱、恐怖活动等视为危机，但是一旦我们认识到，危机可以被视为一种决策时机（或情境），这个时候倾向于危机决策和管理层面的研究方法就凸显了很好的适应性。从以上分析我们可以作出如下界定：所谓公共危机状态必须是现实的、迫在眉睫的；其影响必然波及整个国家；全社会正常生活的继续受到威胁；危机或危险必须是异常的，以至于采取维护公共安全、卫生和秩序所允许的正常的措施或限制办法已明显不足以控制局势。

危机有自身的发展逻辑，因而具有生命周期。芬克（Fink）从医学角度，将危机的生命周期分为如下四个阶段：第一阶段是征兆期，有线索显示潜在危机可能发生；第二阶段是发作期，具有伤害性的事件发生并引发危机；第三阶段是延续期，危机的影响持续；第四阶段是痊愈期，有迹象清晰表明危机已经完全解决。③

---

① 转引自罗伯特·希斯《危机管理》，王成、宋炳辉、金瑛译，中信出版社，2001 年 1 月，第 18～19 页。

② 参见 Uriel Rosenthal, etc. (eds.), *Managing Crises: Threat, Dilemma, Opportunities*, Springfield, Illinois: Charles C. Thomas Publisher Ltd. 2001, p. 6。

③ 参见 W. Timothy Coombs, *Ongoing Crisis Communication—Planning, Managing, and Responding*, New York: Sage Publications, 1999。

以上我们对危机的概念进行了规范和描述，下面需要了解一下危机的具体形态。

危机的分类可以具有不同维度（见表1）。

表1　危机类型一般划分

划分标准	相应的危机类型
动因性质	由自然灾害和人为因素引起的突发性事件（水灾、地震、台风、干旱、核泄漏、火灾、质量事故），或由社会中对抗的统一体引发社会冲突行为而导致的社会失衡和混乱（战争、暴力对抗、恐怖主义事件）
影响时空范围	国际危机、国内危机、地区性危机、组织危机
危机性质	政治危机、经济危机、民族宗教危机、价值危机、生态危机
采取手段	和平性的冲突方式（如静坐、示威、游行等），或暴力性的流血冲突方式（恐怖活动、骚乱、暴乱、国内战争等）
特殊状态	核危机或非核危机
危机主体的态度	一致性或冲突性
综合标准划分	结构良好的危机或结构不良的危机

在本文分析过程中，比较赞同荷兰莱登大学危机研究专家乌里尔·罗森塔尔从危机发展速度和终结速度两个角度同时入手的分类方法。并把影响后果加入参数变量使之变为三维分析。[①] 具体的分类如表2所示。

表2　危机类型具体划分

危机影响小	危机影响大	危机发展速度	
		快速发展	逐渐发展
危机终结速度	快速终结	龙卷风型 雷阵雨型	腹泻型 井喷型
	逐渐终结	长投影型 水纹型	文火型 潮汐型

龙卷风型危机：这种危机来去都很迅速，但给社会带来很大的影响，所以公众一般认为面对这种危机，行动失败也比不采取行动好，例如劫机事件或人质劫持事件。

雷阵雨型危机：虽然同前者相比发生和终结速度也很迅速，但是该种危机影响面小，通常不会带来全局性的问题，处理相对容易，政策空间较大。

---

① 此处的分类借鉴了罗森塔尔的分类法，但由于后文分析需要加入影响变量使危机类型从四类变为六类。

腹泻型危机：危机逐渐发展酝酿，但爆发后很快就结束。带来的影响较大，这种危机的发生常常是由于当局没有关注细节和征兆，错失了防患于未然的机会。“千里之堤，溃于蚁穴”说的就是这种危机。

井喷型危机：发生结束过程类似于腹泻型危机，但是影响程度小，波及范围有限，往往存在于低级层次组织或高级组织的低级事务当中。

长投影型危机：危机突然爆发，其后续影响深远，长时间不能平息。形成原因主要是未能充分理解危机原因或危机处理失当，使一个小危机产生深远影响。比如 2001 年 2 月美国潜艇撞沉日本渔船事件。

水纹型危机：危机发展和终结速度类似于长投影型，后续影响深远但程度、范围、幅度都不大。

文火型危机：此类危机开始缓慢，逐渐升级，甚至没有明显的爆发标志，但结束也很缓慢，影响深远且程度较大。比较典型的是越南战争。

潮汐型危机：危机过程类似于文火型，与前者的区别在于影响不显著，但如果忽略可能成为下一次严重危机的序曲。

由于篇幅和笔者能力的限制，本文所要涉及的危机事件主要集中在突发公共卫生事件的范围内。突发公共卫生事件是指突然发生，造成或者可能造成社会公众健康严重损害的重大传染病疫情、群体性不明原因疾病、重大食物和职业中毒以及其他严重影响公众健康的事件。① 其关系如图 1 所示。

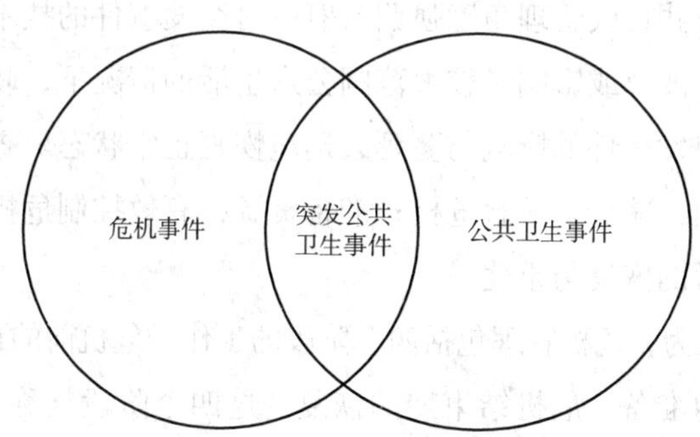

图 1　危机与公共卫生事件、突发公共卫生事件的逻辑关系

① 《突发公共卫生事件应急条例》，国务院第 376 号令，2003 年 5 月 12 日。

很显然，突发公共卫生事件属于我们以上所界定和分析的危机事件范畴，同时又是特定类型的公共卫生事业的组成部分。所以它也具备我们所说的关于危机事件的性质特点和分类特征。

（二）危机管理的理论框架

Do what you can, with what you have, with where you are.

——*Theodore Roosevelt*

讨论完危机事件后，面临危机自然需要设法应对。自从人类诞生以来，危机状态就一直伴随左右。但专门的危机管理理论的出现则是相对较晚的事情了。早期西方对于危机的研究主要集中于自然灾害和军事方面。20 世纪 60 年代至 80 年代初，西方危机理论在政治学和国际关系学领域出现了突破，形成了一个研究高潮。涌现出的主要代表人物有格尔、赫尔曼、H. 艾斯克斯坦、C. 蒂利、E. 齐摩门等。研究领域已经比较齐全，理论研究，国际危机研究，灾难研究，冲突研究，决策研究，公共管理研究，危机中的个人、团体与组织关系研究等都涌现了大量的专著。①

对于危机管理的阶段界定有着许多的说法。国内学者张成福认为，危机管理意味着调动各种可利用的资源、采取各种可能的或可行的方法和方式，限制乃至于消弭危机行为，从而使现存的危机得以解决，使危机造成的损失最小化的行为。美国学者从公共行政管理角度强调政府应对突发事件的技术化手段，即当一国突发某一事件，波及或影响了较大范围公众生活的情况下，政府应该如何以最有效的方法控制突发事件的影响与蔓延，迅速恢复正常状态。查尔斯和金光珠将其内容归纳为四项：减少与缓解危机；准备资源，有效控制危机；回应社会与公众的需求；危机后的恢复与重建。②

学者们通常认为，危机管理包括四个阶段的工作：危机前的预防、危机前的准备、危机爆发期的准备、危机结束期的恢复。这四个阶段被称为 PPRR，即预防（prevention）、准备（preparation）、反应（response）和恢复（recovery）。而美国联邦安全管理委员会对其加以修正：缓和（mitigation）、预防（preparation）、反应

① 参见杨明杰主编《国际危机管理概论》，时事出版社，2003，第 18 页。

② 参见许文惠、张成福主编《危机状态下的政府管理》，中国人民大学出版社，1998，第 91 页。

(response) 和恢复 (recovery)，即 MPRR。罗伯特·希斯 (Robert Heath) 提出了危机管理的4R 模型：缩减 (reduction)、预备 (readiness)、反应 (response)、恢复 (recovery)。[①] 可以说，界定危机管理的主要视角就是结合危机发生的过程进行，蒂莫西·库姆斯 (W. Timothy Coombs) 也指出危机管理涉及的四个基本因素：预防 (prevention)、准备 (preparation)、绩效 (performance)、学习 (learn)。有效的危机管理是要渗透到一个组织的日常运作中，不是仅仅在危机发生的过程中制订计划加以执行，而是应被视为随时进行的管理过程，提高危机预防和应对能力。

本文对危机管理的分析采用四阶段说。

1. 危机前的预防

最高明的危机管理不在于危机形成或爆发后的干预。正所谓“不战而屈人之兵，善之善者也”，排除可能导致危机的各种可能性，防患于未然。预防包括以下几个环节：首先是分析危机的环境，对管理范围内的政治、社会、经济、自然等条件进行评估；其次，找出可能导致危机的关键因素，并尽可能提早加以解决。

2. 危机前的准备

一方面要制订应急计划。提前设想危机可能爆发的方式、规模，并且准备好多套应急方案，一般要以最坏打算为底线。另一方面，建立危机预警机制，依靠这种参照物指标来加以检验。这项工作没做好，很可能导致本来程度轻的、局部的危机，改变性质，蔓延为全局性的、严重的危机。

3. 对危机作出反应

对危机作出适时的反应是危机管理中最重要的组成部分。防患于未然易说难做，很多事情非人力所能控制。但危机一旦发生，就需要注意以下几点：首先是遏制危机。管理部门要在困难的情况下为决策者提供及时、准确而必要的信息，从而为迅速出击、解决危机创造条件。其次，要注意隔绝危机，避免其蔓延，要将危机限定在一定范围之内。隔绝的一种途径是通过有效的危机反应机制防止危机扩大或扩散。另外就是加强媒体管理，防止谣言流传，虚假信息散布影响决策。这要注意与封锁消息、隐瞒信息加以区分。在传统的报纸、杂志、电视、广播等信息传播渠道的基础上，近些年随着网络的扩张，大众传媒在塑造价值观

---

① 参见罗伯特·希斯《危机管理》，王成、宋炳辉、金瑛译，中信出版社，2001，第30~31页。

念、强化公众意识、反映和引导社会舆论等诸多方面都发挥着巨大的作用。当今信息技术及传播手段的多元化趋势，呼唤与之相适应的舆论引导方式。现代信息技术已经在社会上形成了众多的信息渠道，如电话（包括手机短信）和互联网（特别是网站论坛、电子公告版）等。面对如此情况，公共关系学理论强调，信息沟通是危机管理的核心。英国危机公关专家里杰斯特曾提出著名的危机沟通“3T”原则：第一，以我为主提供情况（Tell your own tale）；第二，提供全部情况（Tell it all）；第三，尽快提供情况（Tell it fast）。[①] 为什么要实行“3T”？新闻传播学揭示过一个规律：在全球化、科技化、信息化的当今社会，一相情愿地封锁、隐瞒信息是几乎不可能的。没有你的声音，就会有别人的声音。以你为主提供情况，你成为了信息主渠道，公众就会把你作为主要的信息来源，别人的声音就无足轻重了；你提供了全部情况，即使有人想造谣也会找不到素材；你在第一时间很快提供了情况，你就能先声夺人，而不会在不利信息满天飞的时候再被动地“辟谣”。比丑闻和真相更可怕的是掩盖它们的行为。所以这里强调的是媒体管理，要主动承担发布正确信息的责任，实行透明公开的阳光政策，使谣言、流言不攻自破，取得人民的信任和支持；同时要对信息传播渠道进行管理，防止有人趁火打劫，制造混乱。

4. 危机过后的恢复和重建

这包括各种内容。首先是恢复危机中受到冲击的客观实体的秩序和损失，如单位、部门、社区、地区甚至国家。其次是恢复和重建危机受害人正常的心理和精神，使民众从打击中重新振作。最后是弥补危机中暴露出的体制、机制运行的漏洞和弊端，处置危机中的责任人，为迎接以后的危机做好准备。

三　中国抗击 SARS 疫情过程分析[*]

投之亡地然后存，陷之死地然后生。

——《孙子兵法·九地篇》

我们根据前面讨论的芬克的四个阶段生命周期模型来分析中国内地 SARS 疫

① 参见聂正安《从 SARS 中领悟危机管理》，2003 年 5 月 12 日《中国经济时报》。

* 《中国内地抗击非典大事记》，2003 年 6 月 25 日《中国青年报》。

情的发展状况。①

SARS危机的第一阶段为征兆期或潜伏期，指2002年底发现SARS病例到2003年2月广东省爆发SARS疫情前。这是SARS危机初始阶段，已经出现了SARS疫情症状，但仅限于极少数地区和人群。2002年11月16日，中国广东佛山发现第一起后来被称为SARS的病例。2003年2月3～14日广东发病进入高峰，但病原不清，而且有家族及医护人员极易被集体传染的特点。2月18日中国疾病研究中心宣布，广东严重呼吸道综合征的病原基本可以确定为衣原体。同日在广东卫生厅召开的紧急会议上，广州大医院专家一致认为，不能简单认定衣原体就是唯一病原。

作为一种新型的传染病，人类对SARS具有很大的知识不完全性和信息不完全性。当时人们还不了解它是一件突发性公共卫生事件，还是一个突如其来的重大公共卫生危机。从一开始SARS是以突发事件出现，类似于传染病的公共卫生事件或事故，如同森林中的“野火”，影响小，可处理性较大。根据危机管理理论，这一阶段主要任务是进行危机预警及准备。其目的是避免危机，使危机既不能发生，又不能蔓延和发展；制订危机管理预案；建立处置危机的组织系统，对危机进行实时动态监测。但无论是广东省政府还是中央政府都未能引起高度警觉，这是中国第一次丧失处理SARS危机的“良机”。从SARS事件发展初期看，除了信息不完全的客观因素之外，当时十分有限的知识、信息却被少数人“垄断”，甚至在已经演化为危机时还不能根据《传染病防治法》第二十三条的规定及时、准确地向社会通报，也没有主动向世界卫生组织驻中国代表处通报，固执地按传统的处理国内公共卫生事件方式行事，即使有媒体少量介入，也被压下去。② 使这件突发性“星火”事件很快转化为或扩大为全国性甚至全球性重大公共卫生危机，即全球性“熊熊烈火”，并显示出危机的重要特征，如具有突发性、高度不确定性。这一阶段SARS对整体经济还没有产生任何影响。

SARS危机的第二阶段为迅速爆发期或蔓延期，指2003年2月广东省爆发SARS疫情至5月上旬全国平均3日SARS病例新增数高峰，同时也表现为SARS病例累积数快速增长（见图2）。

---

① 以下对中国SARS疫情分析的数据主要来自胡鞍钢《三论如何正确认识SARS危机：危机发展的生命周期》，清华大学公共管理学院《SARS专刊》2003年第26期。

② 参见张晓群《从缺位到归位——对SARS危机中媒体表现的评价》，《国情报告》2003年第5期。

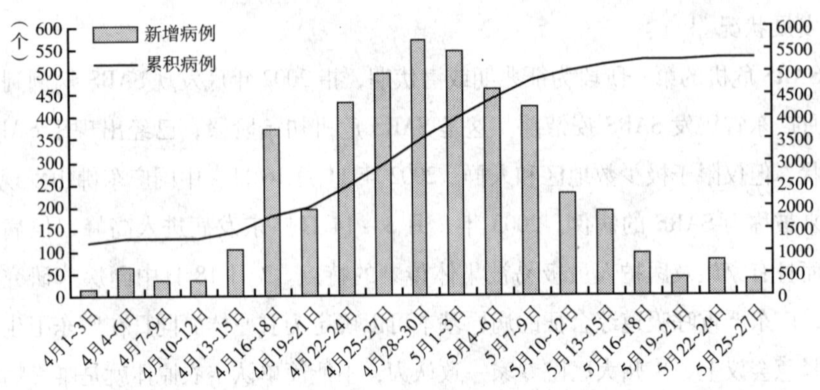

图 2　SARS 新增病例和累积病例变化

资料来源：黄海莉根据卫生部数据整理。

SARS 危机爆发，极为迅速地蔓延，引起连锁反应，危机迅速扩大和不断升级，来势凶猛，危害性大，令社会震动，令国际震惊。这一时期处理危机的主要任务是识别危机，收集重要信息，整理关键信息，进行各种风险评价，有效隔离危机，设置防火墙。

这一阶段分为两个时期：第一时期是从 2003 年 2 月到 4 月中旬，政府反应迟钝，未能采取有效措施进行信息披露和风险评价，先后又丧失两次机会。随着广东省疫情的发展，人们的心理恐慌程度也增加，发生抢购商品现象，谣言四起，导致危机放大。这是第二次丧失控制 SARS 疫情从广东向全国传播的“良机”。从 3 月底 SARS 疫情开始发生地域性大转移，4 月中旬以前广东省集中了全国 95% 以上的 SARS 病例，到 4 月底北京成为全国第一大疫情区，华北成为主要新增 SARS 病例区。

显然，这与 2003 年 3 月底 4 月上中旬北京和华北地区没有能够吸取广东省的教训有关，在北京地区医疗体系形成中央、地方、军队、武警四大部门条块分割、相互独立、互不管辖，疫情不明，发病原因不清，“非典”传播渠道不明，疫情信息扭曲失真，政府处于被动防范状态。这是第三次丧失控制 SARS 疫情在北京和华北扩散的“良机”。

以上三次机会丧失，使 SARS 危机迅速成为全国危机乃至全球危机，给党和政府的声誉带来重大影响，也给中国国际形象和声誉带来负面影响。

3 月 15 日世界卫生组织将此疾改称严重急性呼吸系统综合征（SARS）。3 月中旬至4月1日网上流传的“北京疫情”部分在现实中得到证实，政府对于非典型肺炎的认识和应对措施经历着艰难而痛苦的转变。

4月2日，国务院总理温家宝主持召开国务院常务会议，首次提出要“抓紧建立国家应对突发公共卫生事件的应急处理机制”。4月3日，卫生部非典型肺炎防治工作领导小组成立；4月11日，国务院防治非典型肺炎部际联席会议发出第一份联合公告。

4月8日，美国《时代周刊》刊载了一篇题为《北京遭到SARS袭击》的文章，在全球引起轩然大波。该文引用了一封北京302医院蒋彦永的署名信。信中称，仅他知道的一家医院，就收治了60例SARS病人，到4月3日已有6人死亡……4月11日，北京重新被世界卫生组织定为疫区。

4月16日世界卫生组织在日内瓦宣布，病毒已经找到，正式命名为SARS病毒。

4月20日这一天，应该写进历史，标志性的事情包括：

——北京“非典”确诊病人和疑似病例，较之前一天成倍增加。

——党中央、国务院明确提出要以对人民高度负责的态度，及时发现、报告和公布疫情，绝不允许缓报、漏报和瞒报。卫生部决定，原来五天公布一次疫情，改为每天公布。

——“非典”被列入我国法定传染病。

——由于防治“非典”不力，原卫生部部长张文康，原北京市市长、市委副书记孟学农被免职。4月22日，原国务院副秘书长高强任卫生部常务副部长，原海南省省委书记王岐山任北京市代市长。

4月21日至4月底北京“非典”疫情严峻，最高一天新增病例达150多人。4月23日北京市通告，对“非典”疫情重点区域采取隔离控制措施。4月24日北京市中小学开始停课两周；对人民医院实行整体隔离，这是该市第一家被整体隔离的单位。

第二时期是从4月中旬开始，政府强烈地意识到SARS问题的严重性，以高度负责的精神，迅速采取了紧急措施。4月22日温家宝总理首次把SARS危机的性质定义为“一场突如其来的重大灾害”。① 党和国家领导人首次确定人民健康

① 2003年4月22日《人民日报》。

生命“优先目标”和“以人民为本”的施政纲领。胡锦涛总书记说：“中国政府始终把保护广大人民群众的身体健康和生命安全放在第一位。”温家宝总理强调：“一个负责任的政府，必须时刻把人民的利益放在第一位。”4 月 29 日温家宝总理代表中国政府首次公开向国际社会承认错误和道歉。① 中央政府紧急采取了一系列有效措施，有效地处理危机、分隔危机、限制危机、控制危机，防止危机进一步扩大，把减少人员伤亡作为“第一目标”，集中全国、全军的人力、物力和财力，具有应急性、特殊性（如特事特办）、关键性、紧密性等特点，类似于强力“扑大火”和设置“防火墙”。

在这个过程中，政府多部门联动。处理公共卫生突发事件，需要媒体、财政、商业、保险、救助、公安等各部门齐心协力，众志成城。2003 年 4 月 11 日，由国务院副秘书长牵头的部际联席会议启动。当日，国家质检总局与卫生部联合发布 2003 年“1 号公告”，打响了部门联动的第一枪。

中央打破原来的隶属关系界限，成立“北京防治非典型性肺炎联合工作小组”，对首都医疗资源进行统一指挥、调度。北京市市委书记刘淇任组长，北京市代市长王岐山、卫生部副部长朱庆生、总后勤部副部长王谦任副组长。下设指挥办公室，分为四个工作小组：医疗小组、流行病追踪调查小组、信息小组、物资保障小组。工作小组建立和完善了北京市与军队、卫生部的工作协调机制，明确了小组的职责和任务。对疫情实行首诊负责制和属地管理制。明确了防治工作首长负责制，市委专门成立了督察组，及时检查核实疫情信息和落实防治工作。②

4 月 26 日国务院副总理吴仪兼任卫生部长。4 月 28 日，发布《国务院办公厅关于成立全国防治非典型性肺炎指挥部的通知》。指挥部的主要职能是贯彻落实党中央、国务院的决策部署，统一领导、指挥、协调全国防治非典工作，对地方工作进行指导、检查和监督。下设 10 个工作小组，指挥部办公室设在国务院办公厅，由副总理吴仪任总指挥，国务院秘书长华建敏任副总指挥。具体分工如表 3 所示。

---

① 人民网，2003 年 4 月 29 日。

② 参见冯瑛冰《北京：构建“三网”，发挥集成效应，全力防治非典》，《瞭望新闻周刊》2003 年第 17 期，第 8 页。

表 3 国务院办公厅全国防治非典型性肺炎指挥部分工

姓名	职务	工作小组	小组类别
高强	卫生部常务副部长	防治组	职能类
李长江	国家质检总局局长	卫生检疫组	职能类
徐冠华	科技部部长	科技攻关组	职能类
马凯	国家发展改革委主任	后勤保障组	职能类
刘坚	农业部副部长	农村组	区域行业类
吉炳轩	中宣部常务副部长	宣传部	职能类
田期玉	公安部常务副部长	社会治安组	职能类
戴秉国	外交部副部长	外事组	职能类
周济	教育部部长	教育组	区域行业类
王岐山	北京市代市长	北京组	区域行业类
徐绍史	国务院副秘书长	办公室主任	综合协调类

资料来源：《中华人民共和国国务院公报》，2003 年第 17 号，2003 年 6 月 20 日。

5 月 1 日，经过 8 天的紧急筹建，北京市第一家专门治疗“非典”的临时性传染病医院小汤山医院开始接收病人。此时军队支援北京的医护人员 1200 余人陆续到位。

5 月 9 日，北京新增病例数首次减至 50 人以内；温家宝总理签署国务院第 376 号令，公布施行《突发公共卫生事件应急条例》；劳动和社会保障部要求，将把农民工纳入防“非典”统一管理。① 5 月 14 日，最高人民法院、最高人民检察院联合发布《关于办理妨害预防、控制突发传染病疫情等灾害的刑事案件具体应用法律若干问题的解释》。5 月 17 日，人事部和监察部联合下发通知，强调对“非典”防治不力者“一律撤职开除”。

① 4 月 14 日国务院第四次常务会议提出抓紧研究《突发公共卫生事件应急条例》的要求之后，卫生部立即抽调人员，共同组织起草小组，经过日夜奋战，草拟了条例的初稿，于 4 月 20 日邀请桑国卫、高守一、洪涛三位院士和中国疾病预防控制中心、医疗机构的十几位医学专家、学者，对条例初稿进行研究、论证。会后，根据专家、学者的意见进行了修改，形成了条例征求意见稿立即送国家发展改革委、财政部、公安部、监察部等 15 个国务院有关部门和军委法制局征求意见；同时邀请中国疾病预防控制中心负责人和北京大学公共卫生学院的专家、学者，对征求意见稿作了进一步的研究、论证。根据专家和有关部门的意见，对征求意见稿作了补充、完善，形成了条例草案，经 5 月 7 日国务院第七次常务会议审议并原则通过。根据常务会议的精神，卫生部对草案作了进一步修改，报请温家宝总理审批同意并签署后公布施行。

同日北京宣布，医务人员的感染比例已经呈明显下降趋势。5 月 19 日北京当日通报的新增确诊病例数首次降至个位数，为 7 例；山西省首次没有新增临床诊断病例。

截至 2003 年 5 月 19 日，共有 124 个国家因“非典”对中国往访团组和人员采取限制措施。

SARS 危机的第三阶段为高峰期或平缓期，表现为新增病例数明显下降，治愈病例数上升，但是积累病例数继续增加已达到高峰阶段，这是危机最关键时期。中国的 SARS 疫情主要集中在广东和华北五省区，没有向全国特别是农村扩散，SARS 对中国经济最基本的方面还没有造成很大的影响。这一过程持续到 6 月中上旬。

我们可以看到政府从 4 月中旬采取的一系列措施的“政策时滞效应”在发生作用。这一时期政府有效利用危机管理机制，快速反应，主动与媒体沟通，及时向社会和公民通报疫情，对受冲击行业进行及时的必要的补偿，对困难人群患者实行医疗援助，使人们很快从恐慌中走出去，社会和经济秩序逐渐恢复正常，SARS 冲击的负面影响开始减少。

全国各地政府机关相继成立由主要领导挂帅的防治“非典”领导小组，构建“三网”（坚强有力的领导体制网络、畅通准确的信息网络和严密有效的隔离防治网络）。一场防治疫病的人民战争全面展开。群防群控、医疗救治、物资保障……一条条战线相继拉开；从中央到城市街道居委会和农村村民自治小组，区自为战、院自为战、村自为战。

SARS 危机的第四阶段是危机衰退期或后 SARS 时期。SARS 危机被有效遏制，总发病人数下降，治愈人数比例增高，病死率进一步下降，防治能力明显提高，社会重新进入正常秩序，各类负面影响明显减退，随后逐步消失，经济复苏，接近经济增长潜力。从 6 月 24 日以后，全国主要疫情区进入这个阶段。

这个时期的主要任务是进行善后处理，重新恢复民心，重灾区和重灾行业进行灾后经济恢复和重新建设。5 月 23 日深圳和香港的科研人员联合宣布，从果子狸等野生动物体内找到“非典”病毒前体。5 月 29 日北京新收治确诊“非典”病例首次降到零；当日确诊与疑似病例之和也首次降至个位数。一个月来全国各地共有 120 余名中央和地方官员因为工作不力而受到撤职和惩处。6 月 2 日北京疫情统计首次出现新收治直接确诊病例为零，疑似转确诊病例为零，死亡人数也是零。6月24日下午，世界卫生组织西太区主任尾身茂、卫生部常务副部长高强在北京港澳中心举行了联合新闻发布会。世界卫生组织官员宣布：北京的非典型肺炎疫情明显缓和，已符合世界卫生组织有关标准，因此撤销对北京的旅行警告，同时将北京从“非典”疫区名单中排除，即刻生效。

截至7月11日，还有23个国家对中国往访团组和人员采取限制措施，另外12个国家要求中国出国人员出具健康证明。

四　中国公共卫生应急体系建设建议

SARS病毒蔓延之际，中国相当数量的省市遭受重创，从某种意义上讲，残酷的SARS病毒更像一架X光机，在其照射下，我们发现自身肌体中还有不少纰漏亟待弥补，很多问题必须思考。全国性危机管理体系的匮乏、领域性或部门性危机管理机制落后暴露无遗，体系、机制的不完善凸显了加强制度创新与制度建设的必要性。

从我们前面的分析中可以看出，运行良好的危机管理机制由危机管理机构、危机管理战略计划和应急方案（预案）等构成。其中，危机管理机构是后两者存在和发挥积极作用的基础和保障。危机管理机构应根据可能发生的各种危机，制订具有可操作性的应变计划和应急方案。为了确保危机管理计划和应急方案的可行性，确保危机处理效率、人员素质和设备质量，危机管理机构应针对可能发生的危机，组织模拟演习，锻炼危机管理人员的应变能力，也可借此研究出最佳处理方案。危机一旦发生，危机管理机制应及时启动，并启动预案。

建议在中央层次成立一个类似于美国联邦紧急事务管理局（FEMA）的常设性的危机处理协调机构。[①] 临时成立的领导小组有三个缺点：①不具有延续性，因此危机处理后的经验不能够有效保留；②危机处理需要政府各个机构的合作，临时成立的小组每次都需要大量的时间与相关的机构进行协调；③临时领导小组事先没有一个有效的危机处理计划，而专门的危机处理协调机构有一套成熟的危机处理操作方案。

---

① 鉴于中国目前处于社会矛盾冲突较为频繁的转轨阶段以及历年来自然、人为灾害仍多的特点，该机构出现闲置的可能性很小。

根据危机的特征和危机管理的要求，设立全国性危机管理常设中枢机构、建立与领域性机构相联结的危机管理网络体系、确立畅通无阻的信息流动网络和信息处理中心至为关键。利用该机构协调各相关部门，协同各方面专家，对各类危机进行划分总结，在国家安全高度确定长期反危机战略和应急计划，以便加强各地区、各部门、各级政府之间的协调能力。总结 SARS 危机管理的经验教训，以公共卫生领域危机管理机制为基本模式，在各领域建立较完善的相关危机管理机制；在地方层面上，改革现有政府危机管理体系主要依赖于各级政府行政设置的弊端，因地制宜，相应设立与危机管理常设中枢机构相关的危机管理部门；建立各领域、各地方危机管理机制与全国危机管理常设中枢机构的有机联系，构成以中央督导为主、辐射各地区各部门、相对完善的危机管理体系。[①] 这是危机管理的制度性前提，也可视为检验危机管理体系是否完备的基本标准之一。

同时，鉴于危机是国家经济、社会、政治生活中的某种常态，对危机管理机构及其功用应提供明确的法律保障，为危机管理机制的启动与发挥作用保驾护航，这是危机管理的法制性前提。以上两者构成危机预防和危机准备的战略层面。

作为配套的改革调整还需要进行医疗体制改革，健全国家公共卫生应急机制。医疗卫生是社会公共产品，政府责无旁贷，必须加大投入，必须落实以防为主的政策。要完善医疗保障体系，尤其要加强流行病最容易爆发而防御能力非常薄弱的农村，以及难度很大但影响很大的流动人口的医疗保障制度，这些地方正是“木桶理论”中最短的那块木板。中国政府应该对各地区部门的疾病控制体系进行重新规划，合理调配资源，有效分享信息，在出现疫情时做到早防备、早控制，依法处理相关事务。为此，国内学者张梦中提出五项建议：第一，中国疾病预防控制中心应该有一流的实验设备和科研工作者。第二，各省、市、县、乡（镇）的公共卫生部门应当有专职、专业人员负责流行病信息的收集、加工、分析和传播。第三，各医院、诊所应该加倍警觉，对各种可能的传染性疾病案例信号及时收集、分析并传播给当地政府卫生部门。第四，应当建立和完善全国性的计算机网络、覆盖各级各类政府公共卫生部门、科研机构、事业单位、非营利团

① 参见门洪华《中国 SARS 危机管理：理论框架与实践评估》，清华大学公共管理学院《SARS 专刊》2003 年第 25 期。

体、民间机构及医院、诊所等。第五，各地党政部门应该给予公共卫生危机管理系统以人力、财力的大力支持。在应对别的突发危机方面，可以参照美国或其他西方发达国家，建立政府的危机管理体系。①

同时，建立紧急应对体系固然重要，但仅靠官方医疗预防系统还不够。政府需要考虑鼓励民间机构的发育及发挥作用。这一方面，国际上已有了很多的经验。民间机构可以采取更直接贴近基层的方式与政府互动，从而增强政府的公信度。建议人大正式将民间组织的发育列为法律立法议程。应该认识到这种突发性事件的处理需要多学科的研究和实践基础，社会科学会在这种条件下对疾病流行及未来的预防发挥积极作用。

治标还要治本。另一个重要应对策略是进一步深化政府体制改革，构建高效和有效的行政系统。在这次抗击“非典”的过程中，国家领导人的果断亲民，受到民众的普遍赞誉。但是，整个行政体系的问题很多，需要改进的地方不少。中国还要大力革除官僚主义和形式主义。在“非典”出现初期，许多官员官僚主义表现严重。在抗击“非典”动员之后，形式主义又有所抬头，一些地方行动不讲科学，工作粗暴。还有些地方露出了地方保护主义倾向，草木皆兵，各自为政。这些行为的出现，正是因为科学正规的应对途径不起作用而派生出的所谓“土法治病”。许多地方的防疫措施逐级加码，一些无疫区的防疫措施比疫区还重、轻疫区比重疫区还严，比如过度使用消毒剂，对疫区群众进行“有病推定”，对外来人员一概强制隔离，村民被组织起来破坏、阻隔经过本土的公路等。许多地方反映，过度的防护措施严重影响了正常的经济活动。比如，山东本来只发现了一例“非典”病例，但一些省市因此而抵制山东的农产品，导致蔬菜价格大幅下跌。如果地方之间互相隔离，“非典”造成的危害就不仅仅局限于公众健康，而是整个国民经济都将陷入困境。许多地方实行的标准在某些情况下不仅对问题的解决没有好处，反而会造成官员在不得已的情况下虚报、瞒报。这些情况的出现都给中国今后的行政治理留下隐患。

实际上，政府应对突发性事件的反应力取决于这个体系是否具有效率。因为政府的反应力是通过一系列决策过程而实现的。在现代社会中，如政府对“非典”的流行要迅速作出反应，这主要取决于是否有可靠的信息，其政府体系是

① 《政经十人谈：中国由此改变》，2003 年 5 月 12 日《中国经济时报》。

否具有将政府的措施立即付诸实施的能力，这种能力包括财力、人力以及技术、技能。在财力、人力给定的条件下，技术能力可能会成为制约政府处理突发性事件的主要约束。从这个简单的分析中可以看到制度激励、政府体系的能力等因素对政府应对社会突发事件的影响。这些问题最终将反映政府治理的能力以及治理质量。根据当下流行的“治理”理念，现在的政府需要从以前的“统治管理型”转向“公共服务型”。在这一过程中，一些原本属于公共管理的事务回归到私人领域，比如隐私权；与此同时，一些原来属于私人领域的事务，进入到公共管理领域，比如家庭暴力、传染病防治、社会福利等，这个过程是双向互动的。这种变化意味着，政府由以前的统治和管理，向为公众提供一切必要的安全（包括人身健康和财产）和自由保证转变。[①] 应该对我国社会公共服务体系进行革新，逐步建立起具有有效激励机构，具有透明化管制的公共服务与管理体系。让人民群体具有对公共服务产品进行评估监督及选择的权力与自由。要开始关注公共服务部门的能力建设，这既包括组织机构的管理能力，也包括设施、设备的配制，同时还包括个人的能力建设。组织机构的能力包括公共服务的价值和文化，个人的能力则包括价值、技能在内的一系列内容。这就需要我们将现有培养公务员的教育和继续教育的体系进行革新。

五 结语

一次偶发事件常常让历史拐弯。SARS 或许不足以构成一个拐点，但无疑将在史册中留下印记。正如 9·11 事件改变了美国和美国人，SARS 对中国和中国人的改变，已经开始显现。但更久远和更深刻的变化，也许需要更长的时间来体会。这也正是我们进行应对危机研究的真正目的所在。

① 参见潘燕《重新审视执政环境》，《瞭望新闻周刊》2003 年第 22 期，第 19 页。

危机动员与中国社会团体的发展*

徐家良**

2003年春夏之交的“非典”危机，从广东开始蔓延，逐渐扩散到全国，最后在北京得到大规模的爆发，引发国际社会的强烈反响。100多个国家对中国公民的入境和外事活动进行了程度不等的限制，中国政府不得不动用行政手段和政治手段强行对这场“非典”危机进行干预。显然，“非典”危机不仅对人们的生命、安全和财产造成威胁，而且是对政府管理与社会动员的一次严峻考验。通过两个多月的群防群控和全民动员，疫情基本得到控制，最后赢得了抗击“非典”危机的胜利。

对中国政府来说，这场突如其来的疫情战役，是在政治资源、行政资源和社会资源没有得到充分配置的情况下被动应对的。因此，各种资源之间缺乏良好的动员准备，只是随着抗击“非典”活动的深入，政治资源与行政资源强动员与社会资源的弱动员相匹配。这就需要人们探讨以下问题：在什么情况下进行应急动员比较合适？资源应该如何有效配置？中国社会团体应该在社会危机活动中扮演一个什么样的角色？由于中国社会团体自身的特点，在危机管理中有它内在的优势，人们有必要关注危机动员过程中社会团体的作用，以便在此基础上提出有针对性的政策建议。

---

* 本文系2001年教育部人文社会科学研究“十五”规划第一批研究项目“中国妇联组织功能与公共政策：社会团体的作用分析”的阶段性成果，批准号为01JA810009。

** 作者简介：北京师范大学管理学院教授，博士。

一 政府管理机制与危机爆发

政府是处理社会公共事务的机构，它承担着公民、企业和其他社会组织所不能履行的职责，这些职责包括国防、外交、法律秩序、环境和国家安全等。同时，它又与公民、企业和其他社会组织分享着某些职能，如教育、医疗服务、公共运输等，共同发挥着各自特有的作用。

然而，斑驳陆离的现实生活尽管丰富多彩，但受到危机威胁的概率呈现多元的趋势。有的是基于一些自然因素的突发性事件，如地震、台风、海啸、洪涝干旱灾难，有的是基于社会因素的恐怖袭击等。尤其在全球化的国际氛围下，社会发生着许多激烈的动荡，大到不同意识形态之间出现的冲突，小到因人们的生活烦事而诱发个人与个人、个人与组织之间的矛盾，由此酿成一些社会性的突发性事件。也有基于自然因素和社会因素交互影响导致的重大事件，如重大火灾、恶性传染病流行等。这些人为的、自然的和多因素形成的突发性事件，共同构成影响社会基本生活秩序的突发性事件。“造成破坏、生态平衡、丧失生命或健康服务下降的事件，也就是说，一种突发的需要立即行动的由瘟疫、自然或科技大灾害、冲突或其他人为原因造成的事件。”① 这些事件的出现，对一个国家、一个社会，乃至整个世界的正常秩序都会形成较大的冲击，如9·11事件，使整个世界的安全价值观念和国际事务的中心任务都先后聚集到反恐怖主义问题上，对国际社会动员方式和总资源的配置产生了非常大的影响。

既然现行的世界和国家存在着两个截然不同的秩序环境：常态性环境和非常态性环境，就要求政府与社会采取适当措施分别对待这两个各具不同内容、不同特点的环境。针对常态性环境，需要采取的措施是常态性的管理内容和方式，以及常态性的动员机制和动员能量；针对非常态性环境，政府采取的措施必须是较特殊的管理和方式，以及非常态性的动员机制和动员能量。

一般而言，常态性管理的内容主要是常态性的事务所需要解决的问题，涉及

---

① 世界卫生组织编《小区应急准备——管理及政策制定者手册》，人民军医出版社，2002，第1、11页。

人们日常生活的各个方面，由公民、企业和其他社会组织的各种需求汇集而成。这些日常性的公共事务，由政府按照科层等级制常设管理部门各自的分工协作履行各自的职责，以满足社会发展过程中人们的各种需要。对常态性管理所使用的方式，按法律所确定的常规程序进行。这些管理方式包括在法律范围内，集中所有的行政资源，采取强制性的措施来进行行政动员。

但对于非常态性事务，政府所采取的措施较为特殊。首先，尽管有相应的常态性管理部门负责对应的突发性事件所涉及的领域，但这一突发性事件已经远远超出了由单一管理部门独立行使职责的能力和范围，在这种情况下，就需要依赖更多部门之间的相互配合与支持，有的要求更高一级政府甚至由中央政府直接掌管。其次，单一管理部门所拥有的单一资源已经无法有效满足限制突发性事件扩散的需要，只能依赖更高一级政府或中央政府所掌握的整体资源来应对这一突发性事件。再次，考虑到突发性事件影响的广泛性，仅仅依靠政府单一力量已经无法控制突发性事件的扩散，消解突发性事件所带来的危害，所以需要整个社会的所有政治力量、经济力量和社会力量的支持。尤其社会力量的合作与支持，是非常态性事务处理中需要重视的一个方面。

二　优势与不足：行政动员与政治动员

行政动员和政治动员是突发事件中非常态性管理经常采用的方式。它们利用自己独特的资源优势，尽可能以较快的速度采取相应的措施减少所造成的损害，尽早从危机中恢复过来。

行政动员是政府行政机关凭借常规的科层等级制机构，动用一切行政资源应对危机事件以控制危机事件的扩散和蔓延。行政动员面对的往往是一般性突发事件，这些事件处于可控性危机事件的范围之内。行政动员的优势在于能够按照政府的常态管理以较小的成本投入获得事态的控制或处理，不会引起社会的恐慌。它的不足在于，一旦事态无法控制在行政资源能够有效遏制的范围之内，它就不得不进入政治动员的操作程序，调集所有政治资源，以控制事态的发展。

政治动员一般是在特殊情况下所采取的一种动员方式，是政治主体（主要是政党）为了聚集所有的人力和物力资源，实现某一政治目标所进行的政治宣传、政治鼓动等行为。[①] 它的基本特征是：把立法机关、司法机关和行政机关、政党、大众传播媒体各方面的力量按照各自的能量在不同的领域和范围内加以调配，利用各自的动员优势，弥补行政动员的不足，有效遏制危机事件的蔓延。政治动员应对的危机事件往往有这样两个前提条件：①事态的极度严重性。由于突发性事件从爆发到蔓延，已从国内局部地区和有限领域扩展到国内大部分地区和所有的领域，对整个国家的正常工作秩序和生活秩序都产生了较大的影响，而且随着事态的扩散，还引起国际社会的强烈反响，这样，突发性事件已经超出了行政动员所能控制的范围。在这种情况下，危机处理已经远远超出了政府的能力，只有动用政治资源进行政治动员，才有可能控制整个事态的发展。②行政动员乏力。突发性事件出现初期属于政府行使的职责范围之内，但由于应急机构不健全、信息沟通不及时、采取措施不力、应急机制不畅通等各方面的原因，行政动员在控制危机方面出现了不当的行为，使本来属于行政动员所能控制的事件处于失控状态，不得不由行政动员上升到政治动员的层面。

对于一般的可控性危机事件，通过行政动员和政治动员两个动员机制基本上能够达到有效处理危机的目的，化解由危机事件所产生的各种矛盾和冲突，恢复正常的生活秩序和工作秩序。但在实际的危机事件处理中，由于政府自身在资源禀赋、人员结构、组织体系等方面存在各种先天性的局限性[②]，因此仅有行政动员和政治动员这两种资源的配置还可能存在一些问题，需要社会动员这一机制。

三　社会动员：中国社会团体的发展

不论是行政动员和政治动员的主体，还是社会团体的主体，都会对危机事件处置产生一定的预期值。尽管由于不同的主体会有不同的判断取向，但按照一定的标准参照系，对危机事件处理效果一般都会形成三个不同的预期值：一是时间预期值。一般来说，所有的危机事件都有危机爆发、危机扩散、危机高峰、危机消减和危机消除这样几个时间段。对危机事件处理者和社会公众来说，双方的意

---

① 参见刘荣刚《对中国共产党政治动员的现实思考》，《理论与改革》1998 年第 4 期，第 41 ~42 页。

② 参见薛澜、张强、钟开斌《危机管理：转型期中国面临的挑战》，清华大学出版社，2003，第 135 页。

愿是相同的，那就是在最短的时间内把危机事件控制住，避免危机扩散，并迅速得以解决。二是结果预期值，在不发生人员继续伤亡、财产继续损失和国内各种关系及国家间关系继续保持良好的前提下，有效控制危机事件蔓延。三是投入预期值，即能够以最少的人力、物力和财产投入，获得危机事件的圆满解决。

时间预期值、结果预期值和投入预期值可以说是衡量危机事件处理得好坏的几个前提条件。要达到这样三个方面的预期值，一方面需要依靠行政动员和政治动员本身的力量，另一方面也需要依靠社会团体的力量。

行政动员与政治动员最大的优势在于能够运用政府权力和政治权力最大限度地调动所有的行政资源和政治资源，限定危机事件所影响的范围和领域，避免危机事件的扩散。在全能主义时期，任何组织和个人既没有独特的自身利益和意愿，也没有任何可以得到保障的权利，仅仅是行政动员主体和政治动员主体的依附物。这样，行政动员主体和政治动员主体利用其所执掌的政府权力和政治权力，进入权力所欲进入的领域，充分调集所有的社会资源。因此，这一时期的危机事件，依靠行政动员和政治动员这两种手段能够迅速有效地消除。[①] 不过，在由计划经济向市场经济过渡的阶段，行政动员与政治动员在处理危机事件中所面对的状况已经发生了较大变化：①组织和个人已经具有一定的权利意识和自主意识。权利意识使行政动员和政治动员在行使行政权力和政治权力时一定要在法律所规定和允许的范围内进行，不得任意限制组织和个人的自由，这样，使行政动员和政治动员所调配的资源受到了一定的约束。②危机事件所涉及的内容和范围很广，有的通过行政动员和政治动员能够得以解决，有的是行政动员和政治动员所无法处理的，只能求助于其他的动员方式，那就是社会动员。

不论在市场经济高度发达的先发展国家，还是在中国这样一个由计划经济向市场经济转型的后发展国家，整个社会按照市场经济平等交易的规则来运作，在充分考虑资源的投入成本产出效率的基础上，保护合法经济权益等。显然，它不仅是行政动员、政治动员的基础，也是进行社会动员的基础。市场起到了凭借行政权力所进行的行政动员和政治动员的作用，弥补了行政动员和政治动员强制性

---

① 全能主义指的是一种指导思想，即政治机构的权力可以随时地、无限制地侵入和控制社会每一个阶层和每一个领域。参见邹谠《二十世纪中国政治——从宏观历史和微观行动的角度看》，牛津大学出版社，1994，第 69 页。

权力的缺陷，用平等交易的方式，使市场总资源有一个较高的配置效率，有效地发挥危机事件中资源的成本与产出关系，使经济资源配置效率达到最大化的目的。

社会动员是指社会组织凭借着自治自律的特点，配合行政动员、政治动员，处理一些行政动员、政治动员所无法处理的事务，从而达到事务处置的最佳状态的一种动员方式。社会动员既包括社会单位的动员，又包括社会团体的动员。这里主要指社会团体的动员。

社会动员的出现，既是行政动员和政治动员的局限性所致，又是社会动员本身优势的体现。“非政府组织已经成为发展过程的一支重要力量，它减少了发展中国家制度缺陷带来的成本。”① 政府无法提供最全面和最完整的服务来满足社会公众日趋多元个性化的需求。尤其是危机事件发生后，在没有明确制度规范的情况下，由于官僚机构等级科层制的惰性，政府无法在最短的时间内将客观真实的信息公之于众，无法集中所有的社会资源并对公共事务进行有效的处置。这样，容易造成社会公众对危机事件本身的恐慌，引发谣言和社会动荡，影响行政动员和政治动员的结果目标。也就是说，政府供给与社会需求之间形成的较大落差反映出行政动员和政治动员在危机事件处理中的缺陷，需要社会动员发挥作用。社会动员恰恰突出了社会自主治理这一关键性问题，相信社会团体和社会成员的自治能力，充分发挥各种社会团体所掌握的资源，在各自所从事的领域内开展有针对性的活动，逐一处置由于危机事件的突发性所造成的整个社会一时无序的问题，使社会问题日益消退，回复到正常的生活秩序和工作秩序。

而且，中国社会团体恰好是沟通政府与公民之间的一座非常有用的桥梁。市场经济和民主政治要求善治。善治的实质就是政府与公民的良好合作，但这种合作并不总是直接的；相反，常常需要一个中介组织的协调。中国的社会团体就是这样一种中介。②

那么，社会团体怎样才能够与政府组织之间有一个良性的互动呢？在回答这一问题之前，首先需要思考政府与社会团体（非营利组织）之间的互动模式。美国学者以目标与手段不同的结合方式，提出了四种不同的模式：第一种是合作

---

① The World Bank, *The Challenge of Development*, Oxford University Press, 1991, p. 135.

② 参见俞可平主编《治理与善治》，社会科学文献出版社，2000，第349页。

模式，指政府与社会团体之间分享共同的价值目标及达到目标的手段；第二种是冲突模式，指政府与社会团体之间有不同的价值目标和达到目标的手段；第三种是互补模式，指政府与社会团体之间有共同的价值目标，但在达到目标的手段上不同；第四种是竞逐模式，指政府与社会团体之间尽管拥有共同的资源或手段，但却在所达成的目标上不同。[①] 不同时期，在不同的社会需求状态下，模式的体现方式会有差别。在中国，从计划经济向市场经济转型时期，随着政府职能的转变，权力影响范围逐渐缩小，有不少社会事务需要社会团体的配合与合作，社会团体也有责任担负起弥补社会需求与政府供给间落差的责任，响应社会的内在需求，维护并提高政府服务的水平，使民间的“创业精神”和“成本效益分析”带入政府服务的功能中，社会团体与政府一起承担共同的公共责任，共同处理相关的公共事务。这样，就使政府对社会团体的依存度越来越强，真正使两者之间处于合作与互补的状态之中。

社会团体在危机管理的不同时期发挥的作用有所不同，而且，不同的社会团体也会根据自身的特点，开展一些有益于缓解危机的措施，尽管有的措施是直接的，有的措施是间接的。社会团体在危机时期所做的工作，如果以这次“非典”作为一个个案进行解剖的话，可以概括为如下几个方面的内容。

第一，发出倡议，采取有关措施。不少社会团体发出倡议书，减轻政府所面临的压力，承担社会团体应履行的社会责任。中华慈善总会、中国社会工作协会2003年4月24日向全国社会公益组织、小区组织和广大志愿者发出奉献爱心、抗击“非典”的倡议书。中国烹饪协会要求各地立即采取预防措施，减少生食和野味品种的供应，提倡分餐制。

第二，社会团体配合行政动员和政治动员，承担一些行政动员和政治动员所不能承担的工作。2003年4月9日，为了遏制“非典”传染，提高居民抵抗力，中华中医药协会召集专家教授，通过适合北京地区为代表的北方地区人群的预防“非典”药方（由11味常用药材组成），并向社会推荐。中国留学人员回国创业协会5月5日在收到教育部国际司的紧急通知后，就在第一时间向教育部推荐生物医学方面的专家教授和抗病毒技术药物。有不少志愿者奋斗在抗击“非典”第一线，也有一些志愿者提供后勤保障工作。社会团体利用自身的优势帮助政府

① 参见江明修主编《非营利管理》，（台北）智胜文化事业有限公司，2002，第237～240页。

采购卫生医药物品和器材，平抑物价，控制哄抢行为，发挥出危机时期维护经济良好秩序的作用。

第三，开展捐赠活动。由于整个社会的“非典”治疗和预防需要较大的经济投入，仅靠政府的财力难以确保这一事件的有效处理，因此不少社会团体进行了形式多样的捐赠活动，有的捐款，有的捐物资设备。

第四，代表行业利益，及时反映行业要求，调整政府有关政策措施，避免不利局面。危机事件往往会出现重大的经济损失，为了抢救人民的生命和各种财产，就会有较大的经济开支。由于危机的持续发展影响到全社会的整体运行状况，包括生活和工作方面。对社会团体而言，就有必要把已经影响到本社会团体利益的一些情况及时向政府反映，使危机事件对本社会团体利益所造成的损失降到最低，并对政府已经采取的措施提出合理化建议。

“非典”时期，有关省区采取措施隔离蜂农，使蜂农无法及时地到达采花地，仅浙江江山养蜂户所受的经济损失至5月份就达4200万元以上。考虑到这方面的情况，浙江江山养蜂产业化协会采取了有效的应对措施：①及时向蜂农建议，尽快去医院体检表示没有感染上“非典”；到农业部门去检疫蜜蜂，证明蜜蜂不会传染。②5月7日向江山市政府提出要求给予特殊照顾，申请经济补助政策，设立养蜂救济金，动员龙头企业开始“返利扶蜂农”活动。③协会通过江山市人民政府向浙江省人民政府报告，再通过浙江省政府向国务院报告，要求全国各地尤其是有关省市对蜂农给予照顾。5月30日，浙江省政府发出要求六省区（黑龙江、吉林、辽宁、甘肃、陕西、宁夏）准许蜂农放蜂的函。6月6日，国务院办公厅发出特急电文，要求做好蜂农转地工作。通过这些活动，使蜂农所遭受到的损失降到最低，既确保了养蜂户的利益，又及时使政府调整预防“非典”的过激政策，维护社会稳定，提高整体抗“非典”的实际成效。

危机事件过后，社会团体也可以根据各自的特点，配合政府处理有关事宜。如广东省医药行业协会配合省经贸委开展表彰先进集体和个人活动，制定了实施办法。

不仅中国国内社会团体在发挥作用，国际上的一些非政府组织也参与了中国“非典”危机事件的处理。如无国界医生组织来到中国，对医护人员进行隔离和防护技术培训，提供一些医疗物资，并为医护人员、病人以及他们的家属提供心理疏导。这些国际上的非政府组织在中国参与活动，一定程度上为中国社会团体的发展起到了示范榜样的作用，有利于中国社会团体自身的体制建设和功能建设。

因此，在市场经济环境下，对政府而言，常态性的管理与非常态性的危机管理是两种不同的管理方式。在常态性管理中，政府也需要社会团体的支持与合作，共同处理有关公共事务；在非常态性的危机管理中，考虑到危机事件的突发性与不可预见性，政府运用行政动员和政治动员尽管能应对一些主要的问题，但要尽最大可能控制危机事态的发展和避免最大的经济和政治损失，尚需要调集全社会的所有资源，包括社会团体的力量。这就要求人们在危机预案的制定、危机管理执行机构组成成员和危机管理过程中都需要集聚社会团体的力量，充分调动社会团体参与危机管理的积极性，承担起社会团体应承担的社会责任，减轻危机事件对政府所造成的巨大压力，以使危机事件平稳结束。

四　观念转变与制度安排：社会团体与公共政策

由于社会团体在危机动员过程中有其特殊的功能，能够发挥其应有的作用，因此在危机事件管理中，需要政府采取以下措施，确保观念的适时转变和有效的制度安排。

第一，价值观念的转变。①危机意识的形成。常态性管理与非常态性管理是一对统一的矛盾体。常态性管理是政府管理的主要内容和主要活动方式，而非常态性管理只是常态性管理的特殊内容和特殊方式，两者互相转换，共同构筑起政府管理的全部内容和全部方式。尽管在传统的政府管理实践活动中，或多或少地包含着应急性的事件或突发性事件，但政府管理意识中仅仅把它视为常态性管理的一种方式，而没有将它独立出来，成为与常态性管理概念相对应的非常态性管理概念。狭窄的政府管理意识，容易使政府忽视非常态性管理的内容和方式，对突发事件所采取的仅仅是应急性的一些措施，没有从理念上和制度上真正确立起非常态性管理的概念，低估了危机事件对社会所产生的负面影响，降低了政府处理公共事务的权威，不利于国际合作关系的持续发展，妨碍国家间经贸往来的正常进行。显然，危机意识的确立，有利于政府更好地处理公共事务，降低社会管理成本，提高政府形象，能行之有效地应急危机事件的发生，把危机事件所造成的损失和负面影响控制在最低限度。②成本意识的提高。任何公共管理活动都需要付出一定的代价，包括财力、物力、人力、时间和信息等，只不过对政府来说，处理公共事务，总的指导原则在于尽可能以最小的代价获取最大的收益，而不计任何代价、不计任何成本的指导思想不适合市场经济对政府活动的认知，不符合市场资源和社会资源的有效配置。危机时代向人们提出了树立成本意识、正确估算成本的原则要求。成本意识不仅仅体现在常态管理中，而且应纳入危机管理之中，尽最大可能降低控制危机的成本，避免最大的损失。这就要求转变政府单一主体控制危机的思路，集中社会其他力量，充分发挥它们的作用。③主体观念的确立。在原有的政府管理理念中，政府是主导性的，随着改革开放的深入，政府逐渐从非公共事务领域退出。这样，就需要增加市场主导和社会主导两个管理主体。通过政府主体、市场主体和社会主体三位一体式的沟通与合作，提高处理事务的能力，降低政府成本和公共成本。因此，在政府的管理思维中，在重视市场主体的同时不应忽视社会主体意识的培育，把社会团体置于应有的主体地位，履行社会团体的社会责任，减轻政府负担和压力，完善管理体制。①

第二，社会团体的责任和使命应列入政府所编制的危机事件应急预案中。在现实世界中，任何危机都有可能发生。为了避免危机的发生，遏制危机出现后迅速蔓延，必须理性地认识危机的特性和内在逻辑，这就要求政府和有关组织做到危机管理的早预测和早编制预案，在日常管理中做好危机预案的编制和操练。为了增强社会团体的责任感和使命感，使社会团体有效地发挥作用，各级政府所编制的危机事件应急预案中，应把社会团体置于总体公共资源的范围之内，有机地加以使用和发挥。如果在预案中没有构建责任义务明确的关系，就有可能在危机管理中，各个有机要素之间会出现不完整、低效率和缺乏统一的协调。通过规定社会团体在危机事件应急预案中地位，明确社会团体的责任，便于政府交付应急处理的事务，更有利于社会团体自主地发挥作用。

第三，拟将社会团体主要代表列入政府危机管理执行机构成员之中。针对危机事件的大小和影响程度，危机管理一般由掌握行政权力和政治权力的组织组成。如果危机事件局限于某一个地区，属于一个孤立性的事件，而且没有对邻近地区产生负面影响的话，危机管理领导机构的组成成员一般由当地政府和相关职

---

① 一方面，政府不重视非营利组织，如政府仅指定两家非营利组织（中国红十字会和中华慈善总会）作为接收捐款的组织管道，没有发挥其他非营利组织的募捐作用；另一方面，非营利组织本身也存在一定的问题，缺少自主性，许多倡议没有得到有效实施。参见《从“抗疫”看我国非营利组织的痼疾》，2003 年 6 月 6 日《中国经济时报》。

能部门为主，适当配备属于危机事件所涉及的相关利益代表者。一旦危机事件发生在某一地区，但它的影响已经远远超出局部地区而且有可能扩散到其他国家的时候，迫使中央政府和相关职能部门组成专门的应急事件指挥部，集中相关力量。在这个指挥部下，应有相关的执行配合机构，其中应包括有关方面的社会团体代表，有利于调动社会团体的资源，表达社会团体的利益，及时有效地控制危机事件。

第四，危机管理活动中，社会团体应作为发挥作用的一个主要方面。“如果没有真正和自主的基层创始活动相辅佐，中央政策制定可能会在根本方面出现失误和失去控制。开展深入有效的基层活动不仅从价值观念上看是明智和合乎需要的，而且对处理微妙的社会现实，适应地方具体条件，促使民众更好地参与社会生活以及确保对过分集权化和官僚化的力量抗衡往往都是必不可少的。”① 所有行政动员和政治动员都有其能够发挥作用的地方和发挥不了作用的地方。在不能发挥作用的地方，就需要社会动员的弥补和合作，使社会团体的资源和力量及时地得到利用。通过行政动员、政治动员和社会动员的整体合力，统一步骤，协同作战，真正构建起完整有效的危机事件应急处理体系，达到控制危机、降低损失、维持社会稳定和恢复正常生活状态的总目标。

总之，社会动员是危机事件应急处理体系中不可或缺的有机构成部分。只有调动社会团体的各种资源，充分发挥社会团体的作用，才能提高整个社会应对危机事件的能力，确保政府处理事件的威望，降低社会总成本，维持社会稳定和促进可持续的发展，真正构建起政府、市场与社会三元关系良性循环的新型结构。

---

① 叶海尔·德罗尔：《逆境中的政策制定》，王满传、尹宝虎、张萍译，上海远东出版社，1996，第300页。

政府利益与政府行为

涂晓芳*

政府利益并非今天才有的，它随着国家的产生而产生。任何政府行为不论其实际目的如何，几乎总是伴随着“利益”的名义，利益成为政府行为的基本动因，政府利益的存在，对政府组织和公共政策的制定执行和实施都产生着很大的影响。

一　政府行为的基点——利益动因

查尔斯·林德布洛姆（C. E. Lindblom）在《“竭力对付”的科学》一书中指出，每种重要的利益或者价值都有自己的监管人。“这些监管人以两个极不相同的方法在它们的权限内保持这些利益。第一，纠正另一机构造成的损害。第二，在损害发生前加以预测和防止。”① 主权国家的利益只能由政府来监管，换句话说，政府在监管国家利益上具有义不容辞的责任。实际上，在现代社会，为了国家的利益，政府所承担的职责已大大扩展，其内涵也更加深远。

洛克（J. Locke）认为，政府的产生是由于公民权的让渡，是为了克服自然状态下的种种不便，因此政府天生就应关注人类的整体利益。各个国家的政府在

---

* 作者简介：女，北京航空航天大学人文社会科学学院副教授，主要研究方向公共管理和公共政策。

① 彭和平、竹立家：《国外公共行政理论精选》，中共中央党校出版社，1997，第231页。

管理国内事务的同时，也同时关注那些有关人类生存与发展的事务，建构国家间良好的政治与经济秩序。如各个政府间的合作结果是利益的“双赢”。与此同时，统治的维持须诉诸一整套政府机器的建构与运作来实现它的目的与价值。政府是民族国家代言人，它必须遵从国家的意志而行动，为了国家的生存与发展而采取激进或渐进的变革。另外，政府在公共产品提供上的重要作用是毋庸置疑的。尽管新公共管理一直质疑政府在提供公共服务上的公平、效率，并提出由私营部门分担公共服务或公共产品供给者的角色，但是政府作为公共利益代理人角色及其核心作用不可替代，尤其在一些核心公共产品的供给上，如安全、司法、产权保护、基本社会保障、公用基础设施、生态环境保护等，政府的传统责任和职能不能放弃。私营部门的纯粹的追求利润最大化的动机决定了它很难成为公共利益提供者的主体，只有政府能够真正代表社会利益、公共利益。由此可见，为了维持统治的持续，政府对利益的考虑更长久，它的付出也更具有利他的客观功效，但其基点仍是统治的持续。

政府行为不是抽象的，它是指各种各样的政府机构的具体行为。在任何国家，每一个政府组织都代表了某一方面的政府利益。与此相应，这些政府组织的政治过程一般也由某一方面的利益所驱动。萨缪尔·亨廷顿在研究各国的政治发展时说：“何谓总统的利益、何谓参议院的利益、何谓最高法院的利益等问题虽不易回答，但并非完全无法回答。这些问题的答案，综合起来相当于接近美国的‘公共利益’了。同样，英国的公共利益，也与皇室、内阁、议会等具体制度的利益十分接近。而苏联的公共利益，则包括主席团、书记处、苏共中央委员会等特定制度的利益。”① 因此，任何组织行为的直接动因就是该组织的集体利益。例如，教会活动为的是教会利益，工会活动为的是工会利益，政府活动为的是国家利益。②

政府官员或权势集团在国家利益的名义下营私舞弊追逐私利的实例在各个国家触目皆是。当代的多数西方学者也认识到，组成政府的官员也带有各自的自我利益，并且不失时机地追逐自己的利益。社会的各个利益阶层也总是想方设法地使用各种手段，包括经济贿赂和施加政治压力，迫使政府的政策朝有利于自己利

① 〔美〕塞缪尔·P. 亨廷顿：《变化社会中的政治秩序》，王冠华等译，三联书店，1987，第25页。

② 参见俞可平《权利政治与公益政治》，社会科学文献出版社，2003，第159页。

益的方向倾斜。因而许多西方学者对传统的理想主义国家利益观提出了强烈的批评，他们说，政府过程实际上是一种利益交换过程。“在每一种过程中，个人投身于社会相互作用以图推进他们自己的目标（不管目标是什么）。在参与社会活动的个人的目标或目的之外不存在别的目标或目的……根本没有‘社会目的’、‘国家目标’或‘社会福利机能’此类东西。”①

二 政府利益对政府组织及其成员的影响

1. 政府利益与政府组织扩张

政府作为一种社会政治组织，具有一定的结构。从其历史发展来看，都经历了在组织结构上由小到大、由简单到复杂，在掌握的权力和管理的事务上由小到大、由少到多的发展过程，有人把它称为官僚政治的发展过程。这种发展过程就是政府部门的自我扩张过程。

政治发展史表明，政府规模是随着人类文明程度的提高和经济社会的发展而不断扩大的，因为“政府产生之后，由简单到复杂的发展过程，适应了国家发展的需要，也适应了人类社会生活逐步展开的需要，是一个不以人的主观意志为转移的客观历史过程”。② 特别是近代以来，各国政府规模都有一个不断增长的趋势。就政府支出占国民生产总值的比例来看，1870～1995 年的一百多年间，西方发达国家政府支出从 10% 左右上升到 50% 左右，经济合作与发展组织国家从 20 世纪 70 年代初期的 30%～42% 之间上升到 1995 年的 40%～55% 之间，某些国家超过这个比例。③ 政府规模的扩大趋势，早在 19 世纪就被一些经济学家所关注，德国经济学家瓦格纳在考察了当时几个先进的工业国家公共支出后，总结了一个“政府活动扩张法则”。他认为政府扩张有三方面原因：一是随着社会的发展，为了保证市场机制发挥作用所必需的社会“环境条件”，完善法律规章以及维护社会秩序的要求也将随同递增。同时，在经济工业化和随之而来的管理

① 〔美〕詹姆斯·M. 布坎南：《自由、市场与国家》，平新乔、莫扶民译，上海三联书店，1989，第 88 页。

② 谢庆奎：《当代中国政府》，辽宁人民出版社，1991，第 10 页。

③ 参见 Organization for Economic Co-operation and Development，*Governance in Transition：Public Management Reforms in OECD Countries*，1996，p. 20。

的集中化、劳动力专门化的条件下，经济结构以及当事人之间的关系越来越复杂，因此需要公共部门加强管理和协调，甚至介入某些活动中。二是随着社会的发展，政府从事物质生产的经济活动越来越多，随着劳动生产率的提高，规模较大的公营企业较之规模较小的私营企业更具优势，这一发展促进了政府对生产领域的介入。三是随着社会的发展，社会对公共物品或劳务的需求随之增加，而这些活动只有通过政府来提供才能最经济，所以诸如交通、银行、教育、卫生保健、经济社会发展的有关公共基础设施以及社会安全公共服务等项目都将纳入政府职能的范围，这必然增加政府的支出和政府活动的范围。① 政府已从一个“守夜人”的角色变为一个提供多种服务和劳务的经济“实体”。英国学者皮考克和维斯曼用英国1890～1955年公共支出的统计资料对瓦格纳的“法则”进行了验证，结论认为，瓦格纳的法则在现代经济条件下仍然是有效的。不过，从公共选择分析方法入手，他们认为，政府对政治权力的追求和税收的增长是导致政府扩张的内在原因，因此，“在税收增长的条件下，政府的公共支出的上升与GDP的增加以及由此而来的公共收入的增加呈线性关系”。② 据有关数据表明，发达国家政府公务人员占人口的比例，在过去的一百年内平均年增长幅度为0.2%～0.5%。因此，似乎各国的政府机构改革都陷入了一个难以解脱的悖论：一方面各国政府不断进行机构改革和削减人员，力图抑制政府职能的扩张，削减政府公共支出；另一方面则是政府规模在缓慢扩大。从发达市场国家机构发展和机构改革的进程来看，中央政府各类机构也随着经济和社会的发展而不断增加。如法国在1791年确立共和体制时中央政府共有6个部，到1914年法国内阁发展到12个部，1989年调整为30个部门和17个国务秘书。③ 美国学者阿伯巴奇指出，现代世界的一个持续性增长的产业似乎是国家机关产业。④

就相同的规律性来说，作为一种社会政治组织的政府，一方面它或多或少地总要集中反映和代表整个社会的利益和意志，具有公共性的一面；另一方面它又是“系统地采用暴力和强迫人们服从暴力的特殊机构”⑤，具有强制性的一面。

---

① 参见王传纶、高培勇《当代西方财政经济理论》上册，商务印书馆，1995，第127页。

② 王传纶、高培勇：《当代西方财政经济理论》上册，商务印书馆，1995，第127～129页。

③ 参见 Charles Dennasch：*Science Administrative*，Maison d’Edition Dalloz，1989，p. 156。

④ 参见阿伯巴奇《两种人：官僚与政客》，陶远华等译，求实出版社，1990，第2页。

⑤ 《列宁选集》第4卷，人民出版社，1985，第44、45、47页。

政府的这种强制性，还表现为主要源自国家政权力量的“超经济强制”和主要源自国家财产所有权的“经济性强制”。政府所具有的公共性和强制性特征，为政府部门能够自我扩张准备了十分有利的条件。任何一个政府，都宣称是整个社会利益和意志的代表，政府所推行的一切，都是为了实现整个社会的利益，并以此号召全社会服从政府意志。

然而，政府不只是一个抽象的概念，在现实中，政府都“是由一批专门从事管理、几乎专门从事管理或主要从事管理的人组成”。[①] 组成政府的人会借助政府的强制力来实现自身的利益，这时政府权力就完全表现为同人民大众的“分离”。在某种意义上，他们执掌政府本身并不是目的，真正的目的只不过是通过政府来更好地实现他们自身的利益，其通常所采用的办法就是通过扩张政府部门从而间接地扩张自己的权力，其自身利益的极大化也相应得到满足。在此过程中，公共性特征就起了一种很好的作用，他们利用其特殊地位，给人们造成一种假象，似乎他们都是在为社会、国家、集体谋福利。对于政府各个部门的组成人员来说，一方面他们是在以国家的名义行使权力，其行为具有相当大的自由，权力越大，自由也越大。当官僚把政府措施视为为自己谋利益的工具时，他们就会为自身的利益最大化的动机所左右，他们对社会利益的理解也就会或多或少地夹杂着自身的利益，并促使他们不断地扩张权力。另一方面，他们的灵活性与他们最大化利益动机的强烈刺激，使他们在实际中常常为了自身最大化的利益铤而走险。这两方面所产生的不良后果，我们不应该单纯地从官员是否正直方面去寻找原因，事实上无论谁处于这种地位，都会依据自己获得的信息和个人效用最大化原则来行动。这里可能出问题的不是个人，而是官僚机构内部的约束机制。如果约束机制不能提供一种良性压力，以确保任何人处于某一特权地位时均不能过多地牟取私利，那么，再高尚的执政官也不能保证社会共同利益不被他或他的后继者有意或无意地损害。不受制约的权力必然走向腐败。这无疑揭示了不论在什么性质的国家，政府部门自我扩张行为的根源和共同规律性。[②]

---

① 《列宁选集》第4卷，人民出版社，1985，第44、45、47页。

② 公共选择学派认为，政府扩张的主要诱因有三：其一，政府官僚机构的最大化。根据帕金森定律，政府官员作为经济人，其名誉、地位、权力和薪酬经常与其所在的政府机构的规模大小成正比。因此，为了拥有更大的权力，获取更多利益，就会千方百计扩大政府机构，争取获得更多职能和预算。其二，政府行为不受产权约束和利润支配。由于政府预算（转下页注）

2. 政府利益与官员腐败

腐败在目前可以说已经成为世界性的问题。美国政治学家卡尔·弗里德里希指出："腐败是一种行为，它偏离了在一种既定关系中——如在政治关系中——实际上普遍流行的或以为普遍流行的规范。这种偏离行为与一种特殊的动机，即以公共的代价获取私人的利益动机相关……因此可以说，只要一个掌权者负责某些事情，即只要他是一个负责的职员或官员，能得到金钱的或其他的报酬，如期望一份未来的工作，那么，这种形式的腐败就始终存在……腐败是所有政府的痼疾，这一点实际上是确定无疑的。"① 研究腐败的学者约瑟夫·A. 圣图里亚给政治腐败所下的定义是："只要当时最好的民意和道德判定它牺牲公共利益而满足私人利益……那么，它就必定被视为腐败的行为。"② 政治学家内沙尼尔·莱夫认为："腐败是个人或团体用以影响官僚机构行为的一种非法制度。"③

从人性上说，人人都追求利益。因此，如果存在官员可能私自出售政府产品的经济运行机制，存在政府产品的短缺，同时又没有有效的监督制约机制，那么，腐败便无法避免。可以想象，在利益驱动下，任何一个和生产要素分配及商品流动有关的政府机构都会有极大的积极性来设置各种政府产品。

原罪学说在西方中世纪的神学世界观里，是对人的一个最基本的评价。这一评价成为政治的基本预设，影响着世俗的政治生活。但是进入近代资本主义时期

（接上页注②）是公共的，因此政府预算如果出现赤字，其额度也可以通过政府追加税收来解决。政府行为与企业家不同，不受任何产权的约束。而且，政府官员的收益不是与其工作效率正相关而是与政府预算正相关。由于政府行为不受利润支配，从而导致了政府预算的最大化和政府职能的过度增长。其三，政府行为的垄断性。政府在公共物品方面的垄断地位有利于政府隐瞒有关公共物品生产实际需要的成本费用和风险程度的信息，不利于政府机构采用有效的管理与生产技术降低公共物品的成本费用，最终导致政府机构的膨胀和预算规模的扩大。并且，由政府机构的这种行为方式所决定，会发生以立法机构为一方、以政府机构为另一方的关于预算分配的讨价还价——官员们总是要从立法机构那里获得更多的预算收入。而在官员背后的则是各种利益集团，他们支持政府有关部门，希望他们争取更多的预算。政府机构则成为利益集团的代表，在议会内替他们进行游说。立法官员本身也不是中立的，他们是在各种利益集团的赞助下当选的。为了"回报"竞选赞助人，他们会设法为利益集团服务。在整个过程中，利益集团、政府官员和立法官员，他们各自谋求自身的利益最大化，但在力争增加某一方面预算支出方面却是一致的。这被称之为"铁三角"。正是在"铁三角"的作用下，政府预算总是具有不断扩大的趋势。

① 转引自俞可平《权利政治与公益政治》，社会科学文献出版社，2000，第146页。

② 转引自俞可平《权利政治与公益政治》，社会科学文献出版社，2000，第146页。

③ N. H. 莱夫：《政治发展与官僚腐败》，《美国行为科学杂志》1964年第12期。

以后，西方文化对人性的基本评价逐渐以“理性的经济人”取代“原罪人”。我们认为，公职人员在公共管理中，从其本性来说，也会按照“理性经济人”的思维方式选择自己的行动。国家公职人员是公共权力的实际拥有者，公共权力的非公共运用有着深刻的经济学根源，其内在的诱致力量是利益。作为国家公职人员，始终存在角色的冲突和利益的矛盾。作为社会生活中的人，公职人员都有其自身利益，从政首先是他们谋生的手段，他们在生活中会以“理性经济人”的角色，寻求利益最大化，争取过一种比较理想的生活。但作为国家公职人员，他们是公共利益的代表，则应该坚持公共利益最大化。公共原则要求公职人员做一个“忠实公共人”，要求他们在行使职权的过程中，坚持公共利益最大化。因此，作为一名政府公职人员，他们具有两种权力（利），一是公权，这是职位赋予的权力；二是私权，这是公民所具有的法律赋予的权利。他们的职业要求是做一个“忠实公共人”，他们在公权的行使过程中，要坚持公共利益最大化原则，而不能因为个人私利影响权力的行使。

但是，公共权力的非公共运用可以说具有内在自然倾向。政治学家戴维·伊斯顿认为，公共权力具有对有价值的稀缺资源进行权威分配的功能。公职人员公共权力的实施过程实质上是公共利益的分配过程，公民所得到的公共利益来自于政府，但直接决定谁享有公共利益的则是政府的公职人员，因此，直接决定公民个人利益的不是抽象的政府，而是具体的某位或某些国家公职人员。与此相应，公民要感激和回报的直接对象也不会是抽象的政府而是具体的公职人员。于是，利益的主体就发生了转换，公职人员作为代理人却享有了利益主体的权利。公共权力被异化了。异化的结果沉淀在国家公职人员心理上的是一种错觉，认为决定利益分配的是他们个人的意志，他们是利益受惠者的恩人，得到感恩和回报是理所当然的。因此，公职人员的权力意味着稀缺资源的给予权，他们有能力给予某个公民以利益，甚至是重大利益。但是，他们的权力是公共权力，他们是代表政府行使权力，法律规定他们不得从公民那里收取回报，尽管公民从成本收益的角度考虑可能非常乐于支付。这就与市场经济的原则发生了冲突。公共领域与市场领域要求人按照不同的原则处事，以市场原则来处理公共领域的事务就是违法行为。一个理性守法的国家公职人员要能够在市场和公共这两个不同的领域以不同的原则行事。然而，公域与私域的利益矛盾、“理性经济人”与“忠实公共人”的角色冲突，极容易致使公职人员丧失公共精神，从而导致公共权力的异化、私权与公权的错位。

国家公职人员作为“理性经济人”，其职业特点决定了“权钱交易”的易致性。对于公职人员来说，以权谋私几乎是他们唯一能够发挥主观能动作用来实现个人利益的途径。公职人员合法利益实现方式的非主观性使他们在迅速发展的经济生活面前处于无奈的地位，提高生活水平的正常愿望客观上除了通过公共权力的非公共运用得以实现之外，几乎没有其他合法途径。因为公职人员的收入是国家规定的，公职人员不能从事第二职业，公职人员的政绩与利益基本上没有建立密切的对应关系，不可能从政绩的效益中提取报酬。在经济比较平稳发展时期，国家财政所提供的公职人员的报酬与公职人员的期望的矛盾可能不会太大，给公职人员较高的收入是古今中外普遍的做法。但在经济的快速发展时期，公职人员的收入与需求之间的矛盾往往会比较突出。因为，政府规定的公职人员的报酬是相对稳定的，而经济发展所产生的需求期望的提高会明显加快。这是一个国家在经济加速发展过程中往往腐败现象蔓延严重的有力解释。[①] 著名政治学家亨廷顿经过广泛的比较分析得出结论：“某一国家处于变革时期的腐化现象比该国在其他时期的腐化现象更为普遍。大致看来，有理由认为，腐化程度与社会和经济迅速现代化有关。”[②]

由于公共权力的非公共运用事实上是一种利益行为，公职人员会按照成本收益的分析决定自己的行为。经济学家贝克尔（Gary S. Becker）指出：“当某人从事违法行为的预期效用超过将时间及另外的资源用于从事其他活动所带来的效用时，此人便会违法，由此，一些人‘犯罪’不在于他们的基本动机与别人有什么不同，而在于他们的利益同成本之间存在差异。”[③] 公职人员在合法行使权力的过程中，其收益基本上是确定的，按国家规定领取工资，而成本是不确定的，是消极地应付工作还是积极投入，个人的成本大不相同。而在不合法的成本收益分析过程中，公职人员违法行为所付的成本是受法律制裁的风险，而收益是公共权力对象受益者对他的回报。对于公共权力受益者来说，决定回报（行贿）的

---

① 参见陈国权《论利益驱动与腐败现象的蔓延》，《求索》1997 年第 4 期，第 59 ~60 页。

② 〔美〕塞缪尔·P. 亨廷顿：《变化社会中的政治秩序》，王冠华等译，三联书店，1987，第 54 页。

③ 〔美〕加里·S. 贝克尔：《人类行为的经济分析》，陈琪译，上海三联书店、上海人民出版社，1995，第 63 页。

依据是受益，他是根据私域中的成本收益分析原则来确定他愿意支付的回报（行贿）。而公职人员的成本收益分析是他冒的法律风险与收益的比较。所以，涉及公域与私域之间的“权钱交易”与市场经济的交易是大不一样的，公职人员考虑的成本是法律风险，至于给了对方多少利益则对他来说无关紧要，因为给予的是公共利益而不是他个人的利益，所以公职人员的“给予”往往非常慷慨。

三 公共政策过程中政府利益的影响

从公共政策的制定过程来看，在政策问题提出、方案制订、内容与政策效果评价的全过程中，始终贯穿着利益矛盾。同时，社会利益群体的多元化，进而造成了新的利益上的差距与冲突，政府政策正是在解决这些冲突中不断产生并发挥其应有的功能。

1. 公共政策背离公共利益的可能性

公共政策的“本质是政府对社会实行权威性的利益分配”。[①] 詹姆斯·安德森在《公共决策》一书中指出：“组织和程序是用来代表和平衡利益，解决问题，在政策形成中实现妥协以及将公共政策付诸实施。简言之，这是一种在公正、有秩序和有效政府下的公共利益。此处的重点是过程而非政策内容。”[②] 应该说，公共政策应该是代表着公共利益。正如安德森所说：“倘若问到公共政策应与公共利益还是私人利益保持一致，绝大多数读者将倾向于公共利益。”[③] 这表明，公共政策应该服务于公共利益。政府在政治法理上被定义为全体国民委托管理国家公共事务的机构，政府是社会不同群体或阶层意志和利益的集中代表者。因此，为国民服务，成为政府一切公共政策的出发点。具体来讲，即公共利益是一切公共政策的出发点和最终目的。“政府的任务是服务和增进公共利益。”[④]

但是，公共利益是无法自发实现的。早在几千年前古希腊哲学家、政治学家

---

① 陈庆云：《公共政策分析》，中国经济出版社，1996，第5页。

② 〔美〕詹姆斯·安德森：《公共决策》，唐亮译，华夏出版社，1990，第25页。

③ 〔美〕詹姆斯·安德森：《公共决策》，唐亮译，华夏出版社，1990，第22页。

④ 〔美〕詹姆斯·安德森：《公共决策》，唐亮译，华夏出版社，1990，第52页。

亚里士多德就说过："凡是属于最多数人的公共事物常常是最少受人照顾的事物，人们关注着自己的所有，而忽视公共的事物；对于公共的一切，他至多只留心到其中对他个人多少有些相关的事物。"[①] 20 世纪 70 年代以来，以约翰·罗尔斯为代表的新自由主义者提出的个人利益优于公共利益的思想，一直深深地影响着现代政府的决策理念。肯尼斯·阿罗在《社会选择与个人价值》一书中专门论证了他著名的"一般可能性定理"（或称"不可能性定理"）。他认为，仅仅通过社会选择，是不可能在同一问题上达成一致的，社会无法达成对事物间优劣排序的一致。[②] 奥斯特洛姆总结了三种模型，即"公地悲剧"、"囚犯困境博弈"和"集体行动逻辑"。这三种模型在分析经济人的行为时，无论是处于个体之间对公有资源的使用上还是处于集团之中的个人，都无法达成个体为了共同利益而努力的结果，其核心困难是"搭便车"问题，理性个人的理性行为此时反而导致了非理性的结果。[③] 公共利益是无法通过自发的途径来实现的，而且公共政策并不必然服务于公共利益，甚至有背离公共利益的可能。

公共政策是否背离公共利益，在很大程度上取决于公共政策制定的过程。公共政策制定指的是针对公共政策问题提出并选择方案的过程，包括目标确立、方案设计、方案评估、可行性论证、方案选择这几个环节。詹姆斯·安德森将政策制定过程分为如下几个阶段：政策日程—政策形成—政策的通过—政策的实现—政策的评价。[④] 从问题的形成开始，即公众的要求得到政策制定者的关切，形成公共问题，可供选择的解决方案的提出，一直到某一具体建议被制定者通过，使得公共政策合法化与权威化。而政府依照什么样的程序来制定公共政策，并且这种机制是否符合公共利益的要求，以及公共政策是否服务于公共利益显然是至关重要的。

从制定过程上考察公共政策，"我们可以总结出公共政策制定包含的若干个要素，而这些要素当中组织机构、人员与信息这三个要素居于主要的地位"。[⑤]

---

① 〔古希腊〕亚里士多德：《政治学》，吴寿彭译，商务印书馆，1996，第 48 页。

② 参见肯尼斯·阿罗《社会选择与个人价值》，陈志武译，四川人民出版社，1987。

③ 参见奥斯特洛姆《公共事务的治理之道》，余逊达、陈旭东译，上海三联书店，2000，第 10～19 页；丹尼斯·缪勒：《公共选择理论》，杨春学等译，中国社会科学出版社，1999。

④ 〔美〕詹姆斯·安德森：《公共决策》，唐亮译，华夏出版社，1990，第 32 页。

⑤ 张毅、曹海军：《公共政策与公共利益的张力关系》，《行政与法》2002 年第 12 期，第 20 页。

分析这三个要素与公共利益的各自关系，考察每对关系当中存在的对立冲突，就可以发现公共政策对公共利益存在背离的可能性。如果公共政策制定的各个要素都符合为公共利益服务的原则，那么公共政策是服务于公共利益的。但是由于公共政策制定各要素与公共利益可能存在冲突，导致了公共政策可能背离公共利益。第一，从组织机构要素上看，政府机构与公共利益存在矛盾。从理论上讲政府是人民的代表，理所当然应该与公共利益保持一致。但政治实践中却并非如此，政府作为一个整体也存在着生存、发展等根本问题以及财政状况等具体问题，也就是说政府也有自身的需要。美国经济学家诺斯（North）认为，政府（国家）有两个基本目的：其一是界定形成产权结构的竞争与合作的基本规则，即在要素和产品市场上界定所有权结构，使统治者的租金（收入）最大化。其二是在第一个目的框架中降低交易费用以使社会产出最大，从而增加国家的税收。在诺斯看来，政府使统治者的收入最大化和增加税收都是以追求政府自身利益为前提的。公共选择学派认为，政府在很大程度上也是一个"经济人"，也会追逐自身利益的最大化。也就是说，政府本身也存在自利性，并非只有阶级性和社会性。他们认为，政府一旦形成，其内部的官僚集团也会有自己的利益，由此甚至会导致政府的变异，如大量滋生寻租与腐败现象等。"在尼斯坎南看来，官僚的目的不是公共利益，也不是最大效率，而是个人效用最大化……因此，追求最大预算就是尼斯坎南所认为的官僚的动机或目标函数，而官僚机构改进效率的内在动力是弱的。""实际上，不管何种政治形式，统治者总是确定地趋向于运用其权力控制各种事务，以便获得个人利益。"① 正如丹尼斯·缪勒指出："毫无疑问，假若把权力授予一群称之为代表的人，如果可能的话，他们也会像任何其他人一样，运用他们手中的权力谋求自身利益，而不是谋求社会利益。"② 制定什么样的政策，"政府首先是选择利益，选择那些与社会化整体利益一致的方面，也选择那些与政府自身最大利益相一致的方面"。③ 政府通过制定公共政策，使自身利益得以实现和扩大，但是公共利益却被损害了。

第二，从人员要素上看，政府中的行政官员与公共利益存在矛盾。政府官员

---

① 〔美〕帕雷托：《帕雷托社会学著作选》，普雷格出版公司，1996，第270页

② 〔美〕丹尼斯·缪勒：《公共选择理论》，杨春学等译，中国社会科学出版社，1999，第303页。

③ 陈庆云：《公共政策分析》，中国经济出版社，1996，第6页。

作为一个社会的人，是与社会经济生活紧密联系在一起的，也具有自身的利益取向，如个人价值的实现、职位的升迁、个人经济利益的提高、对舒适生活的追求等。政府官员在公共权力机构中行使国家权力，但是他们同时是作为普通的“经济人”而存在着的，也有追求自身利益最大化的趋势，因而他们个人的价值取向亦会影响到公共政策的制定。在公共政策制定的过程中，对公共问题的界定、对政策方案的选择都难免受到官员个人的观点、偏好因素的影响。我们应该看到，这种不正当的方式介入公共政策的制定使得公共政策严重背离了公共利益，政府及其官员自身利益给公共利益造成了不利影响。

2. 利益集团对公共政策过程的影响

在现代社会中，社会经济问题上的冲突基本上发生在有组织的群体之间，而不是发生在孤立的个体之间。也即社会交换和冲突是发生在不同的利益集团之间，大量的利益集团——按照布劳的说法，它是一些人的组合，具有共同目标和倾向，并采取有计划的行动，以影响政府官员和公共政策——都在为各自的利益奔波和斗争着。[①] 这表明，在利益集团多元化的现在社会中，政策的制定过程必定是一个公共选择的过程。而在这个公共选择的过程中，政府出于各个方面的考虑，会使利益集团在其中起到很大作用。“掌握庞大社会资源的政府及国有资产成为各种利益集团寻租的‘猎物’。”[②] 正是利益集团的存在，有关经济政策的决策并非完全由经济专家和技术专家作出。民主社会的“好处”是人人都可以参与公共决策，能因政府特殊政策而受益的利益集团自然会利用自己拥有的社会资源影响公共决策，他们常常过多地对政策的制定施加影响，导致政策实施的结果与原来的意图大相径庭。

詹姆斯·麦迪逊为利益集团下了这样的定义：“为某种共同的利益的冲动所驱使而联合起来的一些公民，不管他们占全部公民的多数或少数，而他们的利益是损害公民的权利或社会的永久的和总的利益的。”[③] 从麦迪逊的定义可以看出，如果说存在着一个所谓的社会的公共利益，那么利益集团的局部利益是与公共利

---

① 参见彼德·布劳《社会生活中的交换与权力》，孙非、张黎勤译，华夏出版社，1988，第215页。

② 何清涟：《现代化的陷阱》，今日中国出版社，1998，第4页。

③〔美〕奥恩斯坦、埃尔德：《利益集团、院外活动和政策制订》，潘同文等译，世界知识出版社，1981，第13页。

益相悖的，因而，利益集团的存在对于社会公共利益，以及其他社会群体的权利都是有害的。尽管利益集团的存在从本质上看是坏的，但由于利益集团的出现来自“经济人”的本性，来自部分人对其共同利益的维护，所以利益集团不可能自动消失，也不应该使用强制的方法将其消灭。于是，麦迪逊提出了利益集团之间“遏制与平衡”的概念。他认为，必须依靠一个利益集团的“野心”与另一些利益集团的“自私倾向”相互对立的办法来使“利益集团的祸害”受到遏制。[①] 但是，另一些政治学家认为，多元利益集团的存在本身就是民主的一种形式，并不是什么坏事。第一，美国社会中绝大多数人口都归属有组织的利益集团，虽然他们个人并不一定直接参与利益集团的决策，但他们可以影响利益集团的决策；第二，公共决策可能并不一定总是代表多数人的意愿，但它可能是各利益集团的影响大体均衡的表现，因而会相当近似于整个社会的意愿。[②]

诺斯、戴维斯等人在经济史研究中专门研究了利益集团之间的博弈对经济制度变迁的影响过程。他们认为，制度演进的方向与一个社会中利益集团之间的博弈过程及结果相关。因此诺斯说：“如果说制度是游戏规则，那么利益集团是玩家。”[③] 新制度学派还认为，从静态上看，制度演进的方向是由社会中处于强势地位的利益集团决定的；而强势集团之所以能够决定制度演进的方向，又主要是通过一定的方式获取国家政权的支持，或通过赎买，或通过强制。诺思曾举例说：“16 世纪初，当英国的新生资产阶级与旧的封建地主阶级发生矛盾时，前者用金钱赎买了封建特权，获得了英国王室的支持，使得资本家投资的积极性空前高涨，资产阶级迅速崛起，英国也迅速走上了兴盛之路，才有了后来的‘日不落帝国’；同时期的西班牙也出现了相似的矛盾，但政府却支持了代表封建利益的羊毛团（即羊毛出口商和专门养羊的地主组成的利益集团），从而使西班牙这个原来实力比英国强大得多的国家走上资本主义发展道路的过程更艰难，因而其地位也逐渐被英国所取代。”[④]

---

① 参见奥恩斯坦、埃尔德《利益集团、院外活动和政策制订》，潘同文等译，世界知识出版社，1981，第 14 页。

② 参见托马斯·戴伊、哈蒙·齐格勒《民主的嘲讽》，孙占平等译，世界知识出版社，1991，第 10 页。

③ 〔美〕道格拉斯·诺思：《历时经济绩效》，《经济译文》1994 年第6 期，第 4 页。

④ 〔美〕道格拉斯·诺思：《经济史中的结构与变迁》，陈郁、罗华平等译，上海三联书店，1991。

在公共政策的选择过程中，不同利益集团在对资源的控制和提取、结构位置和行动的可能性等方面是不等同的，它们之间并不存在权力和影响的平等分配。有些集团处于明显的优势，它们的行动对政策选择能产生重大影响，或者说它们的政治支持对领导人的最大化行为选择具有更为重要的影响。而另外的集团可能在政治机器这个庞然大物面前表现得束手无策或无足轻重。这样的权力差序，即不同利益集团行动能力和与权力相关性位置的差异，直接影响到政策安排变动的性质和方向。由于政策安排的变动经常引起不同集团中财富、收入和政治权力的重新分配，并总会引起那些受损者的反对，因此，如果政策变动中受损者是领导人依赖其支持的那些集团，那么领导人会因为担心自己的政治支持受到侵蚀而情愿不进行政策的调整。有关的实证分析已有很多。费尼对泰国农业史的多年研究，就是被时常引用的著名例子。[①] 在泰国，1902 年出台了一项在湄公河畔的猜那兴建一座水坝的建议。根据核算，该项工程可带来巨大的社会收益和很高的内部投资报酬率，但该项建议却一再被否定，直至第二次世界大战以后由于有世界银行的支持才最终得以完成。是什么原因使其延期呢？费尼提出，正是由于重要人物的净收益与社会净收益的冲突，才导致了政府的投资机制失灵。因为假设该项计划实施了，就会导致王室成员属地内的居民移居新辟灌区，相应也就降低了王室成员地产的现值，并减少了收入，因此遭到这些官员的否决。再如，在日本，自 21 世纪初就开始实行农业保护政策，在长达近百年的时期内，农业政策的保护性质几乎没有什么改变，其主要农产品特别是大米的价格远远高过了国际市场价格，这使得消费者的利益受到很大损失。究其原因，就在于日本的农民团体具有较强的利益表达能力，在政治市场上处于优势地位，政府在制定政策时，反对者要付出高昂的代价。日本农业人口不足全国总人口的 5%，但控制着全国 20% 以上的选票，并且有自己的得力的团体——农协，从而迫使政府决策去顾及农民的要求，对农业保护政策欲罢不能，并使得其在农产品国际贸易自由化的潮流中陷入了尴尬的境地。

在现代社会，各种利益集团已逐渐成为一种重要的社会力量，并对政府的公共政策产生日益重要的影响。这种影响既有积极的一面，也有消极的一面。正如

---

① 参见 Feeny, David, *The Political Economy of Productivity: Thai Agricultural Development*, Vancouver, Columbia University of British Columbia Press, 1982。

安德森所言，在所有国家，利益集团都履行着利益表达的功能，即它们表达了对政策行动的要求和提供了可供选择的政策方案；它们就政策意见的性质和可能出现的后果，尤其是技术方面的事务，向政府决策者提供众多的信息。当它们从事上述活动时，它们有助于公共政策的合理化。[①] 换言之，利益集团的存在为公共政策作出了不可或缺的贡献，它们履行着特定的政策制定功能，澄清和明确表达了部分公民的需求。利益集团的同时存在和相互制衡，事实上起到了有效的纠偏作用。

但是，利益集团的影响也可能给公共政策带来不可忽视的负面效应：共同利益服从于局部利益，公共利益服从于特殊利益。因为不同的利益集团有着不同的价值倾向和利益需求，它们所要求的公共政策，必然是尽可能维护或至少是不损害本团体的利益，符合它们的价值标准，因而它们所要实现的目标，它们认为需要制定政策加以解决的问题，必然彼此各异。政府作为社会的代表，理应维护全体公民的共同利益，尽可能使制定的公共政策有益于全社会。然而，官员在政治市场中发挥着重要作用，他们不仅是政府所经营政策的执行者，还处于政治市场的需求方。“他们不仅是根据竞争者的需求来进行资源再分配的经济人，同时也是向竞争者提出自己需要的独立的行为人。”[②] 政府的管制保护不是免费提供的，作为利益集团的代言人，他们当然会参与对管制租金的分享。因此，政府官员往往不排斥制度非均衡的存在，甚至为了满足自己的需求，他们并不只限于坐享其成，他们会主动地进行创租甚至抽租。利益集团通过游说、行贿等手段促成的公共政策，往往只有益于某一团体，而不利于全社会，极可能以损害公共利益为代价满足少数人不合理的要求。与此同时，利益集团的活动总是可能伴随着或明或暗的贪污受贿和官场腐败现象，因此，在一定程度上会使公共政策出现不正常的取向和不科学。如果金钱对政治侵蚀程度加深，公共政策就可能被一大批特大的利益集团所操纵，导致最终的政策决定事实上较多地反映了一定利益集团的共同利益，并被冠之以公共利益的名义。

---

① 参见詹姆斯·安德森《公共决策》，唐亮译，华夏出版社，1990，第222~223页。

② Freds. Mcchesney, “Rent Extraction and Rent Creation in the Economic Theory of Regulation”, *Public Choice Theory*, vol. 2, edited by Charles. K. Rowley, Edward Elgar Publishing Company, 1993, p. 102.

当前中国政府改革的价值及模式选择

陈千全*

政府改革是永恒的世界性话题，而当前又尤为引人注目。过去几十年来，我国一直在进行政府改革的实践探索，特别是20世纪70年代以后，政府改革刚好与西方国家行政改革同步，这既是一种巧合，也反映出历史发展的必然。然而，回顾以往的政府改革历程，我们发现，历次改革的重点都放在如何精简机构与转变职能上面，其目标也主要集中在提高管理效率等方面。而一旦改革进入纵深阶段，社会公平与公众利益维护就更显突出，这必然使改革更应考虑对政府管理基本价值取向与行为模式的探索。后者相对而言是根本性问题，对政府改革的基本方向起到决定性作用。所以，尽管以往的政府改革在一定程度上取得成效，如对经济发展的积极推动等，但在整体上是否真正实现公共利益最大化，还是值得探讨的问题。在新时期倡导“立党为公，执政为民”的政治发展理念下，明确今后政府改革的基本指导方向，进行合理的价值取向与模式选择，将对政府改革产生更为深远的影响。

一　中国政府改革的价值选择

长期以来，我国政府改革一直着眼于效率，但当前应重视公平问题。无论是

* 作者简介：中山大学行政管理研究中心博士，主要研究领域为公共管理理论与实践、政府治理变革等。

从西方国家的新公共管理运动，还是从我国几十年的行政改革历程，我们不难看出，在整个社会转型时期，政府在经济与社会发展中的作用十分突出，政府扮演了经济增长的“推动器”，这使得效率是否得到提高成为政府改革与发展始终如一的价值判断标准。然而，当我国的改革越向纵深发展，我们就越来越关注改革的实际效果。如果说从最开始的政府改革中我们获得了经济效益的提高的话，那么今后的政府改革就应该为增进公众的福利乃至利益服务。判断改革成功与否，最终要看最大多数人的要求是否得到满足，公共利益能否得到实现。一句话，建立在效率基础上的社会公平是否得到维护。

不容忽视的是，近些年来各国政府改革都不同程度地存在公共部门基本价值观的缺失。这些问题的出现，不是偶然的，而是有深远的理论背景与现实基础的。

首先，从公共行政理论发展演变的历史看，自威尔逊以来，一直视效率为其追求的终极目标，甚至有人把效率作为美国公共行政管理主义范式的主要价值取向。威尔逊认为，行政学研究的目的，在于揭示政府能够适当地和成功地进行什么工作，以及政府怎样才能有尽可能高的效率及在费用与能源方面用尽可能少的成本去完成这些适当的工作。[①] 怀特指出，公共行政的目的，就是在官员和雇员的处置下，对各种资源加以最有效能的利用，使公共计划得以最迅速、最经济、最圆满地完成。[②] 古利克曾说，行政科学中，无论是公或私，基本的善就是效率。[③]

作为传统公共行政重要理论基础之一的科学管理理论的效率原则对公共行政的影响不亚于早期公共行政学。由于效率价值观在资本主义国家私营管理中的独特地位，使得古典管理理论一开始就被打上了效率至上的烙印。泰罗管理理论之所以被冠以“科学”二字，主要是由于他对于效率的研究并把效率作为基础。泰罗意识到当时美国制造业生产效率低的原因在于没有科学的管理方法和理论。要想在一定时间内取得尽可能大的生产量，“那么工人和经理人员双方最重要的目的应该是培训和发掘企业中每个工人的才干，使每个人尽他天赋之所能，干出最高档的工作——以最快的速度达到最高的效率”。[④] 同样，在公共行政理论的

---

① 参见彭和平等《国外公共行政理论精选》，中共中央党校出版社，1997，第1页。

② 参见彭和平等《国外公共行政理论精选》，中共中央党校出版社，1997，第45~46页。

③ 转引自罗伯特·丹哈特《公共组织理论》，（台北）五南图书出版公司，1994，第87页。

④ 〔美〕F. W. 泰罗：《科学管理原理》，中国社会科学出版社，1980，第159页。

另一基础——官僚制理论——那里，等级森严的体制之所以被设计出来，乃是为了使行政机关更有效率地工作。在韦伯看来，上下服从、命令统一本身就是效率的保障。

其次，从国内外公共行政改革的现实看，20 世纪后 20 年在西方国家兴起的新公共管理运动，尽管在名称上可以多种多样，但究其实质而言，乃是一种新管理主义浪潮。如果说传统的公共行政以政治—行政二分法和等级官僚制为基础，那么新公共管理则建立在现代政治经济学和私营部门管理方法之上。因此，有理由相信，在经历了管理主义取向的大批判之后，终于在实践中又回归了私营部门管理方法，即使不是全部，但至少在主导层面上如此。从国内外学者描绘的新公共管理的基本特征看，当代西方国家以新公共管理或管理主义为定向的政府改革基本可以被定义为追求“3E”（economy，efficiency，effectiveness）目标的管理改革运动。所以，西方各国的新公共管理改革运动，大多体现了提高政府绩效的要求。英国是新公共管理运动的发源地之一，在其指导改革的核心纲领《改变政府管理：下一步行动方案》中，就提倡采用私营部门有效的管理方法，以改变公共部门低效率的现状。为此专门在首相办公室成立一个效率小组，专门负责效率缉核工作，并且负责人由政府聘请企业家担任。在美国，强大的重塑政府改革运动不是只停留在理论造势上，由副总统领导成立国家绩效评估委员会，把目标定为“创造一个少花钱多办事的政府”。后期又通过《政府绩效与成果法》，作为行政改革的重要法律依据。澳大利亚和新西兰的改革重点是推行民营化，因而在实施管理主义策略上更加彻底。整个民营化工作以提高绩效为目标，通过解除管制、引入合同制和向市场转移等方式，使公共部门面貌一新。

英国学者费利耶（Ewan Felie）曾把新公共管理的效率取向归纳为“效率驱动模式”。他认为，这种模式代表了将私人部门管理的方法和技术引入公共部门的尝试，强调公共部门与私营部门一样以提高效率为核心。其实现方式主要有：①灌输强烈关注财政控制、成本核算等有关效率问题的理念；②确立明确的目标定向和绩效管理原则；③发展正式的绩效评估方法；④以市场为导向，建立顾客需求应对机制；⑤整合公私两大部门力量，共同提高产品与服务品质；⑥更多授权，更多解制。通过这一系列的改革做法，公共部门特别是政府在应对财政危机、管理危机和信任危机方面重新获得了自信。

然而，新公共管理的效率观也面临来自各方面的批评。集中在一点就是这种管理主义导致了公共管理基本价值，即公共性的丧失。毋庸置疑的是，过分强调对效率和工具理性的追求，使新公共管理走向了一个新的极端，多年来深深扎根于公共部门之中的公共精神似乎被抛在一边，由此使公共部门管理面临合法性危机。

实际上，政府治理的公共性或合法性危机已经引起国内外理论界的重视。在最根本的意义上，一切政府改革都是为了维护民众的利益，使政府这一代理人角色更大程度地代表人民利益。而在我国当前所谓的社会转型时期，由于体制性或行为性因素导致的社会不公、弱势群体利益得不到保护的现象越来越严重，在效率至上、经济万能的基本价值取向下，公共部门本身的职责往往被忽视，甚至被淡忘。例如在国内极受推崇的所谓民营化改革，就把以私代公视为提高效率乃至全面发展的法宝，却有意无意忽视了公共部门本应该承担的促进社会公平、维护群众利益的责任。这不能不令人深思。面对这种可能引发政府改革危机的局面，必须在今后的政府改革中考虑重建有利于推进公平、公正与真正实现公共利益的基本价值观念，通过公共部门（主要是政府）积极作为，并且通过与公众（代表社会）的合作来达到实现最大多数人民之利益的目标。具体而言，未来政府改革应该注重以下两个基本价值观念的重塑。

第一是合法性。合法性问题一直困扰着政府改革与发展的全过程，特别是近几十年来，合法性危机成为引发世界各国公共部门改革的重要根源之一，更引起学界关注。一般来说，合法性意味着公众对政权的认同和支持，对既定社会秩序和权威的自觉认可和服从的良好状态。法国学者让－马克·夸克（Jean-Marc Coicaud）认为，合法性是对统治权力的认可。这种认可是建立在一系列条件基础上的。其中，被统治者的首肯是合法性的第一个要求；合法性的第二个需求涉及社会价值观念和社会认同；另外，合法性还与法律的性质与作用相关，但要求有关法律的叙述必须与社会同一性的构成性价值协调一致。[①] 由于政府公共管理赖以实现的根本基础是公共权力，因此，根据合法性的要求，被管理者所认同或服从的只能是公共权力，对合法性问题的分析实际上就转化为对公共权力合法性的判定。

从一定意义上说，政府管理是对公共事务管理的社会活动，这种治理活动的

① 参见让－马克·夸克《合法性与政治》，佟心平、王远飞译，中央编译出版社，2002，第1、2、31页。

合法性在非阶级社会与阶级社会是不同的。在非阶级社会，或者说国家产生之前，已经存在氏族或群体性的公共事务，也有居民自动组成的武装组织，即存在公共权力。但这种公共权力是一种自治性的公众权力，依赖它管理的公共事务也是一定范围内的自我管理的内容。因此，公共权力在本质上是基于社会合作的需要而产生的，是处于社会之内的力量，其合法性的依据是共同同意。另一方面，在阶级社会里，国家产生之后，虽然国家赖以存在的公共权力也是基于处理公共事务、保障公共利益最大化，但是由于国家这一特殊的公共权力最初产生于社会冲突，一开始便成为经济上占统治地位的阶级的统治工具，其功能主要是阶级统治。相对而言，国家处理经济和社会等与全体民众相关的公共事务的公共职能却处于依附地位，成为统治者维护合法性的基础。此时，无论是基于契约还是共同一致的公意，公共权力都产生了异化。为实现公共利益而进行的公共管理面临着如何代表公众要求和愿望的合法性危机。

在现代社会，一方面由于公共事务大量增加，政府管理的公共性愈加明显，公共权力只能更有效地处理公共问题、管理公共事务，以实现公共利益，才会具有合法性基础；另一方面，市场经济催生着公民社会的发育成熟，社会力量的参与性不断增强，社会自主治理功能本身蕴涵着合法性。按照哈贝马斯的公共领域理论，公共领域与私人领域在经历了近代以来的分离之后在当代又呈现出互相渗透和融合之势。由于两个领域的融合渗透，政府与公众的互动性也日益增强。这要求公共权力形成一种以国家权力为中心，同时包含社会自治权在内的互动体系。同样，公众只有参与公共管理过程，才能达成与公共部门的良好合作，才会主动对管理结果负责。这是民主行政的现实基础，也是政府管理政治合法性不可缺少的层面。对此，有学者认为，目前取得政府管理合法性的主要途径就是："有关的管理机构和管理者最大限度地协调各种公民之间以及公民与政府之间的利益矛盾，以便使公共管理活动取得公民最大限度的同意和认可。"① 实际上，当前在克服"政府失灵"、组织绩效低下、对社会问题回应性不强等方面进行的公共部门革新，以及扩大授权和参与，顾客取向、市场化、公私合作与强调责任等做法，既是对政府管理合法性危机的应对，也在一定程度上损害了其合法性基础。我们要重建这种合法性，就不得不认真反思这些举措，以提醒研究者和实践

① 俞可平：《治理与善治：一种新的政治分析框架》，《新华文摘》2001 年第 12 期。

者，如何在保证公共管理规范性基础的前提下提高公共部门的管理绩效。从历史上看，这将是一个长期而困难的任务。

第二是责任与回应性。对公共部门管理的责任与回应机制的关注可能一开始就与管理主义范式在一定层面上的不足有关。在改革中，可能遇到的问题有：政府真正去权留责了吗？私营化的过程可以带来更好的社会效益吗？如此等等。或许答案是："公共部门与私营部门，它们在所有不重要的方面都是相似的。"那么，就必须认真对待公共部门（政府）性质的问题，这是我们研究责任与回应性的基础。另外，对于广大发展中国家而言，重要的不是尽快考虑重塑或再造等问题，准确地判定和合理分清政府权责已尤为紧迫。

休斯指出："责任机制将政府的行政部分与政治部分结合在一起，并最终关系到公众本身。责任机制说到底是民主制度。""公民与政府的关系可以视为一种委托—代理关系，公民同意推举某人以其名义进行治理，但是必须满足公民的利益并为公民服务。""政府与公民之间的关系形成了责任机制。"① 这实际上说明了责任与回应性之间不可分割的联系。在代理关系下，政府必须对公众的需求作出反应，并采取积极的措施，公正、有效地实现公众的需求和利益。行政管理学者斯塔林（Grover Starling）也曾说，公共机构的责任机制要求政府对民众对政策变革的接纳和对民众要求作出反应，并采取措施积极解决问题。

从公共行政理论诞生以来，政府责任就成为了焦点，而且不管是官僚理论，还是管理主义，都无法很好地协调效率与责任问题。古典官僚制理论把政治（政策）与行政截然分开，把行政作为纯粹的工具，这理所当然地遭到反对。但官僚制度把责任机制内化为等级负责，按照韦伯的原则，在处理官僚制组织的事务时，处于等级制度特定层级的每个公务员均有其特殊的位置和使命，并对其上级负责。程序、正式规定与制度是按理性原则制定的，并且贯穿于等级制度中。官僚制度的责任机制只在理论上存在合理性，实际上，由于它并不将公众同意纳入视野，而是把它视为既定的存在，即由政治过程加以解决，所以，这一传统范式并没有考虑如何对公众的需求作出回应，从而使其面临合法性危机。

管理主义为责任机制带来了新变化，其中之一是通过合同制与参与方式，也

① 欧文·E. 休斯：《公共管理导论》，彭和平等译，中国人民大学出版社，2001，第264、268页。

即平常所说的责任管理，扩大了公共部门与公众之间的联系，从而增加了对公众的直接责任。但是，由于管理主义的责任机制来源于本身就存在责任问题的私营部门，就无法期望公共机构在确立一种新的责任制下不忽略或削弱另外的一些责任，例如政治责任、道德责任或民主等，其结果可能如休斯所言："管理主义的责任机制确实需要适当的确立并被公民广泛接受。如果责任机制含混不清，或者很容易被回避，那些潜在的问题必将形成对整个管理主义模式的挑战。"①

把政府管理的责任与回应性作为一种信念与近代民主理论的产生息息相关。按照近代民主政治理念，政府的产生是公众意愿契约化的结果，政府的一切措施需以民意为根据，它的行为要对公众负责。因此，政府必须回应社会和公众的基本要求并采取积极措施加以满足；政府必须积极地履行其社会管理职责和义务；必须承担起道德的、法律的、管理的责任；必须得到来自内部和外界的监督以确保管理目标的实现，等等。与此同时，这种责任理念在实践中被制度化，就形成了近代民主制度。它通过代议制、选举、立法等多种规范化的制度安排，有效保障公众需求的实现。

二　中国政府改革的模式选择

政府改革既是理论创新的过程，也是实践中不断探索新模式的过程，理论总是对实践起到指引与规范作用。应该说，经历几十年的改革，我国政府在管理体制与制度创新、管理方式与方法乃至基本的管理理念等方面都趋于成熟；今后，适应新的形势与新的价值取向的要求，在管理模式上也必须有所创新。根据以上对政府改革所应该倡导的基本价值观念，结合对于国内外行政改革的现状与趋势分析，我们认为，今后的政府改革可以考虑选择的基本模式有以下七个方面。值得一提的是，没有一国的政府改革可以用一种模式来概括，也没有哪一种模式完全适合于某一具体的改革实践。对此，只能期待我国当前及今后政府改革更多地蕴涵以下基本模式的精神实质。

1. 回应性政府

回应既指政府的能力，又反映出政府的责任。我们认为，中国现代化进程中

---

① 欧文·E. 休斯：《公共管理导论》，彭和平等译，中国人民大学出版社，2001，第282页。

政府应为强政府，政府要在经济社会转型期发挥主导作用，而不是市场或其他力量。政府功能发挥的重要指标就是对市场与社会呼唤的回应力，也即斯塔林所说，政府对民众对政策变革的接纳和对民众要求作出反应，并采取措施积极解决问题。[①] 新公共管理理论认为，传统公共行政下的政府在长期运作模式的影响下，沉积了太多的不适，变得像超音速时代的豪华客轮，臃肿庞大，造价昂贵，转向不灵，已经变得越来越难以适应公众新的需求。[②] 尽管他们的企业化政府并不一定可取，但由此反馈出的政府回应力问题应当受到重视。从政府改革的历史看，被动性是其本质之一，这种被动应变式改革也将无法适应经济全球化及国际共同治理的迫切需要。

政府治理的回应性体现在对公众利益的关注之上，也就是说，一切以人民是否满意为前提和基础。过去我们有个不正确的思路，认为政府改革是为了自身管理方式与水平更新，甚至错误地认为改革是为了方便管理。由此造成改革中的行政本位与权力中心主义，不去考虑某项改革方案能否为群众带来好处，谋取利益；反而斤斤计较个人、部门或行业利益，为了管理上的便捷不惜以罚代管，甚至牺牲群众利益换取改革的局部成效，如此等等，都使政府改革偏离了基本的方向，在实践中使政府行为失去应有的威信。

2. 民主化政府

政府公共管理的管理主义取向似乎要比政治取向更有基础。在政治与行政二分法原则下，政府是作为价值中立的管理工具出现的，因而在公共行政百余年的发展历程里，政府行为的绩效比行为的公平更惹人注目，尽管有过新公共行政学昙花一现式的公平要求。然而，20 世纪 70 年代以来世界各国行政改革的理论与实践打破了这一陈规。尽管这次以新公共管理运动为特征的改革是管理主义的复苏，然而民主行政及其基本要求也充分体现其中，塑造民主政府新形象成为各国共识。

民主政府，就其政治架构而言，是一种立法在上、执行在下的逻辑机制，这一机制有效地保证了决策对于执行的监督与控制。而为了实现行政过程的公共

---

① 转引自张成福《责任政府论》，《公共行政》2000 年第 4 期。

② 参见戴维·奥斯本、特德·盖布勒《改革政府：企业精神如何改革着公营部门》，周敦仁译，上海译文出版社，1996。

性，民主政府必须建立在公共领域与私人领域的分离之上。对民主政府代表的分析可以有不同角度和不同层次：从主体角度看，民主政府包括两重关系，一是政府与公民的关系，二是政府内部的关系。在终极根源上，政府代表的公共权力来自于人民，民主政府必须实现为人民的利益而进行管理活动。在实现机制上，各国可以采取立法、司法对公共权力进行监督与制约的做法，也可以采取使政府体制公开透明化以便人民实施直接监督的做法。在处理政府内部关系方面，关键是权力下放，给予下级更多的参与机会和决策权，从而实现真正的民主管理。从政府行为过程分析，民主政府机制必然在决策上是参与式的公共政策，在执行过程中体现公开、竞争与公平等价值观念，在行政效果上保障责任与效能。民主政府的建立要受到许多因素的制约，但它是体现政府管理“公共性”的有效模式。

3. 规制型政府

美国著名政治学家、行政学家 B. 盖仪 · 彼得斯曾经把政府未来的治理模式分为四种：市场式政府、参与式政府、解制型政府及弹性化政府。他认为政府解除过多的管制的意义是：释放公共部门蕴涵的能量，以提高政府行动的水平。解制型政府是建立在公共部门内部繁文缛节、缺乏效率的基础之上的。[①] 对政府管制的不满还可以在其他文献中找到，而因政府过分管制使行政效率降低也是事实。然而，我们不能因此就认为政府改革的方向就是尽可能减少政府的管制与干预。政府是应该解制还是规制，既要依据不同国家的现实需要，又要考虑一定历史阶段的限制。就我国而言，法治政府更应该是“立”而不是“破”。几十年来，建立法治政府一直是我国政府改革的价值取向之一，法治一方面要求政府的管理行为在程序、内容、结果及管理者意识上都以法律为准则。另一方面，法治行政必须使政府在一些方面加强规范性管理，如引导企业更好地适应 WTO 的规则与机制，在另外一些方面则要放松规制，如减少行政审批内容和程序等。因此，建立规制型政府实际上是对法治行政的具体化，也是政府今后改革的重要取向。为了适应这种改革的要求，我国政府已经着手对有关法律、法规进行清理，废除了一些与机制不相适应的法规与文件。应进一步加强以政府审批制度为核心的规制改革，因为这是一种有效的方式，它既从制度与规则上保证了政府如何管

① 参见 B. 盖仪 · 彼得斯《政府未来的治理模式》，张成福译，中国人民大学出版社，2001，第 110 页。

好，又确保其不会滥用职权，体现出政府治理有所为有所不为的根本理念。

4. 责任政府

过去二十多年的行改革涉及政府职能转变，但却忽略了一个事实，即政府职能及责任的确定。在政府职责不清的状态下，政府被视为什么都管的全能政府，但却并非有效政府。在变全能政府为有限政府的时候，许多做法又往往局限在政府职能本身，没有考虑社会发展的阶段。也就是说，在职能转变中还要尊重阶段性特点。比如政府在转型时期的经济职能，不是一味退出"不该管的事"，反而存在政府部分替代市场的职能，还有培育和引导市场健康发展的功能，甚至还有推进市场改革的作用，等等。所以，我们面临重新界定政府职能的任务，具体来说就是要按照市场经济发展要求和社会市场化程度确定政府公共事务总体范围，要依据公共事务属地化原则确定中央和地方政府的职能范围，要通过对政府公共事务进行合理划分确定或者重新调整政府部门间职能结构。按照彼得·德鲁克的观点，政府必须重新获得一些能力，放弃那些不起作用的事情、从未起作用的事情、已失去效用以及无法起作用的事情，集中精力于那些起作用的事情、确实产生效果的事情以及改进组织工作能力的事情。[①] 通过对各级政府职能的重新梳理，才有可能实现职能转变，才有可能从根本上解决因职能扩张导致的政府规模扩张。

5. 信息化政府

电子政府作为政府现代化建设的重要内容之一，在世界各国都得到了重视，我国在实施行政改革过程中欲与世界接轨，政府信息化尤其重要。我国政府全面的信息化建设始于 1999 年，经过四年的努力，已初步形成从中央到各级地方政府纵横交错的电子政府网。目前在政府网络化建设上，基本可以做到网上电子政务，文件的网上收发与传阅，政务公开的信息化形式，政府间资源共享以及各种政府规制行为的信息化手段等。电子政府体系的建立，一方面有助于提高政府活动的效率，以使政府在日益信息化的社会里保持反应力；另一方面则对增强政府行为透明度、扩大参与起到积极作用，有利于廉政建设与机关效能建设。当然，与西方发达国家相比，我们的电子政府还有许多不足，需要进一步完善提高，特别是加入 WTO 之后，政府更多地参与国际竞争活动，信息化水平低是制约性因素。

---

① 参见彼得·德鲁克《后资本主义社会》，张星岩译，上海译文出版社，1998，第 161～162。

在未来若干年内，政府在信息化建设方面的任务主要有以下几个方面。

第一，扩大政府网络的互通性，在各级政府都具备信息化条件的前提下，充分发挥网络资源共享的特性，把国内各级政府及其部门联结起来，进一步实现与国际的接轨，从而做到公共事务共同治理。

第二，改变目前电子政府只建不用的现状，真正实现政府运作的无纸化。许多地方政府在信息化硬件和软件上都能达到建立电子政府的要求，但往往是赶时髦、讲排场，并无实际动作。究其原因，主要是观念更新不够、技术要求不合格。另外，电子政府在许多方面改变了原有官僚体制的运行机制，比如，组织层级扁平化、领导权威的削减、行为的安全性降低等，也使一些部门存在阻挠思想。针对这些问题，有必要采取培训人员、建立新机制、加强网络安全管理等措施加以解决，才能使政府信息化建设更加完善。

第三，以政府信息化建设推动廉政建设，形成配套改革机制。电子政府具有透明度高、体现平等、参与性强等特性，具备这种特质的政府一直是我国政府廉政改革努力的方向，因此，若能够在完善电子政府的同时，实现廉洁高效行政的目标，无疑可以为困扰国人多年的廉政建设找到一条新途径。

6. 效益型政府

效益型政府模式的关键是树立公共财政的理念。关于公共财政的本质，有两种解释，马克思主义从国家本质出发来界定财政，认为财政是国家公共权力使用的表现；西方市场经济国家则认为财政是实现公共利益的手段。两种解释并无根本冲突，只是界定角度有差异而已。然而，在实践中，我们却始终把两者对立起来，导致真正的公共财政体系难以建立。实行社会主义市场经济后，与市场经济相一致的公共财政体系逐渐为我们所认识。只有把公共财政定位为政府为实现公共利益而介入市场的基本手段，才有可能真正建立以效率、效能、效益为宗旨的新型政府。因此，未来改革所要建立的效益型政府，其公共财政不仅要在资源配置、收入分配、经济稳定和增长等三个方面发挥职能作用，还必须保证这种活动的廉价性，即以最少的投入获得最大的产出。

具体来说，在资源配置功能上，必须以市场配置为前提，在那些能够参与世界贸易竞争的基础产业、高科技产业和部分支柱产业、资本密集型行业，财政必须保持强有力的配置功能，以弥补市场配置能力的不足，促进企业更好地参与国际竞争，节约政府在规则维护上的成本，这是我国在独特历史条件下为了更快适应国际竞争环境赋予财政资源配置职能的特定含义。在分配职能上，强调对居民收入进行调节，服务于“共同富裕”的目标，而不是增加民众负担，制造新的政府资源浪费。在经济稳定和增长职能中，同西方国家相比，我国作为发展中国家，最重要的是经济增长，这比稳定具有更根本的意义。如何处理好两者的关系，是我们建立新的公共财政体系要着力解决的问题。从国外的实践看，20 世纪 70 年代末西方国家的行政改革，都把改革财政预算、提高政府绩效作为主要目标，为此，采取诸如向市场学习、建立企业家政府、私有化等举措。这种行政改革的模式很值得我们借鉴。

7. 有限政府

有限政府模式的形成取决于三个因素：“市场失灵”、政府缺陷和社会力量的成长壮大。而传统上我们往往只考虑其中的一部分因素，这固然有主观原因，但客观条件的限制也是事实。在建立和完善社会主义市场经济初期，市场发育不健全，公民社会力量尚未显现，这时候政府理应成为经济社会发展的主导。因此，从计划经济下的全能政府转变到市场经济条件下的有限政府，不能一蹴而就，而是渐进的过程。随着市场经济体制逐步完善，有限政府必然是未来政府改革的最佳选择。

一方面，市场不能提供公共物品，无法有效增进社会公平。同时，市场竞争的盲目性需要政府加以规制，市场机制的形成发育也有待于政府行为渗透其中。所以，在今后我国建立完善社会主义市场经济的过程里，政府发挥作用的空间还很大。

另一方面，中外历史证明，政府并不是完美的资源配置手段，政府决策不科学，容易导致“寻租”，对市场的反应迟钝等都会造成资源浪费。特别是计划经济下的全能政府，管了许多不该管、管不了的事情，使得行政效率极其低下，因而政府作用必须受到限制。再说公民社会的力量，目前主要表现为社会自治团体，西方国家称之为第三部门，在我国社会转型中越来越成熟，并且发挥着越来越大的作用。这样，就有可能克服原来政府虽然想把一部分职能交给社会，但却担心社会组织无力承担（实践中确实存在公民社会力量不足，不能肩负责任的情况），因此不敢放权于社会的局面。由此，有限政府的运作模式就是充分发挥政府、市场、社会团体的力量，合理分配职责权限，各司其职，各负其责，共同为实现公共利益而展开治理活动。

简论政府公共决策体制改革与透明度原则取向

李伟权*

民主政治的发展与政治文明的建设，意味着我国的政治与行政体制的改革要继续往前推进。这其中一个重要的问题就是如何处理政府公共决策制度改革与透明度原则的关系。我国加入世界贸易组织，所传递的全部信息，归结为一点，就是全面融入国际社会，融入世界经济主流。政府决策就要符合国际通行的规范和要求，其中，透明度原则既是最惠国待遇与国民待遇原则能否实现的重要保障，也是可预测原则能否贯彻的重要前提。它可以改善各成员方贸易政策的透明度，提高贸易政策的稳定性与可预测性，避免或减少各成员方之间贸易摩擦的发生，通过为各成员方设置公开贸易法律制度的义务，促使各成员方认真遵守多边贸易体制的各项规则，自觉履行承诺，从而防止和消除由于不公开所造成的贸易歧视以及由此给国际自由贸易制造的障碍，确保国际贸易在公开、公平、公正、自由竞争的环境下进行。透明度原则实际上对政府的行为产生了很大的影响，尤其是对政府决策机制有很重大的影响。

一　透明度原则对政府决策提出的要求

加入 WTO 后，政府的许多方面的运作都是通过政府决策来推行的①，政府

---

* 作者简介：中山大学行政管理研究中心、政治与公共事务管理学院博士，主要研究方向：行政理论与领导决策、公共管理。

① 本文的“政府公共决策”或“政府决策”是从广义上来理解的，本文专指与 WTO （转下页注）

决策在很大程度上决定了政府在经济当中的主导作用，尤其是在像我国这样的发展中国家其作用更加明显。政府是遵循透明度原则的主体，透明度原则对政府的要求是通过具体的法律规范来体现、通过政府决策来实现的，几乎所有的 WTO 法律文件都规定和贯彻了透明度原则。归纳起来，透明度原则对政府决策的要求主要体现在如下几个方面。

1. 要求政府公布与贸易相关的决策，对政府决策的权威性提出了更高的要求

政府要将所有与对外贸易有关的法律、法规、规章、协议、协定、条例、行政决定等公共决策对外公布，这是 WTO 的基本要求。在公布的内容上，透明度原则要求所有与贸易有关的法律文书都应予以公开，目的是为了防止各缔约方之间进行不公开的贸易，避免歧视的发生。①透明度原则对政府公开决策的要求几乎涉及所有与国际贸易相关的领域，其领域具有广泛性，因而对政府的透明度要求也是全面的。除了要求各成员方政府必须履行公开的义务之外，WTO 还从反面确立了“非经正式公布，不得实施”的原则以及“如不能公布，也应将不能公布的理由予以公布”的原则。这两条原则在一定程度上规定了政府的决策必须是经过慎重考虑之后才作出的，因为它一旦作出，就会对所有 WTO 成员国产生相应的影响，并具有了严格意义上的法律意义，有了很高的权威影响力。从另一个方面来说，这种政府决策具有了国际示范作用，它会直接导致与决策有关的国家政府决策作出直接或间接的反应，如果决策错误就有可能导致国际经济纠纷与争端，其影响是巨大的。政府决策比以前承担了更多的职能，更重要的是，WTO 有一套贸易政策审议机制（TPRM），它可以确保

（接上页注①）相关的政府决策。它包含了政府进行各项决策的过程，也包含了政府制定政策、法律、法规以及进行行政规范的过程。因此，实质上包含了在 WTO 透明度规则下的政府决策过程变革与发展。

① 这一点主要是通过《关税与贸易总协定》（GATT）第十条“贸易条例的公布和实施”来体现的。该条第一款规定，“缔约方有效实施的关于海关对产品的分类或估价，关于税捐和其他费用的征收率，关于对进口货物及其支付转账的规定、限制和禁止，以及关于影响进出口货物的销售、分配、运输、保险、仓储、检验、展览、加工、混合或使用的法令、条例与法规和一般援用的司法判决及行政决定，都应迅速公布，以使各国政府及贸易商对它们熟悉。一缔约国政府或政府机构与另一缔约国政府或政府机构之间缔结的影响目标贸易政策的现行规定必须公布。当政府实施有关过境货物的法律和规章时，也必须予以公布。”除此之外，《服务贸易总协定》（GATS）第三条与《与贸易有关的知识产权协定》（TRIPs）第六十三条都有类似的规定。

各成员方政府贸易政策与措施的透明化。贸易政策审议机制是贯彻透明度原则最有效的保障机制，其目的是为了监督各成员方的贸易政策与实践，确保各成员方遵守和实施多边贸易体制的规则和承诺，增加各成员方贸易政策与措施的透明度。①我国政府的各项决策审议在加入 WTO 时被要求五年内每年审查一次，这对所有加入 WTO 成员而言是最严格的，这就要求政府决策必须能够符合 WTO 的规范，具备较高的权威性，能够经得住贸易政策审议机制的审议要求。

2. 政府决策的出台应当遵循合法的程序，经过公众辩论和立法机构批准

原关贸总协定和后来的世界贸易组织的经济学家和官员，对贸易政策应该透明的问题曾有过专门的论述。他们认为："一项贸易政策的制定应当通过合法的程序，经过公众或立法机构的辩论和批准之后，方可实施。如果公众对贸易政策的制定程度不了解，也不进行公开辩论，公众就无法判断一项政策的好坏，他们的知情权就没有得到尊重。"② 公共决策并不只是单纯的政府行为，它是代表民意的，是服务于大众的，并且这类决策也不仅是面对本国国民，而是面对所有的 WTO 成员方的民众的。这就决定了政府的决策行为要经过深思熟虑。无论怎么样，政府的决策应当是在符合 WTO 透明度规则的前提下，编制最有利于本国经济发展的政策决策方案。公众辩论是寻求最优的一种方法，同时也是透明度的基本要求之一。另外，具有立法权的立法机构的批准也是一个关键的要素。由于我国政府决策习惯于行政命令等方式，在这一方面显得更加重要。

3. 政府决策要建立起完整的决策通报制度，并且设立信息咨询点，提供信息咨询服务

为了促进贸易政策的透明度，协助贸易政策监督的实施，WTO 还建立了一系列的决策通报制度，包括市场准入通报制度、非关税措施通报制度、贸易补救

① 贸易政策审议机制以贸易政策审议机构（TPRB）为执行机构，以召集贸易政策审议会议的形式，通过对成员方的贸易政策进行定期审议，以及对被审查方的贸易和经济状况进行客观、独立的评价，不但可以加强对被审查方履行其义务与承诺的监督，而且为被审查方提供了一个贸易政策得以解释和讨论的论坛，使各成员方对被审查方的贸易政策与实践有更充分的了解，从而减少贸易摩擦的发生，确保多边贸易体制在开放、公平、无扭曲竞争的基础上健康发展。

② 转引自梁鹰《WTO 与政府职能转变干部读本》，中共中央党校出版社，2002，第 89 页。

措施通报规则等，要求各成员方政府向 WTO 有关机构报告其所采取的有可能对协议的成员方产生影响的贸易措施。[①] 同时，为了使各成员方更好地相互了解经济贸易情况，WTO 要求各成员方政府设立信息咨询点，给其他成员方的政府或政府机构、企业以及公民提供相关的信息服务。[②] 信息咨询点是了解贸易信息的有效渠道，而且有助于促进各成员方改善与提高贸易政策的透明度，增加贸易政策的稳定性与可预测性。这两种制度，都是要求政府建立起决策的配套机制，使其决策是真正面向公众的，并且是面向 WTO 成员国的，使国家性的决策变成世界性的政策。

4. 政府决策对外公开时应当界定其标准，合理运用透明度的例外原则

政府决策在一定程度上是一个国家对内、对外管理与控制的一种重要的方式，某些决策的信息具有很高的价值，有些决策的公开是具有相对性的，对外公开的话可能会影响本国的利益。政府在制定相关政策决策的时候就要界定与把握正确的标准。WTO 并不要求各成员方政府公开所有的贸易信息，为了保障各成员方的国家（地方）安全、商业利益以及其他合法权益，WTO 在确立透明度原则的同时，也确立了公开的例外原则，豁免了各成员方政府的一部分公开义务，从而正确地处理公开与保密的关系。[③] 这对于像我国这样的发展中国家而言更加重要。政府必须明确决策的公开标准，合理运用透明度例外原则来达到保护合法权益的目的。

---

① 通报是各成员方必须履行的一项义务，WTO 的很多协议、协定都为各成员方政府设置了通报义务。例如，《农业协议》规定各成员方应履行的通报义务有：关税与配额的通报、国内支持措施的通报以及出口补贴的通报。此外，《与贸易有关的投资措施协议》、《补贴与反补贴措施协议》、《非多种纤维协议》、《装运前检验协议》等协议都有明确的通报规定。

② 例如，《服务贸易总协定》规定，每一成员方应建立一个或多个咨询机构，以答复其他成员方的资料要求及有关询问。《贸易技术壁垒协议》则规定每一成员方必须设立一个国家咨询网站，其他成员方可以向其咨询并获取成员方的技术规定、标准与测验程序的资料和文件，不论其即将批准或已经批准；同时还可获取有关参与双边或双重标准有关的协议、地区标准化制定机构和一致评估制度的情况。

③ 例如，《服务贸易总协定》第三条规定，不要求任何成员提供那些一旦公布就会妨碍其法律实施、违反公共利益或损害公私企业合法的利益的机密资料（即商业秘密）。此外，《与贸易有关的知识产权协定》（TRIPs）还确立了未披露信息保护规则，属保护范围的未披露信息包括：在一定意义上属于秘密，具有商业价值，合法控制该信息之人为保密已根据有关情况采取了合理的措施。

二 透明度原则下我国政府决策行为的不适应分析

中国加入世贸组织后，政府面临的挑战将是全方位的、深远的，政府的管理体制、管理职能、行为方式等都要接受国际法的法律体系框架的约束，都要经过国际贸易法则的检验与评价。因此，政府决策制度必须以国际法原则和规则为指导，尽快调整自身的行为方式，与国际接轨。透明度原则虽然主要是规范国际贸易领域的，但其原则精神对政府决策行为的影响是全面的、深刻的。目前我国政府决策行为带有明显不符合透明度原则的特点。

1. 我国政府决策的权威性与稳定性不足，难以通过透明度政策审议机制的审议要求

现代国际经济运行所遵循的是一系列较为稳定的法律规范与制度规则，要求政府决策不仅具有很高的权威性，而且应当有较为稳定的特征。改革开放以来，我国在推行市场经济方面取得了举世瞩目的成就，这与我国政府决策的权威性与稳定性是分不开的。但是由于我国经济的发展还是属于政府主导型的模式，政府政策决策的权威性与稳定性不足还是事实，它直接影响了外资的投资和间接影响了我国政府的信用体系。从加入 WTO 的角度看，增强政府决策行为的透明度是确保政府贸易政策的稳定性与可预测性的前提。“如果一国政府的贸易政策环境处于一种公众或企业既不熟悉，也不了解的状态，这就说明该国的贸易政策缺乏透明度，因而其贸易政策是不可预测的。”[①] 加入 WTO 后，由于政府决策不仅是国家内部的决策，而是具有了很强的国际影响力，每年或两年一度的贸易政策审议机制的审查是相当严格的。尤其是我国，在加入 WTO 时就被要求每年审议一次，这是对我国政府不规范的政策决策机制的一种不信任，它的实行虽然有其不合理的地方，但是，它对规范政府的决策行为还是起着有效的制约作用。在我国，保持政策决策的权威性与稳定性是相当重要的。

2. 政府决策过程的公开程度和公众参与程度还不符合透明度原则的要求

我国政府的某些政策决策制定在程序上不符合透明度原则的精神理念，大多

① 王福明主编《世贸组织运行机制与规则》，对外经济贸易大学出版社，2000，第 67 页。

数决策并没有经过公众或立法机构的辩论和批准，就开始实施，表现出强烈的政府主导与干预的特点。公众对贸易政策的制定程序不了解，也不能参与辩论，就无法判断一项政策的好坏，他们的知情权就没有得到尊重。政府是信息资源的唯一垄断者，信息资源的控制权和发布的主动权掌握在政府手中，因此，信息公开的内容、范围、时间、方式等都是由政府决定的。

我国政府采取了不少增强政府信息透明度的举措，如政务公开、决策公示等。这些做法尚未制度化、法制化，实际操作起来，人为的影响因素很大，具有很大的随意性和偶然性，带有浓厚的人治色彩。① 透明度原则首先体现的是对知情权的尊重。知情权是公民的一项基本人权，尊重、满足公民的知情权是政府必须履行的义务。我国现阶段公民实现知情权缺乏法律、制度和程序上的保障，政府官员封锁、截留、吞食政府信息，漠视、剥夺公民的知情权，以及利用手中掌握的信息资源“寻租”等情形并不少见。加入 WTO 后，政府不仅要为本国公民实现知情权提供保障，而且要遵循透明度原则，充分满足各成员方政府或政府机构、企业以及公民合理的知情要求。对于政府而言，其知情压力不仅来自国内，还来自国外。透明度原则的实施是通过一系列明确的协定、条款来保证的，贸易政策审议机制和通报制度更是保障透明度原则的有力武器。② 最重要的是，政府决策严重缺乏社会公众的参与，这使得我国政府决策在一定程度上缺乏广泛的民意基础，在解决贸易问题上政府的政策决策有可能远离公众的设想。程序上的不公开与参与度的缺失，使我国政府决策在适应透明度原则上还有一定的距离。

3. 透明度原则要求政府决策由管理的机制转向服务的机制还没有实现

在加入 WTO 后，我国政府比企业要面临更多新的挑战和机遇，同时，社会（包括企业、中介组织）和公众对政府有许多的期盼与要求。政府如果不能解决自身的问题，加强与社会的互动，推进政府决策体制的改革与创新，带领民众积

---

① 近几年来，政府在信息公开的制度建设方面进展很快，各地纷纷采取形式多样的政务公开活动，如上海市政府取消“红头文件”、免费向公众发放《市人民政府公报》的举措，重庆市的“公众信息岛”的开通，深圳市政府的“阳光采购”等。

② 虽然贸易政策审议机构的审议结果以及提出的建议对被审议方没有直接的约束力，但被审议方如果不作出改进，很可能被其他成员方利用争端解决程序提出指控。也就是说，WTO 的透明度原则对所有成员方政府具有刚性的法律约束。

极应对挑战，那么，进入世界范围的不公平性竞争，可能就成为民众沉重的心结。政府应当从过去的“管理决策型”切换到“公共服务决策型”，自觉废除并修订与国际法规则不相符的政策、规定，取消对企业经营活动的直接干预，打破人为的地区封锁和行业垄断，营造公平、规范、有序的市场环境，为社会提供优质、高效的公共产品和服务。这些都是政府主动决策、主动为社会服务的体现。政府决策必须适应市场经济的发展，强化宏观调控、社会管理以及公共服务职能，弱化微观经济管理职能。当前，政府决策更多的是政府单一的决策行为，过分注重管理职能，忽视政府决策的服务职能，尤其是信息决策服务与保护性决策的职能过弱，服务意识、服务手段、服务能力、服务水平等都不符合市场经济的要求。加入 WTO 后，我国市场在向外国开放的同时，国际市场的大门也向我国企业敞开。对企业而言，熟悉国际市场的“游戏规则”是把握“游戏”主动权的前提。但由于决策的分散化、信息的不完备与不对称、信息传递和市场反应的迟钝和不确定性等因素的影响，我国的政府决策还远不能适应随时变化的经济政策环境的需要。由于政府现在更偏重于国内的管理性与规范性的决策，而忽视了应对性的保护性与服务性决策，使我国成为政府反应十分缓慢的国家。这在全球化竞争环境下是危险的。

4. 透明度原则下政府决策的回应性与社会互动性不足

全球化的发展和中国加入 WTO 承认国际规则，意味着企业和社会公众成为经济生活中的主角，而政府主要是制定规则。不可否认，我国企业和个人在面对加入 WTO 新形势下的各种挑战还准备不足，我国市场经济发育还很不充分，我国的民族产业、农业等方面都面临着较大的危机，加入 WTO 既是机遇又是挑战。我国政府在回应企业与个人的需要上是很不够的。这表现在几个方面，一是政府缺乏对民族工业、农业等弱质产业的有利决策行为，致使其在应对 WTO 方面能力不足；二是政府在面对别国对我国企业制裁方面反应不及时，力度不够；三是对解决国际经济纠纷争端机制运用不够，致使许多本应由政府解决的国际经济问题得不到及时解决，从而使本国人民容易遭受损失；四是政府在进行必要标准化要求、进口商品的技术性壁垒上缺乏艺术性的决策能力。对民众的决策回应就是要加强政府与社会的互动性，回应企业的要求，制定更多符合 WTO 规则的保护性政策决策，从而有利于本国经济的发展。

三　我国政府决策行为如何适应透明度原则要求

应对透明度规则对于我国政府来说是一项难度很大的工作，但是又刻不容缓。而这其中，政府决策机制的调整与改革又是核心所在。政府决策机制的建设应当从下列几个方面着手。

1. 加强政府决策的规约、公告、咨询机制建设，使其规范化、制度化运作

在透明度原则的规范下，政府决策规约机制的完善是极其重要的。它是指在全国范围内形成统一的决策规范体系，这个体系要求从中央政府到地方政府要依据统一的法律法规体系，进行贸易政策的制定，不能出现政策决策多元化和多样化。这一点对于我国尤其重要。改革开放以来，各省市县为了吸引外资，所制定的优惠政策措施是很不一样的，这将会导致各级政府决策依据的混乱。另外，规约机制还要求所有出台的政府决策都必须符合 WTO 的要求，并与之相衔接，不能出台与有关法律法规相抵触的决策。有些省（如广东省）规定省以下政府不得出台有关 WTO 方面的决策，这种做法是正确的。另外，政府决策的及时公告机制和专门性咨询机制的健全与完善更是透明度原则中明确规定的。这两者的完善关键在于政府的主动性。政府应按照透明度原则要求，建立和完善政府信息咨询机构。只有政府决策规约机制、公告机制和咨询机制建立和完善起来，政府决策体制才可能更加规范化和制度化运作。

2. 加速完善透明度原则要求政府决策具有公正性、权威性与稳定性

透明度原则对政府体制挑战的核心是行政公正。公正是指对决策的对象必须同等对待，而不能有所偏颇。这主要指两个方面，一是 WTO 的许多规则都规定了国民待遇原则，政府在制定对外政策措施时，不能够有所偏颇。我国以前的一些投资政策，如对外资企业在一定时期内减税、免税而对同样的民营企业和国有企业却实行不同的标准，这种情况不能再出现。二是加入 WTO 后，政府决策根据 WTO 的非歧视原则（包括最惠国待遇与国民待遇），我国企业将在同一起跑线上与外国实力强劲的企业进行激烈的国际竞争。在这种情况下，政府以往依靠行政干预手段，如设置市场准入障碍、苛刻的行政审批制度等来保护国内企业的做法已无法奏效，因为这不符合 WTO 的规则和国际惯例，甚至有可能被指控违背 WTO 的非歧视原则。政府决策保持其公正性是 WTO 透明度原则的基本要求，也是政府决策权威性的有效保证。政府决策的稳定性相当重要。它既是 WTO 规则的要求，也是一国经济发展的基本需求，还是决策权威性的基本保证条件之一。“不稳定性与不可预测性会导致外国企业无法作出正确的决策，这样势必影响其投资的信心，进而影响外国投资的规模与范围。因而，政府必须改善与增强其行为的透明度，严格遵循 WTO 的透明度原则。”①

3. 建立政府决策的回应机制，增强政府决策行为的透明度，推动政府决策的社会互动

WTO 对于广大群众来说，毕竟是一个新鲜事物，其运作机制决定了我国的企事业单位包括一些中介组织，都必须面对其游戏规则。政府必须在面对社会组织与公众问题时能够及时回应与协助。这是政府义不容辞的责任。本质上，回应性政府就是责任政府。建立回应机制就是要求政府面临 WTO 规则下的国内企事业单位和公众的需求，明确制定相应的应对措施，如对产品提高技术标准和其他非技术性壁垒，以减少进口。这就要求增强政府决策行为的透明度，建立和完善政府决策社会互动机制与规则，政府应当随时注视市场变迁对我国经济发展的影响，让企业与社会参与决策的制定。这一方面有利于提高公民的政治参与意愿，激发公民的政治参与热情，促进政治民主化的发展，如举行立法听证会、决策听证会；另一方面也可以确保政府决策行为的合法性与合理性，增强其有效性。公开是公平、公正的前提。公民只有在知情的情况下，才能有效地监督、规范以及制约政府的决策行为，从而形成政府决策与社会的互动回应良性发展局面。

4. 建立健全适应透明度原则需要的政府决策法律、法规，推进政府决策的社会服务职能建设

政府决策是为社会服务的，规范取决于制度法规的健全，政府要在两个方面下工夫。第一，公开法规与信息法规建设。政府在公开政府信息的时候，要面对如何合理界定公开与保密的界限的问题。传统行政管理中把各种本应该对外公开的行政决定、规则、政策和会议情况都视为“内部文件”、“内部材料”列入保密的范畴，明显违背 WTO 的透明度原则，必须摒弃。应以 WTO 的透明度原则为指导，加快修改已有的《保密法》，在强化政府的保密系统的功能，严格保护有

---

① 颜海娜、李伟权：《WTO 透明度原则对我国政府的影响及对策》，《学术季刊》2001 年第 4 期，第 71 页。

关国家安全、公共利益、商业秘密以及个人隐私方面的信息的前提下，科学合理地界定公开与保密的界限，把本该公开却纳入保密的范畴的信息予以公开。加强政府信息公开的法制建设，用刚性的制度和法律去约束政府的行为，提高政府依法行政的水平。要适应加入 WTO 的要求，政府必须改变信息公开无法可依的状况，加快信息公开的法制化进程，借鉴西方发达国家的立法经验，结合我国目前的国情，尽快出台一部《政府信息公开法》，促使政府的信息公开制度与国际接轨。同时，还应当推进政府信息网络化建设的进程，构建“电子化政府”，为公民知情权的实现提供有效的载体。第二，政府决策程序法规建设。它使公民实现知情权有实体法与程序法的保障，这包括政务公开制度、决策听证制度、决策参与制度、决策表决制定、决策复决制度等政府决策法规建设。这些方面的建设都是为了适应透明度原则的需要。

第四篇

执政党觉醒

中国共产党执政党意识觉醒的历史进程

黄卫平　唐元松*

江泽民在党的十六大报告中强调："'三个代表'重要思想，是在科学判断党的历史方位的基础上提出来的。我们党历经革命、建设和改革，已经从领导人民为夺取全国政权而奋斗的党，成为领导人民掌握全国政权并长期执政的党；已经从受到外部封锁和实行计划经济条件下领导国家建设的党，成为对外开放和发展社会主义市场经济条件下领导国家建设的党。"① 这一论断是江泽民对他在2001年"七一"重要讲话中相似论断的进一步补充和完善。在短短一年多时间内，我们党在重大会议上，不断重申党所处的地位、环境的划时代变迁，以及党员队伍和党所肩负历史使命的重大变化，明确提出"要深刻认识和吸取世界上一些长期执政的共产党丧失政权的教训"。②"不断深化对共产党执政规律、社会主义建设规律和人类社会发展规律的认识。"③ 这是中国共产党执政半个多世纪以来，执政党意识逐步觉醒、执政党理论日趋成熟的重要标志。

---

* 作者简介：黄卫平，深圳大学教授、深圳大学图书馆馆长、当代中国政治研究所所长；唐元松，深圳大学行政管理专业硕士研究生。

① 江泽民：《全面建设小康社会　开创中国特色社会主义事业新局面——在中国共产党第十六次全国代表大会上的报告》，人民出版社，2002，第11页。

② 《江泽民在庆祝中国共产党成立八十周年大会上的讲话（学习读本）》，人民日报出版社，2001，第24页。

③ 江泽民：《全面建设小康社会　开创中国特色社会主义事业新局面——在中国共产党第十六次全国代表大会上的报告》，人民出版社，2002，第51页。

十六大报告首次在党的重要文献中使用了“党的历史方位”的概念。所谓党的历史方位，简单地说，就是党的历史过程、现实定位和未来方向的总和。历史过程，即中国共产党是怎样建立起来和怎么发展过来的；现实定位，就是党在国内外局势中处在何种地位与扮演什么角色；未来方向，就是党及其领导下的中国将要发展到哪里去。历史经验证明，能否准确把握党自身所处的历史方位至关重要，决定着党能否实事求是地对其理论、路线、方针、政策作出正确抉择，也决定着党所领导的中国特色社会主义的前途和命运。综观新中国成立后从社会主义革命，特别是1956年“三大改造”完成，党宣布中国大陆已建立以计划经济为重要特征之一的社会主义制度，到改革开放和推行以社会主义市场经济为特色的现代化建设以来党的几十年历史，分别以毛泽东、邓小平和江泽民为核心的党的三代领导集体，由于所处的历史条件和肩负的历史使命不同、对党的历史方位所作判断，以及对掌握全国政权的执政党面临的挑战和压力的认知有个渐进发展过程。全面总结和具体分析党的执政党意识逐步觉醒、执政党理论不断发展的历史，对于深入理解和贯彻党的十六大精神有着重要的理论意义。

一 毛泽东未雨绸缪地萌发了中国共产党最初的执政党意识

鸦片战争后，中国陷入半殖民地半封建社会的境地，广大民众深受帝国主义、封建主义、官僚资本主义“三座大山”的压迫。由马克思主义特别是由“十月革命一声炮响”给中国传来的列宁主义武装起来的第一代中国共产党人，肩负着实现民族复兴和人民解放的革命使命。毛泽东科学分析和准确把握了中国共产党在当时条件下的历史方位，正确判断了谁是我们的敌人，谁是我们的朋友，有效地解决了依靠谁、团结谁、打击谁这个“革命的首要问题”[①]，将马克思列宁主义基本原理同中国革命具体实际相结合，创立了新民主主义革命理论，通过武装革命和阶级斗争，指导中国革命取得了胜利，并领导中国人民走上社会主义道路。

① 《毛泽东选集》第1卷，人民出版社，1991，第3页。

1949年3月，在即将夺取全国政权的前夜，毛泽东作了著名的七届二中全会报告，他清醒地告诫全党："中国的革命是伟大的，但革命以后的路程更长，工作更伟大，更艰苦……务必使同志们继续地保持谦虚、谨慎、不骄、不躁的作风，务必使同志们继续地保持艰苦奋斗的作风。"① 并明确指出，中国革命胜利地走过了先由农村包围城市，再夺取城市的道路后，"党的工作重心由乡村移到了城市"，党"必须用极大的努力去学会管理城市和建设城市"。② 在党夺取全国政权的任务还没有基本完成，尚未成为全国的执政党时，毛泽东就已经在强调："从我们接管城市的第一天起，我们的眼睛就要向着这个城市的生产事业的恢复和发展。务须避免盲目地乱抓乱碰，把中心任务忘记了，以至于占领一个城市好几个月，生产建设的工作还没有上轨道，甚至许多工业陷于停顿状态，引起工人失业，工人生活降低，不满意共产党。这种状态是完全不能容许的。"认为进城后党的其他工作"都是围绕着生产建设这一个中心工作并为这个中心工作服务的"，只有"首先使工人生活有所改善，并使一般人民的生活有所改善"，否则"我们就不能维持政权，我们就会站不住脚，我们就会要失败"。毛泽东的这些宝贵思想标志着党在即将取得全国政权时，已开始未雨绸缪地萌发执政党意识，那就是既要防止"糖衣裹着的炮弹的攻击"③，戒骄戒躁，经受执政的考验，又要领导国家，创造条件，发展经济，改善人民生活，以巩固政权。虽然，毛泽东的上述思想总体上是从属于他作为一个老革命家的继续革命理念，即"在拿枪的敌人被消灭以后"，还要准备迎接"不拿枪的敌人""和我们作拼死的斗争"，党"必须学会在城市中向帝国主义者、国民党、资产阶级作政治斗争、经济斗争和文化斗争，并向帝国主义者作外交斗争"。④ 但毕竟拉开了中国共产党从以暴力革命和阶级斗争为主要特征的"革命"党，向以生产建设和经济发展为中心的"执政"党的历史性转化的序幕。

新中国成立之初，百废待兴，民众迫切希望改变贫穷落后状况。同时，新生政权面临着国际上帝国主义的强大压力。毛泽东当时在有效地镇压反革命势力的反抗和成功领导抗美援朝的同时，以恢复经济为中心任务，领导全党和全国各族

---

① 《毛泽东选集》第4卷，人民出版社，1991，第1438~1439页。

② 《毛泽东选集》第4卷，人民出版社，1991，第1428页。

③ 《毛泽东选集》第4卷，人民出版社，1991，第1438页。

④ 《毛泽东选集》第4卷，人民出版社，1991，第1427页。

人民致力于恢复国民经济，并对农业、手工业和资本主义工商业进行了社会主义改造，推进国家的工业化建设。到1956年秋，“三大改造”任务提前基本完成，初步建立了独立的较完整的工业体系和国民经济体系。尽管“三大改造”有不少缺陷和富有争议的问题，对后来经济和社会发展产生了多方面的复杂影响，但从总体上看，党领导的这场社会变革是相对成功的。

“三大改造”基本完成以后，党的八大正确地判断我国社会基本矛盾是落后的社会生产力与人民群众日益增长的物质文化生活需要之间的矛盾，党的主要任务从夺取政权和建立社会主义制度，转变为发展经济、巩固政权和建设社会主义工业国。毛泽东曾经也是认同党的八大的主张的，早在1954年的一届人大会议上，毛泽东就提出用几个五年计划时间把中国建设成为一个工业化的具有现代文明程度的伟大国家。[①] 毛泽东在1957年初南下视察时也指出，中国共产党人是“上半个世纪搞革命，下半个世纪搞建设”。[②] 然而，1957年以后，党在探索中国社会主义发展道路的过程中，由于复杂的国内外因素和长期进行革命战争、阶级斗争的历史传统与思维惯性，出现了重大的决策失误，又将阶级矛盾视为社会主要矛盾，不仅否定了党的八大决议，也背离了党的七届二中全会精神，终止了党从传统意义的“革命”党向现代意义的“执政”党转型的进程。从1957年的“反右”运动；到1958年的“大跃进”和“人民公社”，直到20世纪60年代提出“以阶级斗争为纲”和“无产阶级专政条件下继续革命理论”，发动“文化大革命”，毛泽东不仅将阶级矛盾仍视为共产党领导的社会主义中国的主要矛盾，而且合乎逻辑地推论出，在共产党执政后，如果还存在阶级压迫和阶级矛盾，甚至还存在激烈的阶级斗争，那么“资产阶级在哪里？就在共产党内”的结论，把党的斗争矛头对准“党内走资本主义道路当权派”，试图通过一次又一次的政治运动，通过不断打击和反复清洗大量假想中的威胁社会主义制度和共产党领导的“阶级敌人”，以巩固共产党的执政地位，“防止资本主义复辟”。其结果不仅使整个社会陷入混乱的政治斗争，经济建设受到极大干扰，生产力水平发展缓慢，人民生活状况长期得不到有效改善，而且使执政党陷入长期的内部倾轧，严

---

① 毛泽东：《在中华人民共和国第一届全国人民代表大会第一次会议上的开幕词》，1954年9月16日《人民日报》。

② 郭永钧、朱阳：《毛泽东的社会主义观》，人民出版社，1994，第179页。

重损害了党的团结。

1957～1978年这20多年时间里，我国经济建设虽然也取得一些成绩，特别是举全国之力，成功发射了“两弹一星”，大大增强了我国的国防力量和提高了我国的国际地位。但是在这期间，尤其以十年“文化大革命”为甚，我国各项经济指标完成得很不理想，工农业生产严重停滞，国民经济面临崩溃边缘。在一片“阶级斗争”的狂热氛围中，广大群众生活困难，人身安全得不到保障，许多人生活在政治恐惧之中，建设国家的积极性受到很大伤害。对此，后来邓小平总结说：“从新中国成立到一九七八年三十年的成绩很大，但做的事情不能说都是成功的。”① 出现这样的局面，有多方面的复杂客观因素，从中国共产党执政意识的形成和发展脉络看，作为在领导人民为夺取政权而奋斗的过程中成长壮大起来的党及其领导层，在夺取政权后的很长时期内，思想上和理论上仍然停留在革命战争年代，容易陷入过去阶级斗争经验的思维定式，习惯于将社会主义建设中出现的各种困难、问题与争论都纳入阶级斗争的“范式”来判断，甚至以为可以通过“抓革命”来“促生产”，以为“阶级斗争一抓就灵”。

因此，在毛泽东时代，党没能真正开始思想上和理论上的转型，没能及时实现由传统意义的以“阶级斗争”作为夺权主要方式的“革命”党，向现代意义的以“发展经济”作为巩固政权主要方式的“执政”党转变。虽然，当时包括毛泽东在内的党的不少领导人和党的一些文件也曾不时提到：执政党的地位，使党面临新的考验，要反对脱离群众的官僚主义和特权思想，要防止党内滋长骄傲自满情绪，党要担负起领导国家建设的艰巨任务等。但总体上这些认识还是很初步、很感性的，也从属于或受制于毛泽东“以阶级斗争为纲”的基本理念，遇到复杂情况和突发事件，就很容易依然沿用革命战争年代“革命”党打天下的理论，来指导社会主义建设时期“执政”党治天下的实际，即用“打天下”的方式来“坐天下”，用破坏旧制度的方式来建设新制度。就是将“政治斗争”、“群众运动”等大量在革命年代习以为常的行为模式作为党的基本领导方式和执政方式，其结果不仅不能有效巩固社会主义制度和共产党的执政地位，而且严重损害了执政党的形象和社会主义的声誉。

---

① 《邓小平文选》第3卷，人民出版社，1993，第116页。

二 邓小平力挽狂澜地推动了中国共产党执政党意识的理性觉醒

1976年以后，经过两年的徘徊，成立已近30年的新中国依然贫穷落后，周边许多国家和地区却抓住机遇，获得了迅速发展，社会主义中国面临严峻挑战，党必须进行重大的历史选择。以邓小平为代表的党内健康力量痛定思痛，深刻反思新中国成立后，特别是“文化大革命”的悲剧，积极推动了1978年“关于真理标准的大讨论”，并在党的十一届三中全会上恢复了实事求是的思想路线，在彻底否定“文化大革命”的同时，毅然废弃了以“阶级斗争为纲”的错误方针，“提出了把全党的工作重心转到实现四个现代化上来的根本指导方针”①，开始了改革开放的战略抉择。从此党改变了主要靠“政治挂帅”，通过政治运动和阶级斗争来巩固政权的习惯思路，代之以通过强调提高生产力水平，发展经济，给群众带来更多的实惠，以换取人民对共产党政权和社会主义制度的支持。在邓小平看来，“政治工作要落实到经济上面，政治问题要从经济的角度来解决”②，如果党领导的社会主义国家“不搞现代化，科学技术水平不提高，社会生产力不发达，国家的实力得不到加强，人民的物质文化生活得不到改善，那么，我们的社会主义政治制度和经济制度就不能充分巩固，我们国家的安全就没有可靠的保障”。③ 这是党的执政党意识的重新觉醒，党真正从思想上逐步开始了向现代意义的执政党转型。其标志性的文献就是邓小平关于《党和国家领导制度的改革》一文，系统地总结了“文化大革命”的教训，全面地提出“改革并完善党和国家的领导制度”的历史使命，深刻地认识到“毛泽东同志和其他已经去世的老一辈革命家，没有能够完成这个任务”④，创造性地领导党主动推进中国政治体制改革和在思想上向现代执政党的转型。

邓小平曾不断明确指出：“我们党现在已经是一个拥有三千九百万党员，领导着全国政权的大党。但在全国人民中，共产党员始终只占少数。我们党提出的

---

① 《邓小平文选》第2卷，人民出版社，1994，第140页。
② 《邓小平文选》第2卷，人民出版社，1994，第195页。
③ 《邓小平文选》第2卷，人民出版社，1994，第86页。
④ 《邓小平文选》第2卷，人民出版社，1994，第342页。

各项重大任务，没有一项不是依靠广大人民的艰苦努力来完成的。”[①] “在社会主义国家，一个真正的马克思主义政党在执政以后，一定要致力于发展生产力，并在这个基础上逐步提高人民的生活水平。”[②] 20 世纪八九十年代之交，苏联、东欧的共产党先后丧失政权后，邓小平更是多次强调，中国共产党要稳定和巩固执政党地位，最根本的还是坚持改革开放、发展经济和抓紧惩治腐败，取信于民。[③] 邓小平的这些重要思想使党的执政意识越来越自觉和清醒。正是在邓小平的领导下，1987 年党的十三大报告中，将政治体制改革提上日程，明确提出“改革党的领导制度，划清党组织和国家政权的职能，理顺党组织与人民代表大会、政府、司法机关、群众团体、企事业单位和其他各种社会组织之间的关系，做到各司其职，并且逐步走向制度化”[④]，党还多次反复重申“执政党的地位，容易在党内滋长脱离群众的倾向，而这种倾向对人民产生的危害也比执政以前大得多”，“必须经受执政和改革、开放的考验”等。[⑤] 从而表明执政党意识已经清晰地在党的最高级会议上得到了理性反映。

为了使新时期执政党理念和改革开放的政策，能够既冲破“以阶级斗争为纲”的极“左”意识形态束缚，又能够突破马克思主义经典作家某些不符合实际的猜测和假说的禁锢，邓小平不仅大力倡导解放思想，并极具政治智慧地创造了中国特色的社会主义理论。通过深刻地改变传统计划经济社会主义的内涵，极大地发展了市场经济社会主义的实践，史无前例地将市场经济与社会主义有机统一起来，由此解决了“什么是社会主义、怎样建设社会主义”的重大理论与实践问题。为了有效解决改革开放具体政策与经典作家关于社会主义的某些设想之间的矛盾，邓小平提出了“社会主义初级阶段”的理论，认为当时“中国社会主义是处在一个什么阶段，就是处在初级阶段，是初级阶段的社会主义。社会主义本身是共产主义的初级阶段，而我们中国又处在社会主义的初级阶段，就是不发达的阶段。一切都要从这个实际出发，根据这个实际来制定规划”。[⑥] 以此来

---

① 《邓小平文选》第 3 卷，人民出版社，1993，第 4 页。

② 《邓小平文选》第 3 卷，人民出版社，1993，第 28 页。

③ 《邓小平文选》第 3 卷，人民出版社，1993，第 309 ~ 383 页。

④ 《中国共产党第十三次全国代表大会文件汇编》，人民出版社，1987，第 37 页。

⑤ 《中国共产党第十三次全国代表大会文件汇编》，人民出版社，1987，第 53 ~ 55 页。

⑥ 《邓小平文选》第 3 卷，人民出版社，1993，第 252 页。

解释党领导的以市场取向的经济改革是“去实现别的许多国家在资本主义条件下实现的工业化和生产的商品化、社会化、现代化”[①]，与经典作家有关在资本主义高度发达基础上建立计划经济的社会主义预言并无二致，从而化解教条主义极“左”意识形态对改革开放的责难，在继续保持党的传统意识形态话语连续性的同时，赋予其全新的内涵，为我国的改革开放和现代化建设在理论创新、体制创新等方面开辟了更为广阔的现实空间，也争取了极其宝贵的时间。

在这一过程中，邓小平对来自教条型原教旨“马克思主义”者的责难，采取了不争论的策略。一方面，邓小平清楚地意识到，“一争论就复杂了，把时间都争掉了，什么也干不成”[②]，因此坚持求发展，避争论，让改革开放的实际成就给民众带来的现实利益，来逐步统一全党和全国人民的思想；另一方面，为了避免与传统意识形态发生正面冲突，邓小平采取在政策上和实践中逐步推进改革，但在理论上仍然使用传统政治话语的策略。例如邓小平在大力倡导允许一部分人和地区先富起来，以此促进共同富裕的政策时，又表示：“社会主义的致富是全民共同致富。”[③] 在论述社会主义的本质时，邓小平创造性地提出“是解放生产力，发展生产力”的同时，也继续表示要“消灭剥削，消除两极分化”。[④] 而对于将来社会主义到了高级阶段时，党将推行何种政策、何谓剥削、如何消灭剥削、何谓两极分化、如何消除两极分化等诸如此类的重大理论问题上，邓小平当时还没有必要，也没有可能进一步突破，而是出于政治博弈的现实需要，他强调的是“不争论，大胆地试，大胆地闯”[⑤]，以此为不断推进改革换取宽松的社会空间和舆论氛围。

正是由于邓小平正确判断了党和国家当时所处的历史方位，选择了改革开放、以经济建设为中心的发展战略，党的执政地位得到加强和改善，从而使党在指导思想、实际施政和具体政策上逐步实现了从“打天下”向“治天下”、从“革命”党向“执政”党的转变。但由于历史条件和发展时机的限制，邓小平尚未来得及从基本理论上推动党向现代意义的执政党转型，但已经在思想上为党的理论转型开辟了正确的方向，奠定了坚实的基础。

---

① 《中国共产党第十三次全国代表大会文件汇编》，人民出版社，1987，第8页。

② 《邓小平文选》第3卷，人民出版社，1993，第374页。

③ 《邓小平文选》第3卷，人民出版社，1993，第172页。

④ 《邓小平文选》第3卷，人民出版社，1993，第373页。

⑤ 《邓小平文选》第3卷，人民出版社，1993，第374页。

三　江泽民与时俱进地开创了中国共产党向现代执政党的理论转型

随着我国改革开放的不断深入，社会主义市场经济的日趋发展，以及面临前所未有的信息技术革命、知识经济、经济全球化、新的民主化浪潮、世界多极化和文化多元化的冲击和挑战，对我国社会、政治、经济生活和人民的生活方式、思想观念等各方面带来巨大冲击。虽然，改革开放以来我国经济高速发展，广大人民群众的生活水平不同程度地得到提高，但是经济发展的制约因素日益复杂，深层次的矛盾不断暴露。用党的十六大报告的语言表述就是："农民和城镇部分居民收入增长缓慢，失业人员增多，有些群众的生活还很困难；收入分配关系尚未理顺；市场经济秩序有待继续整顿和规范；有些地方社会治安状况不好；一些党员领导干部的形式主义、官僚主义作风和弄虚作假、铺张浪费行为相当严重，有些腐败现象仍然突出；党的领导方式和执政方式与新形势新任务的要求还不完全适应，有的党组织软弱涣散。"① 这表明在中国的经济、社会发展取得巨大成就的同时，在国内外形势的迅速发展中，党所处历史方位也已经发生了深刻变化。世界上一些长期执政的政党相继丧失政权的教训，也使中国共产党逐步认识到单纯依靠经济增长还不足以巩固政权。从而使以江泽民为核心的党的第三代领导集体，必须在邓小平开辟的思想道路上继续前进，进一步从理论上全面推进中国共产党向现代意义的执政党转型。

早在党的十四大报告中，江泽民就已经提出了"加强和改进党的建设，努力提高党的执政水平和领导水平"的历史任务。② 在党的十五大报告中，江泽民又将共产党执政与民主政治有机地统一起来，明确指出："共产党执政就是领导和支持人民掌握管理国家的权力，实行民主选举、民主决策、民主管理和民主监督，保证人民依法享有广泛的权利和自由，尊重和保障人权。"③ 世纪之交，江

---

① 江泽民：《全面建设小康社会　开创中国特色社会主义事业新局面——在中国共产党第十六次全国代表大会上的报告》，人民出版社，2002，第5页。

② 《中国共产党第十四次全国代表大会文件汇编》，人民出版社，1992，第46页。

③ 王梦奎、林兆木主编《把建设有中国特色社会主义事业全面推向21世纪——学习党的十五大报告》，中国言实出版社，1997，第32页。

泽民更是提出了“三个代表”的重要思想，为在21世纪重塑中国共产党的执政基础，全面创新了执政党理论，这是因为：“在新的历史条件下，我国社会生活发生了广泛而深刻的变化，社会经济成分、组织形式、利益分配和就业方式等的多样化还将进一步发展。这必然会给我国政治、经济、社会、文化生活带来深刻影响，给我们党执政和领导各项事业提出新的更高要求。”①

“三个代表”思想娴熟运用传统意识形态的语言，巧妙开拓了党全方位的理论转型，党意味深长地将自己的先进性建立在代表中国先进生产力发展要求上，极大地突破了传统意义的阶级性“革命”党的历史局限，为党增强阶级基础和扩大群众基础，将社会各阶层的先进分子吸收到党内来，以此增强党在全社会的影响力和凝聚力奠定理论前提；党言简意赅地提出要代表中国先进文化的前进方向，为党与时俱进地全面推进意识形态的理论创新，从崇尚“革命”与“斗争”的理念，转变到弘扬“建设”与“创新”的价值，为全社会“增强自立意识、竞争意识、效率意识、民主法制意识和开拓创新精神”指明了方向②；党寓意深刻地要求始终代表中国最广大人民的根本利益，强调“要着重加强制度建设，实现社会主义民主政治的制度化、规范化和程序化”③，实质上就是要求将党的领导、人民当家作主和依法治国三者有机统一起来，使党的领导代表中国最广大人民根本利益的“实质性民主”，通过现代政治文明的制度、规范，实现量化的法治型、“程序性民主”的确认与证明。所有这一切都是党执政理论上的重大变革，但又是通过理性而智慧地在充分开掘传统理论资源的基础上逐步实现的。在此基础上，党在邓小平理论的指引下，进一步开始尝试解决邓小平尚不具备条件也来不及解决的一系列重大理论问题。

在关于社会主义初级阶段的政策是否党的策略选择，以后在社会主义中级阶段、高级阶段，党是否还将重蹈计划经济的“社会主义”覆辙问题上，江泽民作了理性的回答。一方面明确指出，社会主义初级阶段“这样的历史进程，至少需要一百年时间。至于巩固和发展社会主义制度，那还需要长得多的时间，需

---

① 《江泽民论“三个代表”》，中央文献出版社，2001，第8页。

② 《江泽民在庆祝中国共产党成立八十周年大会上的讲话（学习读本）》，人民日报出版社，2001，第12页。

③ 江泽民：《全面建设小康社会　开创中国特色社会主义事业新局面——在中国共产党第十六次全国代表大会上的报告》，人民出版社，2002，第32页。

要几代人、十几代人，甚至几十代人坚持不懈地努力奋斗”[①]，实际上就是宣布党采取的改革开放的政策是长期的战略选择，而绝非权宜之计。另一方面江泽民又清晰地代表党表明“社会主义初级阶段，是整个建设有中国特色社会主义的很长历史进程中的初级阶段。随着经济发展和社会全面进步，将来条件具备时，我国社会主义建设会进入更高的发展阶段”，但“必须看到，实现共产主义是一个非常漫长的历史过程。过去，我们对这个问题的认识比较肤浅、简单。经过这么多年的实践，现在，我们对这个问题的认识要全面和深刻得多了。我们对社会未来发展的方向可以作出科学上的预见，但未来的事情具体如何发展，应该由未来的实践去回答。我们要坚持正确的前进方向，但不可能也不必要去对遥远的未来作具体的设想和描绘”。[②] 这就从根本上使党摆脱了发展道路和奋斗目标上的教条主义理论束缚，为坚定不移地贯彻党在初级阶段的基本路线，实事求是地实现党在现阶段的基本纲领开拓了广阔的空间，实际上挖掉了以空想、教条为特征的极“左”意识形态的理论根基。

在关于何谓“剥削”，如何“消灭剥削”和“消除两极分化”的问题上，江泽民代表党根据改革开放以来我国的现实与整个人类社会发展的实际，取得了重大理论突破，明确提出“现在，我们发展社会主义市场经济，与马克思主义创始人当时所面对和研究的情况有很大不同。我们应该结合新的实际，深化对社会主义社会劳动和劳动价值理论的研究和认识”[③]，满怀激情地呼吁“放手让一切劳动、知识、技术、管理和资本的活力竞相迸发，让一切创造社会财富的源泉充分涌流，以造福于人民”。[④] 如果我们将《共产党宣言》中同样充满激情的语言相比较，不难发现，随着历史的发展，党的历史地位变迁，中国共产党对创造财富的源泉和发展生产力的动力有了全新的认识。因此，党改变了以往建立在朴素的平均主义“仇富”心理基础上的传统“革命”党心态，转而强调“一切合法

① 王梦奎、林兆木主编《把建设有中国特色社会主义事业全面推向21世纪——学习党的十五大报告》，中国言实出版社，1997，第16页。

② 《江泽民在庆祝中国共产党成立八十周年大会上的讲话（学习读本）》，人民日报出版社，2001，第26~27页。

③ 《江泽民在庆祝中国共产党成立八十周年大会上的讲话（学习读本）》，人民日报出版社，2001，第20页。

④ 江泽民：《全面建设小康社会　开创中国特色社会主义事业新局面——在中国共产党第十六次全国代表大会上的报告》，人民出版社，2002，第36页。

的劳动收入和合法的非劳动收入，都应该得到保护”[①]，并明确将继续“完善保护私人财产的法律制度”。[②] 这是可以与邓小平创造性地将市场经济与社会主义耦合起来的思想相媲美的重大理论创新，其意味着极具“革命”煽动性的“剥削”概念将从党的政治辞典中逐渐淡出，取而代之的是现代法治社会中的“合法”概念，重要的事情不再是以“革命”的手段“消灭剥削”，而是肯定“确立劳动、资本、技术和管理等生产要素按贡献参与分配的原则”[③]，通过“法制”的方式，合理、合法地调节差距过大的收入，即“规范分配秩序，合理调节少数垄断性行业的过高收入，取缔非法收入”[④]，“初次分配注重效率，发挥市场的作用，鼓励一部分人通过诚实劳动、合法经营先富起来。再分配注重公平，加强政府对收入分配的调节职能，调节差距过大的收入”。逐步凭借一系列制度性安排，“以共同富裕为目标，扩大中等收入者比重，提高低收入者收入水平”[⑤]，这就是要有效地通过税收制度和转移支付制度等，来使绝大多数民众分享中国经济增长的成果，以消除市场经济的优胜劣汰机制下必然产生的两极分化现象。这就是从理论上不再将“穷人”受穷的原因简单归咎于“富人”的剥削，不再将“穷人”的翻身解放片面地寄托于通过暴力去剥夺“富人”，不再将“中产阶级”视为颠覆社会主义的政治力量，真正扬弃“不患寡而患不均”的心态，“始终紧紧抓住发展这个执政兴国的第一要务”[⑥]，不仅从政策上和法律上激励产生更多合法的富人，而且“更要高度重视和关心欠发达地区以及比较困难的行业和群众，特别要使困难群众的基本生活得到保障，并积极帮助他们解决就业问题和改善生活条件”。[⑦] 党

---

① 江泽民：《全面建设小康社会 开创中国特色社会主义事业新局面——在中国共产党第十六次全国代表大会上的报告》，人民出版社，2002，第15页。

② 江泽民：《全面建设小康社会 开创中国特色社会主义事业新局面——在中国共产党第十六次全国代表大会上的报告》，人民出版社，2002，第27页。

③ 江泽民：《全面建设小康社会 开创中国特色社会主义事业新局面——在中国共产党第十六次全国代表大会上的报告》，人民出版社，2002，第28页。

④ 江泽民：《全面建设小康社会 开创中国特色社会主义事业新局面——在中国共产党第十六次全国代表大会上的报告》，人民出版社，2002，第28页。

⑤ 江泽民：《全面建设小康社会 开创中国特色社会主义事业新局面——在中国共产党第十六次全国代表大会上的报告》，人民出版社，2002，第28页。

⑥ 江泽民：《全面建设小康社会 开创中国特色社会主义事业新局面——在中国共产党第十六次全国代表大会上的报告》，人民出版社，2002，第14页。

⑦ 江泽民：《全面建设小康社会 开创中国特色社会主义事业新局面——在中国共产党第十六次全国代表大会上的报告》，人民出版社，2002，第16页。

的这一系列重大理论发展，非常典型地体现了传统“革命”党正自觉地全面向现代“执政”党的理论转型。如果说，作为革命党人的领袖毛泽东认为“谁是我们的敌人、谁是我们的朋友这个问题是革命的首要问题”；那么，作为执政党的代表江泽民则强调“最大多数人的利益和全社会全民族的积极性创造性，对党和国家事业的发展始终是最具有决定性的因素”。[①]

在关于中国特色社会主义的现代化目标问题上，江泽民在理论上也有重大创新。在邓小平“实现四个现代化”[②]、“两个文明建设”一起抓的思想基础上[③]，江泽民进一步提出：“发展社会主义民主政治，建设社会主义政治文明，是社会主义现代化建设的重要目标。”[④] 明确：“全面建设小康社会，开创中国特色社会主义事业新局面，就是要在中国共产党的坚强领导下，发展社会主义市场经济、社会主义政治文明和社会主义先进文化，不断促进社会主义物质文明、政治文明和精神文明的协调发展，推进中华民族的伟大复兴。”[⑤] 并在指出“绝不照搬西方政治制度的模式”的同时，首次肯定要“借鉴当代人类文明的有益成果”和“借鉴人类政治文明的有益成果”。[⑥] 这表明党已经突破了改革开放早期仅仅从生产力水平和经济发展程度来界定我国现代化目标的局限，在客观评估我国经济发展水平和现代化差距的同时，也理性地承认我国的政治文明发展程度，包括政治意识形态和国家政治体制、“党的领导方式和执政方式”、“党的工作机构和工作机制”、“党的领导体制和工作制度”、“党的纪律检查体制”和“党内选举制度”都需要改革和完善[⑦]，实际上都有个现代化追求的问题。这标志着党正理性地全面总结一些国家和地区执政党丧失政权的教训，深入研究现代执政党的执政规律，自觉地在领导我国的现代化进程中率先为实现党自身的现代化而奋斗。

---

① 江泽民：《全面建设小康社会　开创中国特色社会主义事业新局面——在中国共产党第十六次全国代表在会上的报告》，人民出版社，2002，第14页。

② 《邓小平文选》第2卷，人民出版社，1994，第111页。

③ 《邓小平文选》第3卷，人民出版社，1993，第378页。

④ 《江泽民论有中国特色社会主义（专题摘编）》，中央文献出版社，2002，第304页。

⑤ 江泽民：《全面建设小康社会　开创中国特色社会主义事业新局面——在中国共产党第十六次全国代表在会上的报告》，人民出版社，2002，第56页。

⑥ 江泽民：《全面建设小康社会　开创中国特色社会主义事业新局面——在中国共产党第十六次全国代表在会上的报告》，人民出版社，2002，第12~13页。

⑦ 江泽民：《全面建设小康社会　开创中国特色社会主义事业新局面——在中国共产党第十六次全国代表在会上的报告》，人民出版社，2002。

因此，我们从党的十六大报告中可以前所未有地、反复、大量地看到“执政”与“执政党”等词汇，其中具有箴言和警句性质的就有“始终做到‘三个代表’，是我们党的立党之本、执政之基、力量之源”[①]；“贯彻‘三个代表’重要思想，关键在坚持与时俱进，核心在坚持党的先进性，本质在坚持执政为民”[②]；“必须把发展作为党执政兴国的第一要务”[③]；“全党同志始终保持共产党人的蓬勃朝气、昂扬锐气和浩然正气，永远同人民群众心连心，我们党的执政基础就坚如磐石”[④]，要求党“坚持依法执政”[⑤]，告诫“我们党的最大政治优势是密切联系群众，党执政后的最大危险是脱离群众”，等等，不胜枚举。[⑥]

另外，党的十六大报告还有一个重要特点，就是史无前例地多次将“改革”与共产党的精神、体制、制度、机制、机构、领导方式和执政方式等联系起来，不断呼吁“必须以改革的精神推进党的建设”，从强调“改革和完善党的领导方式和执政方式、领导体制和工作制度”[⑦]，到明确“改革和完善党的工作机构和工作机制”[⑧]，“改革和完善党的纪律检查体制”[⑨]；从再次重申“改革和完善党内选举制度”[⑩]，到要求“以保障党员民主权利为基础，以完善党的代表大会制度和党的委员会制度为重点，从改革体制机制入手，建立健全充分反映党员和党

---

① 江泽民：《全面建设小康社会　开创中国特色社会主义事业新局面——在中国共产党第十六次全国代表在会上的报告》，人民出版社，2002，第11页。

② 江泽民：《全面建设小康社会　开创中国特色社会主义事业新局面——在中国共产党第十六次全国代表在会上的报告》，人民出版社，2002，第12页。

③ 江泽民：《全面建设小康社会　开创中国特色社会主义事业新局面——在中国共产党第十六次全国代表在会上的报告》，人民出版社，2002，第13页。

④ 江泽民：《全面建设小康社会　开创中国特色社会主义事业新局面——在中国共产党第十六次全国代表在会上的报告》，人民出版社，2002，第56页。

⑤ 江泽民：《全面建设小康社会　开创中国特色社会主义事业新局面——在中国共产党第十六次全国代表在会上的报告》，人民出版社，2002，第34页。

⑥ 江泽民：《全面建设小康社会　开创中国特色社会主义事业新局面——在中国共产党第十六次全国代表在会上的报告》，人民出版社，2002，第55页。

⑦ 江泽民：《全面建设小康社会　开创中国特色社会主义事业新局面——在中国共产党第十六次全国代表在会上的报告》，人民出版社，2002，第50页。

⑧ 江泽民：《全面建设小康社会　开创中国特色社会主义事业新局面——在中国共产党第十六次全国代表在会上的报告》，人民出版社，2002，第34页。

⑨ 江泽民：《全面建设小康社会　开创中国特色社会主义事业新局面——在中国共产党第十六次全国代表在会上的报告》，人民出版社，2002，第37页。

⑩ 江泽民：《全面建设小康社会　开创中国特色社会主义事业新局面——在中国共产党第十六次全国代表在会上的报告》，人民出版社，2002，第52页。

组织意愿的党内民主制度”等。[①] 这充分表明党在继续使用“坚持”、“加强”、“改善”党的领导等传统话语的同时，进而主动、自觉地将改革的锋芒直指党自身，将改革与党的领导方式和执政方式紧密地联系起来，作为我国政治体制改革的主要任务，视为推进社会主义民主政治的全局性、决定性因素，把发展党内民主看成党的生命和对人民民主的示范。

所有这一切再次表明“我们党始终坚持人民的利益高于一切。党除了最广大人民的利益，没有自己特殊的利益。党的一切工作，必须以最广大人民的根本利益为最高标准”[②]；也充分体现了中国共产党是一个不断与时俱进，勇于接受时代挑战，敢于自我改革、自我完善、自我更新的党，一定能够“不断深化对共产党执政的规律、对社会主义建设的规律、对人类社会发展的规律的认识”[③]，领导中国人民在全面建设小康社会、开创中国特色社会主义道路上，实现中华民族的伟大复兴。

---

① 江泽民：《全面建设小康社会 开创中国特色社会主义事业新局面——在中国共产党第十六次全国代表在会上的报告》，人民出版社，2002，第52页。

② 《江泽民在庆祝中国共产党成立八十周年大会上的讲话（学习读本）》，人民日报出版社，2001，第14~15页。

③ 《江泽民在庆祝中国共产党成立八十周年大会上的讲话（学习读本）》，人民日报出版社，2001，第18页。

中国政治语境下的政党概念

金安平*

党的十六大以后，学术界对中国共产党的地位转变、执政能力、执政方式、执政水平诸问题的探讨越来越多。许多学者提出，党的建设的一个基本的命题就是中国共产党需要彻底完成从“革命党”向“执政党”的转变，确立从革命党向执政党转变的理念是中国共产党提高和完善执政能力和水平的逻辑起点。我们在讨论这个问题时，应该注意中国政治语境下有关政党概念的出现和使用，否则就无法在一般政党理论意义上研究和探讨中国的政党政治问题。众所周知，中国共产党从取得全国政权开始，就已经在事实上和法律上获得了执政党的地位，为什么现在还要探讨中国共产党从革命党向执政党的转变问题？按照政党学的一般原理，“执政党”是相对于“在野党”或“反对党”的一个概念，而“革命党”在马克思主义经典作家那里是相对于“改良党”的一个概念。也就是说，“革命党”与“执政党”并不是一组对应的概念。但在中国为什么会有一个“革命党”向“执政党”转变的议题呢？可见，这里存在着一个如何理解中国政治语境下政党概念的问题。只有弄清楚了中国政治语境下政党概念的出现和使用，我们才可以说明“革命党向执政党转变”命题的中国意义。而我们今天所探讨的中国共产党从革命党向执政党转变问题的实质并不是中国共产党地位的转变，而是中国共产党的执政方式转变和执政自觉的问题。

* 作者简介：北京大学政府管理学院教授，博士生导师。

一 中国民主革命时期的政党概念

在中国政治语境中，经常出现的有关政党的几组概念是：革命党与政党、革命党与改良党、执政党与参政党、革命党与执政党。这与西方政治中经常出现的"在朝党与在野党"、"执政党与反对党"的概念有很大不同。

1. 革命党与政党

这一概念在中国近现代史上曾有过严格的区分，它们缘于19世纪末"革命派"与"立宪派"之别。这一区分的出现有几个原因：第一，在中国救亡和近代化问题上，近代知识分子中存在着革命与立宪两种不同的政治取向。第二，时人对政党的认识基本囿于西方经验，即认为只有像西方那种在共和政体或君主立宪政体条件下活动于议会的党才可称为"政党"。

当时中国的知识精英按照这种从活动条件和活动方式来界定政党的思路，把秘密形式、非和平手段推翻现存统治的政治组织冠以"革命党"（在政府眼中则为"乱党"）之名。其实这是对政党知识的一种误读。但中国的知识精英和政治精英在普遍认同后，按照这一概念分析中国的政治形势，调整自己的政治活动，并在相当长一段时间内被其所支配。所谓"革命党人"极力表白自己"非政党"的立场，以防玷污了其革命的精神；所谓"立宪党人"极力与"革命党"划清界限，以防将其降到"乱党"的地位，宣称自己是未来政党之雏形。当时颇有影响的《时务报》曾发表题为《政党论》的文章，把"革命党"和"政党"明确地作了这样的区分："政党者欲把握国家权力，而遂行其志，故联合同人为一政党也。偶有民人，结作一党，而反抗君主之权，以强逼君主是革命党耳，非我所谓政党也。革命党本以颠覆政府为志，其意盖谓自非出于此途，必不能握得政权。"[①] 实际上，在中国同盟会成立之前，一般舆论对孙中山、黄兴、朱执信等人之革命党的指称，只是在"派别"的意义上使用党的概念，即把当时一切主张采用极端方式推翻清朝政府的人，无论其是否参加秘密组织或政治组织，都称为革命党人。甚至1903年章士钊曾有一篇专论即为《中国当道者皆革命党》。[②]

---

① 胡伟：《执政党建设研究综述》，载中国政治学年鉴编辑委员会编《中国政治学年鉴（2002）》，中国大百科全书出版社，2003。

② 1903年6月7日《苏报》；1903年6月8日《苏报》。

1905年中国同盟会成立后，革命党的指称才具有了真正党的意义。在同盟会筹备会上，孙中山向到会的人正式宣布："本党系世界上最新之革命党。"[①] 梁启超在《新民丛报》第89号上发表文章说："革命党者，以扑灭现政府为目的者也。"[②] 立宪派知识分子则长期不屑与"革命党"为伍，不愿与"革命党"混为一谈，因为"政党"的概念对他们而言，是立宪或共和政体下在议会中活动的政治团体。在介绍西方政党政治时，他们十分慷慨地都以"政党"称之，因为这些政党都符合他们理解的政党条件。但当他们谈到中国现存的政治团体时则十分谨慎。"政党"和"革命党"的这种区分，为当时各界高度认同。1911年5月清廷开放党禁时所颁布的文件之一即为《准革命党人按照法律改组政党谕》，把革命党和政党区分得十分清楚。

由此可见，在中国民主革命时期，"革命党"与"政党"之严格区分，首先是建立在中国近代化道路的不同选择取向上，这一区分，确实把两种取向的不同营垒划分得十分清楚。但这一区分的绝对化和强化，使其在具有必然性的基础上又表现出缺乏充分的科学性。现代政党的根本标志和基本要素主要是：①有明确的纲领；②有定型的组织体系；③有一定数量的党员和领导人；④有约束党员行为的纪律；⑤有为实现政纲而开展的活动；⑥政党活动的目的是取得政权或分享政权。至于其活动是采取和平或公开的方式还是非和平或秘密方式并不是判定其是否为政党的标准。在西方，产生于革命斗争中和产生于议会斗争中的党都被视为政党。根据政党的活动方式进行分类，划分的主要是党的类型。但显然，近代中国的区分不是这一层次上的类型划分，而是把革命党从"政党"中划分出去了。革命党成了和"政党"不可"同日而语"的东西。经由近代知识分子的渲染、强化，这种知识误读在近代中国被概念化、常识化后，产生了一定的示范性、延续性，造成了本来就不规范的中国政党政治的复杂局面，由此产生的对"革命党"的歧视和误解以及对其合法性的怀疑曾造成"革命党人"在民国初年党争中的不利地位和后来在争取民主政治时的"急流勇退"，甚至对辛亥革命民主共和成果的丧失也负有责任。

而中国共产党从成立开始，就超越了当时所谓"革命党"与"政党"之狭

---

① 冯自由：《革命逸史》第3集，中华书局，1981，第202页。

② 梁启超：《现政府与革命党》，1907年第89号《新民丛报》。

隘和幼稚的争论，以“革命政党”之崭新概念，直奔新民主主义革命之主题，既坚持暴力革命、武装斗争手段之合理，又坚信推翻反动政权建立新的人民民主政权之合法，用无产阶级革命政党的实践，为中国的政党政治增添了新的内容。

2. 革命党与改良党

革命党与改良党是近现代以来在中国使用较多的一组政党概念。这基本是沿袭了欧洲国际共产主义运动中的惯常用法。马克思、恩格斯所创建的工人阶级政党当时被认为是革命性质的党。在《国际工人协会共同章程》中，马克思指出：“工人阶级这样组织成为政党是必要的，为的是要保证社会革命获得胜利和实现这一革命的最终目标——消灭阶级。”[①] 在欧洲共产主义运动中出现了修正主义的改良党后，革命党这一概念得到了强化和凸显。1899 年，德国社会民主党的著名人物伯恩施坦出版了《社会主义的前提和社会民主党的任务》一书，主张对马克思主义学说全面修订，提出资本主义可以通过“民主改良”、“经济改良”，“和平长入社会主义”，而列宁在《怎么办?》中则把“社会民主党应当从主张社会革命的党变成主张社会改良的民主政党”的思潮概括为修正主义。以后，这种在修正主义思潮影响下，放弃了共产主义目标和暴力革命原则的欧洲许多社会主义政党，被称为改良主义的党。在这种情况下，列宁强调必须建立与第二国际各国改良党不同的无产阶级革命党。

在近代中国人眼中，列宁创建的布尔什维克党就是与改良党不同的革命党。[②] 当时的资产阶级革命派知识分子认为自己的政治活动在方式、手段和推翻现政权的目标上与国际无产阶级革命党很接近。这种攀认，在当时是比较普遍的。20 世纪初期中国留日学生在他们所办的报刊上就充满感情地介绍了第一国际、第二国际（前期）的活动，还特别介绍了列宁领导的彼得堡工人阶级解放斗争协会。梦蝶声（叶复生）在 1906 年第 7 期的《民报》上发表《无政府党与革命党之说明》，将巴枯宁的党称为无政府党，而将第一国际称为革命党。朱执信在评介《共产党宣言》时，对马克思主义的阶级斗争学说作了肯定，这使主

① 《马克思恩格斯选集》第 2 卷，人民出版社，1995，第 138 页。

② 包括俄国社会民主党（布尔什维克）和俄国共产党（布尔什维克）。

张采用武装手段的革命派颇受理论启发和鼓舞。黄兴则明确地称国际无产阶级的革命组织为“革命党”。[①] 孙中山认为第二国际（前期）各党和中国的革命党相差不多，因此中国的革命党属于第二国际领导的世界社会主义运动的一部分，曾有申请加入第二国际之举。[②] 当后来第二国际大多数社会民主党加入资产阶级议会后，孙中山立即转而对列宁成立的第三国际表示热烈的支持。1918 年夏，当全世界的反动势力一致疯狂攻击年轻的苏维埃国家时，孙中山特地给列宁及苏维埃政府发去专电说：“中国革命党对于贵国革命党所进行的艰苦斗争十分钦佩。”[③] 甚至在共产国际和中国共产党帮助下改组的国民党“一大”开幕式上，孙中山在一篇 1500 多字的演说稿中，竟有 20 处使用革命党的概念指称中国国民党和俄国的党。[④]

中国共产党的创建，在思想和原则上直接受列宁主义的影响，在组织上直接接受共产国际的指导和帮助。因此，中国共产党在一开始就主动自觉地与第二国际的改良主义、修正主义划清界限，坚持中国共产党的共产主义的旗帜和暴力革命立场；在党内，经过多次争论否定了那种想把党建成改良主义团体或狭窄的学者团体的主张，坚持把中国共产党建成一个无产阶级的革命党。毛泽东在这一方面一直旗帜鲜明。[⑤] 在中国共产党建立以后的历史中，改良主义的政党主张一直没有在党内占主流。用暴力革命的手段推翻帝国主义和封建主义的反动统治，一直是共产党成为革命党的本质特性。在共产党的同盟党——国民党——1927 年蜕变为大地主、大资产阶级的政党以后，“革命党”的理念显得更为坚定和重要。因此在土地革命战争以后，革命党的概念常常在相对于“反革命”的党的意义上使用。

3. 民主党派

民主党派是中国政治语境下的特定概念，其界定建立在对中国某些政党的政治追求和活动方式定位的基础上，它不是一种法律性定位。被称为“民主党

① 如 1906 年黄兴在《民报》创刊周年庆祝大会上演讲时说：“奥国宰相梅特涅利用俄皇的势力结神圣同盟，压制革命党……”参见《黄兴集》，中华书局，1981。

② 参见《孙中山全传》，北京出版社，1991，第 119 页。

③ 孙中山：《致列宁和苏维埃政府电》，载《孙中山全集》第 4 卷，中华书局，1985，第 500 页。

④ 参见《孙中山全集》第 6 卷，中华书局，1985。

⑤ 比如，毛泽东在著名的《中国社会各阶级的分析》一文中坚持“革命党”的向导作用。

派”的这些党派，主要是指在抗日战争时期出现的反对国民党的投降和分裂、反对国民党的专制与独裁，但又与共产党相区别的中间党派。很长时间内它们一直被称为中间党派或抗日党派。1945 年召开党的七大时，毛泽东在其所作的政治报告《论联合政府》中把他们称为民主党派。[①] 从党的七大开始，以后的《中国人民解放宣言》（1947 年）、著名的“五一劳动节口号”（1948 年）都正式把中间党派称为“民主党派”，沿用至今。这些党派从成立开始就以用和平方式追求民主为政党目标，之所以到 1945 年前后才被中国共产党称为“民主党派”，显然与中国共产党当时争取战后和平民主的战略策略有很大关系。当然，中国共产党也是以追求民主自由为己任的政党，但是由于人们普遍认为“以和平方式取得政权维护政权的政党是民主政党，以武装斗争方式取得政权的政党是革命性的政党”[②]，因此中国共产党还是以革命党与所谓的民主党派相区别开来。在中国共产党成为执政党后，大多数民主党派成为了参政党。

二　中国社会主义建设时期的政党概念

1. 执政党和领导党

执政党是产生于西方政党政治的一个概念，意为“统治的党，或组织和控制政府的党”。世界范围内的执政党获取执政地位的途径有所不同，大多数情况下执政党是通过选举获胜获得执政地位的，也有通过其他途径如政变、暴力革命、转让等方式，但事后要被追认为合法，否则，无合法性认同的执政党将面临危机。

在中国的新民主主义革命时期，虽然国民党在事实上是中国的执政党，对外代表中国、对内组织政府，但缺少广泛的合法性支持，其统治经常处于危机之

---

① “在目前中国时局的严重形势下，中国人民，中国一切民主党派和民主分子，一切关系中国时局的外国人民，都希望中国的分裂局面重趋于团结……” 参见《毛泽东选集》第 4 卷，人民出版社，1960，第 957 页。

② 周淑真：《政党和政党制度比较研究》，人民出版社，2001，第 20 页。此外，在《共产党宣言》中马克思、恩格斯也在这个意义上使用民主政党的概念：“共产党人到处都努力争取全世界民主政党之间的团结和协调。” 参见《马克思恩格斯选集》第 1 卷，人民出版社，1995，第 286 页。

中。中国共产党从来不用执政党来指称国民党[①]，一是因为执政党的概念是一个西方政党政治的概念；二是中国共产党事实上不承认国民党执政的合法性，因此在行动上，采取了以暴力革命的手段推翻代表大地主、大资产阶级的国民党政权的方式。

中国共产党在推翻国民党反动政权取得全国民主革命胜利之前，已经清醒意识到党的地位即将发生变化。但对于中国共产党未来的执政地位和执政责任，并没有在表述中使用执政党这一概念，而是强调中国共产党将成为一个带领全国人民建设新中国的领导党。[②] 即使到了党的八大时，对中国共产党的定位也不用“执政党”的概念，而表述为：“党本身的状况有了很大的变化。党已经成为领导全国政权的党。”[③] 这种情况可以从两个方面的原因来理解。第一，“执政党”作为西方政党政治中的概念，它所对应的是“在野党”和“反对党”概念，而一种西方式的政党政治格局，不仅在中国民主革命时期没有形成，在新民主主义和社会主义时期也没有出现。第二，中国共产党所建立的国家政权和人民政府，吸收了愿意同中国共产党合作的民主党派的参加，因此，在表述上不能强化一党执政而只能强调一党领导的概念。但显然，执政党和领导党是两个具有共性又有一定区分的概念。开始正视中国共产党的执政党角色，是在粉碎“四人帮”、中国共产党召开十一届三中全会后。邓小平当时提出了三大问题：执政党应该是什么样的党、执政党的党员应该怎样算合格、党怎样才叫善于领导，在理论上开始了对政党转型的思考。党的十三大报告则明确地提到中国共产党作为执政党的领导问题。从党的十四大到党的十五大，党在理论认识上逐渐深入，提出了党的领导方式和执政方式的改变问题。到党的十六大对这个问题的认识达到了新的高度，对21世纪的中国共产党进行了新的历史定位：“从一个领导人民为夺取全国政权而奋斗的党转变成为一个领导人民掌握着全国政权并长期执政的党；从一个

① 中国共产党在第二次国共合作的背景下曾对国民党的执政地位发表过直接评论，最有代表性的见诸两个文件：一为毛泽东在《中国革命战争的战略问题》（1936年12月）中说的“国民党是夺取了政权而且相对稳定了它的政权的党”，“它的政权是全国性的政权”；另一个是中国共产党在1936年8月25日就合作抗日问题致国民党书中说“诚然，贵党是中国最大部分领土中的统治的政党，一切过去实施的政治责任，不能不由贵党负担”。

② 参见毛泽东有关文章《论联合政府》（1945年）、《在中国共产党第七届中央委员会第二次全体会议上的报告》（1949年）、《论人民民主专政》（1949年）等。

③ 刘少奇在党的八大上所作的政治报告。

在受到外部封锁的状态下领导国家建设的党转变成为在全面改革开放条件下领导国家建设的党。”①

2. 执政党和参政党

参政党是极具中国特色的政党概念，其基本内涵形成于新中国成立初期，而在概念上、理论上甚至法律意义上的明确界定，则是在20世纪80年代末。1949年，中国共产党领导的新民主主义革命取得了胜利，在中国共产党的主导下组建了中华人民共和国中央人民政府，中国共产党成为了中华人民共和国的执政党。1949年中国人民政治协商会议上通过的《共同纲领》和1954年第一届全国人民代表大会通过的《中华人民共和国宪法》都以“工人阶级经过自己的先锋队中国共产党实现对于人民大众的国家及其政府的领导”的表述形式，明确了中国共产党的领导地位，亦即执政地位。这是中国共产党成为执政党的开始。在中国共产党成为执政党后组建的第一届中华人民共和国中央政府中，有将近半数的领导成员来自民主党派和无党派人士。在中央人民政府63名委员中，民主党派和无党派民主人士占31名；在中央人民政府6位副主席中，有3位是民主党派人士；在政务院4位副总理中，有2位是民主党派和无党派民主人士；在政务院下属机构的93名负责人中，民主党派和无党派人士有42名。这实际上已经形成了执政党和参政党的格局。但在相当长一段时间内这种格局曾遭破坏。为了从制度上保证民主党派与共产党的合作地位，中国共产党在1989年12月发表了《关于多党合作和政治协商制度的意见》，第一次给这些参与国家政权和政府管理的民主党派以“参政党”这样一个法律和政治上的明确定位。“参政党”的定位表明这些民主党派是合法参与国家政权的党，是执政党的合作党，而不是在野党，也不是反对党。同时，这些党与执政党又有区别，它们是政权的参与者，但不能单独组织政府。“参政党”概念的提出和界定是中国政党政治发展实践的创造。中国的政治体制决定了中国没有反对党，但按照一般政党学理论，一个非一党制的政体，在执政党的对面或周围应该有其他党派的存在。1956年毛泽东在论十大关系时比较明显地把民主党派视为类似反对派的党派。②

---

① 江泽民：《全面建设小康社会　开创中国特色社会主义事业的新局面》，人民出版社，2002，第11页。

② “究竟是一个党好，还是几个党好？现在看来，恐怕是几个党好……我们有意识地留下民主党派。”“民主党派对许多问题的态度也是这样。他们是反对派，又不是反对派，常常由反对走到不反对。”参见《毛泽东著作选读》下册，人民出版社，1986，第733~735页。

因此参政党概念的提出和确定，使中国共产党作为执政党的理念和认识获得了政党理论层面上的支持。

三 革命党向执政党转变命题的中国意义

通过对中国政治语境下政党概念的梳理，我们可以提出和探讨的问题至少有两个：第一，如何使“革命党向执政党转变”的命题在政党理论层面得到符合理论逻辑的解释；第二，如何使“革命党向执政党转变”的命题，在政治现实层面得出符合实践发展逻辑的证明。

现在我们所使用和面对的政党理论，主要是两个体系。一是主要来源于西方资产阶级政党实践的政党理论，二是来源于无产阶级政党实践的马克思列宁主义的政党学说。由于西方政党历史较长、政党政治发生的国家较为普遍，政党经验的积累比较丰富，所以，比较早地形成了相对成熟的政党理论，特别是有关政党的一系列基本概念和基本理论。我们今天使用的很多政党学的概念，都是西方政党政治实践的总结。马克思列宁主义的政党学说，主要来自工人阶级政党的政治实践的总结和为了指导工人阶级政党实践的需要。但这一学说也是在借鉴已经形成的政党学的基本理论和基本概念的基础上，分析总结无产阶级政党斗争和政党建设的特点和规律中形成的。因此，无论哪一种政党理论，都是和西方政党实践有密切关联的。

现代政党理论有一个重要的理论前提和预设，即政党政治是和民主政体相联系的，是作为代议民主政体的组成部分存在的。当我们用这样一般的政党理论观察和解释中国的政党政治的现实时，就会出现一些需要解释、需要理论说明、需要概念创新的问题。比如，对中国共产党从“革命党”向“执政党”的转变问题，按照一般政党学的理论，它们并不构成一组对应的概念，但在中国，它不仅在政治话语中存在了，而且在政治现实中也是一种客观存在。它不仅是中国政治中的一个理论议题，同时也是一个现实课题。我们要研究的是它是否符合和在什么意义上符合一般政党理论的逻辑，或者根据中国的现实如何对一般的政党理论进行补充和创新。

正如前边对中国政治语境下政党概念的梳理所示，革命党在中国有特定的含义和背景。就中国共产党而言，在其以革命党的身份进行民主革命时正是中国社会异常复杂的阶段。按照我们今天的历史分期，这一阶段被界定为北洋军阀统治时期和国民党新军阀统治时期。在民国时期的早期，中国曾有过竞争性的政党政治的试验，其活跃程度被称为“政党林立，犹春草怒生”。[①] 1927 年后的中国仍属专制政治，但中央政府是以政党——国民党——组织政府的形式出现的。国民党在本质上是实行一党专制的，但是在某个阶段曾有保留地吸收了中国青年党、国家社会党等入阁；在抗日民族统一战线形成期间，国民党也承认过中国共产党的合法地位。在西方政党体制中，反对党属于体制内的政党，在野党也基本上为体制所容许。而在中国的这段历史中，始终没有形成过稳定成熟的政党制度。北洋军阀统治时期，形式上是议会政府，事实上是军阀统治，统治者排斥民主，对政党实行严格限制，因此不可能在体制内改变军阀政权的性质。共产党和国民党曾合作进行北伐战争，目标是以革命战争的方式推翻北洋政府，这个时候的国共两党都自称为革命党。国民党统治时期的政权，本质上是一党专制，但其政权并没有得到足够的合法性认同。国民党要搞一党制，必然不能容忍国民党以外的政党，对其他党采取遏制、打压乃至宣布非法的限制手段。这样一种高强度的专制统治，使中国“在野党”的“在野地位”无法得到法律的保护。国民党以外的其他党，要么与之同流合污，要么起来反抗。在这种形势下，中国共产党作为一个有理想和有抱负的“在野党”，继续以革命党的名义、以革命的方式推翻反动的专制政权就是必然的了。从政党学的一般理论来分析，所谓“在野党”是法律地位问题，意指非执政党，“革命党”是一种政治意涵，主要指政党的性质和活动方式，在中国的特定背景下，指的就是以革命方式夺取政权的党。中国共产党的政治作为和力量的充分发挥与展示主要是作为一个革命党而不是一个在野党实现的，因此，革命党就成为其最显著的标志和特征。

中国共产党领导的新民主主义革命的成功，不仅高度肯定和强化了中国共产党的革命党意识和革命党身份，革命的成功经验也成为中国共产党的极大财富和代代相传的传统。尽管在取得全国革命前夕，毛泽东一再告诫全党：“我们必须用极大的努力去学会管理城市和建设城市。”“我们熟习的东西有些快要闲起来了，我们不熟习的东西正在强迫我们去做。我们必须克服困难，我们必须学会自己不懂的东西。”但是，管理一个偌大的国家对于中国共产党来说，毕竟是一个

① 善哉（丁世峄）：《民国一年来之政党》，《国是》1913 年第 1 期。

需要下大力气学习的全新课题。已经成为执政党的共产党，在很长时间内，习惯和相信的还是革命党的思维和方式，即大规模的动员方式和群众运动的方式。这种革命党的思维和领导方式对于新中国成立初期完成民主革命的遗留任务（镇反、土改等）和社会主义革命的任务（如“一化三改造”）也还是基本适用的。这些任务用这种方式再次得以胜利完成，事实上鼓励、肯定和强化了这种革命党的思维和领导模式，在随之而来的大规模经济建设开始后，以革命党的思维和行动方式来搞建设的事例仍然处处可见。

应该指出，与在野党是一种法律性定位一样，执政党也是一个法律概念。革命党遵循的是革命战争的思路和方式，对现存社会制度的基本判断是不承认其合理性，目标是通过阶级斗争夺取政权。执政党执政则有自己特定的规律，它以维护和完善现存制度为前提，通过对社会力量的整合，促进社会的发展。因此，从政党活动规律、政党活动方式、政党心态的层面，中国共产党确实面临着“革命党”向“执政党”转变的问题。但是，这种转变不是政党的法律地位的转变，无论是从理论上还是从现实中，这种转变与西方政党理论和实践所处的话语环境都是有很大的区别的。

在苏俄革命前后，列宁曾经指出，无产阶级取得政权后，“党是无产阶级的直接执政的先锋队，是领导者”。[①] “要在日常生活中改变党的工作方式。”[②] 斯大林也曾就“革命党”目标、任务和角色的转换问题提醒过苏共党员：“1917 年十月革命以后，党在国内的状况也发生了根本的变化。在前两个时期，党是破坏旧制度和推翻俄国资本的杠杆，而现在，则相反，它已由在俄国内部实行革命的党变成了建设的党，变成了创造新的经济形式的党。”[③] 由此可见，把这种变化表述为“革命的党”向“建设的党”的转变，主要是指党的任务的变化，在这种话语环境下，这种表述就不会产生理论上和概念上的混淆。而“革命党”向“执政党”转变的表述，与西方一般政党学理论的基本概念表述之间是有差异的，这种差异是基本历史背景上的差异和现实政治实践之间的差异。西方政党理

① 列宁：《再论工会、目前局势及托洛茨基和布哈林的错误》，载《列宁选集》第 4 卷，人民出版社，1995，第 457 页。

② 列宁：《政论家的短评》，载《列宁全集》第 33 卷，人民出版社，1958，第 179 页。

③ 斯大林：《党在取得政权以前和以后》，载《斯大林全集》第 5 卷，人民出版社，1956，85 页。

论的规范表述忽视了这种差异。中国共产党在民主革命时期作为一种特殊地位的在野党，在通过革命手段获取政权成为执政党之后，在政党理念和执政方式方面向执政党转变的问题已经被提出来，如何认识和实现这样一种转变，恰恰是中国政治实践向政党理论提出的一个需要回答的课题。

目前我们探讨革命党向执政党转变这样一种表述或者命题在中国现实政治发展中是有意义的。执政党的概念要比过去所提的“搞建设的党”更为准确和科学，所承载的内涵也更为丰富。执政党概念的明确提出，表明中国共产党承认执政党有执政规律，中国共产党应该尊重和重视执政规律。中国共产党理性地把自己作为一个执政党来要求，而不仅仅是一个“搞革命的党”、“搞建设的党”，这将成为中国共产党大大提高执政水平和执政能力的重要前提。

地方党政关系的现实矛盾与理想模式

刘 力*

党政关系主要是指中国共产党的各级委员会与同级政府之间的关系。本文仅就市以下地方政府与地方党的委员会之间的关系现状进行一些思考。

一 地方党政关系的现状分析

我国是人民民主专政的国家，实行的是社会主义制度。全国人民代表大会是最高权力机关，而中国共产党是唯一的执政党，并且是长期的无竞争性的执政党。这就决定了我国的党政关系，处在一种十分微妙的模式中。这就是，作为行政机关，是国家权力的执行机关，各级行政机关都对同级人民代表大会负责，执行同级人民代表大会及其常委会的决议，并向同级人民代表大会报告工作，接受同级人民代表大会的监督。地方政府还要接受上级国家行政机关的决定和命令……但同时，各级地方人民政府又要受同级地方党委的领导。可以说，地方政府处在两个权力体系的交汇处。这里既涉及党政关系，也涉及地方党组织与权力机关的关系，以及地方政府与权力机关的实际关系。

目前地方党政关系可以说总体协调，但不尽如人意。总体协调，是指大部分地方党委与政府能够在本地经济发展中相互支持，目标一致，形成一种和谐的局面，从而使地方经济发展较快。不尽如人意，是指也有相当的地方党委与政府关

* 作者简介：鞍山师范学院副院长、教授。

系不协调，不和谐，影响了地方经济的发展，也影响当地的干部队伍的风气。比如，有的地方盛传市委书记与市长关系如何如何；有的地方在经济发展战略上，市委与政府调子不一致，使所属部门很难工作；有的地方，党委仍然插手行政决策工作，政府首长无决策权，只能执行；有的地方，党委无权过问行政工作，行政首长独揽大权，等等。目前看，党政关系协调与否，主要还是靠党政领导者个人的政治素质。

我国在改革开放前实行的是高度计划经济体制和高度集权的行政管理体制，实行党的一元化领导，党政关系矛盾并不突出。改革开放后，在由计划经济向市场经济体制转型的过程中，高度集权的行政管理体制也开始实行改革，但总体的“计划行政”转向“有限政府”，以适应市场经济体制，党的一元化领导的弊端也显现出来。经过党政分工、分开的争论，经过依法治国、党的执政方式的探讨，地方党政关系的现实矛盾凸显出来了。

第一，地方政府向地方党组织负责和向同级人民代表大会及其常委会负责同步共存。这里反映了最高权力机关与领导权力机关之间的矛盾。地方政府是同级人民代表大会的执行机关，向同级人民代表大会负责，并报告工作，但地方政府又必须接受同级党委领导。地方人大作为地方的权力机关，与地方党组织作为地方领导机关之间的关系如何处理？地方人大是地方的最高权力机关，而地方党委又是地方领导机关，地方政府到底是对同级党组织负责还是对同级人大负责形成了矛盾。这种矛盾的结果，人大成了虚设。因为地方人大对地方政府既没有最初的人事决定权，也没有最终的实际的地方财政权。地方人大的最高权力很难真正实现。

第二，政府讲效率与党委讲民主的矛盾。政府工作的原则之一是讲效率，而且行政工作的特征也是效率高，才能在处理政务时，不失机遇。但党委执行民主集中制原则，大事一定要先在党内讲民主，这是党组织行为的基本特征，这与行政效率就构成了一定的矛盾。矛盾的结果或者是行政要求独立权，以求高效率；或者是地方党委揽权，以求稳定。

第三，行政首长负责制与党委集体领导制的矛盾。地方政府执行的是行政首长负责制，但目前的领导体制是：市长（或区长、县长）又都兼任市委（区委、县委）副书记，常务副市长（或副区、县长）又兼任市委（或区、县委）常委。即行政一、二把手在党委班子中任副职或成员。由此，市长的行政首长负责制，往往是很难执行的。如果完全执行会违背党组织民主集中制和下级服从上级、个人服从组织的组织原则，不执行行政首长负责制又与行政首长行为原则不相符。所以也呈现一种矛盾状态。

第四，地方党委与地方人大及其常委会对同级政府的监督权力无法实施。地方党委对地方工作实施领导，是党章赋予地方党组织的权力，地方人大及其常委会对政府的监督权是宪法和地方组织法赋予地方人大及其常委会的权力，理论上是讲得通的，但实践中很难实施。主要是地方党委和地方人大及其常委会日常的工作经费都由同级政府决定和批准，即地方党委和地方人大常委会的财权掌握在同级政府手中。在我国目前经济还很不发达、工作经费还很紧张的状况下，财权有时起决定作用。另一方面，在地方人大代表中，政府官员的比例较大，这种监督主体与客体同为一体的现象，也使地方人大对地方政府工作很难实施实质性的监督。

第五，地方政府班子成员的人选决定权与政府班子成员的统一性易产生矛盾。主要是因为地方党委决定政府班子成员的人选，并经过同级人大会议选举通过。而政府实行的行政首长负责制，意味着行政班子是一个整体，这个整体的副职应当对正职负责，正职对副职有制约的权力。这样班子整体对人大及其常委会负责。但由于政府副职的人选也是地方党委决定的，所以，正职对副职很难有制约作用，因此，地方政府班子整体责任对个体的约束较难落实。

这些现实矛盾的存在，是客观的，尽管相当多的学者20世纪90年代以来就已经关注并分析这些问题，例如谢庆奎的《中国地方政府体制概论》、郭定平的《政党与政府》、咸台灵的《中国政党政府与市场》等，都是很有见地和积极意义的。然而，在全球政治多极化、经济全球化，我国又加入世界贸易组织的今天，地方政府在具体的行政运作过程中和地方党组织的行为过程中出现现实矛盾，也是很正常的。这种矛盾现状是一种理论与现实的矛盾。这些现实矛盾的一种普遍性的后果如下：一是行政独权现象比较严重，最主要体现在行政决策很少受约束。如有一个地级市10年时间换了3任市长，市府广场改造了3次，用了上亿元资金。当地市民的顺口溜是："换不换市长，就看修没修广场。"二是党群关系紧张。这种紧张主要是由政群关系引发的。行政机关人员特别是掌握财政（资金调拨）、项目（资金安排）、人事（特殊人群的安排）、物价、城管等涉及老百姓切身利益的权力部门，行政执法随意性大，自由裁量权的幅度大，以权谋私现象比较普遍，群众意见最大。影响了党风、政风和干群关系，因而也影响了执政党的威信与权威。三是干部问题的随意性。一般来说行政首长讲效率、求政绩，是很正常也很必要的，但有的地方提出“不换思想就换人”的口号。如某个政府所属部门领导实事求是地提出无法完成政府下达招商引资的指标时，市长则当场说：“完不成任务就换人”，不到半个月的时间，即将该干部调离。其后果是在行政机关内部无法体现民主集中制，只能是随声附和，随行政首长的声，附行政首长的意。此时，地方党组织“党管干部”的原则较难体现。

二　地方党政关系现实矛盾的原因分析

就目前党政关系现实矛盾的原因，应当从多个角度分析。

第一，从理论上来说，法理权与意愿权关系没有理清，体现的是权力基础的不可随意性与随意性之间的矛盾。地方政府是地方权力机关的执行机关，地方权力机关即地方各级人民代表大会，是人民授权的机关，人民又授权（如县级的直选）或委托授权（市地级人大的组成）给行政机关执行行政职能，管理国家的地方事务，其合法性是以法律为基础的，可以说是法理权，法理权是不可随意改变的。

而党的地方组织的合法性基础是人民的意愿选择，是非法律性的、非法定程序的授权。人民的意愿权对党的执政基础至关重要，它是政党执政的合法性基础。但是人民的意愿权随意性较大，是可以改变的，主要看党的地方各级组织是否能真正如同中国共产党的性质一样，真正代表最广大人民的根本利益，处理好与人民、与政府的关系。地方政府作为法理的受权者与履行执政党的人民意愿之间如何协调统一是法律所应进一步明确的。

第二，在管理体制上，实行的是矛盾性体制。如干部人事管理权由地方党委决定政府组成人员人选，经地方人代会选举；而地方政府所属部门的干部人选，也由地方党委决定，经地方人大常委会任命。一般来说，地方人大及其常委会是不会与党委决定相左的（当然，近几年人大选举中，党委决定的人选落选的现象已经出现）。这里的问题是，地方政府所属部门负责人是向地方人大负责、向地方党委负责，还是向市长负责？这个问题不明确、不一致，就会造成责任分散。结果是对干部的监督主体的分散。监督权不集中，表现为责任不集中，使对干部的监督易流于形式。目前形成谁有实权，向谁负责，所以，不是以人民的满意拥护为标准，而是以谁能决定升迁为标准。所以，买官、卖官现象不会禁绝。

再如，财政权表面上看是地方人大及其常委会批准财政的预决算，但实际上地方人大对政府的财政预决算并无实际权力。因为这种预算的批准权过于粗放。对于大宗支出，涉及百姓长远利益或近期利益的支出，人大并无专项批准，而是由地方行政首长决定。另外，对地方财政决算的批准权实行事后监督，当形成行政成本过大、错失性支出过大时，又无法追回。

第三，地方政府权力行使过程中的矛盾，主要体现在行政权力的相对独立性与行政首长权力的有限性的矛盾。行政机关是国家权力机关的执行机关，在行使行政权方面，具有相对独立性。但作为行政首长，其权力又是有限的，因为他既要接受同级党委的领导（一般都兼任同级党委的副书记），又要接受同级人大及其常委会和上级政府的领导。因此，在行政权行使过程中，就会出现或是用行政权的相对独立性代替行政首长的权力有限性，使行政首长的有限权力得到无限延伸（此时，行政权力易失控，腐败无法遏制，如现实中行政官员腐败落马的较多）；或是以行政首长权力的有限性制约了行政权的相对独立性，使相对独立的行政权受到一定削弱，行政效率降低。

总之，地方党政关系的现实矛盾，体现了我国权力结构、管理体制等方面理想与现实的矛盾性。因为我国是发展中的社会主义大国，又处在社会主义初级阶段，在计划经济向市场经济体制转型过程中，各种利益矛盾都呈现出来，党群关系、党政关系、干群关系、权法关系都有必要进行调整，可以在探索中创建理想模式，该模式的中心应是将地方政府建设成一个有限有为政府。

三　地方政府行为过程中党政关系的理想模式思考

我国是单一制的国家结构形式，同时又地广人多，政府作为行政机关，就其职能来说应具有层次性。中央人民政府主要应当在执行党的路线方针政策时，行使行政决策职能；省级地方人民政府主要是行使在所辖范围内的行政决策职能和行政协调职能；而市地级以下各级地方政府主要是行使执行或服务职能，因而就更有必要对地方政府行政执行过程中党政关系的现实矛盾进行思考。在我国对这个问题的思考必须坚持党的领导和人民代表大会制度为根本政治制度不动摇的原则。但在地方政府实施执行层面和服务层面职能时，应当理顺各种关系，以落实党的领导、人民当家作主和依法治国在地方上的协调统一。也就是说党的路线方针政策如何在地方通过党政关系的协调统一得到落实与实施，必须有具体的方式。

首先，建立一种监督体制，即由地方党委主要行使监督权。地方党委的领导职责重点应确定在监督权上，地方党委应将监督各级干部作为自己的主要职能。党的地方组织在具体实施执政党行为过程中，应当是通过对各级干部的监督，来监督公共权力的行使合法与否，进而解决"党管干部"的监督滞后问题。"党管干部"原则不能只停留在选人用人上，重要的是监督，特别是对行政干部的监督。由于地方党组织的活动经费也由行政审批，因而地方党委对行政干部的监督是消极的、不作为的。在监督体制方面，可确定监督对象集中的体制原则，即地方党委在确定政府人选时，主要是确定正职人选，由正职提名副职人选"组阁"，并经人代会选举决定。地方党委集中监督正职的行为，地方人大监督副职的行为。若正职有违法违规失职行为，党委有权解除其职务，并"连坐"政府班子成员；若副职违法违规失职则由地方人大有权解除其职务，并"连坐"班子成员。这就形成了政府班子内外监督制约的体系。这有助于提高群众对党的信任，进而巩固党执政的合法性基础。

其次，建立权力机关的财政审批制度。改变财政的行政审批权，地方财政权从形式到实质都由地方人大行使。应当改变目前地方人大只批准财政预决算的职责，而明确规定一定数额的项目支出，如公共设施的建设等大的项目支出，必须由地方人大或常委会审批，将行政审批的财政权缩小。并采取一定方式向市民公布，接受群众的监督。这样做的好处，是防止由行政首长个人风格决定重大项目支出，预先控制过错支出。

另外，地方党委的活动经费以及司法机关所属经费单独列支并必须由地方人大决定，而取消行政机关在该项目的财政行政审批权，以保证地方党委领导权的实现和司法独立原则的实施。

再次，建立党务官员、政务官员与国家公务员分开制度。这是西方发达国家几百年历史中较成功的一种制度。我国目前公务员范围过分宽泛，已超过"政府"限定范围。使得政府支出过大，并且因党、政机关的部门利益驱使易将手中权力部门化，必然危害群众利益（如集体犯罪、窝案、串案增多）。因此，将党务官员独立出公务员系列，实行专职化，进行集中独立管理，这样有利于地方党委行使监督职能。将政务官员独立出公务员系列，要将其留任升迁与否与地方政府的集体政绩挂钩，并有任期制，这样有利于形成一种合力，防止为个人或部门利益而使行政权私有化或分散化。公务员队伍实行专职化并且必须精干高效，这样防止由地方财政供养庸人、增加地方财政开支、损害群众利益（财政收入支出的比例必须将行政事业开支压缩，才会将有限的资金用于群众的根本利益所需上)。因此，应当将企业组织管理的扁平化趋势应用于公务员队伍建设上，减少中间层，建立一个高效政府。

另外，党务官员、政府官员不得兼任地方人大代表，这样才会保证地方人大权力机关性质的有效性，以此强化地方人大对地方政府依法行政的监督。否则，地方人大的监督主体与客体的同体现象就削弱了地方人大的监督权力。

总之，地方党政关系的现实矛盾，不仅是党政关系，还有地方政府与权力机关的关系是必须解决的问题。在地方政府行为及运行过程中，如何体现党的领导、人民民主和依法治国，是个很现实的问题。现实矛盾的存在，既有体制原因，也有规则原因，值得认真探索和研究。

第五篇

治理求索

茶水肥合

“三农”问题困扰下的中国乡村治理

徐湘林*

乡村自治和“三农”问题近几年来成为中国农村问题研究中的两个重要范畴。关注乡村自治的学者将其研究主要集中在对乡村自治的组织形式和性质、村民选举的个案调查、选举对乡村治理和乡村政治发展所产生的影响的国内问题的探讨。而关注“三农问题”的学者则将注意力主要集中于农业发展、农民负担和农村稳定，以及与之相关的政策问题的分析和讨论。然而，对这两个范畴所涉及问题的相关性却较少有深入的讨论。

中国乡村自治和村民选举到底在多大程度上改变了乡村治理模式？这些改革在国家与乡村社会之间关系中产生的变化是实质性的还是表象性的？为什么乡村自治、村民选举没有在解决“三农”问题上发挥作用？日益严重的“三农”问题对中国乡村治理体制和方式提出了什么样的挑战？这些问题需要我们将“三农”问题和乡村治理模式变革联系起来考察才能给予回答。本文的目的在于提出问题，并试图从农村治理模式和农村政策选择之间的互动关系方面，对“三农”问题困扰下的乡村治理问题进行探讨。

本文认为，目前农村村民自治和村民选举在推广和落实方面取得了成果，但尚不足以对“三农”问题产生政策上的影响。“三农”问题的主要根源是国家业已形成的城乡差别对待的政策结构和高成本运行的县—乡农村管理体制。限于国家整体发展战略的考虑和业已形成的利益格局，国家层面的政策结构性调整在短

* 作者简介：北京大学政府管理学院教授、副院长、博士生导师。

期内不可能实现，高成本的县—乡管理体制则可以通过可行的乡村治理模式的改革（如乡镇长选举和自治）得以改善。

一 村民自治、地方权威与利益共同体

自20世纪80年代人民公社解体以来，中国乡村治理基本上实行了乡级基层政府加村级自治和民主选举的治理模式。一种长期流行的观点认为，乡村自治和基层民主选举推动了乡村民主化的进程，并对中国政治民主化和农村政治稳定有着积极的影响。有学者仍然认为，由于宪法和法律有关村民自治的制度安排，国家的行政权力被限制在乡镇一级政府，村民委员会授权主体由乡镇政府转向村级社区的选民，这意味着以“命令—服从”为特征的传统国家与农村社会的关系模式开始瓦解，国家在农村的行动方式开始法制化、契约化和政策化。因此，村民委员会实际上扮演了农村社会“自组织”的角色，成为农村社会与国家谈判的代理人，从而降低了农村社会与国家的交易成本，自然也促进了农村的政治稳定。[①]

然而，关于村民自治是否改变了农村治理模式的问题一直存在着争论。争论的焦点一度围绕农民的政治素质和国家干预的问题。一种观点认为，由于村民和政府对于民主政治的知识极其缺乏，以及政府对自治和基层选举的普遍干预，“乡村民主政治的发展在相当长的时期内将是很不规范的，就眼下而言，对大部分落后乡村的民主自治制度不能估计过高”。[②] 另有学者则通过自治组织产生的内生性和外生性原因的比较，认为现在的乡村自治组织及主要的自治规则以及包括直接选举制在内的一套民主制度，基本起源于国家力量的示范和引导，而不是单纯的自主发展的结果，本身并不一定能单独标示乡村的自治性和自治程度，村民自治仍是国家力量推动的结果。因此，基于乡政府对村级组织的控制力和党支部凌驾于村委会之上的实际事实，“国家不是缩小了在农村的控驭范围，而是改变了对村落的控驭方式——至多是在改变经济控驭方式的同时，减少了对乡村社会事务的过多和过于直接的介入”。[③]

---

① 参见金太军、王运生《村民自治在国家与农村社会关系制度化重构中的意义》，《文史哲》2002年第2期。

② 党国权：《“村民自治”是民主政治的起点吗?》，《战略与管理》1999年第1期，第95页。

③ 毛丹：《乡村组织化和乡村民主——浙江萧山市尖山下村观察》，（香港）《中国社会科学季刊》1998年春季号。

也有学者对村民自治形成中的政府的干预持较为积极的观点。如徐勇在对四川达川市村民自治示范活动的调查中，发现市政府在村民自治建构中扮演了非常重要的角色，发挥了启动、动员、引导、推动和规范等五大功能，并取得很好的效果。因此，他认为不要根据一般经验和传统理论来评价中国的基层民主进程，中国的民主化进程得以在经济社会发展较为落后的农村取得出乎意料的成就，与执政党和政府扮演的积极主动角色密切相关。[①] 不过，当涉及村民自治和基层民主对中国政治发展前景的影响的时候，多数学者则持审慎的态度。村民自治在一定程度上改变了过去国家政治行政权力对农村的超强控制，随着村民自治实践的日益推广和规范，农村社会各种力量也将重新调整，村民自治组织、宗族组织以及党组织都将面临组织功能的转换。但是，直接选举的层级向上提升到乡镇的实践仍然有许多的制约和阻力。那种期望在县、省以及全国范围内进行直接选举的愿望恐怕过于超前，这种可能性至少被认为还需要一段相当长的时间。[②]

如果仅从乡村民主发展的一般性理念为取向来审视中国乡村自治和民主选举的问题，容易流于观点之争，那么，从乡村政治权威的建构以及与本土社会利益之间的关系入手来考察问题，也许更具有理论分析上的意义。当我们谈论村民自治的时候，其本源的议题所涉及的是在国家政治体系中乡村地方社会在一定范围内实行一定程度的自主决策和自我管理的权利。这种权利的体现实际上涉及两个彼此相关的基本问题，即乡村地方自治体在与国家权威的关系中如何划分自主权以维护自治体内部共同利益，以及自治体政治权威以什么方式产生与运行。

村民自治在乡村共同利益保护方面一直起着重要的作用。在传统社会，地方利益保护主要通过建立在地方权威和习惯法基础上的地方利益共同体来实现。地方权威的建构主要与内部共同利益相关联，而与国家政权的官府权威相分离。[③] 在中国进入现代化过程之后，传统社会的利益共同体开始受到国家行政权力的侵

① 参见徐勇《民主化进程中的政府主动性——四川省达川市村民自治示范活动调查与思考》，《战略与管理》1997 年第 3 期。

② 参见肖立辉《村民自治在中国的缘起和发展》，《学术论丛》1999 年第 2 期。

③ 参见陈翰笙《解放前的地主和农民——华南农村危机研究》，中国社会科学出版社，1984；Kathryn Bernhardt: *Rents, Taxes, and Peasant Resistance: The Lower Yangzi Region, 1984 - 1950*, Stanford University Press, 1992。

蚀，出现了费孝通所说的“单轨政治”的格局。地方权威呈现出“官僚化”的趋势，与地方社会的共同利益的关联性逐渐下降。[①] 中华人民共和国成立之后，地方政权的重建将地方权威完全纳入国家行政权威体系。国家对乡村社会的渗透加剧，国家通过强有力的动员体制将中央的一系列农村社会改造运动推行到乡村的各个角落。随着权威授权来源的改变以及权威与利益共同体的彻底分离，传统意义上的地方权威不复存在。尤其是在1958年农村实行人民公社化以后，行政权威对乡村社会的渗透发展到极点。公社作为一种新型的基层政权组织形式，将几乎所有的生产、经营、居住和迁徙的活动都集中在国家行政权威手中。在“政社合一”、“三级所有，队为基础”的社会生产组织格局下，人民公社将国家行政权威内部实行的行政控制体制推延到乡村生活的所有领域，使乡村活动的一切内容政治化并受到行政权威的约束。地方权威实际上成为国家行政权威的代理人并服务于国家发展目标，其地方利益保护者的职能在“先国家、后集体、再个人”的利益分配规则的强约束下限制在十分狭窄的范围。

农村开始实行村民自治和基层选举以来，国家行政权威似乎从乡村基层向上收缩到乡镇一级，村一级权威的来源也似乎从国家行政权威转向了全体村民的认可程度。基层选举至少在形式上改变了简单地由上级政府任命村干部的现象。权威授予来源的改变无疑会使村一级决策向地方利益共同体的要求方面发展。在涉及村民内部利益分配的决策方面，参与决策讨论的范围得到扩大，决策的议程程序也逐渐受到各方的重视。[②] 这些变化无疑在一定程度上改变了乡村治理的方式方法。但是，由于村一级行政组织的权威实际上受到国家行政权威的种种限制，村委会在维护地方利益共同体方面的作为是十分有限的。[③] 同时，从大量村民选

---

① 参见费孝通《乡土中国》，天津人民出版社，1994。

② 1998年10月14日党的十五届三中全会通过的《中共中央关于农业和农村工作若干重大问题的决议》强调搞好村民自治：“重点是建立健全以村民委员会的民主选举制度，以村民会议或村民代表会议为主要形式的民主议事制度，以村务公开、民主评议和村民委员会定期报告工作为内容的民主监督制度……推进村民自治的制度化、规范化。”参见中央文献研究室编《十五大以来重要文献选编（上）》，人民出版社，2000，第576页。

③ 根据中共中央、国务院以及民政部对村民自治工作各种文件规定，村民自治工作的主要内容是完善村务公开制度，定期向村民公开财务收支、计划生育情况、宅基地审批、农民负担摊派、水电费收缴、集体经济项目承包等其他事项，并强调乡镇党委和政府要加强对村民民主建设的具体指导。参见民政部1997年8月5日发布的《关于进一步建立健全村务公开制度，深化农村村民自治工作的通知》；中共中央、国务院1998年1月24日发布的《关于1998年农业和农村工作的意见》。

举的实例调查中我们仍然可以发现，村一级权威来源的转移并不彻底。在村一级权力构成和运行中，村党支部仍然是村级权力组织的核心，对村级事务具有实际的决策权。由于村委会必须承担来自上级政府分派的行政性事务，承担着部分政府的职能，其权威仍然依赖于上级党政机关的支持。更重要的是，县乡级党政机关对村级选举拥有具体的指导权，对引起争议的决定拥有实际的裁决权。在这些条件下，即使是当选的村干部如果得不到乡镇权威的支持和党支部的支持，其权威地位仍然是不稳固的。在乡村自治和民主选举的发展中也存在着其他结构性的限制。如个体选民仅仅是作为村民身份参与选举和民主监督，这种身份并不具有国家公民的法律地位，其权利和责任仅限于乡村社区，缺乏与其他相关社区的联系。这种小范围的分散的选举对乡村治理制度安排的整体影响是极其微小的。正如有学者指出的那样："如果‘选’出来的乡村权威仍然依据原有的方式治理乡村，选举就只是增加了新权威的合法性，但并没有促进选举之后基层政权和村民权利关系的制度性改变，它产生的仍然是权威性的‘自治’"①，而不是代表性的自治。

从地方权威来源和地方共同体的关系观察乡村自治的发展变化是有意义的，不但能使我们了解到国家权威向乡村社会渗透过程中乡村权威和利益关系变化的重要性，也给我们提供了一个分析乡村社会与国家关系之间如何发生变化的理论工具。然而，这一理论分析视角的意义不应该仅仅限于解释国家行政权威向下渗透所造成的地方权威行政化和地方权威—利益共同体瓦解这一事实，更不应该成为回归传统乡村治理模式的依据。中国乡村治理从人民公社体制向村民自治和村民民主选举体制的转型是一种全新的事业，它从一开始就是针对当时所面临的实际问题展开的，而不是仅基于某种崇高的理念。在目前的情势下，如果这一转型不能够解决农业、农村和农民在现代化和市场化进程中所面临的发展困境，它就失去了，或者部分地失去了应有的意义。

二　政策结构、行政体制与“三农”问题

近几年，一些深度接触农村实际问题的学者和实践者的调查研究成果的发表，开始向人们揭示乡村普遍存在农业增长缓慢、农村社会发展停滞和农民负担加

---

① 张静：《基层政权：乡村制度诸问题》，浙江人民出版社，2000，第208页。

重三大问题（“三农”问题）的经济、社会、体制和政治方面的原因。这些研究对现阶段实行的基层民主能否解决农村政治稳定的问题提出了某些程度的质疑。如曹锦清的研究通过对河南省一些边远和落后地区农村的人类学考察，认为这些地区的农业、农村和农民的“现代化”遇到了耕作方式、文化传统和农民负担问题的困扰，单靠村民自治和选举无助于解决当地的贫困问题和发展问题。[①] 李昌平以他17年乡镇党委书记的经历揭示了湖北监利县由于农民负担过重所引发的严重的贫困问题。他认为“政府黑洞”是“三农”问题的体制性根源。[②] 于建嵘则基于对湖南衡阳两年的实地考察，从农村政治的角度分析了“三农”问题的政治原因，他认为有组织的“农民反抗”已经严重地影响到农村的政治稳定。[③]“三农”问题不但引起了中央政府的重视，也开始引起学术界的普遍关注。

事实上，“三农”问题的凸显和村民自治在乡村社会的全面铺开几乎是同时发生的。这使得人们对单纯研究村级民主选举的兴趣转移到更广泛的领域。农村问题，尤其是农村政治问题，逐渐成为学者们研究的焦点性领域。这些研究将中国农村政治发展的研究提到了一个新的层面。首先，“三农”问题和农村政治稳定成为农村问题研究的核心话题，解决“三农”问题对维护乡村政治稳定的重要性被深刻认识；其次，研究的关注点开始更加直接针对农村政策选择问题，而以往关注的村级自治和民主选举成为核心问题的次级问题。

如果解决“三农”问题是维护乡村政治稳定的关键，那么，就有必要对“三农”问题产生的复杂原因进行探讨。“三农”问题产生的原因是复杂的和多方面的。首先，从经济的角度来看，农业生产主要依靠的要素仍然是土地和劳动力，地少人多的现状在相当大的程度上制约着农村人口的收入增长。中国农用土地人均不到2亩，全国人口的70%强是农村人口，而农村劳动力则达4.99亿人。农村长期以来存在的土地少、人口多的矛盾不可能为农业人口带来不断增长的收入。20世纪80年代初推行的农村家庭联产承包责任制改革将集体的土地承包给以家庭为生产单位的农户，这一将土地所有权和使用权分离的政策曾经极大地调动了农民生产的积极性，也提高了农民的收入和生活水平。但是随着农业实际人口的自

① 参见曹锦清《黄河边的中国：一个学者对乡村社会的观察与思考》，上海文艺出版社，2000。

② 参见李昌平《我对总理说实话》，光明日报出版社，2002。

③ 参见于建嵘《岳村政治：转型期中国乡村政治结构的变迁》，商务印书馆，2002。

然增长和农用土地因经济开发的不断减少，农业生产在现有结构下只能维持温饱状态。尤其是近几年来，由于生态退化和农业内部结构性调整，农用耕地总面积的递减在不断加快。根据国土资源部公布的数字，与1996年的21亿亩的耕地总面积相比，2002年全国耕地面积下降到了18.89亿亩。[①] 此外，由于传统的一家一户的小生产方式至今仍在广大农村占主导地位，在我国生产、流通领域日益市场化的条件下，农业生产在现有的土地制度、生产方式和制度供给等方面的制约下，造成了农村中的技术市场、人才市场、资金市场、信息市场以及产品的加工流通市场普遍发育不足，因此不能有效地转移农村剩余劳动人口，也制约了农村发展。

其次，从国家政策结构的层面看，因“赶超”发展战略长期积淀形成的城乡“二元”社会结构和对农村仍然区别对待的政策，造成农村的相对贫穷落后。城乡“二元”化社会结构的形成起始于20世纪50年代，其具体政策体现为二元户籍制度和城乡社会福利就业政策的区别对待。为保障城市的就业和平稳发展，二元户籍制度将城乡人口区分开来，并通过严格的“农转非”人口三级审批制度，限制农村劳动力涌入城市。这种二元户籍制度的实质内容直到90年代中期都一直保持不变。[②] 城市严格的户籍制度实际上剥夺了农民的自由迁徙和择业的权利，将人口的70%禁锢在农村。在这种隔离体制下，国家只为城镇人口提供相应的粮油供给、就业安排、儿童义务教育、住房医疗和其他福利保障，而农村人口则被排除于国家提供的社会保障系统之外。

在缺乏国家大量投入的条件下，农村经济发展主要依靠的是农村自身发展能力的扩大，其主要办法是发展乡镇企业以工补农。改革开放以来乡镇企业的发展曾经对农村经济和社会发展起过促进作用，乡镇企业的发展在农村范围内形成了小范围的“以工补农”格局，不但增加了地区农民的经济收入，而且促进了农民教育、改善居住条件、增加农民福利等社会事业的发展。但是在城市经济改革全面推动之后，乡镇企业实际上一直受到不平等的政策待遇，在贷款、行政审批

① 根据国土资源部公布的调查结果，2002年度耕地减少2529万亩，其中全国各地生态退耕总面积为2138.3万亩，相当于前5年年均生态退耕面积的3倍多。同时，农业内部结构调整也减少了耕地524万亩，转化成了林地、园地和牧草地。此外，房地产和基本建设两项投资共占用耕地近295万亩，比前5年年均占用耕地增加了24.5万亩。国家规定全国耕地数量不得低于16亿亩的底线，2002年所统计到的数字已经开始接近国家规定的底线。中国新闻网，2003年3月8日。

② 有关该制度的具体内容和演变，可参见俞德鹏《城乡社会：从隔离走向开放——中国户籍制度与户籍法研究》，山东人民出版社，2002。

和政策扶植等方面长期受到歧视。从20世纪90年代以来，随着市场体制的不断发展和外资企业的流入，乡镇企业由于规模小、技术水平和经营管理水平低等原因，除少数明星企业外，大多数普遍不景气，生产效率下降，发展速度回落，吸纳劳动力的能力减弱，从而也影响到乡镇企业对农村的反哺能力。尤其是，多数有活力的乡镇企业大多集中在东南沿海地区，中西部地区不但乡镇企业少，而且生产效益差，对农村的反哺能力十分有限。在全国工农业生产的格局中，中央的政策仍然主要偏向于工业和城市的经济发展。工农产品价格长期实行的“剪刀差”政策仍然在执行，在全国范围内依然是“以农补工”的政策格局。[①]

最后，从农村行政管理体制的层面看，县、乡级政府机构和行政人员队伍普遍过于庞大，形成农村管理体制的高成本运行，造成农民负担过重。除了国家法律规定的农业税和农业特产税外，农民的负担增加主要体现在“乡统筹”、“村提留”等各种行政上缴费用的增长上。1985年以来农村承担的这些费用负担越来越重，其主要原因与乡镇政府机构和人员不断增加有直接的关系。1982年底，全国人大通过的新宪法重新将乡镇规定为农村基层政府，1983年10月中共中央、国务院颁布《关于实行政社分开，建立乡政府的通知》，到1985年底，全国基本上实行了“撤社建乡”政府体制的转变。乡镇体制建立之后，机构和人员一直膨胀。由于县乡机构设置有很大的随意性，县一级的主管部门在乡镇可以设置对口机构和安置人员，乡政府为了执行各项政策和完成上级各级政府制定的各项“达标”任务，也自主设立机构和增加人员。在缺乏有效管理和约束的情况下，乡镇机构和人员急剧增加。例如，在20世纪80年代中期，每一个乡镇政府需要由乡镇级财政开支的行政人员编制大约是30人，而近几年来，这一数字增加到了约300人，发达地区镇级级别单位甚至达1000人。与此同时，乡镇级政府维持机构运转和人员工资的费用急剧增加，造成乡级财政支出的不断扩大和乡镇财政负债率的不断增加。为了生存，乡政府必然需要增加“非规范性收入”以补贴财政支出，其办法是将这些财政缺口通过软约束的“统筹提留”、行政性收费以及各种名目的集资等方式强加在农民的头上。乡镇党政机构和人员的不断增长

① 据国家统计局的测算，1990～1992年，通过“剪刀差”政策从农村转移出去的财富价值分别为969亿元、1350亿元和1647亿元。参见郭书田《再论当今的农民问题》，《社会主义研究》1995年专刊。

以及农民负担的不断加重，使得“三农”问题日渐凸显，农民与地方基层政府之间的对立和冲突不断升级和恶化。这种情况在中西部较为贫穷的地区尤为严重。①

以上三个方面是造成城乡贫富之间的差距不断扩大的主要原因，而城乡差别对待的政策结构和高成本运行的县、乡镇管理体制则更具有本质性。在现有的差别对待政策体制下，农业作为弱质产业不能得到应有的政策保护，而且继续在为其他产业和城市的发展支付成本。现行的县—乡管理体制也将其高成本以各种正式的和非正式的方式转嫁给农民。这种情况的发展，致使现在城乡贫富差距甚至已经高于改革开放前期的水平。②

三 解决“三农”问题的政策与体制制约

20 世纪 90 年代以来，中央政府开始重视农村发展和农民负担过重的问题。针对普遍存在的“三农”问题，中央政府认识到农村的核心问题是农民增收和农村稳定，并为此制定政策和措施，引导农民进入市场，减轻农民负担和理顺农村干群关系。但在国家农村整体政策没有结构性变化以及县—乡管理体制改革的情况下，这些针对具体问题的具体政策大多遇到执行难的政策困境。

首先，“三农”问题的首要问题是如何增加农民的实际收入。提高农业生产效率是增加农民收入的重要手段。在计划经济时代，政府是农村唯一的经济组织管理力量。政治动员、公社和民兵等建制将农民严密地组织起来。农民在高度统一的半军事化的指挥下，按照政府下达的指令从事农业基础设施建设，上识字班学习政治和文化，使用化肥农药、粮食新品种和少量的农业机械，农业技术是完

① 一般来说，纯农业地区的乡镇“非规范性收入”所占比重只占 30% 左右，其来源主要是乡镇统筹、行政事业性收费、集资等收入，基本上从农民头上直接征收。而乡镇企业比较发达的东南沿海地区及市郊乡镇的“非规范性收入”所占比重则一般在 60% 以上，甚至达到 90% 以上，其来源主要是乡镇企业的剩余上交、土地征用收入。这可以从一个侧面反映为什么我国中西部农村地区农民负担问题比较突出，因为这些地区基本上以农业收入为主，以农业税收为主体的预算内收入根本无法维持乡镇政府的正常运转，乡镇政府不得不在非预算部分扩大征收空间，从农民头上征收。随着人员和机构的增加、各种达标升级活动的开展和政绩（面子）工程的建设，乡镇公共开支逐年上升，农民负担也便随之逐年加重，乡村干群冲突愈演愈烈。

② 根据有关的研究，1978 年城市居民的收入比农村居民高 2.57 倍，1984 年由于农村率先改革使比例降到了 1.7 倍，但是，到 2000 年这一比例已经上升到 2.8 倍。这些数字只反映了城乡差别的平均数。从 2000 年的情况看，全国农民人均纯收入为 2253 元，但有 60% 的农民的收入在平均数以下。参见姚力文《呼唤城乡配套改革》，《中国改革》2002 年第 2 期，第 56 页。

全的“公共产品”。政府成为农村科技发展和推广的唯一组织和推动力量。然而，自从农村实现家庭联产承包责任制以来，市场经济逐渐改变了政府和农民的关系以及农村生产组织形式，农村科技供求关系发生了深刻的变化。据一些农村科技推广的个案研究表明，改革开放以来，农村科技普及在新的不完备市场经济环境下受到了种种因素的制约。[①] 虽然各级政府的预算中仍然保留了一定数目的无偿农业技术推广示范的财政经费，但这一笔相当大的经费并没有落实在农业科技推广中去，而是流向了城市周边的政府和公司，以求得更高的资金回报率。作为农村公共产品的技术推广经费正在被其管理的部门挪用，成为这些部门的特权收益。在目前财政资金决策监督体制下，农民对资金的流动和操作过程不了解，也无法参与和监督，农业技术普及资金真正用于农业技术提高的部分越来越少，农村科技人员的人数也急剧下降。在高等教育对农业科技人员的培养方面同样出现了学生来源减少和科技人才不愿下乡的问题。

在农产品流通领域，粮食和棉花等主要农产品的流通仍然在相当大的程度上受国家控制。粮食和棉花生产成本高价格低，无法成为农民增收的主要依靠。种植其他经济作物和从事养殖业可以为农民带来更多的回报，但也具有更高的市场风险。在引导农民进入市场方面，由于农村自组织程度比较低，对市场信息的了解主要还是靠基层政府的指导。而基层政府在引导农民进入市场时并不直接承担市场的风险成本，加之政府习惯于用行政方式理解市场和指导农民，往往误导农民，造成农民的直接经济损失。

中央有关减轻农民负担的措施主要是制定有关政策和规定行政事业收费标准，限制地方和基层政府的“乱收费”、“乱摊派”和“乱集资”。从法定的意义上讲，农民负担是指国家政策规定或由法律规定具有农村户口的农民应该承担的义务。1993 年 7 月通过的《中华人民共和国农业法》规定，农民依法缴纳税款，依法缴纳村集体提留和乡统筹费，依法承担农村义务工和劳动工。该法对向农民的收费、罚款、摊派、集资等作了明确的限制，规定一切向农民的收费、罚款、摊派都必须有法律和法规的依据，集资必须实行自愿原则。但在实际运作上，农民的负担远远超出了法定的范围。各级政府为了自身财政的需要，往往通过“搭便车”的方式增加农民应缴的税费额度和增加收费项目。由于中央有关农业

① 参见杨鹏《中国农村科技进步的制约因素》，《战略与管理》2001 年第 6 期，第 21 ~ 27 页。

税负政策并没有根本改变，农业税收总量不但没有逐年减少，反而逐年增加。从实行分税制以来，地方财政普遍困难重重，尤其是在县乡级政府，财政缺口自然转嫁到农民身上。农民负担逐年加重，则进一步恶化了农村的干群关系。为减轻农民负担，中央政府从20世纪80年代后期以来先后发布了20多件法律法规和行政文件，但是许多地方政府通过种种“对策”，虚报数字，回避检查，仍然不断增加农民负担。地方政府和部门面向农民的各种收费、集资、罚款和摊派项目不断增加，数额不断增大。根据国务院有关官员透露，一些地方政府增加财政，虚报农民收入，超标准提取村提留和乡统筹费，强迫农民以资代劳；一些地方则违反国家规定，按田亩或人头平摊征收农业特产税和屠宰税；有些部门要求基层进行的达标升级活动屡禁不止，所需资金最后摊派到农民身上；有些地方基层干部采取非法手段强行向农民收钱收物，酿成恶性案件和群体性事件。根据其提供的统计数字，1999年全国农民直接承担的税费负担总额为1200多亿元，农民人均负担税费为130多元。其中，农民缴纳的农（牧）业税、农业特产税、屠宰税各项税收收入近300亿元；农民直接缴纳的村提留和乡统筹费约为600亿元；“两工”中的以资代劳及其他各种社会负担（包括行政事业性收费、集资、罚款、摊派等）约为300亿元。① 据一位学者的调查，在某一个县级市，1999年的村提留、乡统筹费总额比80年代中期增加了10多倍。在这个县，一般收取金额占上年人均纯收入的10%～15%；有的乡镇收取的农民负担名目仍然达30多项。除法定的农业税和提留统筹费之外，该县农民的额外负担是负担总额的40%。②

针对农民不合理“负担”的问题，中央决定在农村实行农村税费改革，并于2000年开始先后在安徽、江苏全省及其他地区的102个县（市）进行了费改税政策③的试点，想规范农村税费制度，从根本上消除农村“乱收费”的问题，以

① 参见《税费改革：破解农村难题的重大举措——访国务院农村税费改革工作小组办公室副主任黄维健》，中国宏观经济信息网，2002年12月。

② 参见萧扬《做一个农民有多难》，《中国改革》2000年第6期。

③ 费改税是对我国开展的农村税费改革的简称。在大部分地区，这项改革的具体内容是“三个取消、两个调整、一个逐步取消”，即取消生猪屠宰税，取消乡统筹，取消农村教育集资等专门面向农民征收的行政事业性收费和政府性基金、集资；调整农业税政策和调整农业特产税征收办法；在几年内逐步取消统一规定的劳动积累工和义务工。兴办集体生产和公共事业所需资金，实行“一事一议”，由村民大会或村民代表大会讨论决定。税费改革的目标是减轻农民负担，增加农民收入。

达到减轻农民负担的目的。这一改革试点于2002年又扩大到20个省（直辖市、自治区）以及其他省份的25个县（市）。但是，由于国家公共财政体制本身的不完善，财政转移支付的手段不规范、不合理（具体的转移支付还没有建立与公共品生产、供给相联系的配套制度），县乡之间财政关系仍然偏重于财政承包制（这种制度造成乡镇财政管理依附于县级政府，在提供本地公共产品方面不能自主），乡镇行政体制改革和机构人员精简没有真正落实，农村义务教育管理体制没有进行相应的改革（“乡镇办小学、县办中学体制”使乡镇一级政府财政的大部分用于农村义务教育），其结果是大多数县乡财政濒临破产，基层政府行政运行难以保障，乡镇政府提供公共产品的能力急剧下降（农村义务教育首当其冲）。因此，中央政府不得不用“积极稳妥、量力而行、分步实施”的原则调整政策实施的步伐。

综上所述，“农民负担”问题并非单纯由基层政府的非规范行为所致，更深层的原因还在于国家政策结构的不合理和行政体制的弊端。“三农”问题虽然受到了中央决策层的重视，但是，由于国家宏观政策结构没有发生实质性的改变，自上而下高成本运行的县—乡管理体制改革滞后，针对“三农”问题的具体政策很难取得预期的效果。

四　农村政治稳定与治理模式的结构性变化

20世纪90年代以来，乡村“民主自治”与“三农问题”成为中国农村两个最重要的议题。两个议题具有不同的性质和不同的发生原因，但从政治的角度上分析，两者之间也存在着因果联系。“三农问题”主要是由于城乡差别对待的国家宏观政策结构和高成本县—乡管理体制产生的必然结果，“三农问题”的长期延续和加重不但阻碍乡村社会的发展，而且影响到乡村政治的稳定。乡村民主自治则是自上而下推动的一种制度变革，其目的是在农村的最基层建立“自我管理、自我教育、自我服务”的群众性自治组织，以取代人民公社的准军事化的管理方式，并通过村民选举为这种自治赋予“民主选举、民主决策、民主管理、民主监督”的内涵，以保障乡村的政治稳定。但从制度的层面上看，乡村民主自治在中国近现代史上不能不说是一种全新的制度安排。然而，这种制度安排在实践过程中却具有很强的行政主导性，自治权威仍然带有相当程度的官僚化特性。另外，这种村民自治是一种乡村社会中最原始（基本上以自然村落为主的）

也是最小单位中的自治，民主自治的功能只限于自治组织内部的利益调整。限于权威的依附性和自治规模的限制，在强大的行政权威的压力下，自治组织很难成为其共同利益的维护者。村民自治的这些特性也许可以从一定程度解释，为什么当乡村“民主自治”在全国得以普遍推行的同时，与农民利益休戚相关的“三农”问题不能得到妥善解决。乡村“民主自治”和“三农问题”这两个在许多人看来不相干的议题实际上存在着某些必然的关系。

“三农”问题的长期存在和不断加重所引发的农村政治稳定问题直接引起了中央决策层和知识界对农村问题的重视。党的十六大以来国家领导集体也将农村问题列入重要政治议程。一些相关的具体政策也已进入试点推行阶段，如中央强调将继续推行农村“费改税”政策，并同时加大中央财政对包括义务教育在内的农村公共财政的支持。在中央的部署下，许多城市已经开始进行“农转非”政策的调整，放宽农村人口转为城镇人口的限制，以加速城市化。然而，正如本文以上所述，“三农”问题的产生和难以解决的原因是与国家政策结构和行政管理体制上的问题相关联的，在解决具体问题的政策实施中所遇到的困境业已表明：“三农”问题的影响不仅已经触及县—乡管理体制的结构性问题，而且业已跨越了农村社会的边界，触及国家宏观政策中的结构性问题。解决“三农”问题、维持农村政治稳定将涉及农村治理模式的结构性变化，涉及农村基本政策和管理方式的大幅度调整和创新。只有通过国家政策结构上的重大调整和行政管理体制上的重大改革，才有可能彻底摆脱困境。具体来讲，就政策选择层面而言，农村税费改革必须结合中央和省级财政对农村公共事业建设的投入以及县乡级政府的机构改革；减轻农民负担和增加农民收入的问题必须有相关政策能够保障农民的正当权益不受侵犯；国家的宏观政策必须打破“二元”社会政策基调，进一步改革现有城乡分离的相关政策，允许农村剩余劳动力向城市劳动力市场合理流动，减少农村人口，加快城市化进程。这些政策必然涉及城乡利益结构的重大调整，涉及乡村治理中国家和乡村社会关系的调整。占总人口约70%的农民能否在这一重大利益调整中产生应有的政治影响力，将在一定程度上决定着利益调整和国家与乡村社会关系调整的程度，也将在相当程度上决定乡村治理模式的结构性变化的方向和程度。

但是，中国农村管理模式的改革更多的是表象性的而不是实质性的，这一改革并没有增强农民在上述这些利益调整的格局中的影响力。从形式上看农村实行了村级自治和民主选举，但是国家通过政府基层行政机构对农村社会的强控制治理模式并没有发生本质上的变化。政府对农业、农村和农民的“区别对待”政策并没有因为村民自治和基层选举而得到改变。单个行政村落的自治和民主选举充其量只能形成“马铃薯”式的自组织群，而这种相互隔离的、分散的自组织不可能直接影响国家层面的政策选择，难以约束基层政府的行为，也无法改变农民在社会利益分配格局中的弱势地位。中国正在进行具有现代化意义上的社会经济转型，解决转型时期农村发展问题并非乡村村级社区内部政治关系调整所能为之的。它有赖于中央权威对农村政策的合理选择，有赖于乡村自治与乡村利益共同体在更大范围上的再造。在目前的政策制定体制下，后者的积极参与有可能是农村政策合理选择的一个重要因素。

政策选择是一个受到多方面政治因素影响的博弈过程。在全国政策结构性调整中，农村政策的选择依然要受到国家整体发展战略的制约，受到业已形成的利益格局的限制。因此，国家政策结构中城乡二元化政策体系的调整无法在短期内发生重大变化。在此条件下，进一步推进乡村治理模式的转型，改革高成本运行的县—乡管理体制，在解决“三农”问题、缓和农民与基层政权矛盾方面将会具有更重要的现实意义。

一些学者通过相关研究提出了一些关于乡镇管理体制改革的方案和设想。例如，将乡镇政府改为县级政府的派出机构，通过政府管理层级简化和财政体制创新来排解县、乡财政困境①；或者撤销乡镇政权，实行“乡镇自治”，以彻底解决乡镇政府权力与责任不平衡的问题。② 这些主流学者的乡镇体制改革方案和设想，更多的是试图通过行政体制改革来实行机构和人员的精简，来解决基层政府财政所面临的问题，或者通过行政执行体制的内部调整增强体制的自我约束以规范基层行政行为。他们过多地倚重于自上而下的行政管理体制的自我完善能力，或多或少地忽视了来自乡村社会潜在的自主能力和政治影响力。③ 主流学者的局

---

① 参见徐勇《县政、乡派、村治：乡村治理的结构性转换》，《江苏社会科学》2002 年第 2 期；贾康、白景明《县乡财政解困与财政体制创新》，《经济研究》2002 年第 2 期。

② 参见荣敬本等《从压力型体制向民主合作体制的转变：县乡两级政治体制改革》，中央编译出版社，1998，第 140 ~ 141 页；郑法《农村改革与公共权力的划分》，《战略与管理》2000 年第 4 期。

③ 也有一些非主流的学者主张在农村建立更大范围的农民自组织，如农会，但是因为其可能带来的更大的不确定性和政治风险而不被主流学者所接受。

限在于对我国自上而下的传统行政管理—执行体制所存在的结构性特征缺乏足够的认识。这些结构性特征主要体现为：管制型的政府行政建构、准动员型的行政执行模式和以完成任务指标为手段的行政激励体制。在这种管理—执行体制下，基层政府很容易忽视行政效率的提高和行政资源的合理配置，无节制地增加行政运行成本，产生行政执行的外溢性。[①] 因此。在传统行政管理—执行体制缺乏结构性变革的条件下，县—乡管理体制实行自我完善和自我约束的可能性是值得怀疑的。

在县—乡管理体制中，乡镇政府扮演着一种双重角色，它既是提供乡村公共产品一时难以替代的供给者，又是增加农民负担的一个诱因。与县级政府比较，乡镇一级政府更直接面对农村基层，也更多地承受着县以上各级政府政策执行的压力，承担着这些政策执行的部分成本。在自上而下准动员型行政体制下，乡镇政府对上负责有余而对下负责不足。乡镇政府的主要人事任命由县级负责，工作任务由县级有关部门布置和监督，必须向上级负责；而在财政上，乡镇则要依赖于乡村经济组织。这种权责的非均衡性，很容易使县级政府将其职能扩张所造成的财政负担以下派任务指标的形式强加给乡镇政府，乡镇政府再将这些负担转嫁给农民。许多地方出现的农民与基层政府之间的矛盾和冲突已经在一定程度上说明了行政执行外溢性后果的存在。因此，乡镇体制改革既应该着眼于县—乡关系中的权力与责任的对应和平衡，也应该着眼于乡镇权威来源与利益共同体之间的有机结合和良性互动。如果在村民自治的基础上将自治扩大到乡镇政府一级，在乡镇长选举试点的基础上不断推广经验，使农民能够在乡镇范围内实行“民主选举、民主决策、民主管理、民主监督”，这将会在一定程度上推动乡村治理模式的结构性变化，缓解“三农问题”困扰下乡村治理的困境，并在国家政策结构调整和政策实施方面逐渐产生积极的影响。

---

① 笔者在一篇分析行政审批制度改革的文章中，对传统行政执行体制的结构性问题作了较为系统的分析。并用“行政执行的外溢”来概括政府行政执行机关在提供公共物品时给社会带来的额外成本和负担的所有现象，并认为行政执行外溢不光会增加社会成本和负担，而且会增加政权的政治成本。参见徐湘林《行政审批制度改革的体制制约与制度创新》，《国家行政学院学报》2002 年第 6 期，第 22 ~ 23 页。

21世纪的治理挑战与公共管理改革

蓝志勇[*]

（李国强 译）[**]

> 治理囊括了传统、制度和过程等各个方面，而这些方面又对权力运作、公民参政以及公共事务决策等产生着决定性影响。
>
> ——加拿大治理研究所

一 前言

当今世界面临着新一轮的治理危机。尽管民主、平等、自由市场、和平共处等理念早已在过去的二十年中传遍全球，战争、冲突、骚乱、示威以及犯罪等社会现象也日益增多。海湾战争、中东紧张局势、波斯尼亚战争、科索沃战争、印巴冲突、9·11恐怖袭击、伊拉克战争等，世界难得消停，危机接踵而至，给人的感觉是当今世界并不比过去安全多少。从经济领域来看，亚洲经济危机、企业丑闻、北美漫长的经济不景气等纷至沓来，各种麻烦一直困扰着人们。许多国际组织也步履蹒跚，联合国安理会围绕国际事务展开了无休无止的辩论，只不过行动上怎么看怎么像跛脚鸭。第二次世界大战后确立的世界秩序，正面临着转型重组的重重压力。

至于所谓的发达国家，也在艰难地寻找治理新路。“传统官僚型国家”不久

---

* 作者简介：美国亚利桑那州立大学行政学系教授。

** 译者简介：北京大学政府管理学院博士。

之前似乎仍然运转良好，现在则饱受质疑和挑战。分权、放权、私有化、市场化等措施，占据了政府改革的前台。9·11 惨剧进一步坚定了英国和美国等国家的改革决心，它们筹划进一步改革传统官僚体系，推动多部门合作战略，成立像国土安全部这样的机构。政府官员们迫切地希望重塑其核心责任，从原来管理政府文职人员、直接对外提供服务，到现在力图编织公共、私人及非营利组织的协作网络，来提供原来由政府自己直接提供的服务。

这个世界到底怎么了？为什么如此多的问题爆发出来？世界将走向何方？我们是否选择了正确的道路？本文就这些问题展开分析，讨论治理的本质及治理的必要性，并就迈向治理的行政改革提出适当建议。本文认为，在变幻莫测的世界局势下，要想推动和平、民主、安全、和睦及可持续发展，就必须采用新理论、新战略、新领导方式，也需要我们作出更大的主观努力。目前的改革战略尚有许多需要完善之处。

二 治理的本质与不同类型

按照词典上的标准定义，治理一般用来指代统治和控制。麦科迪（McCurdy）曾在著作中把公共管理学界定为治理之道，一门致力于寻找管理政府和公共事务之最佳途径的学问。缪勒（Mueller）把治理定义为："关注制度的内在本质和目标，推动社会整合和认同，强调组织的适用性、延续性及服务性职能。治理包括掌控战略方向、协调社会经济和文化环境、有效利用资源、防止外部性、以服务顾客为宗旨等内容。"一些学者把治理视为一个有用的视角，认为治理能力可以通过政府动员政治支持（合法性）、提供公共物品（绩效）、处理纠纷（冲突解决）等能力来度量。世界银行中的许多学者参与推动了近些年对治理的研究，他们把治理界定为公平而有效的惯例和组织制度，基于此国家权威能够有效地服务于公共福祉。治理是指一个平稳选举、管理和更换政府的过程，一项有效管理自身、合理执行政策的政府能力，一种公民和国家相互尊重、职能机构有效地管理经济和社会活动的状态。一旦这些不复存在，所谓的治理也就危如累卵了。

事实上，治理的含义并不局限于此，还可以囊括更加深入、广泛的内容。众所周知，治理从古至今都是一个热门话题。在风云变幻的人类历史上，对善治的追求从来就没有停止过。在东方，中国古代的政治家和政治哲学家们早就提出了自己的“治理”理念。西周王朝特别重视治理中礼治的重要性，他们认为礼仪有助于维持社会体制和社会秩序。孔子生于乱世，极力推崇的就是克己复礼。孟子在治理理念上更进一步，坚持民本主义，认为人民利益应当是治理的最高目标。老子建议“治大国若烹小鲜”，远远超前于西方的自由放任市场主义。秦代迷信暴力征服，汉代把军事力量与文明教化结合起来，唐代君主告诫自己“君，舟也。人，水也。水能载舟，亦能覆舟”，早就悟出了平衡调和的治道。著名的统治术百科全书《资治通鉴》共有294卷，记录了长达1362年的漫长的政治史，涉及政治、军事、经济、文化等诸多统治战略。[①] 当然，对于历代王朝来讲，维护统治才是治理的首要目标。

在西方政治传统中，关于治理的论述也异常丰富，尽管这些论述往往与其他内容纠缠交结。政治哲学包括“对基本政治概念的探讨、对人性和政治新观点的分析、对最优政体之本质的规范性探讨等”，在整个西方政治哲学传统中，治理的相关话题一直长盛不衰。柏拉图通过强调正义、节制等美德的重要性，奠定了政治学语言的基础。亚里士多德把人类视为天然的政治动物，认为政治学应当研究社会中各色人物的政治行为，最终应当为政治共同体（城邦）谋求和谐与秩序。治理之目的并不仅限于制止错误、保护公私财产，还要推动公共之善和公民美德的发展。

在深入研究古希腊150余个城邦之后，亚里士多德总结指出，最理想的政治共同体应当保护公共利益，而非为了统治者的一己之私：

> 人类是天然的社会动物，由于拥有了理性言说（logos），我们变成了社会联合体。众多家庭合为一处衍生了村落，而大量聚集的村落则发展成为国家。国家最初之所以形成，主要是为了满足人们的自然需要。到后来，国家包含了许多道德性目的，被认为应当发挥作用，改善人类生活。因此，国家

① 《资治通鉴》为中国著名编年体通史，由北宋司马光编成；宋神宗以其“鉴于往事，有资于治道”命名。共600余万字，294卷，上起周威烈王二十三年（公元前403年），下至后周世宗显德六年（959年），记载了1362年的史实。《资治通鉴》的内容偏重于政治、军事，略于经济、文化，目的是供封建统治阶级从历代“治乱兴亡”中取得借鉴，史料丰富，取材广泛，按年代顺序编排，便于查考，为历史研究提供了较系统的数据……

作为一个地方联合体，并不仅仅是为了阻止恶的发生或便于交换，也不仅仅是一种保护财产和公共物品的制度安排。国家是一种真正意义上的道德性组织，其目的正是为了人类的发展。

不过，后人对治理意味着什么也有自己的见解。马基雅维利（Machiavelli）的《君主论》是一部为统治者征服或改造国家而出谋划策的著作。① 正因为如此，马基雅维利也成了众所周知的第一位现代政治哲学家，甚至可称为现代政治科学之父。古代政治理想强调公民美德及政府提升公民美德的作用，马基雅维利彻底拒斥了这种理想。他主张统治者为了担负起对国家的责任、为了获取荣耀和不朽声名，可以无所不用其极。治理意味着政治稳定、避免腐化堕落。除了马基雅维利，还有很多政治哲学家也显赫一时，例如托马斯·霍布斯强调君主专制的重要性，约翰·洛克强调保护不可剥夺的生命权和可以让渡但神圣不可侵犯的财产权。总体而言，启蒙时代的自由主义思想家例如霍布斯和洛克等，都信奉个人主义和自利性假设，时至今日这些信条早已变成了现代政治哲学的基石。对于他们而言，培育情操高尚的公民并不是政府的首要目标。国家并非如古典哲学家们所设想的那样本身就是一个目的，国家只是实现目的的手段——通过良好的法律、有效的执行来维护秩序与和平。对洛克来讲尤其如此，政府的作用就是创造环境，以使公民身心得到自由成长。

卢梭从另一个角度论述该问题，他愤世嫉俗地指出，启蒙时代的个人主义只不过是为自私和残酷寻找借口罢了。保护私有财产并非什么值得崇敬的自由，说到底不过是富人欺压贫贱者的通行证。此种情形下的民主无疑等同于富有者掌权。卢梭认为，启蒙所带来的个人主义和自私自利等堕落道德观，激发了竞争、等级、嫉妒及其他邪恶冲动，全体人民都将因此堕入悲惨的深渊。卢梭希望通过达成社会契约的方式来实现善治。德国政治哲学家卡尔·马克思沿着卢梭的道路走得更远，他指出阶级斗争和无产阶级专政是取得善治的唯一途径。功利主义哲

① 《君主论》最初印行于1516年，是马基雅维利献给封建领主的，书中就如何保持权力出谋划策。他援引亚历山大大帝的行为告诫统治者：要争取朋友，不惜以暴力或欺诈克敌制胜，使臣民对自己既敬且惧，赢得军队的仰慕与追随，铲除那些有力量或有理由反对自己的政敌，实现从旧秩序向符合自身利益的新秩序的转变，具备必要的严厉与宽仁，摧毁军方反对者，选拔忠诚的士兵，结交能够热情帮助自己的王公贵族，警惕政见不合的敌手等。

学家约翰·密尔相信，理性终究会超越偏见，只要官僚制坚持理性和宽容，采取民主决策机制，那么自由还是能够实现的。

美国宪法制定者们与卢梭不同，他们深受启蒙思想影响。他们强调个人主义和公民权利，认为公域必须是为了更好地推动公民私域的发展等理念，这都秉承了启蒙传统。美利坚合众国之父们至少认真讨论过两类治理模式：一类是杰斐逊倡导的民主治理模式，主张通过民主参与和约束政府规模来保护自由、自主和天赋权利。麦迪逊支持杰斐逊的观点，他认为在民主共和国中某些狭隘的党派利益是不可避免的，压制党派利益的唯一办法，就是尽量扩大共和国的疆土和社会规模，以容纳各色各样的党派，防止单个党派独霸支配权。另一类就是汉密尔顿倡导的政府类型，主张政府实行集权控制，深入管理社会生活的各个重要领域。

通过上面这番追根溯源式的探讨，我们会发现，如何治理是所有统治者都面临的棘手问题，古今中外很多政治哲学家都为此绞尽脑汁。有些学者认为，治理不过是指如何巩固政治秩序、政体延续性和精英的统治地位。治理意味着荡平任何敢于挑战现有权力秩序的势力。制度结构、策略、文化、礼仪、宗教信仰等都可以作为统治手段，在统治者的容忍限度内用来达到治理的目的，即便这意味着反对力量的大规模抵抗（秦汉两代都是明证）。统治者为了确立道德准则、规范臣民的行为，也往往诉诸强有力的说服性力量（例如儒家学说）。统治者还试图利用宗教信仰的力量，通过内化的敬畏来压制臣民的欲望。对于另一些学者而言，秩序和稳定只能通过民主参与、社会契约、法治、包含制衡内容的制度约束等方式来获得。还有一些学者则认为，要想确立良好的治理秩序，保证个人拥有最大限度的自由，贤明而又自律的君主制、契约君主、官僚制度等都是必不可少的。

综上所述，我们能够归纳出五种已知的治理类型：

——前现代权威型治理，例如封建领主制和奴隶制。

——前现代民主治理理想，其目的是维护公共利益，承担更高的道德目的。

——马基雅维利型治理，关注君臣关系，主张用铁血手段维护秩序。

——启蒙治理哲学（自由利益群体治理），强调所有个体和社会力量之间长期互动和相互影响，保障个人利益和财产权利。不过，这种治理哲学遭到卢梭和马克思的猛烈抨击，他们认为这只不过是为富人统治穷人装饰门面。

——官僚型治理，遵循法律和道德激励的方式来设计制度、推崇信任，一些启蒙思想家和理性社会精英持此观点。

通过上面的分析可以看出，对治理的理解因人因事因时而异。

前现代权威型治理以满足统治者的私欲为要旨，罔顾普通百姓的死活。前现代民主治理理想虽然富有吸引力，但毕竟过于理想化了，不切实际。在马基雅维利式治理之下，普通百姓不过是仰君主的鼻息过活罢了。启蒙思想家设想的民主治理有赖于被治者的积极参与，而被治者是否拥有平等参与权却大有疑问。至于官僚型治理，倘若缺乏有效的监督就会变得荒腔走板。每种治理类型都有自身的问题和缺陷，但是，他们都有一个最基本的共同目标：有效地解决冲突，保持稳定。一旦社会冲突能比较容易地化解，善治的目的也就达到了。低水平的治理会破坏政治系统的正常运转，降低其存活率，而高水平的治理在面对汹涌的社会力量时，能够满足其多种多样的需求。

岁月流逝，早先盛行的杰斐逊式政府（启蒙民主型治理）逐渐让位给了汉密尔顿式政府（官僚型治理）①；自由主义利益集团政治因其违背公民利益并让政府变得虚弱不堪，遭到猛烈攻击；市场动力型治理正在沦为垄断集团和特殊利益集团的傀儡，利弊权衡中“弊”占了上风。通盘考虑之后，我们可以毫不犹豫地说，眼下对治理的探讨已经或者说应当高于已有的历史水平，我们应当寻找更高水平的治理模式——高效、民主、意识形态健康、道德准则符合人性。

应当指出的是，寻找新治理模式的进程早在 20 世纪 90 年代就开始了，当时许多学者撰文呼吁“再造政府”。稍后罗森布洛姆等人描述了一种公共管理的改革运动，被有些学者称为新治理运动（new governance）。但后来，一种命名为新公共管理的运动（new public management），得到了一些青年学者的响应，使新治理的讨论，一直没有很快地展开。一些英国及英联邦国家的学者更注重对新公共管理运动的讨论，有的还竭尽所能地推广它。从严格意义上讲，无论按照何种标准来衡量，新公共管理运动纷繁复杂的理念和口号都无法与治理的理念和标准相提并论。尽管有学者后来画蛇添足地说管理就是治理，但响应者寥寥无几，因

① 汉密尔顿可谓输小赢大，尽管杰斐逊式观点在当时政治辩论中占了上风，不过进入 20 世纪之后，汉密尔顿式政府模式越来越占据上风。

为很明显管理与治理相关，但却并不能囊括治理所有的含义。更有甚者，翻遍整个现代管理思想史，会发现许多举措难以称为“新”公共管理，因为其中只有极少数可以真正称为新的东西。因而，宣称新公共管理就等于治理改革，未免产生不少误解。

三 治理危机

著名德国社会哲学家尤尔根·哈贝马斯在分析晚期资本主义社会时，叙述了现代社会面临的四种危机：①当经济系统无法生产必要水平的消费品以满足需要时，会爆发经济系统危机；②当行政系统无法作出必要水平的理性决策时，会爆发行政系统危机；③当合法性系统无法提供必要水平的行为激励时，会爆发合法性系统危机；④当社会文化系统无法赋予行为动机以必要水平的意义时，会爆发社会文化系统危机。必要水平（requisite quantity），是指衡量系统绩效（消费品、行政决策、合法性和意义）的数量、质量、时间等各种维度。

以哈贝马斯的视角遍观当今世界，尤其是公认为西方民主世界之领袖的美国，危机的征兆清晰可见。庞大的政府赤字[①]、居高不下的失业率[②]、稳健经济政策的匮乏，凡此种种都说明了社会消费品生产能力的虚弱。联邦层次的政府行政决策常常违背基本的理性原则，而后者恰恰是维护民主社会稳定性和延续性所必需的。社会道德水平令人担忧。政府目标与社会的更高要求之间鸿沟巨大，并随着情形（意义）变化而波动起伏。

著名公共管理学家巴瑞·波兹曼（Barry Bozeman）在观察了近年来以个人利益为中心的改革及其效果之后，指出改革所付出的代价就是公共价值的衰败：价值凝聚和表达的机制损坏了（政治过程与社会核心要求之间出现断裂，无法确保公共价值有效沟通），积重难返的垄断（即便政府垄断算是为了公共利益，

① 华盛顿，2003 年 10 月 20 日。据行政部门公布的消息，由于伊拉克战争拨款、新一轮减税及经济不景气，导致政府赤字达到了历史最高水平，2003 年度的联邦预算赤字已经高达创纪录的3742 亿美元。本预算年度截至 9 月 30 日，最终账目结果已经公布，行政部门说2003 年度的赤字较之 2002 年翻了一番还多，2002 年已经达到 1578 亿美元。在美元历史上，2003 年的数字轻易地超越了 1992 年老布什担任总统时创下的 2904 亿美元的纪录。参见 http：//www.cbsnews.com。

② 2003 年 10 月，失业率依然居高不下，停留在 6%，失业人数约为 880 万，为 21 年来最高。

私人提供垄断性商品和服务的弊端却是众所周知的），利益分配不均（公共利益和服务往往只对特殊个人或群体有利，无法惠及大众），公共价值提供者的匮乏（尽管大家对公共物品和服务应由政府提供的重要性存在共识），急功近利的私人利益不断威胁着长远的公共利益，对资产更新换代的关注不断威胁着对公共资源的长期保护（政策分析往往只关注更新换代，即便没有恰当的替代物），市场交易不断威胁着最基本的人类生存。

以往学者们都认为市场既是目的（人类发展却不是目的）又是手段，市场甚至取代现代化变成了欲求对象，就像官僚组织取代公共服务、公正、责任、效率和技术性而变成了欲求对象一样。波兹曼的新分析模型对此种似乎不言自明的假设提出了挑战。

公共价值的衰败已经威胁到平等、公正与和睦，进而将威胁到稳定与安全。政治腐败、易受操纵的政府过程、心术不正的公仆、严峻的财政危机、居高不下的失业率、萎靡不振的经济状况、饱受侵蚀的公共信任机制、日益恶化的社会问题、遍布世界的军事冲突等，各种问题层出不穷。

治理问题甚至也让大型商业集团头痛。通用公司（GM）的例子就很能说明问题：

> 多年以来，业界都认为通用公司行动迟缓、庞大笨重、充斥官僚气息，就像一个沉睡的巨人。直到 1992 年 4 月 6 日之前，通用公司董事会的所作所为就是这种形象的真实写照，从那以后董事会决定唤醒巨人，雷厉风行地改造上层架构。如此动作在公司发展史上实属罕见。不过，这一空前的改革风暴已经酝酿了相当长一段时间。1991 年汽车价格暴跌导致通用公司损失了 45 亿美元，通常一声不响的董事们再也坐不住了。尽管向市场推出了大量新型轿车和卡车，也为建设新车间和新设备付出了数十亿美元，但通用公司在美国市场上的份额依然停滞在 35% 左右……

被批评最多的就是大多数董事会成员没有履行应当履行的治理职责。从法律上讲他们有权主导企业发展，但出于种种原因，反而受制于管理层。股东们抱怨说他们对董事会或管理层毫无影响，自己的利益也无法得到切实保护；作出的决策常常有悖股东的利益；董事会无力恰当评估管理层的业绩，公司里盛行种种不道德的行径；董事会也无法得到足够的管理信息，难以作出恰当的决策，因而变成了管理层的橡皮图章；董事会成员也没有抽出足够的时间处理公司事务。

这是典型的委托—代理问题。公司高管是管理者，他们为了实现组织目标，日复一日地负责督促企业运转，分配稀缺的组织资源。委托和代理之间不均衡的信息控制隐藏着危机，代理人总有可能寻找机会徇私舞弊，而这毫无疑问是以委托人的利益为代价的。企业面临的治理挑战在于，老板们（董事会成员）渴望控制企业，但不愿意处理日常事务，他们不得不寻找有效的激励或监督渠道，促使极有可能损公肥私的代理人提高公司绩效。安然、世通公司（Worldcom）、环球电讯（Global Crossing）等的商业丑闻，只不过是委托—代理关系扭曲的证据罢了。

2000 年，英国治理出版和信息服务公司在网站上写道："公司治理是今日商界的当务之急。对于公司来讲，善治有助于吸引广泛的、廉价的资本。对于投资者而言，善治能够有效地保护股东的利益。对它们两者来说，善治都意味着好买卖。"[①] 对公司治理的研究显示："分析探讨和实证研究证明，人们的观念在发生变化，原先大多赞成寡头式公司管理架构，由高层管理人员统领一切，其薪酬能达到普通员工的500 倍；现在人们更倾向于建立明确的责任机制，鼓励利益相关者（持股人）和涉及决策的雇员的长期参与合作。适应这种变化的公司就处于更有利的位置，能够更好地创造财富、更好地参与世界竞争以及更好地解决新千年中高度复杂的商业难题。"[②]

就国际范围来看，治理变革是艰辛的。从某种意义上讲，世界银行的学者们之所以率先注意到治理问题，乃是因为世界范围内腐败的广泛存在，尤其是在许多发展中国家和刚刚获得独立的国家。世界银行的学者们为衡量治理成功与否，采取了一些引人注目的措施。他们开始寻找这些问题的答案：①选举、监督和更换政府的适当过程；②有效制定和执行稳健政策的政府能力；③建立公民和国家都尊重制度的机制，并借此管理公民和国家之间的社会经济互动。在 1996 年、1998 年、2000 年和 2002 年四个年度中，世界银行的学者们对全世

---

① http：//www. governance. co. uk.

② http：//www. corpgov. net/.

界 199 个国家和地区的治理状况进行了大规模调查，调查从 6 个角度衡量治理水平：回应性和责任性、政治稳定性和暴力程度、政府效率、管理水平、法治程度、政府俘获程度。他们的最终结论是：政府的确至关重要，许多政府与善治的要求差距甚远。这些实证研究揭示："一般来讲，世界范围内的治理水平改善很小，政府无力控制腐败，也无力改善制度效能——尽管世界各国在其他方面差异很大。"

回想本文开头处描述的种种国际问题，当今世界毫无疑问处于危机之中。新独立国家的混乱、持续不断的国际冲突、不断滋生的恐怖主义威胁以及单极强权政治等，面对纷纷扰扰的世事，很难说当今世界就比 50 年前安全多少。在世界更需要团结一致、和谐共存之时，联合国、北约以及这些组织的领导者——美国——却常常在同一时刻大唱反调。

对于治理而言，还有一些新的挑战。在唐纳德·斯通讲座上，著名行政学家莫戈特指出当代社会正面临着 6 大治理挑战：全球化，飞速的技术进步，对公共、私人和非营利合作者的需求，制度完善和制度创新，掌控复杂事务和变革能力，政策对调查研究的严苛要求。传统治理模式已经不足以应对这些挑战了。如何找到一种新的治理模式，以期在坚持以人为本的基础上应对这些挑战，是新一代公共管理学者肩负的重大使命。

四　治理危机产生的原因

从某种意义上讲，今天的治理危机不过是社会力量蓬勃发展而行政机器无力应对造成的，两者出现了断裂和不平衡。不久之前，民主化、市场化、分权、放权、私有化等还被视为行政改革的万灵药，足以医治困扰现代国家的各种各样的官僚制弊病。时至今日，治理又变成了政府、权威、控制、目的性和系统性管理的代名词，转眼之间成了新的时髦字眼。目标导向、整合、责任性和回应性等举措变成了新的万灵药。从理论风潮的兴衰还是能很清晰地看出，近年来的治理危机与起始于 20 世纪 80 年代的大众改革运动关系密切。

细细回想一下，我们就能发现改革运动挑战了笨重的官僚机构，利用政府官僚结构的卓越之处为个体追逐自身利益的渴求松绑，也帮助许多国家取得了不同程度的经济发展成就。尽管如此，这也导致另一种极端倾向，就是强调民主、个人自由以及追求个人利益，往往导致狭隘的个人利益压倒了公共利益。这些改革运动嫌恶并敌视20世纪40年代以来的凯恩斯主义传统，欢呼公共选择理论的到来，尽管公共选择理论也深深植根于启蒙哲学传统。小政府、供应学派经济学、反规制、反官僚和私有化变成了新的信条。这些改革再次激起了长久以来的争论，例如治理应当是自上而下的还是自下而上的，政府应当满足于保护私人利益和私有产权还是应当追求更高的道德目标等。

世界银行学者们的实证研究和分析指出，私有部门正在影响公共治理，这就挑战了关于政治家行为、公共领域、投资时机的决定权等方面的传统看法。因而，制度改革是必须进行的。

从历史上到今天，官僚制（通过法律和道德强制的制度化来运转）一直是治理的主导形式，但是对控制官僚制或其替代手段的探讨从未停止过。民主制就是一种依照宪法和政府法令进行统治的手段，建立民主制的本意就是为了将官僚置于控制之下。虽然总是有强有力的支持者赞成提升公共利益并实现更高的道德目标，但事实证明民主制度主要是保护追逐个人利益的行为，只要个体自由逐利行为仍然在整个社会的容忍范围之内。历史经验给我们两条重要启示：首先，官僚制是治理中必不可少之工具；其次，人们从来就没有对官僚制完全满意过。人们总是试图寻找一个替代性方案，以便更好地让公民参与到决策中来。

其实，这些反官僚制的思想同世界银行学者们赞成的改革方法是一脉相承的。一方面，他们认为："发起反腐败'运动'，创造新制度或新法律，或采用传统公共管理办法和法律改革途径等，这些举措的效果可能相当有限，在许多新兴市场中尤其如此。"另一方面，他们认为改革的焦点应当放在外部责任性上：①透明化，②将实际监督手段制度化，③强调参与和集体行动，④建立系统、组织和个人等层面的激励机制，不过所有这些都是官僚制的方法和程序。

需要重视两个重要教训：①官僚机构常常脱离控制，组织目标常常被偷梁换柱。于是毫不奇怪，代理人和运转过程会逐渐地但不可避免地凌驾于委托人之上。②参与式民主同样有问题。参与式民主充其量不过是利弊参半罢了，一旦自私自利的活动过于猖獗，混乱就会接踵而来。在努力解决这些问题的同时，我们还应当寻找新治理模式，或许新信息技术、日益增长的经济生产力以及更加全球化的环境有助于彻底解决治理困境，这些困境从启蒙时代起就从来没有得到很好的解决。最新一轮全球分权化和改革趋势，显示出我们还远没有达到能够摒弃官僚制的地步，也无法建立一个有助于实现更高层次道德目的的官僚组织。不过，这毕竟提供了一些思路：旧治理范式已经远远不够了，必须寻找解决这些顽症的新途径。即便仍然使用官僚制工具，某些变革仍然是必要的。要推动民主参与，也要改善透明性、便利性、平等性，但也不能不顾道德信条。

马里兰大学帕克学院荣休教授沃林擅长组织理论、文化理论和结构—功能理论。他提倡使用自己命名的政治弹性理论（political elasticity theory）——有效使用政治软权力和硬权力，以便确保实现一致性和治理要求，希望以此解决官僚制或非官僚制的争论。这种理论也考虑吸收传统官僚控制方式的灵活性优势。

论文《现代行政系统内的功能分化》提出，要保持控制系统既灵活又有效率，就需要有意识地设计一个分工负责的管理系统。治理可以通过各种形式的制度结构来实现，这些制度结构有可能是互补的，同时又是可以互换的。

回顾前面的分析，就会发现新时代的治理意味着许多方面的内容。

（1）必须有一个恰当的行政结构，拥有比较妥当的职能分工，以便有能力处理各种治理事务。治理的一些替代性形式，例如网络化机制和企业家式政府机制，只要有可能就应当采用，以弥补官僚控制系统的灵活性和动力。

（2）民主作为人类社会的梦想，需要社会资本的长期积累。这要求我们有意识地培养民主精神，锻造治理的必要基础。西方国家已经有了数百年的文化和经济准备，因而民主型治理的水平相对较高。尽管如此，也远远没有达到尽善尽美的程度。学者们之所以批评美国——所谓现代民主国家的领头羊，并非毫无根据，美国民主实质上是经济寡头制以及政治共和制，民主更多地存在于社会精英的内部。试图完善不成熟的民主制，会导致低水平治理的崩溃，却并不必然通向更高水平的治理。新近独立的国家在治理中的教训，就给我们上了很好的一课。在一些新近独立的国家，人人都更会算计得失，更喧嚣吵闹，也更信奉个人主义。许多年后再回头看，真实情况往往是精英们对损公肥私的勾当更加理直气壮，公众对统治精英变得越来越不满，于是乱象丛生，腐败更加广泛，凝固的官僚利益集团逐渐形成，精英们变得意志消沉，民众滑向混乱无序的民粹主义。

（3）领导能力归根到底影响着治理绩效，我们需要培育富有民主观念、价值和倾向的政府领导的能力。现代资本主义的火车头无情地碾碎了小村镇的古老价值，而正是这些价值长久以来维系着共同体的团结。要确保当今世界地球村的合作与共存，就必须发展一套新的全国甚至全球性质的公共价值观。中国二十余年来个人主义取向的改革，带来了民主化、分权、放权和自我推动力，更导致了传统治理模式的崩溃，而全新的治理系统还未完全建立起来。这些情况强烈地告诫我们，装模作样地做做表面文章是远远不够的。值得警惕的是，尽管当今世界正在寻找生命、自由和人类尊严不会被市场或官僚制践踏的理想乐园，我们还是有可能回到强权就是公理的历史阶段。

在我们这个知识大爆炸和全球化的时代，代表全球秩序的公共价值正在不断扩展，逐步取代传统的民族主义和爱国主义。联合国的建立就是人类历史上为寻求和平共处所作的第一次全球性努力。物质商品和人力资源的大规模自由流动，早就为经济、政治和社会互动建立了全球性平台，而传统官僚结构已经被视为地域性、文化性、历史性、传统性的复合体，早就对新现实束手无策了。或许这就是为什么哈佛著名教授塞缪尔·亨廷顿（Samuel Huntington）构想出一副“文明的冲突”的情景。假如冲突是不可避免的，那么人类从数千年的文明中又学到了什么呢?“文化是由地理环境、经济发展和政治制度共同塑造和强化的。”既然信息系统和全球交通网络已经极大地改变了全球沟通手段，一个更具包容性的全球文化形态最终必将显现。因为，毕竟文化的基本分析单位是个人，每个个人都有相似的生命冲动和生理需要，只要有可能就追求类似的自由、自主和追求幸福。当今世界缺乏的就是一种恰当的符合全球需要的国际领导体制以及按此方向前进的承诺。

五　结论

总之，眼下对治理的热情还远未找到合适的制度、理论和行政改革措施的表述。今日西方的行政改革只不过是人类又一次反抗传统官僚治理结构的努力罢了。只是由于对“小就是好”的留恋与大规模紧密结合的现代社会结构之间互不相容，于是反复努力的结果总是不尽如人意。眼下关于政府是否应当发挥作用充当道德表率或者仅仅成为价值中立的公仆，依然争论不休，也就是说治理中的重大议题尚未得到解决。

在操作层面，过去的历史也已经证明官僚制作为一种行政工具，具有无与伦比的力量。为了使官僚制顺滑运转，人们早就想过无数种办法，但是至今还没有发现能够替代官僚制的有效手段。我们已经拥有了新的技术手段，面临着崭新的世界秩序，理应发起新一轮努力，寻找官僚制的替代物，尽管或许我们需要做更多的工作以证明替代物的可行性。

反过来再对照哈贝马斯的社会危机分析，我们必须做到：第一，掌控经济价值创造方面的危机；第二，掌控行政危机，以确保必要水平的理性决策；第三，掌控合法性危机，以保证文化和政治的可接受性；第四，掌控社会文化系统危机，因为该危机可能侵蚀政治和行政活动的意义。从这个意义上来讲，治理改革远远不能在完成了一次或数次的行政结构改造后就止步不前了。

参考文献

Ackere, A. "The Principal/Agent Paradigm: Its Relevance to Various Functional Fields", *European Journal of Operational Research*, Vol. 70. 1993, pp. 83 – 103.

Althaus, C. "The Application of Agency Theory to Public Sector Management", in G. Davis, B. Sullivan & A. Yeatman, eds., *The New Constractualism?*, Centre for Australian Public Sector Management, 1997, pp. 137 – 153.

Aristotle. *The Politics*, University of Chicago Press, Chicago, 1984.

Arrow, Kenneth. "The Economics of Agency", in J. Pratt and R. Zeckhauser, eds., *Principals and agents: The Structure of business*, Boston: Harvard University Press, 1985.

Boston, J. Martin, J. Pallot, J. and Walsh, P. *Public Management: The New Zealand Model.* Oxford University Press, 1996.

Bozeman, Barry. "Public-Value Failure: When Efficient Markets may not Do", *Public Administration Review.* Vol. 62, No. 2. 2002, pp. 145 – 161.

Burns, John, P. "China's Administrative Reforms for a Market Economy", *Public Administration and Development*, Vol. 13. 1993, pp. 345 – 360.

Caiden, Gerald. *Administrative Reform.* Chicago: Aldine Publisher. Co. 1969.

Chomsky, Noam. "Taking Control of Our Lives: Freedom, Sovereignty, and Other Endangered Species", Speaking in Santa Fe, New Mexico, February 26, 2000.

Lun Yu. *Confucious.* Shanxi People's Press. 1996.

Mark, Lewis, Jenny, M. "Governance at Ground Level: The Frontline Bureaucrat in the Age of Markets and Networks", *Public Administration Review.* Vol. 59, No. 6. 1999, pp. 467 – 478.

DiIulio, J. "Principle Agents: The Cultural Bases of Behavior in a Federal Government Bureaucracy", *Journal of Public Administration Research and Theory* . 1994, pp. 277 – 318.

Feldman, Martha, S. and Khademian, Anne, M. "To Manage is to Govern", *Public Administration Review*. Vol. 62, No. 5. 2002, pp. 527 – 540.

Fowler, Robert, B. and Orenstein, Jeffrey. *Contemporary Issues in Poltical Theory*. New York: Praeger, 1985, p. 2.

Grossman, Sanford, J., and Oliver, D. Hart. "An Analysis of the Principal-agent Problem", *Econometrica*, Vol. 51. 1983, pp. 7 – 46.

Habermas, Jurgen. "Legitimation Crisis", In Losco, Joseph and Williams, Leonard, eds. *Political Theory: Classical Writings, Contemporary Views*. Martin's Press. 1992, pp. 710 – 719.

Harris, M. and A. Raviv. "Some Results on Incentive Contacts with Applications to Education and Employment, Health Insurance, and Law Enforcement", *American Economic Review* 68. 1978, pp. 20 – 30.

Horn, M. J. *The Political Economy of Public Administration: Institutional Choice in the Public Sector*, Cambridge, UK: Cambridge University Press, 1995.

Jensen, Michael, C., and William, H. Meckling. "Theory of the Firm: Managerial Behavior, Agency Costs and Ownership Structure", *Journal of Financial Economics*, Vol. 3. 1976, pp. 303 – 360.

John, DeWitt; Kettl, Donald, F, Dyer, Barbara; Lovan, W. Robert. "What will New Governance Mean for the Federal Government", *Public Administration Review*. Vol. 54, No. 2. 1994, p. 170.

Johnson, Lauri, M. Bagby and Frank, James, L. "Escape from Politics: Philosophic Foundation of Public Administration", *Management Decision*. Vo. 39. No. 8. 2001, pp. 623 – 633.

Kettl, Donald, F. "The Transformation of Governance: Globalization, Devolution, and the Role of Government", *Public Administration Review*. Vol. 60, No. 6. 2000, pp. 488 – 495.

Kong Jingping and Lan, Zhiyong. "Function of Differentiation in Social Administrative System", *Administrative Tribe*. 2003, pp. 46 – 47.

Laffin, Martin. "Understanding Minister-bureaucratic Relations: Applying Multitheoretic Approaches in Public Management", *Australian Journal of Public Administration*. Vol 56, No. 1, 1997.

Lan, Zhiyong. "The 1998 Administrative Reform in China: Issues, Challenges, and Prospects", *The Asian Journal of Public Administration*. Vol. 21, No. 1. 1999, pp 29 – 54.

Lan, Zhiyong. *Administrative Bureaucracy and the Modern Society*. Zhongshan University Press, 2003.

Losco, Joweph and Williams, Leonard. *Political Theory: Classic Writings, Contemporary Views*. Martin's Press, 1992.

Merget, Astrid, E. "Donald C. Stone Lecture", *Public Administration Review*. Vol. 63, No. 4. 2003, pp. 390 – 395.

Mueller, Robert, K. "Changes in the Wind in Corporate Governance", *Journal of Business*

Strategy, 1981, p. 9.

Noam Chomsky, "Taking Control of Our Lives: Freedom, Sovereignty, and Other Endangered Species", 2000.

Pei, Minxin. "China's Governing Crisis", *Foreign Affairs*. Vol. 81, Issue 5, 2002.

Pratt, J., and R. Zeckhauser. *Principals and Agents: The structure of Business*. Boston: Harvard Business School Press, 1985.

Proust, E. "Implementing the Contract State", *Australian Journal of Public Administration*, Vol. 56, No. 3. 1997, pp. 132 - 134.

Ress, R. "The Theory of Principal and Agent", *Bulletin of Economic Research*, Vol. 37, No. 1, 1985.

Robins, J. A. "Organizational Economics: Note on the Use of Transaction-cost Theory in the Study of Organizatıons", *Administrative Science Quarterly*, Vol. 32. 1987, pp. 68 - 86.

Ross, Steven. "The Economic Theory of Agency: The Principal's Problem", *American Economic Review*, 63. 1973, pp. 134 - 139.

Sappington, D. "Incentives in Principal Agent Relationships", *Journal of Economic Perspectives* 3. 1991, pp. 45 - 66.

Schick, Alan. "Why Most Developing Countries should not Try New Zealand's reforms", *The World Bank Research Observer*, Vol. 13, No. 1. 1998, pp. 123 - 131.

Spence, M. and R. Zeckhauser. "Insurance, Information and Individual Action", *American Economic Review* 61. 1971, pp. 380 - 387.

Steiner, George A. and Steiner, John, F. *Business, Government and Society: A Managerial Perspective*. McGraw Hill, 1994.

Stiglitz, Joseph. "Principal and Agent", In John Eatwell, Murray Milgate, and Peter Newman, eds., *The New Palgrave: A dictionary of Economics*. London: The Macmillan Press Limited, 1987.

Vigoda, Eran. "From Reposiveness to Collaboration: Governance, Citizens, and the Next Generation of Public Administration", *Public Administration Review*. *Vol. 62*, No. 5. 2002, pp. 527 - 540.

Werlin, Herber, H. "Poor Nations, Rich Nations: A Theory of Governance." *Public Administration Review*. Vol. 63, No. 3. 2003, pp. 329 - 339.

White, William D. "Information and the Control of Agents", *Journal of Economic Behavior and Organization*, Vol. 18. 1992, pp. 111 - 117.

Wise, Charles, R. "Election Administration in Crisis: An Early Look at Lessons from Bush Versus Gore", *Public Administration Review*. Vol. 61, No. 2. 2001, pp. 131 - 139.

府际关系的多中心合作趋势

杨宏山*

一 府际关系的概念与内涵

伴随着经济市场化和地方分权化的发展趋势，近年来，府际关系（intergovernmental relations，IGR），也称政府间关系，已经成为公共行政领域使用频率很高的新概念，成为各国行政改革普遍关注的重要领域。根据怀特（D. S. Wright）的说法，府际关系概念的提出，最早源自于20世纪30年代美国的“新政”改革。① 当时，为了应对大萧条时期的经济社会恐慌局面，美国联邦政府突破了既往的府际分权、各自为政的宪政架构，转而通过财政补助、法令规范等政策性工具，实质性地介入了州和地方性公共议题的处理。第二次世界大战之后，美国联邦政府更是经常通过不同的府际关系运作方式，影响州和地方政府的公共政策规划和执行。50年代，美国国会成立了专门的“府际关系委员会”，负责监控政府间关系的运作方式和发展走向。80年代，府际关系已经成为美国政府治理所普遍认可的概念术语。

顾名思义，府际关系是指不同政府之间的相互运作关系。从狭义上来讲，府际关系主要是指上下级政府之间的垂直互动关系；从广义上来讲，府际关系还包

---

* 作者单位：中国人民大学公共管理学院博士、副教授。

① 参见 Deil, S. Wright. *Understanding Intergovernmental Relations*. CA.: Brooks/ Cole Publishing Company, 1988, p. 13。

括同级政府间的水平互动关系、政府内部不同部门间的横向关系，是指各级各类政府以及它们的机构之间的相互影响、相互作用和相互依存的关系。换言之，广义的府际关系，不仅包括中央政府与地方政府的关系以及地方政府间的纵向垂直关系，而且包括不同地方政府间的横向合作关系以及同一政府内部的不同部门间的横向分工关系。府际关系研究主要关注于不同政府间的管理幅度、管理权力、互动合作和管理收益等问题。就其实质而言，府际关系是指不同政府之间的权力配置和利益分配关系，利益关系乃是府际关系的真谛和本质所在。[①] 相对于"中央与地方关系"而言，"府际关系"无疑具有更广泛的适用范围，它不仅可以涵盖中央与地方的关系以及地方政府间的纵向隶属关系，而且可以涵盖互不隶属的地方政府间的竞争合作关系，以及政府各部门间的权力分工关系。

二　西方国家府际关系的发展趋势

20 世纪 80 年代以来，伴随着市场竞争、信息技术和政治民主的迅猛发展，西方国家的府际关系也呈现出新的发展趋势。[②] 概而言之，这些发展趋势主要表现在以下几个方面。

1. 府际关系的多中心趋势

西方国家大多实行地方自治，近年来，府际关系又呈现出新的发展趋向：不论是联邦制国家还是单一制国家，其府际关系格局都呈现出多中心发展趋向。一方面，西方国家的基层政府数量逐渐增加。西方国家由于城市化高度发展，许多新兴城镇纷纷设置自治区域并成为相对独立的自治市。自 20 世纪 80 年代以来，美国地方政府单位的数目一直在逐渐增加[③]；另一方面，西方国家政府间的等级制逐渐弱化。市政府不论辖区大小，彼此之间的地位相对平等。例如，加拿大全国共设有 2100 多个城市行政区，都是独立的地方自治单位，彼此之间没有隶属关系。法国的 4000 多个城市中，除首都巴黎外，其他所有城市享有的治理权限基本相同。

不仅如此，西方国家的府际关系还呈现出碎片化特征。大都市区就是碎片化

---

① 参见谢庆奎《中国政府的府际关系研究》，《北京大学学报》2000 年第 1 期。

② 参见赵永茂等《府际关系》，（台北）元照出版公司，2001。

③ 参见尼古拉斯·亨利《公共行政与公共事务》，张昕译，中国人民大学出版社，2002，第 619 页。

的缩影，每个大都市区都存在着大量独立的公共管理机构。例如，美国旧金山大都市区有 102 个市镇，形成了多中心的城市治理模式，各市镇彼此地位平等，旧金山只是其中最大最著名的市镇而已，并无领导其他市镇的权力。西方国家的市政实践表明，相对于单中心的市政管理体制而言，这种多中心体制由于行政辖区较小，政府更加贴近社区和居民，可以更好地回应社区需求，更有效地提供公共产品和公共服务。公共选择理论学者的研究发现："与由相对少的大规模政府控制的大都市相比较，数量较多的小政府彼此紧密地运作，不必然会妨碍有效性和效率，反而常常可以促进效率和效能。"①

由于府际关系的多中心发展趋势，经济学家蒂博特（C. M. Tiebout）提出的"用脚投票"机制开始发生作用。在自由迁徙的制度安排下，企业和公民从自身效用最大化出发，将会不断地选择向提供公共服务较好的地区流动。各个地方政府为了吸引并留住企业和居民，都试图提高本辖区的公共产品和公共服务供给水平。在存在着多中心的地方政府格局下，地方政府将在公共产品和公共服务供给上展开竞争。为了使本辖区对企业和居民具有吸引力，每个地方政府都具有确保公共产品和公共服务有效供给的动机，都想方设法为企业和居民提供多样化的服务选择，从而有助于形成竞争性的府际关系格局。这种竞争性府际关系格局，有利于提高公共产品和公共服务的供给效率，有利于改进地方政府的治理水平和治理作风。②

2. 府际关系的地方分权趋势

西方发达国家府际关系的演进变迁，正在改变地方过分依赖中央的传统格局，转而朝着增加地方自主性的方向发展，这种发展趋势使得政府间的管理责任与资源分配更加均衡。有研究表明，不论是美国的"竞争型联邦制"、德国的"合作型联邦制"，还是英国的"完全的地方自治"、法国和日本的"不完全的地方自治"，经过历史的演变，目前已经成为实质上同类的地方政府制度，可称之为"复合共和制"。③ 这一制度的基本特征：一是纵向分权，即中央和地方政府以及地方政府之间，各有划分明确的事务范围，并且在各自事务范围内，享有较

---

① 〔美〕尼古拉斯·亨利：《公共行政与公共事务》，张昕译，中国人民大学出版社，2002，第 668 页。

② 参见迈克尔·迈金尼斯《多中心体制与地方公共经济》，毛寿龙、李梅译，上海三联书店，2000，第 433 ~ 457 页。

③ 参见喻希来《中国地方自治论》，《战略与管理》2002 年第 4 期，第 11 页。

为充分的管辖自主权；二是彼此制衡，即地方政府有足够的宪政或法律保障，可以在一定程度上反制上级政府和中央政府的随意干预，使之不能单方面削弱地方政府的自主权；三是相互合作，中央和地方政府以及地方政府之间，在某些事项上实行联合作业或混合财政。

在美国这样的联邦制国家，20 世纪 80 年代以来，府际关系的分权化发展趋势主要表现为“还权于州和地方”。过去，联邦政府通过分类财政补助、直接管制以及无预算项目等方式，已经将触角伸向州和地方政府，促使州和地方政府执行联邦制定的各种公共政策。结果导致“州的领导人 25 年来一直深深地抱怨首都华盛顿对下面管得过多，而地方政府的领导人又越来越多地抱怨州政府对下面管得过多”。[①] 美国“还权于州和地方”改革的核心内容是：联邦政府与州和地方政府分享财政，分担供给公共产品和公共服务的任务，分享公共政策制定的权力，重新确立“自己照料自己的联邦主义”。改革的具体措施包括：联邦政府以“整笔补助”代替“分类补助”，放松对州和地方政府的规制等。

英国、法国、日本等单一制国家的地方分权改革步伐更大。这些国家的府际关系开始朝着“准联邦制”方向转变。[②] 中央政府通过扩大地方政府的管理权限，使地方政府由中央的代理机构，转变为具有相对独立地位的自治机构。1997 年英国工党上台执政后，为了让政府更加接近公众和具有回应性，提出建立新型中央与地方“伙伴关系”，地方政府要立足于负责治理地方性公共事务，而不是立足于机械地执行中央政府的公共政策。1982 年 3 月，法国制定并实施《权力下放法案》，中央政府对地方政府的控制和监督大为减少。1998 年 5 月，日本政府编制了地方分权推进计划，具体落实自治化改革的方针。该项计划的核心内容是：改革经济高速增长时期形成的中央主导型政府体系，把与市民生活密切相关的行政事务尽可能交由地方政府处理。

3. 府际关系的合作主义趋势

传统的政府间合作以具有隶属关系的纵向合作为主，政府间横向关系更多地表现为相互竞争关系。近年来，政府间横向合作获得了长足发展，相互依存和相

---

① 〔美〕戴维·奥斯本、特德·盖布勒：《改革政府：企业精神如何改革着公营部门》，周敦仁等译，上海译文出版社，1996 年，第 259 页。

② 参见陈振明主编《公共管理学》，中国人民大学出版社，2003，第 161 页。

互合作已经成为府际关系发展的新趋势。为了解决共同面临的治理问题，一些地方政府通过签订协议或设立委员会等形式，形成稳定而持久的双边或多边合作关系。根据尼古拉斯·亨利的研究，1789～1940 年，美国各州只签订 57 项州际合约，但接下来的 50 年，有 122 项州际协定出现。平均而言，每个州签订了 20 项州际合约，许多州与州之间的协议已经演化成为跨州机构。[①] 除了州际合约外，美国还存在一些以促进区域利益为目标的跨州协会，例如，1976 年美国东北部 7 个州组成东北部州长联盟，以便在国会争取更多的联邦补贴资金。

在英国、法国、加拿大等国，也存在着许多诸如"政府间协议"、"地方政府协会"、"市自治团体协会"等政府间合作协议和机构。由于地方政府的多中心体制存在着碎片化问题，难以解决跨区域的公共产品的供给，于是许多地方政府尤其是大都市地区的众多政府单位本着彼此信任、互利互惠的原则，成立了政府联合委员会，负责提供和协调更大范围内的公共服务，解决垃圾处理、环境污染、公共交通、土地利用、社会治安等跨区域问题。随着城市化的高度发展，城市的地位和作用越来越重要，上级政府和中央政府也在法定框架内，对城市政府的运营提供财政补贴和行政指导。

20 世纪 90 年代以来，地方政府之间的横向合作，已经不再局限于解决和协调地方政府间的治理问题，它们还通过横向联合形成更大的政治力量，试图对中央政府的公共决策和公共政策产生影响，从而在整个国家的政治体系中争取更大的区域利益。当前，西方各国中央政府制定公共政策时，所面对的已经不再是单独的地方政府，而是诸多的地方政府联盟。这些地方政府联盟就公共政策等议题进行广泛磋商，它们促进了地方政府之间的横向合作，并对中央政府的政策制定过程产生重要影响。

三　中国府际关系的改革与发展

在传统计划经济体制下，中国实行中央高度集权体制，中央政府对地方政府实行严格的政治控制和经济管制，府际关系呈现出自上而下的高度一体化特征。

① 参见尼古拉斯·亨利《公共行政与公共事务》，张昕译，中国人民大学出版社，2002，第 641 页。

改革开放以来，为适应经济和社会发展的内在需要，中央政府在保障中央权威和有效控制地方的前提下，开始有意识地渐进调适传统的中央高度集权体制。概括而言，中国府际关系的改革进展与发展趋向，大体可以归纳为以下三个方面。

1. 多中心化趋向

传统计划经济体制下的府际关系，是实行层层节制的等级隶属关系，上级政府全面控制下级政府，下级政府全面对上级政府负责。中央政府对资源配置、经济和社会发展负完全责任，它以国民经济的全面计划为基础，实行高度集中的指令性计划体系。地方政府的主要任务是执行中央和上级政府下达的计划任务，它实际上成为中央政府的派出机关或附属机构。改革开放以来，为适应经济和社会发展的内在需要，中国的府际关系结构逐渐从层层节制体制向多中心体制的方向演进发展。从这种演进发展来看，它主要表现在两个方面：一是地方政府的层级结构得到一定程度的压缩，二是中心城市的地位和作用得到迅速提升。

20 世纪 80 年代以来，随着“市领导县”体制的普遍推行，作为省县之间的准行政层次的地区行政专员公署的数目已经大大减少，辽宁、江苏、河北、吉林、广东、浙江、海南、湖北、江西、安徽等 10 多个东部省份和发达省份，已经全部取消了“地区”这一准地方行政层级。随着“政社分开”、“撤区并乡”的普遍实施，地方政府治理也已纷纷撤销了县乡之间的“区公所”这一准行政层级。区公所已经在中国地方政府体制层级结构中消失了。地方政府层级结构的压缩和减少，为地方政府间组织结构的扁平化奠定了基础，也有助于提高政府治理的回应性水平。

中心城市的崛起对我国府际关系的多中心发展具有更加显著的作用。20 世纪 80 年代以来，随着社会经济的快速发展，为充分发挥中心城市的作用，中央政府采取了两项改革措施：一是对若干大城市实行计划单列，并在此基础上将它们确立为副省级市；二是实行“市领导县”体制。这两项改革措施在提高大中城市地位的同时，对传统的府际关系格局产生了重大影响。计划单列市和副省级市的出现，不仅改变了这些城市在我国地方政府体系中的地位，而且改变了中央政府与城市政府的关系。中央政府、省政府与副省级市政府的关系，由原来的层层节制关系变成了相互依赖的三角关系。副省级市的经济管理权接近省政府，其与中央的关系是直接的；但在行政指导和行政监督上，副省级市与中央的关系是间接的，必须通过省政府。这样，副省级市政府获得了更大的自主权，其与省政府的关系，既有相互依赖的一面，也有相互独立的一面。中央政府推行“市领导县”体制，也对省市县三级政府间关系产生重大影响，它扩大了市政府的管理职权和自主性，在一定程度上对省政府的利益分配和管辖权限形成了挑战。

随着市场经济和市民社会的不断发展，中国府际关系将会继续朝着多中心化的方向演进。目前，中国政府仍然存在着管理层次过多的问题，其基本组织模式由中央、省（自治区）、辖区的市、县、乡（镇）等五级组成。政府管理层级结构过多，不利于及时回应民意要求，容易导致公共产品的低效率供给。发达市场经济国家的政府体系，一般都由三级政府组成，即中央（联邦）政府、省（州）政府、基层政府。美国大都市地区的发展已经使州以下的地方政府（包括县、市、城镇、学区和特区等）趋于平行，彼此互不隶属，分别对辖区居民负责，同时接受州政府的监督。借鉴他国经验，中国府际关系的良性发展，也需要适当减少地方政府层级，逐渐从四级制向三级制或两级制变迁。我国当前的“市领导县”体制，其工作重心是发挥中心城市的经济聚集效应，它在某种意义上不利于充分挖掘县域经济的潜力。随着我国县域经济实力增强和城镇化规模的增大，可以考虑将市、县纳入并列的地方行政管理层级。随着国家逐渐还权于市场和社会，乡镇政府的未来定位也是值得探讨的新问题。

2. 地方分权化趋向

改革开放以来，中国对经济和政治体制进行了一系列改革，使政府间权力配置出现了重大变化，逐渐从中央高度集权走向地方分权。这种地方分权化的改革进程主要表现在两个方面：一是中央和各级地方政府普遍性地层层向下“放权让利”；二是中央政府区别对待不同地方政府，中央与地方关系出现“分殊化”。中央政府普遍地“放权让利”，具体表现为：扩大了地方政府的立法权、人事权和行政管理自主权，扩大了地方政府在经济管理权限，扩大了国有企业的经营自主权。在中央政府对地方政府放权让利的同时，各级地方政府也层层向下“简政放权”。伴随着经济管理权限的下放，中央管理经济的范围和比例明显缩小，结果使得地方政府不仅成为地区经济的主宰，而且成为地区利益的代表。有学者认为，中央政府对地方的普遍性的“放权让利”以及 1994 年以后的“分税制”做法，已经在中央与地方关系领域形成了一些制度性安排。

中央政府区别对待不同地方政府的制度安排，在改革开放以前就存在，即存在着省政府、自治区政府、直辖市政府等不同的地方政府类别。但当时的府际关系“分殊化”更多地具有形式上的意义。改革开放以后，随着中央政府对经济特区、计划单列市、沿海开放城市、经济开放区、副省级城市的特殊放权，中央与地方关系的“分殊化”已经远远突破了形式，而具有实质性差别。这种“分殊化”改革使得府际关系越来越复杂，同时也加速了地方分权的发展趋向。由于“分殊化”打破了传统的府际关系均衡格局，导致地方政府间的权力和利益配置出现不均衡。这种不均衡的利益分配政策，引发了各省、各市、各地方之间的“互相攀比”和“讨价还价”。面对地方政府间的互相攀比和讨价还价，中央政府只好在特殊分权的基础上实行新的地方均权，它进一步加速了地方分权的发展速度。

当前，地方分权已经成为世界性的行政改革趋势，它是对过去中央政府过多地涉足地方性公共产品供给的矫正。经过渐进改革，我国地方政府的管理自主权有了很大提高，但仍需大力推进地方分权改革。目前，我国许多地方性公共事务的决策权还控制在中央政府手中。现行分税制也仅仅是中央政府与省级政府之间的制度架构，省级以下的地方政府还没有纳入到分税制的制度体系之中。地方政府无法充分利用地方税收手段来促进地方利益。地方政府由于更加贴近基层，它们对本区域情况和居民需求有更深刻的了解，应当获得更大的地方性事务治理权力。正是在此意义上，有学者指出，基于民主选举而产生的地方政府，“能够根据对地方的了解、利益以及专门知识来监督地方事务，并使得地方政府比其他机构，当然还有遥远的中央政府更可能提供有效公正的地方服务”。①

3. 横向合作化趋向

在传统计划经济体制下，我国地方政府间关系以纵向的“条条”关系为主，地方政府间的横向联系很少，呈现出典型的“蜂窝状结构”。由于实行中央高度集权体制，地方政府不是独立的行政主体，地方完全服从于中央，其主要任务是执行中央的计划安排。由于国家的主要资源都控制在中央各部委手中，地方政府掌握的经济和社会资源十分有限，它们既缺乏进行横向合作的内在动力，也缺乏进行横向合作的物质基础。于是，中央与地方关系名为“条块结合，以条条为主”，实际上是“条条管理”取代“块块管理”。尽管中央政府在20世纪50～60年代曾经组织地区经济协作和对口支援活动，但由于中央集权的计划经济体制不能激发个人、企业和地方政府发展经济的积极性，这种行政性的经济协作活动的实际收效不大。

中国实行改革开放的政策过程，实际上就是承认个人、企业以及地方政府谋

① 俞可平：《治理与善治》，社会科学文献出版社，2000，第190页。

求自身利益具有合法性的过程。否定地方政府的自主利益要求，不仅无助于社会经济的快速发展，而且抑制了社会经济发展的内在活力。改革开放以来，中央政府在政策上逐渐确认地方利益具有合法性，它调动了地方政府发展经济的积极性和主动性，并促成了横向经济联合和区域经济合作。地方政府间的横向经济合作，增进了区域经济发展的相互依赖性，促进了生产要素的跨区域流动和合理配置，是对条块分割、地区封锁和“蜂窝状”结构的有力冲击。不仅如此，它还改变了传统的中央与地方“一对一”博弈格局，形成了“一对多”的联合博弈局面。一些地方政府通过结成区域性利益共同体，联合向中央政府“讨价还价”，争取对本区域更加有利的公共政策安排。

中国府际关系的横向合作虽然取得了一定进展，但形形色色的地方保护主义行为，仍在制约和阻碍着府际关系的良性运行。在社会主义市场经济体制下，地方政府间关系不应该是互相封锁、互相拆台、损人利己的“零和博弈”关系，而应该是互相开放、互通有无、互利互惠的“双赢博弈”关系。长期不能根治的地方保护主义现象，一方面反映了我国政府与企业、政府与市场关系还没有理顺，反映了中央政府执行公共政策和维护市场秩序的能力还有待加强；另一方面，它也反映了地方政府对有些全国性政策缺乏认同和支持。如果在中央与地方关系上，能够建立起协商对话和相互合作机制，地方政府可以通过合法途径参与全国性公共政策制定，基于政府间协商而达成的公共政策，往往更容易得到地方政府的自愿支持和严格执行。

随着市场经济和市民社会的进一步发展，中国府际关系发展的基本趋向是：逐步消解高度一体化的传统集权体制，形成多中心治理、彼此合作和相互依存的新型府际关系网络格局。在新型治理结构中，中央政府和地方政府都具有相对自主性，同时又都是网络组织中不可缺少的组成部分。中国政府间权力分配格局，将逐渐朝着法定授权方向演进，中央政府与地方政府的职能配置，依照各自的国家管理职责进行划分，彼此都有相对自主的职权领域，并有相应的法律保障和财政基础。中央政府负有监督和指导地方政府的职责，中央政府在履行职责时应当依照制度和法律办事。在这种法定授权体制下，中央政府和地方政府的地位和职能不同，彼此职能互补，从而形成相互依赖和相互合作的府际关系格局。在府际关系的多中心合作局面下，各级政府的自主性和积极性都能得到充分发挥，它对于大国的治理无疑具有重要意义。

治理理论与中国政府治理模式的创新

苗月霞[*]

1989年，世界银行首次使用了“治理危机”这个词语，1992年世界银行年度报告的题目也称为“治理与发展”，治理与善治的概念逐步流行起来。20世纪90年代后，治理理论在西方国家兴起，成为国际社会科学研究中的热门话题之一。许多西方学者，尤其是政治学家和政治社会学家，对治理作出了许多新的界定，治理作为一种理论还没有一个公认的基本概念。正如研究治理问题的专家鲍勃·杰索普所说的那样：“它在许多语境中大行其道，以致成为一个指涉任何事物或毫无意义的‘时髦词语’。”[①] 但是尽管如此，如果我们拨开治理理论纷乱的表面，从政治学和行政管理学的角度对其进行分析，我们会发现治理理论对传统的政府理论还是有一些新的发展。这些理论上的突破对我国今后的政府体制改革有一定的借鉴意义。

一　治理主体多元化：治理理论对传统政府理论的发展

长期以来，“治理”与“统治”被交叉运用，主要指与国家的公共事务相关的管理活动和政治活动，这两个词语的含义在这个方面本来是没有太大的区别的。但是自从20世纪90年代以来，西方政治学和经济学家赋予治理以新的含

* 作者简介：北京大学博士后，中国人事科学研究院副研究员。

① 俞可平：《治理与善治》，社会科学文献出版社，2000，第2页。

义，不仅其涵盖的范围远远超出了传统的经典意义，而且其含义也与统治相去甚远。在关于治理的各种定义中，全球治理委员会的定义具有很大的代表性和权威性。该委员会在1995年发表了一份题为《我们的全球伙伴关系》的研究报告，其中对治理作出了如下的界定："治理是各种公共的或私人的个人和机构管理其共同事务的诸多方式的总和。它是使相互冲突的或不同的利益得以调和并且采取联合行动的持续过程。这既包括有权迫使人们服从的正式制度和规则，也包括各种人们同意或以为符合其利益的非正式的制度安排。它有四个特征：治理不是一整套规则，也不是一种活动，而是一个过程；治理过程的基础不是控制，而是协调；治理既涉及公共部门，也包括私人部门；治理不是正式的制度，而是持续的互动。"①

从上述定义中我们可以看到，治理是相对于统治而言的，两者既有区别，又有联系。治理作为一种政治管理过程，也像政府统治一样需要权力和权威，最终目的也是为了维持正常的社会秩序。但是，如果说传统的政府理论认为政府是从事社会管理的主体，自上而下的统治是政府管理社会的主要方式，那么治理理论对传统政府理论的主要发展就是治理主体的多元化，以及由于治理主体多元化带来的管理过程中政府和社会之间的双向互动、多元治理主体之间的相互影响。

首先，传统政府理论认为，政府是从事社会管理的主体，统治的权威必定是政府。而治理理论认为，治理虽然需要权威，但这个权威并不一定是政府机关，从事治理的主体可以不局限于政府，各种公共的和私人的机构只要其行使的权力得到了公众的认可，就都可以成为在各个不同层面上的权力中心，从事社会管理工作，从而成为社会管理的主体。正如英国学者格里·斯托克指出的那样："治理给我们发出的第一个信息，就是挑战对按照宪法和正式规范来理解的政府体制。"他在《作为理论的治理：五个论点》一文中罗列了治理理论的五个论点，其中第一个就是："治理指出自政府，但又不限于政府的一套社会公共机构和行为者。""通常的假设都是以政府为焦点，仿佛它是个'孤独的'机构，与广大范围的众多社会势力没有关系：从广义上看，治理理论恰恰是对这种假设提出挑战。""治理理论也提请人们注意私营和志愿机构之愈来愈多地提供服务以及参与战略性决策这一事实。过去几乎全部属于政府的若干责任，有许多如今已和他

① 俞可平：《治理与善治》，社会科学文献出版社，2000，第5页。

人分担。相当的一部分公共服务事业乃至有关的决策由企业承包或采取公私合伙方式承办，在许多国家已经成为现实。”①

其次，由于治理主体的多元化，必然带来治理过程中政府和社会之间的双向互动，以及多个治理主体之间的相互影响。传统政府的统治是通过运用政治权威，对社会进行自上而下的单一向度的管理和统治。与此不同，治理主体多元化和治理过程的复杂化使得政府和社会、政府机构与非政府组织、公共机构和私人机构之间的合作成为可能和必要，治理的过程成为一个政府与社会的双向互动、相互影响的过程，社会力量在治理中的作用日益增强，不再像过去一样任由政府摆布，而是自下而上对政府有重要的影响；同时，政府机构、非政府组织，以及各种公共的和私人的机构主要通过合作、协商的途径，共同对社会公共事务进行管理，不同治理主体之间的影响是相互的，没有哪一个机构，包括政府部门，能够长期拥有超出其他机构和组织的权威影响而居于统治地位。因此，治理主体的多元化导致治理过程中权力的运行向度是多元的、相互的，而不是单一的和自上而下的。

二　当代中国政府体制改革的得失成败及其深层原因

新中国成立后，由于受当时苏联模式的影响以及国际国内环境的限制，我国的政府体制在高度集权的政治经济体制下形成了全能主义的大政府模式。以1954年第一届全国人民代表大会的召开和新中国第一部社会主义宪法的通过为标志，中国的政府体制初步形成。当时政府体制的基本格局是：以中国共产党的领导体制为核心，以行政体制为主体，以意识形态为推动力，具有高度集权、计划管理的特点。这种政府体制在新中国成立初期曾经对国民经济的恢复以及巩固新生政权起到过积极的作用。但是，随着社会的发展，这种政府体制模式的弱点逐步暴露出来，权力过分集中、党政不分、机构臃肿、官僚主义、效率低下等缺陷阻碍了社会经济的健康发展，全能主义的政府体制亟须改革。

党和国家领导人也看到了以高度集权为主要特征的政府体制的这些弊病，力图通过调整政府机构消除政府体制的种种弊端，于是在新中国成立后先后对政府

① 俞可平：《治理与善治》，社会科学文献出版社，2000，第34～36页。

机构进行过几次大的改革和调整。改革开放以前，主要的机构调整有三次：第一次是在国民经济恢复后进入第一个五年计划的时期（1953～1954 年），第二次是在第一个五年计划结束、第二个五年计划开始的时期（1957～1958 年），第三次是国民经济调整和恢复时期（1962～1963 年）。这几次政府机构的调整和政府部门以及人员的精简，都是为了适应一定历史时期的政治、经济形势发展的需要，对解决当时政府管理体制中存在的问题、促进经济的发展，都曾经起过积极的作用，但是这些机构改革都是在不触动高度集权的政治体制和高度统一的计划经济体制的条件下进行的。这样的政府机构改革，主要是权力在各级政府和政府部门之间的上下左右移动，政府的管理职能和管理方式均没有根本变革。因此，政府机构虽然几经变动，但仍在以下几个循环圈中运动：第一，精简—膨胀—再精简—再膨胀，实际上把政府机构改革视为机构和人员数量的增减；第二，合并—分开—再合并—再分开，实际上把政府机构改革看成是机构的重组和分合；第三，上收—下放—再上收—再下放，实际上是政府行政权力的上下移动，从而带来组织机构的变动。这三个循环怪圈使得中国多次进行的政府机构改革收效甚微。①

分析三个循环怪圈的成因，我们会发现，除了受当时社会历史条件的限制外，这几次政府机构改革不能取得成功的根本原因是把政府体制改革简化为行政机构改革，想通过行政机构的撤并和人员的精简，来达到改变高度集权的政府体制的目的，没有触动政治体制的基本框架，更没有进行配套的经济和社会改革。由于政府在社会管理中独一无二的统治地位没有改变，全能主义政府的所有职能和权限没有缩小，仅仅把机构合并、人员减少，而政府所管辖的事务没有别的部门和机构承担，所以政府机构反弹在所难免。运用治理理论来分析，社会治理需要多个主体来承担，这些主体协商合作，共同为社会的有效治理而努力，由于社会没有发展和政府共同治理社会的力量和组织，单独由政府力量来负责所有社会事务，政府的机构必然很庞大，人员必然很多，这样才能担负起繁杂的社会政治经济管理任务。只是为了缩小政府规模而进行机构合并和人员裁减，由于政府对社会事务管理的内容没有减少，社会事务的管理主体没有增加，硬性缩小的政府规模必然会恢复原状，因此机构改革过程中出现的三个循环怪圈的形成

① 参见俞可平《治理与善治》，社会科学文献出版社，2000，第 34～36 页。

有其必然性。

改革开放以后，我国的政府体制改革进入了一个新的阶段，无论是在理论上还是在实践上都取得了新的进展。1982～1983年，我国政府进行了一次机构改革，各级政府普遍调整了领导班子，提出了干部“四化”（革命化、年轻化、知识化和专业化）原则，开始打破实际存在的领导职务终身制，撤并了一些重叠机构，加强了综合协调、统计监督，调整了人员结构，规定了领导职数，取得了一定的成效。1988年，国务院又进行了一次大规模的机构改革，提出了建立一个符合现代化管理要求，具有中国特色的功能齐全、结构合理、运转协调、灵活高效的行政管理体系。但是由于当时出现了经济过热等不正常现象，使得机构改革不能顺利实施下去。1989年以后，中国的政治体制改革基本上处于停滞状态，在“稳定压倒一切”的思想指导下，经济体制改革优先发展，1988年的政府机构改革没有推行下去。随着经济体制改革的深化，1992年邓小平在南方谈话中提出要建设社会主义市场经济体制，政治体制已经成为进一步改革经济体制的羁绊。因此，在1993年我国又进行了一次政府机构改革，但是由于这次仍旧是就机构改革而改革，政治权力基本上还是在体制内循环，所以几年以后机构膨胀再次成为不可避免。1998年，再一次提出了机构改革的宏伟目标，这一次机构改革由于裁减幅度大，而且是中央和地方机构改革全面开展，所以被称为“第七次革命”。总的来看，改革开放后的这几次机构改革，是政治体制改革和经济体制改革同步推进的，尤其是1998年的第七次机构改革，是在我国社会主义市场经济体制经过一段时间的发展之后开展的，取得了一定的成就。不过，由长期的历史积淀下来的政府体制模式很难在短期内实现根本的转变，政府体制改革仍是一个长期的艰巨任务，这也是2003年我国政府又一次进行政府机构改革的原因。

由于我国的社会主义市场经济体制还没有完全建立并发挥主要的作用，很多时候还需要政府的干预，但是政府不应该再插手具体的经营过程，而应由以直接管理为主变为以间接管理为主，以微观管理为主变为以宏观调控为主，以行政手段为主变为以行政、经济、法律手段相结合为主，政府的职能转变和改革才有可能得以顺利实行。另一方面，社会上能够承接部分政府管理和服务职能的组织还没有发展起来，为了避免今后的政府机构改革陷入不良的循环怪圈，我们就应该进行社会和经济的配套改革，建立和健全社会主义市场经济体制，在政府体制之外培育社会管理的新主体来承接政府精简下来的职能。只有社会的自我管理能力增强了，政府的机构才能缩小，人员才能减少，效率才能提高，政府体制改革才能突破体制内的循环，打破历史上形成的循环怪圈，走上健康的发展道路。

三　培育社会中介组织，创新政府治理模式

回顾和反思新中国成立后历次机构改革的得失成败，我们可以看出，孤立地进行机构改革是导致政治权力体内循环、政府改革收效甚微的主要原因。运用治理理论来分析我国政府体制改革的出路，就是要进行全方位的政治、经济和社会改革，发挥市场和社会的作用，在政治体制外培育社会中介组织等能够承接政府部分管理和服务职能的组织和力量，从根本上为政府减负，使得我国的政府体制改革走上良性发展道路，为建设符合现代化要求的政府模式探索正确的途径。

随着我国经济体制改革的逐步深化，社会主义市场经济体制初步建立并逐渐走向完善的道路，政府体制改革也由过去单纯的机构改革转化为向社会放权。在这个过程当中，出现了行业协会、商会等社会中介组织。按照一些学者的概括，社会中介组织类似于西方的非营利组织或第三部门，涵盖政府公共部门和企业之外的所有法人组织，它代表着公私领域二元建构基础上的一种社会中介机制。它包括：①行业自主性中介组织，如行业协会、商会等；②社会运行监督组织，如律师事务所、公证和仲裁机构、资产评估机构等；③为市场活动提供咨询、技术服务的中介组织，如信息中心、结算中心、经纪行、技术交易站、拍卖行等；④监督市场活动的中介组织，如消费者协会、商品检验中心、质量检测中心、计量检测中心等；⑤促进劳动力就业的社会中介组织，如职业介绍所、人才交流中心、再就业服务中心、留学归国人员服务中心等；⑥促进科学研究、文化教育、体育卫生发展的中介组织，如各类基金会、俱乐部、联谊会、联合会、学会、协会等。[①] 以上社会中介组织发挥着既不同于政府的社会事务管理功能，又履行着异于一般商业经营的社会服务义务。约翰·霍普金斯大学的塞拉蒙教授在考察全球13个国家的非营利组织的基础上，提出了被学术界奉为经典的非营利部门的6个基本特征：一是正规性，即必须具有正式注册的合法身份；二是民间性，即从组织机构上与政府分离；三是非营利性，即不得为其拥有者谋求利润；四是自

① 参见汪玉凯《中国行政体制改革20年》，中州古籍出版社，1998，第311～316页。

治性，即要能控制自己的活动；五是志愿性，即活动和管理中均有显著的志愿参与成分；六是公益性，即服务于某些公共目的和为公众奉献。[1] 这些特性成为判断社会中介组织的重要标准。

我国的社会中介组织是市场化改革催生的结果，是在社会主义市场经济初步建立并有一定发展的条件下出现的。过去我国历次行政机构改革不能达到预期目标，机构陷入精简和膨胀的恶性循环不能自拔，原因就在于社会上没有相应的组织和机构承接政府的部分管理和服务职能，行政机构改革只是管理权力在政府机构内部的体内循环，导致政府公共管理职能无法剥离和转换。政府作为管理社会唯一主体的问题得不到解决，政府就不能摆脱全能政府的角色。历史的经验教训告诉我们，仅局限于行政系统内部的改革已经不能解决政府自身的问题，只有通过政府与社会关系的重新调整，在政府体制之外培育新的管理社会事务的主体，打破社会政治、经济管理主体一体化的格局，利用发展社会中介组织来承接政府剥离出来的部分社会职能，才能从根本上解决政府体制改革体内恶性循环的弊病。社会中介组织是社会领域的组织形式，因此，深入开展全面的社会改革，着力培育社会中介组织，发挥其在社会经济事务中的主动作用，增强社会中介组织的中介服务功能，是深化政府体制改革的主要内容之一，政府公共管理职能主体的多元化倾向将成为政府治理的重要特征。

美国学者盖伊·彼得斯在《政府未来的治理模式》一书中提出了四种政府治理模式，即市场式政府、参与式国家、弹性化政府和解制型政府。[2] 这些治理模式各有侧重和不同，也有些内容是交叉和重合的，但是相同的是这些治理模式都重视社会和政府的关系，都以社会需要的服务内容和质量为出发点来考察政府的治理方式和效果。公民个体对政府治理过程的参与也很重要，不过在一般情况下，公民通过组织的形式对政府过程的影响应该更有效果，所以，政府的治理模式同社会中介组织的发展有着重要关系。但是由于我国的市场经济体制还没有健全和完善，社会中介组织的发展实践也很短，还很不成熟，带有过渡性的色彩，其自主性、志愿性和非政府性等中介组织的特性还不明显，从而在一定程度上影

---

① 参见莱斯特·塞拉蒙《非营利领域及其存在的原因》，载李亚平、于海编选《第三域的兴起》，复旦大学出版社，1998，第 33 ~35 页。

② 参见盖伊·彼得斯《政府未来的治理模式》，张成福译，中国人民大学出版社，2001。

响着政府体制改革的进程。这主要表现在两个方面：一是社会中介组织的“官办性”。许多中介组织都挂靠在一个政府部门，在经费来源和组织管理上依附于挂靠的政府机关，政府通过中介组织的挂靠机关主导着它们的重要活动，使得政府的职能难以切实转变。行政部门往往通过行政权力强制系统所属的中介组织，对某些中介服务如会计、审计、验资、评估、查账等进行垄断。据业内人士估计，各省市的会计师事务所、审计师事务所业务量的60%～80%，是以行政手段或在行政机关的影响下承揽的。[①] 这极大地妨碍了中介组织的独立性、公正性，也妨碍了政府自身职能的真正剥离和治理模式的转变。二是社会中介组织自身专业能力和素质低，难以胜任社会经济事务管理的责任。目前，中介服务行为不规范，导致违法违纪现象时有发生，会计师、律师等高级专门人才短缺，影响了中介组织的服务质量，政府在中介组织难以担当重任的情况下，只好再承担起一些管不好、管不了，也不应管的事。因此，当前的紧迫任务是加大对社会中介组织的脱钩改制力度，健全监督管制制度，制定相应的政策法规，明确法律责任，促使其规范发展，使其早日胜任作为管理社会事务重要主体的任务。因此，从长远看，培育社会中介组织，是转变政府治理体制、创新政府治理模式、提高社会治理能力的基础性工程。

---

① 参见朱秦《社会中介组织的发展与政府公共管理模式转变》，《南京社会科学》2002年第1期，第49页。

第六篇

政治文明建设

政治文明建设与民主政治发展

许耀桐*

自从2002年关于社会主义政治文明的命题成为我国的主流意识以来，学界围绕着政治文明的基本内涵，政治文明的主要特征，政治文明的结构层次，社会主义政治文明建设的地位、目标、途径，以及社会主义政治文明与物质文明、精神文明的关系，中国特色社会主义政治文明与本国传统政治文化、西方政治文化、当代全球化的关系等问题，展开了多方面的深入研究。本文拟在上述已取得的成果的基础上，集中探讨政治文明与民主政治具有的内在密切关系。试图以此为旨趣，加深对政治文明的认识。

一 政治文明的实质在于民主政治

无论是中国还是西方，在两千多年前几乎不约而同地出现了“文明”的概念。但中西方的文明和政治文明观有着明显的区别。

在我国的古籍《尚书》和《易经》中，分别有“睿哲文明”、“见龙在田，天下文明”的表述。遗憾的是，这里所讲的文明仅与圣人、皇帝相关，与专制政治统治联系在一起。在古代中国人看来，皇权统治本身就是政治文明，至多再加上圣上开明而已。

与中国不同的是，作为西方“文明”（civilization）概念的词根源于拉丁文

* 作者简介：国家行政学院科研部主任，教授。

的 civilis，其含义十分丰富，含有公民、市民、城邦、社会等意思。拉丁文中的 societas civilis，在近代英文中为 civil society，可译为“公民社会”、“市民社会”、“文明社会”，不但是指单一国家，而且也指业已发达到出现城市的文明政治共同体的生活状况。这些共同体有自己的法典（民法），有一定程度的礼仪和都市特性（野蛮人和前城市化不属于市民社会）、市民合作及依据民法并受其调整，以及“城市生活”和“商业艺术”的优雅情致。[①] 这表明，西方的“文明”一词，其根本的着眼点在于基层组织和底层人士，指形成为国家的一定社会共同体的经济、法律、精神、艺术、心理等文明性状，并和民主政治相联系。古希腊雅典时期的伯里克利，就把公民和民主政治紧紧连在一起，他说：“我们的制度之所以被称为民主政治，因为政权在全体公民手里。”[②] 近代法国杰出的启蒙学家和政治学家孟德斯鸠，进一步肯定了这样的联系，他指出：“共和国的全体人民握有最高权力时，就是民主政治。”[③] 由此可见，西方认为通过公民或人民所表达出来的文明信息，明显包括政治方面的文明，而作为政治文明来说，重要的是其中具有民主政治的指向。

在政治文明思想的探究上，我们毕竟服膺马克思、恩格斯作出的历史唯物主义的科学论断。恩格斯曾经根据美国学者摩尔根的分析，把社会发展划分为“蒙昧时代”、“野蛮时代”、“文明时代”。恩格斯指出，由“蒙昧时代”、“野蛮时代”进入“文明时代”，是从铁矿的冶炼、文字的发明及其应用于文献记录等开始的，“文明时代是学会对天然产物进一步加工的时期，是真正的工业和艺术产生的时期”。[④] 简言之，文明就是人类社会开化和进步的状态，是人类改造自然、改造社会以及改造自身的能力和结果，是这种能力和结果达到一定程度的标志。

从文明进而论述政治文明，马克思主义明确认为，人类的政治文明，产生于原始社会末期国家的形成。国家的出现，是政治文明的起始标志。它在统治阶级内部实行民主，并合法地压迫着被统治阶级。正如恩格斯所言，国家使得政治统

① 参见戴维·米勒、韦农·波格丹诺编《布莱克维尔政治学百科全书》，中国政法大学出版社，1992，第125~126页。

② 修昔底德：《伯罗奔尼撒战争史》，谢德风译，商务印书馆，1982，第130页。

③ 孟德斯鸠：《论法的精神》（上册），张雁深译，商务印书馆，1982，第8页。

④ 《马克思恩格斯选集》第4卷，人民出版社，1972，第23页。

治有了一个"'秩序'的范围"，通过缓和矛盾，它使"互相冲突的阶级，不致在无谓的斗争中把自己和社会消灭"。[①] 因此，尽管中国古代提出的文明是指皇权专制，但由于它与国家统治相连，并且强调"开明"、"明君"，因而不失为早期的一种政治文明。正因为我国历史上的文明中深藏着皇权"开明政治"的情结，以至于现今还有人对此津津乐道，带有很大的惯性优势。但要记住，它绝不是政治文明的主流，也不具有政治文明良性发展的趋向。

不能把政治文明落脚于"开明政治"，而要落脚于"民主政治"。这样指出问题，正是基于马克思主义的根本主张。虽然仅是国家的出现，不论它是专制的，还是民主的，作为政治秩序化的表现，就是政治文明诞生的界碑，但马克思坚决认为，政治文明的实质在于民主政治。1844 年 11 月，马克思在《关于现代国家的著作的计划草稿》一文中明确地提出了"政治文明"[②] 的概念。马克思在文中拟订写作计划，打算就"集权制和政治文明"的问题作出专题理论阐述。我们从这里可以得知，马克思视集权制和政治文明为两个对立物，既然集权制的对立面是民主制，讲政治文明当然就是讲民主政治。由此可见，马克思不但提出了政治文明的概念，而且揭示了政治文明的核心在于民主政治。

为什么马克思主义把政治文明与国家相联系，而又强调政治文明的实质在于民主政治呢？这是因为马克思主义的政治文明观，对政治文明持发展的、变革的观点。国家政治文明产生后处在不断的演进之中，不停地延伸着的政治文明具有相对性。当新的政治文明形成后，旧的政治文明就显得落后、反动，相对而言可被视为愚昧、野蛮。专制政治与民主政治两相对比，前者显然落后、愚昧。综观人类历史上的奴隶社会、封建社会和资本主义社会，之所以说政治文明越来越向前发展了，不是因为专制政治的色彩越来越浓厚，而是因为民主政治的旗帜越来越鲜艳。一般而言，不同社会形态的政治文明相互轮替，后一社会形态比起前一社会形态在国家民主和公民享有政治权利的广度、深度上，都是有所变动、有所拓展的。古希腊奴隶社会建立了城邦的民主规则、程序和制度，第一次规定了公民的权利，除了奴隶之外，贵族和平民享有自由、民主，

---

① 《马克思恩格斯选集》第 4 卷，人民出版社，1972，第 166 页。
② 《马克思恩格斯全集》第 42 卷，人民出版社，1979，第 238 页。

为政治文明奠定了基础。封建社会废除了奴隶制，把所有奴隶变为自由人，享受自由民权利的人比奴隶社会更多了，理所当然是一种进步。当然，封建社会政治文明有严重缺陷，因其传布神学政治思想、施行君王专制统治、造成政治黑暗而备受严厉谴责。资本主义社会推翻了封建专制统治，倡导自由、平等、博爱、人权、契约的思想，确立法治精神和法治理念，建立分权制、选举制、政党制、监督制等民主政治形式，较之奴隶社会、封建社会，大大地推进了民主的发展。

马克思主义的政治文明观还认为，在同一个政治文明社会里，也并非一切政治生活都是文明的，存在着对政治文明的破坏，会发生政治丑陋、政治衰败现象。在政治文明社会中同时并存着政治野蛮和堕落。马克思正是以深邃的历史眼光，看待和分析资本主义社会政治文明的发展性和相对性的。当资本主义暴露出经济上巧取豪夺工人阶级和劳动人民的剩余价值，政治上欺骗和剥夺人民大众参与管理国家的权利，文化上崇尚和推行腐朽没落的精神观念、生活方式的弊端后，马克思愤怒地批判了资本主义社会文明。在《法兰西内战》一书中，马克思指出，资本主义的政治文明是“建立在劳动奴役制上的罪恶的文明”。[①] 工人阶级和劳动人民一定要起而推翻资产阶级的统治。马克思热情讴歌了巴黎公社起义，阐明“公社搞了一次反对文明”[②] 即反对资本主义政治野蛮的英勇斗争。从而揭示了资本主义政治文明必然要被社会主义政治文明所代替，社会主义政治文明一定会实现真正的民主政治。

马克思把政治文明的核心定位于民主政治的思想，对于今天我们建设社会主义政治文明，具有重大的指导意义。在现时代，民主政治与集权专制相对立，集权专制属于政治黑暗，民主政治属于政治文明。江泽民在党的十六大报告中论及社会主义政治文明时，正是强调了必须通过“发展社会主义民主政治，建设社会主义政治文明”。[③] 如果没有民主政治这个实质，就不可能有社会主义政治文明。社会主义社会比起奴隶社会、封建社会、资本主义社会来，它的民主政治必将达到一个前所未有的深度和高度。

---

① 《马克思恩格斯选集》第2卷，人民出版社，1972，第394页。

② 《马克思恩格斯选集》第2卷，人民出版社，1972，第394页。

③ 《中国共产党第十六次全国代表大会文件汇编》，人民出版社，2002，第30页。

二 政治文明的范畴凸显民主政治特征

人类文明是一个大系统。党的十六大报告把整个人类文明划分为物质文明、政治文明与精神文明三个部分，是科学的、正确的。三个文明是各自独立的子系统，每一个子系统本身又都表现为复杂的、多层次的体系结构。

观察、分析政治文明的体系结构，首先必须从政治现象入手。马克思在其著作中，曾对诸多政治现象进行了广泛、深入的探究，为我们研讨政治文明体系的内部结构，提供了科学的依据。马克思在《黑格尔法哲学批判》和《评“普鲁士人”的“普鲁士国王和社会改革”一文》等早期著作中，就集中列举和阐释了“政治理智”、“政治精神”、“政治情绪”、“政治制度”、“国家制度”、“政治势力”、“政党组织”、“政治行为”、“政治革命”等政治现象。[①] 这些纷繁的政治现象，可以归属为不同的政治范畴领域。笔者认为，政治文明的体系结构大致上应由政府文明、政党文明、法治文明和公民文明四个范畴构成。在这样的四个政治范畴领域里，都凸显了民主政治的基本特征。

1. 政府文明

这里所说的政府，基本上与国家同义。马克思在批判资本主义时，曾使用了“文明国家政府”[②] 的概念，并把巴黎公社视为与资产阶级“文明国家政府”对立的“工人阶级的政府”[③]，也即无产阶级社会主义的“文明国家政府”。

怎样才是社会主义的政府文明呢？从马克思阐述巴黎公社“工人阶级的政府”具有的政府文明来看，马克思早已揭示了社会主义政府文明所包含的社会主义民主政治的基本特征，主要有五个方面：第一，机构精简。“政治中最本质的东西是国家政权机构”[④]，巴黎公社“工人阶级的政府”绝不像资产阶级那样不断膨胀国家官僚机器。马克思指出：“国家必须限制自己的开支，即精简政府机构，缩小其规模，尽可能减少管理范围，尽可能少用官吏，尽可能少干预公民社会方面的事务。”[⑤]

---

① 《马克思恩格斯全集》第1卷，人民出版社1956，第282～284、478～488页。

② 《马克思恩格斯选集》第2卷，人民出版社，1972，第399页。

③ 《马克思恩格斯选集》第2卷，人民出版社，1972，第378页。

④ 《列宁选集》第2卷，人民出版社，1972，第454页。

⑤ 《马克思恩格斯选集》第1卷，人民出版社，1972，第467页。

显而易见，新型工人阶级的“文明国家政府”实行一系列改革，转变了政府职能，成为减少了行政开支和行政机构的“廉价政府”和“小规模政府”。第二，地方自治。巴黎公社在外省、农村和企业，实行“地方自治”，建立“生产者的自治机关”，转变了政府职能，“国家的职务会只限于几项符合普遍性、全国性目的的职务”。[①] 留给中央政府的只是“为数不多然而非常重要的职能”。[②] 第三，政务公开。“公社公布了自己的言论和行动，它把自己的一切缺点都告诉民众。”[③] 第四，监督政府。公社的机构、职能和官吏“总是处于切实的监督之下”。[④] 第五，官员民选。公社废除了自上而下的等级授职制代之以普选制，所有的国家机关公职人员都“由选举产生，对选民负责，并且可以撤换”。[⑤]

2. 政党文明

现代政治文明的国家，必然允许组织政党，营造政党文明。在当今世界200多个国家中，除了极少数的君主制国家和细小国家之外，均有政党组织存在。政党的直接目的和功能，在于执掌或参与执掌国家政权。政党执政，是指一个国家的政治权力由政党行使，政党的领袖人物和骨干分子出任政府要职，推行本党的政策主张，对国家和社会造成影响。

托克维尔认为，政治社团和政党是公民社会的关键性制度。[⑥] 这是因为诚如蔡斯耐德所言：“政党创造了现代民主，而没有政党现代民主是无法想象的。”[⑦] 实行政党执政，是现代国家政治制度文明的枢纽。然而，政党要创造民主，政党自身必须民主。不实行民主的政党，遑论创造政治文明、领导政治文明。例如，历史上的法西斯政党，其领袖独裁无异于“皇权”，甚至连半点开明都没有，党魁玩弄党组织于股掌之间，政党沦落为十足的专制御用工具。只有民主性的政党，才能形成政党文明，并构成国家政治文明的重要组成部分。

共产党作为社会主义国家唯一的执政党，党的民主建设更为重要。不像西方

---

① 《马克思恩格斯选集》第2卷，人民出版社，1972，第415页。

② 《马克思恩格斯选集》第2卷，人民出版社，1972，第376页。

③ 《马克思恩格斯选集》第2卷，人民出版社，1972，第384页。

④ 《马克思恩格斯选集》第2卷，人民出版社，1972，第438页。

⑤ 《马克思恩格斯选集》第2卷，人民出版社，1972，第375页。

⑥ Jack Lively, *The Social and Political Thought of Alexis de Tocqueville*. Oxford: Clarendon, 1962, pp. 135 – 43.

⑦ E. E. Schattschneider, *Party Government*. New York: Rinehart, 1942, p. 1.

国家实行两党制或多党制轮流执政，执政党面临在野党强大的竞争压力和刻意的民主监督那样，共产党的民主建设主要依靠自身良好的性质和制度规定来完成。恩格斯指出，共产党“组织本身是完全民主的，它的各委员会由选举产生并随时可以罢免，仅这一点就已堵塞了任何要求独裁的密谋狂的道路”。[①] 共产党作为文明的政党，具有一系列民主政治的特征：第一，实行民主集中制。只有充分发扬民主，才能利于正确集中，在少数服从多数作出决定后仍允许少数人保留意见。第二，实行党内民主选举。党的所有职务都必须经选举产生，所有职务都不是终身的，而且应该有任期规定。第三，接受党内外监督。《党章》规定，每个党员不论职务高低，都必须“接受党内外群众的监督”。第四，开展党内批评。党内民主生活中批评越活跃，党的生命越旺盛；如果党内批评停止了，党的生命也就结束了。

3. 法治文明

政治文明是要依靠法治文明来支持和保障的。国家权力的划分、中央和地方关系的处置、各级政府的行政管理、政党的活动、公民的活动，乃至社会的稳定和有序的运转，都应当做到有法可依、有法必依、执法必严、违法必究。离开法治文明，政治文明是难以实现的。

在政治文明的社会里，法治的地位是最高的，是任何组织和个人都不可逾越的。但是，法治的本质又是什么呢？英国学者詹宁斯认为：“如果法治仅仅是法律和秩序的同义词，那么它便是所有文明国家都具有的特征”。[②] 所有的国家也就没有什么区别了。的确，自从国家成为“文明”的界碑和象征以来，即使是专制政体的国家也不乏法律规定，并依法惩治。所以詹宁斯指出：“法治一词指的只是民主或立宪政体有别于专制政体。”[③]“这种发展实质上源自自由的或自由民主原则。”[④] 法治的根本是宪政，毛泽东说：“宪政是什么呢？就是民主的政治。”[⑤] 据此可知，只有实行民主政治，才有法治，才有宪政，才称得上善治。

社会主义国家从起步伊始，就表明要尊重法律，重视法治。阅读马克思写的

---

① 《马克思恩格斯选集》第4卷，人民出版社，1972，第196页。

② 詹宁斯：《法与宪法》，龚祥瑞等译，三联书店，1997，第42页。

③ 詹宁斯：《法与宪法》，龚祥瑞等译，三联书店，1997，第42页。

④ 詹宁斯：《法与宪法》，龚祥瑞等译，三联书店，1997，第32页。

⑤ 《毛泽东选集》第2卷，人民出版社，1991，第732页。

《法兰西内战》便可知道，历史上的巴黎公社在成立后就立即把先前属于旧国家的全部创议权转归公社。公社实行民主管理，拥有创制法律的权力，并且由各公社选举它们创制法律的公职人员，投入到法律建设的实践。同时法官也由选举产生，对选民负责。真正开创了法律为民、法律治国的新时代。社会主义国家法治文明的基本特征在于：第一，依法治国。在社会主义制度下，人民的意志和利益，必须采取通过国家法律的形式加以确认和保证，法大于权，权遵于法。第二，依法执政。共产党作为执政党，也要依据宪法规定来行使执政的权力，党要在法律的范围内活动，而不能凌驾于法律之上。不是党比法大，而是法大于党。第三，加强法律监督。保障在全社会实现公平和正义。

4. 公民文明

公民是国家和社会最小的、最基本的又是独立的单元。公民的集合体，公民社会或称市民社会，“是社会中的一个部分，这部分社会具有自身的生命，与国家有明显的区别”。[①] 公民文明是国家政治文明的基础，公民的政治言论与政治行为对国家的政治文明起着是否认同和支撑的作用。洛克认为：“市民社会先于或外于国家。”黑格尔则主张：“国家高于市民社会。”马克思、恩格斯从历史唯物论的观点指出：“只有政治上的迷信才会以为国家应当巩固市民生活，而事实上却相反，正是市民生活巩固国家。”[②] 是市民社会创造了国家，并决定着国家。在一个国家里，如果公民不是独立的，首先是拥有经济上的财产权利，其次是拥有政治上的民主权利，就表明专制统治还有深广的地盘，就不可能有公民文明，也就不可能有政治文明。

公民的政治民主权利主要表现在：第一，主权在民。国家的权力是公民委托的，倘若国家侵犯市民社会，它可以被公民收回。第二，言论自由。一个被禁锢了思想的公民不能成为文明的公民。第三，政治参与。公民享有参加各种政治活动的自由，社会政治制度的运作，归根到底要依靠公民政治参与的行为来推动。与以往比较起来，社会主义政治文明更加强调人民当家作主，在拥有普选权和监督权之下，公民能够广泛参与民主政治活动。

---

① 爱德华·希尔斯：《市民社会的美德》，载邓正来编《国家与市民社会》，中央编译出版社，2002，第33页。

② 《马克思恩格斯全集》第2卷，人民出版社，1957，第154页。

三　政治文明建设要致力于民主政治发展

社会主义国家的政治文明是新型的政治文明，高于以往任何类型的国家。但是，由于我国现在正处在社会主义初级阶段，处在逐渐摆脱不发达的状态、实现工业化和信息化的过程中。受社会主义初级阶段经济、文化条件的制约，从现实情况看，我国的政治文明远没有尽善尽美、尽如人意，我们还要致力于民主政治发展。

致力于民主政治发展，是党的十六大报告的主旋律。党的十六大报告第一次把发展社会主义民主政治、建设社会主义政治文明列为“全面建设小康社会的重要目标”。在政治上，要求小康社会的“社会主义民主更加完善，社会主义法制更加完备，依法治国基本方略得到全面落实，人民的政治、经济和文化权益得到切实尊重和保障。基层民主更加健全，社会秩序良好，人民安居乐业”。[①] 以上这些论述，成为当前我国推动政治文明建设、民主政治发展的纲领。解读党的十六大报告，致力于我国的民主政治发展，笔者认为要强调以下四点认识。

1. 要有明确的政治发展战略部署，把政治建设和政治体制改革紧密地联系在一起，强调当前民主政治发展的重点是推进政治体制改革

党的十六大报告第五部分论及“发展社会主义民主政治，建设社会主义政治文明”时，是在“政治建设和政治体制改革”的标题下展开的。这清楚地说明，在我国现阶段特定的条件下，发展民主政治不能脱离政治体制改革，进行政治体制改革也不能脱离民主政治发展，两者之间存在着密切的关系。一是包容关系，即民主政治发展之中包含政治体制改革，从民主政治发展的全部内容来看，它当然包含着政治体制改革。二是重点关系，即政治体制改革构成民主政治发展的重点，我国社会主义初级阶段民主政治发展的目的是要实现政治现代化，必须把政治体制改革始终贯彻于全过程。三是互促关系，即民主政治发展和政治体制改革相互促进、共同发展，一方面，政治体制改革为民主政治的发展开创了新局面，指明了前进的方向；另一方面，民主政治的发展也巩固着政治体制改革的成果，为下一轮的政治体制改革开辟新道路、创造新条件。因此，必须把民主政治发展和政治体制改革紧密地结合起来。

---

① 《中国共产党第十六次全国代表大会文件汇编》，人民出版社，2002，第 19 页。

2. 要有明确的政治发展路径选择，在中国特色社会主义民主政治发展过程中，要致力于民主政治的多层次建设

党的十六大报告概括了社会主义民主政治的基本制度、具体政策方针和主要内容。归结起来，贯彻、落实这些民主政治的基本制度、具体政策方针和主要内容，客观上存在着宏观、中观和微观的不同层次。这里，既有改进和完善基本政治制度这样的宏观层次民主政治建设，也有改革实施具体政治方针政策这样的中观层次的民主政治建设，还有扩大基层民主这样的微观层次的民主政治建设。三个层次的民主政治建设，有着相互联动、相互促进的关系，三者应该协调发展。三个层次的民主政治建设，各自居于不同的地位，扮演着不同的角色，发挥着不同的作用。一般来说，处于微、中观地位的基层和中层的民主政治建设，具有反映现实需要快、灵活性强、易于见成效的特点；处于宏观地位的上层民主政治建设，具有牵一发动全身的功能，对中、微观层次起着强大的引领和带动作用。我们不应把三个层次的民主政治建设截然分开，更不能简单地把基层、中层和上层的关系等同于一、二、三的程序关系，以为只有走完第一步，才能走第二步、第三步。总的来说，在民主政治发展进程中，重要的是应根据实际情况，适时提出三个层次民主政治建设的不同方案和措施，使三个层次的民主政治建设协调发展。

3. 要有明确的政治发展重点，就是要以改革的精神推进党的建设，进一步改革和完善党的领导方式和执政方式

自20世纪80年代以来，在政治体制改革中，怎样认识和解决党政关系的问题，促使着人们对党和政府的性质进行了深刻的探讨。共产党是执政党，政府则是政权机关、国家机器。现在的问题在于，要进一步探讨和确立科学的、合理的党的领导方式和执政方式。要明确党政职能，党的职能有制定大政方针、提出立法建议、推荐重要干部、发挥党员作用、实施政治监督等项，除此之外就是政府的职能。正如党的十六大报告阐述的那样：“按照党总揽全局、协调各方的原则，规范党委与人大、政府、政协以及人民团体的关系，支持人大依法履行国家权力机关的职能，经过法定程序，使党的主张成为国家意志，使党组织推荐的人选成为国家政权机关的领导人员，并对他们进行监督；支持政府履行法定职能，依法行政；支持政协围绕团结和民主两大主题履行职能。”① 可以说，十六大对

① 《中国共产党第十六次全国代表大会文件汇编》，人民出版社，2002，第33页。

党的职能和执政方式的确定，为正确处理党政关系铺平了道路。

4. 要有明确的政治发展方向。表现在提出建设社会主义政治文明时，强调与人类文明融合，借鉴世界上一切有益的政治文明成果

党的十六大报告致力于民主政治发展，提出要“借鉴人类政治文明有益成果”，认识到政治文明具有继承性、共同性和可比性，这是中国与世界文明接轨的正确选择。随着我国社会主义政治文明建设和民主政治的发展，我们要从中国的国情出发，结合中国实际，进一步深入研究如何广泛地借鉴人类政治文明有益成果的问题。诚然，像三权分立、多党轮流执政等这些西方根本的政治制度模式我们不能照搬，但对其中包含的积极因素也可以予以肯定、借鉴。我们用不着也没必要把这些政治制度不加分析，一概贬斥为“政治腐朽”、“政治黑暗”或“政治糟粕”。其实，党的十六大报告中提出行政“决策、执行、监督相协调”，这就吸取了“三权分立”中权力互相制约的积极因素。深圳市进行行政体制改革，推行“决策、执行、监督”的“行政三分制”，改变了传统体制下政府部门集决策、执行、监督为一体，自定规则、自己执行、自我监督的行政权力运作模式。对此，深圳市长于幼军明确地说：“自孟德斯鸠提出‘三权分立’学说后，西方国家广泛采取这种政府架构，这种架构有利有弊，深圳只是有选择地吸收了英国、美国、新加坡、中国香港等国家和地区的成熟经验，绝不是全盘照搬西方的做法。”[①] 此外，我们已经借鉴的共和制、选举制、任期制，在宪法中规定公民有言论、出版、集会、结社、游行、示威的自由等，更说明了社会主义早就包容了人类政治文明。我们在借鉴人类政治文明的基础上，可以也应该在实践中把它们做得更好，使之名副其实。这对于我国社会主义政治文明建设和民主政治发展，具有十分重要的意义和作用。

---

① 2003 年 1 月 21 日《北京青年报》。

中国近现代政治文明转型的工具理性思维

——兼谈价值理性思维对发展中国家政治文明的重要性

郭小聪　文明超*

一　导言：概念的梳理与问题的提出

在探讨问题之前，先对题目中一些重要的概念进行梳理是很有必要的。

首先，关于工具理性与价值理性。西方著名社会学家马克思·韦伯在其著作《经济与社会》中，把人类的理性形式区分为两种：工具理性（目的合理性）与价值理性。工具理性指的是："通过对外界事物的情况和其他人的举止的期待，并利用这种期待作为'条件'或者'手段'，以期实现自己合乎理性所争取和考虑的作为成果的目的。"① 换句通俗的话讲，工具理性就是："用理性的办法来看什么工具最有效，以便达到我们（无论是否合理）的目的。"② 从这里看，工具理性（目的合理性）注重如何运用手段达到目的，至于目的本身的价值及所使用手段本身固有的价值倾向，则不予重视。换言之，工具理性主义者往往是这样的人：在目的上，他更关注目的实现的结果及过程的可操作性，而不是目的的终极价值；而在手段上，他关注的是手段的功效及其现实可行性，而不是手段本身带有的价值倾向及意义。与工具理性相对的是价值合理性，它

---

* 作者简介：郭小聪，中山大学政务学院、行政管理研究中心教授，博士生导师；文明超，中山大学政务学院行政管理学专业硕士研究生。

① 〔德〕马克思·韦伯：《经济与社会》上卷，林荣远译，商务印书馆，1998，第56页。

② 林毓生：《中国传统的创造性转化》，三联书店，1996，第63页。

涉及的是人们对某些事物或行为所赋予的价值含义，以及人们对某些价值观念的追求。

其次，关于政治文明。在西方传统政治学中，“政治文明”并不是一个广泛使用的概念，而在中国则使用较多。在党的十六大报告与修订后的《中国共产党章程》中都使用了“政治文明”这个词语。而在此之前，我国许多学者早就对这个概念进行过讨论。其中有一些学者把“政治文明”视为与物质文明、精神文明并列的，人类文明的三大组成部分之一。这样就赋予了“政治文明”非常广泛的内涵。“所谓政治文明，简单地说，就是指人类社会政治生活的进步状态。从静态的角度看，它是人类社会政治进程中取得的全部成果；从动态的角度看，它是人类社会政治进化发展的具体过程。政治文明包括政治意识文明、政治制度文明和政治行为文明三个组成部分，是由这三个部分构成的有机整体。”①本文基本上同意并采用这个定义。

再次，关于中国政治文明的转型及其过程中的工具理性思维。本文所论述的中国政治文明的转型主要指的是从与传统君主专制相适应的政治文明向现代自由民主的政治文明转化。其中包括政治制度的变迁与人们的政治意识、观念、行为的改变。从时间上看，中国政治文明的转型是一个非常漫长的过程。本文的论述主要涉及近现代，也就是从鸦片战争到中华人民共和国成立这段时间。在中国近现代政治文明转型过程中，西方政治思想与政治制度的学说在中国的传播起着极其重要的推动作用。从某个角度看，中国近现代政治文明的转型，实际上就是学习西方政治制度、文化并把它们本土化的过程。但是，正如一些学者看到的那样，在这个学习西方政治制度、思想学说的过程中，人们往往带有一种工具理性思维倾向。他们都是把西方政治制度与政治学说当成救国图存的工具。②这种工具理性思维对中国近现代政治文明的转型甚至之后的政治发展都有着重要的影响。

本文所要研究的问题是关于工具理性思维在中国政治文明转型过程中的地位、表现，及其历史原因与作用，并结合党的十六大报告，探讨新的历史条件下价值合理性思维对建设我国社会主义政治文明的作用。

---

① 虞崇胜：《政治文明概念辨析》，《理论前沿》2002 年第 4 期。

② 刘世军：《近代中国政治文明转型研究》，复旦大学出版社，2000，第 10 页。

二 工具理性思维在中国近现代政治文明转型中的地位和表现

从中国近现代政治文明发展的历史来看，“体制与思潮互动是近代中国政治文明转型的基本图式”。[①] 移植西方政治制度与传播西方政治思想学说，是近现代中国政治文明转型的主要方式。然而，人们在学习西方政治制度与政治思想学说上都体现出一种明显的工具理性倾向。因此，中国近现代政治文明转型中的工具理性也就表现在以下两个方面。

第一个方面，表现在移植西方的政治制度以改变中国落后现状的“制度决定论”。这方面的最有代表性的例子有两个：一是以康有为、梁启超为代表的“戊戌变法”，一是孙中山先生领导的“辛亥革命”。在他们看来，中国在近现代落后于西方发达国家的最重要原因在于政治制度的不合理。因此，他们认为，要改变中国的落后现状就必须从政治制度上进行改良或革命。

这种看法至少在一定程度上是合理的，也得到某些国外学者的肯定。“19世纪中国的失败，在很大程度上是由于中国政治结构的固有脆弱性及后来其所遭到的腐蚀。中国政治体制不仅仅因其本身的性质日益与世界上其他国家发生的变化不协调，无法应付与外部政治挑战俱来的冲击力所强加给它的问题，更重要的是，19世纪末20世纪初的可悲记录表明，旧的政治秩序受到了严重的内伤。”[②] 因此，从这个角度看，无论是“戊戌变法”还是“辛亥革命”都是企图借用西方政治制度来建立新的政治秩序。但是，他们这种政治思维明显带有工具理性倾向。他们仅仅把西方政治制度视为一种有效的工具与手段，从而可以单独从西方政治文化土壤中抽取出来使用。“我们可以把这种仅仅根据一种外来制度的‘效能’来决定仿效这种制度，以求实现该制度的效能的思想倾向和观念，称之为‘制度决定论’。”[③] 这种急功近利的“制度决定论”，无法考虑培育人们与移植来的政治制度相适应的政治文化和价值观。

---

① 刘世军：《近代中国政治文明转型研究》，复旦大学出版社，2000，第11页。

② 〔美〕吉尔伯特·罗兹曼等：《中国的现代化》，国家社会科学基金“比较现代化”课题组译，江苏人民出版社，1995，第272页。

③ 萧功秦：《危机中的变革》，上海三联出版社，1999，第156页。

西方传统政治学中强调的个人自由与个人权利的观念，是与西方立宪代议制相适应的政治文化基础。无疑，这种强调个人自由与权利的自由、民主政治价值观，是中国传统政治文明中所缺少的。[①] 因此，当他们把西方的立宪代议制剥掉原有的政治价值观基础并应用到中国的时候，他们忽视了一个必然碰到的问题：如何使中国传统政治文化与从西方移植过来的立宪代议制和谐共处？“如果政治角色和结构与体系的中心政治价值之间存在着高度的一致性，政治文化和政治结构就会是和谐的。个人可以十分喜悦地利用可以得到的政治机会，并以最少的痛苦和忧愁接受各种要求。”[②] 但是，中国传统文化赋予统治者“主子”与被统治者“奴才”的政治角色，与民主、自由的政治价值存在着尖锐的矛盾。所以，“戊戌变法”得不到深受中国传统政治文化影响的保守派的欢迎，也几乎没受到习惯了这种文化的民众的支持。相对而言，“辛亥革命”要成功得多，它通过激烈的革命方式摧毁了传统的君主专制及其相应的政治文明，并使它所倡导的自由民主政治价值观开始渐渐得到人们的重视。“一场革命最有意义的成就便是政治价值观和政治态度方面的迅速变化。”[③] 然而，袁世凯、张勋复辟帝制的闹剧使我们不得不承认，“辛亥革命”后建立起来的立宪共和制，仍然缺乏自由、民主的政治价值观基础。

中国近现代政治文明转型中的工具理性思维的第二个方面，表现为引进西方政治思想、学说，充当改造中国民众国民性、改造社会的思想工具。

在经过一系列的变革与革命失败之后，人们似乎开始发觉政治文化在中国政治文明转型中的重要性。人们开始在思想文化层面对中国传统政治文明进行深刻的反思，并且开始大量介绍与传播西方政治学说。然而，他们介绍、宣传西方政治学说的最重要原因，并不在于他们信仰这些学说，而是他们相信这些政治学说能够解决中国的问题。换句话讲，他们把这些政治思想、学说视为一种手段、工具。他们接受这些思想、学说的首要原因是它们的实际功效。这种工具理性思维在“五四”运动中的知识分子身上体现得非常明显。其中，李大钊是个典型的

---

① 参见林毓生《中国传统的创造性转化》，三联书店，1996，第 285 ~ 289 页。

② 〔美〕格林斯坦、波尔斯比：《政治学手册精选》下卷，储复耘译，商务印书馆，1996，第 167 页。

③ 〔美〕塞缪尔·P. 亨廷顿：《变化社会中的政治秩序》，王冠华等译，三联书店，1996，第 283 页。

例子。他的这种工具理性思维在他与胡适的“问题与主义”之争中体现得淋漓尽致。在他答复胡适责难他的《多研究些问题，少谈些“主义”》这一公开信中，明白表达了他把社会主义、马列主义作为工具来改造中国社会现实的想法：

我们只要把这个那个主义，拿来作工具，用以为实际的运动，它会因时因所因事的性质情形产生一种适应环境的变化……在别的资本主义盛行的国家，他们可以用社会主义作工具去打倒资产阶级。在我们这不事生产的官僚强盗横行的国家，我们也可以用它作工具，去驱除这班不劳而生的官僚强盗。[①]

对此，美籍华人学者林毓生先生作了分析：

李氏接受马列主义的理由并不在于它的真理性，而是基于它能够提供工具性效果的考虑。然而，关键则是主义的工具性是由它的高扬的理想主义（或乌托邦主义）来提供的。换句话说，李氏对于马列主义是否在知识上提出了有关人性、历史、政治、经济、社会的真知灼见，兴趣不大。马列主义之所以能使他很快信服，是因为它的乌托邦主义的政治效用。李氏认为提倡这样乌托邦主义及其实现的方式，能够导致大多数中国人参与具有共同目标的政治运动。至于把作为目的的乌托邦主义变为形成政治运动的手段——这一转折——所呈现的理论上与实际上的诸多问题，李氏不是没有清楚地意识到，便是并不受它们的干扰。[②]

当然，作者所进行的只是文本上的分析，而且也有所偏颇，我们不能因此而怀疑李大钊对马列主义的信仰。后来他为了共产主义事业而献出自己的生命也可以证明这一点。但是，单从文本来看，其中蕴涵的工具理性思维是非常明显的。而在当时，这样的工具理性思维倾向并不只李大钊一个人有，而是在知识分子中存在的一种普遍现象。因为“无论是‘个人自由’（个人主义），还是‘个性解放’（反集体抗争），也无论是自由主义，还是后来的社会主义，他们一开始在‘舶来’

① 林毓生：《热烈与冷静》，上海文艺出版社，1998，第156~157页。
② 林毓生：《热烈与冷静》，上海文艺出版社，1998，第157页。

时就都有极为强烈的‘手段意义’。在启蒙思想家看来，西方的这些新玩意不只是一种新观念，更重要的是一种反抗旧社会，建立新社会的全面改造之手段。”①

三　中国近现代政治文明转型偏重工具理性思维的原因分析

要对中国近现代政治文明转型中工具理性思维产生的原因进行明确而简单的归纳，是非常困难的。因为这涉及对当时那段历史中人们面对中国政治经济情况而产生的政治心理和社会心理的判断。

首先，这种工具理性思维的产生在很大程度上与人们对近现代中国政治秩序、心理秩序受到严重破坏而产生的危机感有着内在联系。鸦片战争以及一系列对外国作战的失败无疑是对中国政治秩序与人们的心理秩序的沉重打击。割地赔款的结果严重削弱了传统政治文明的合法性，人们似乎感觉到了一种国破家亡的危机感，而这种危机感并不是个短期效应。“反抗外来侵略欺侮成了中国近现代思想的重要主题，它实际上支配和影响了好多代人的行为、活动和思想。”② 同时，民族主义情绪的高涨也使得这种危机感更加明显与激烈，救国图存也就成了中国人民在整个近现代历史中最为迫切的任务。

在政治制度上，“一种政治体制首先必须能够创制政策，即由国家采取行动来促进社会和经济改革，才能成功地处理现代化面临的问题”。③ 迫切的社会现实使人们在制度变革上不得不首先思考如何建立一个像西方政治制度那样可以有效处理现代化问题的政府体制。至于其背后的政治文化基础，则成为相对可以暂时忽略的问题。在危机感的压力下，从西方来的政治思想学说被视为各种政治意识形态，以作为变革、斗争的工具。“种种危机迫使人们急切地找寻解决之道，这种急切的心情导致人们轻易接受强势意识形态的指引，在它涵盖性极大极宽的指引与支配下，一切思想与行动都变成了它的工具。”④ 危机感使人们在接受某种学说或意识形态的时候无法用更多的时间来思考它的真理性与价值关怀。它的

① 张宝明：《启蒙与革命——“五四”激进派的两难》，学林出版社，1998，第161页。

② 李泽厚：《近代中国思想史论》，安徽文艺出版社，1994，第41页。

③ 〔美〕塞缪尔·P. 亨廷顿：《变化社会中的政治秩序》，王冠华等译，三联书店，1996，第127页。

④ 林毓生：《热烈与冷静》，上海文艺出版社，1998，第121页。

功效在这个时候比任何事情都重要。

其次，从历史发展的角度看，这种工具理性思维与近代历史中的“师夷长技以制夷”、“中体西用”的思想有着紧密的联系。在鸦片战争失败以后，人们首先想到的是对西方科学技术的学习。魏源的“师夷长技以制夷”的思想就是一个非常典型的例子。这种思想主张通过纯粹学习西方的科学技术来增强国家的实力，以达到“制夷”的目的。但是，这种思想无疑忽略了西方科学技术发展背后的政治、经济、文化制度因素，是一种朴素的工具理性思维。相对而言，“中体西用”的思想稍微触及了西方的某些经济方式、制度。但是这种思想中的工具理性思维也是极其明显的，因为它很直白地表明从西方学来的这些技术、制度只是手段、“用”而已。

这些在早期向西方学习过程中形成的工具理性思维，对后来的影响是巨大的。随着人们的关注重点转移到政治层面，这种工具理性思维也自然而然地影响到中国政治文明。从某个角度看，中国近现代政治文明转型中的工具理性思维与“中体西用”思想带有的工具理性思维一脉相承。虽然在后来“中体”经过革命的冲击渐渐被人们放弃，但“西用”的思维却一直没有改变。无论是西方的政治制度，还是西方的政治学说，被传到中国后都无法逃脱被作为救国手段的结果。

四　工具理性思维对中国近现代政治文明转型的双重作用

我们可以从两面性来分析工具理性在中国近现代政治文明转型中的作用。

第一，正面作用。工具理性思维在中国近现代政治文明转型中的正面作用，主要表现在对中国传统政治文明中与现代政治文明不相符的价值理性进行激烈的冲击。它使西方各种现代政治制度、政治学说得以在中国产生重大的影响，从而使中国传统政治文明获得向现代政治文明转变的机遇。按照马克思·韦伯的观点，从目的合乎理性的立场出发，价值合乎理性总是非理性的，而且它越是把行为以之为取向的价值上升为绝对的价值，它就越是非理性的，因为对它来说，越是无条件地仅仅考虑行为的固有价值（纯粹的思想意识、美，绝对的善，绝对的义务），它就越不顾行为的后果。① 从中国近现代政治文明转型的历史来理解

① 参见马克思·韦伯《经济与社会》上卷，林荣远译，商务印书馆，1998，第57页。

这段话，我们就会发现工具理性思维在传统政治文明向现代政治文明转变的过程中的作用是如何的重要。

中国传统政治文化中的各种政治观念，例如君臣观念，是保守派的价值理性行为的价值基础。这些政治观念与现代自由民主政治文明格格不入，严重阻碍了中国政治文明的现代化进程。但是保守派把这些政治观念绝对化，不许任何人挑战，他们根本没有意识到这样的价值理性行为可能对中国政治文明发展造成极其恶劣的后果。从这个角度看，他们的这种维护传统政治观的价值理性行为（思维）是非理性的。而工具理性思维很大程度上对这种相对非理性进行了纠偏。它从现实政治状况出发来思考，采取相应有效的手段来解决从传统政治文明向现代政治文明转变过程中碰到的问题。因此，这种纠偏必然对保守派固守传统的价值理性行为形成冲击，同时也对传统政治价值观构成一定的打击。

第二，负面作用。工具理性思维在中国近现代政治文明转型中的负面作用和它的正面作用同样明显。主要表现在以下两个方面。

首先，在政治制度文明建设上，由于忽视制度的政治文化、价值基础，从而造成政治制度的不稳定。“政治稳定像政治民主一样，常常被视为政治发展的目的，虽然除了极少数的例外以外，这个目的是含蓄地而不是明确地表现出来的。”[1] 政治制度的稳定性是政治文明现代化的一个重要标志。然而，制度的稳定与人们对它的认同感是分不开的。这种认同感的形成，在很大程度上依靠对该政治制度的文化、价值观的接受。因此，把西方政治制度移植到中国的时候，不能不考虑它相应的文化、价值观基础如何在中国建立。但是，在中国近现代政治文明转型的过程中，这个如此重要的问题在很长一段时间里被人们忽视了。人们很容易看到西方政治制度明显的功效，却没有注意该制度功效得以产生的内在条件。[2] 这种工具理性思维使得西方政治制度“移植”到中国后，由于缺乏文化与价值基础的支撑而显得极不稳定。“戊戌变法”的失败无疑是一个例证。

其次，在政治思想学说的传播上，由于把西方政治学说当成冲击中国传统政治文化的工具，不可避免地造成两种后果：一是对西方各种政治思想、学说的理

---

① 〔美〕格林斯坦、波尔斯比：《政治学手册精选》下卷，储复耘译，商务印书馆，1996，第155页。

② 萧功秦：《危机中的变革》，上海三联书店，1999，第157页。

解过于肤浅、粗糙；二是对西方各种政治学说所主张的政治价值理想由于没有深刻的理解而形成信仰。对政治思想、学说的理解，在中国政治文明转型过程中有着重要作用。错误的理解往往会导致政治文明发展陷入困境。从中国共产党反对“左倾教条主义”的历史我们可以看到错误理解马克思主义对中国革命带来的伤害；而对自由、民主、法治等思想肤浅的理解也使中国政治文明建设受到了很大限制。可见，把政治思想、学说的理解、信仰视为一个与中国近现代政治文明发展无关紧要的问题的想法是非常错误的。这种错误的看法很大程度上来源于只把这些政治学说当成“工具”、“手段”的工具理性思维。

相对而言，工具理性思维的积极作用主要集中在对传统政治文明的“破”上。这是因为，工具理性思维主张根据现实情况采取有效的手段来实现政治文明的现代化转型，必然对传统政治文明中不符合现代政治文明的因素进行改革、破坏。而工具理性思维的消极作用，则主要集中在对现代政治文明中政治文化基础的“立”上。工具理性思维虽然破坏了中国传统政治文明，却没有能够提供一个坚实的现代政治文明的文化、价值基石。

五　价值理性思维对进一步发展中国政治文明的重要性

在讨论价值理性对我国政治文明进一步发展的作用之前，有必要先对价值理性行为的内在逻辑进行一个简单的分析。价值理性是“通过有意识地对一个特定的举止的——伦理的、美学的、宗教的或作任何其他阐释的——无条件的固有价值的纯粹信仰，不管是否取得成就。”① 换句话说，价值理性行为是以行为者的价值观作为其行为的指导，其关注的是该行为是否符合他的价值观而不是该行为的实际效果。因此，从逻辑上看，可以认为价值理性行为由两个部分组成：首先行为者明确知道自己所坚持的价值观，其次他必须采取与其价值观相应的行为。从政治学的角度来看，价值理性要求人们关注政治制度、政策与政治思想、文化、价值观基础的相应性。政治制度的假设与改革必须与相应的政治思想、价值观的培育相结合。只有这样，才能够避免前文所讲的那种“制度决定论”的

① 〔德〕马克思·韦伯：《经济与社会》上卷，林荣远译，商务印书馆，1998，第56页。

工具理性思维的影响。

认识这一点，对进一步发展我国政治文明有着重要作用。党的十六大报告分别在民主、法制、行政管理、人事制度等方面，提出了改革的具体要求与措施。而这些改革要求与措施，是我国社会主义人民当家作主、依法治国的政治价值观、政治思想的具体体现。在我国社会主义政治文明建设过程中，这种价值合理性的政治思维，使政治制度改革手段与我国的社会主义本质之间保持着高度的统一性，从而使社会主义政治文明在得以进一步制度化、规范化和程序化的同时，体现了中国特色的社会主义的蓬勃生机。

有必要强调的是，价值理性思维为我们在政治文明建设过程中对西方政治制度的借鉴提供了有效的标准。价值理性要求我们不能简单地把西方制度当成有效的制度工具，必须考虑到本国的情况尤其是政治价值观的区别。建设社会主义政治文明，无疑要借鉴人类政治文明的有益成果，但“绝不照搬西方政治制度的模式”。[①] 在学习西方政治制度的时候，要注意对这种制度背后的政治思想、文化理念进行认真理解与探索，不能把该制度从西方政治文化背景中抽取出来单独运用。这也是从我国政治文明转型的历史中总结出来的重要经验教训，对以后我国政治文明的建设有着极其重要的参考价值。

除此之外，这种价值合理性的政治思维还具有更深刻的历史作用。它实际上是在新的历史条件下，对改革开放过程中出现的工具理性思维的历史局限性进行适当的弥补。

当然，这种工具理性思维的历史局限性并没有影响它的巨大的历史贡献。它突破了过去把市场经济视为资本主义标志的看法，使我国在政治经济决策上更加理性化，也使得我国经济的增长创造了举世瞩目的奇迹。但是在新的历史条件下，经济改革的深化要求政治改革也要跟上时代步伐。因此，如何建设一个与社会主义市场经济相配套的社会主义政治文明，成为新世纪的强烈要求。党的十六大报告明确提出：“发展社会主义民主政治，建设社会主义政治文明是全面建设小康社会的重要目标。”[②] 而在政治文明建设中，价值合理性要求我们建立与社

---

① 江泽民：《全面建设小康社会　开创中国特色社会主义事业新局面——在中国共产党第十六次全国代表大会上的报告》，人民出版社，2002，第32页。

② 江泽民：《全面建设小康社会　开创中国特色社会主义事业新局面——在中国共产党第十六次全国代表大会上的报告》，人民出版社，2002，第31页。

会主义市场经济要求的政治价值、文化相应的制度与规范，从而弥补了过去改革开放中存在的不足，同时也为以后社会主义市场经济有效运行所需要的政治文化土壤的培育提供了有力保障。必须指出的是，在政治文明建设中强调价值合理性，不是对过去改革中的工具理性思维带来的经济成就进行否定，而是在原有成就的基础上，进一步巩固与发展。这也是党的十六大报告的一个重要历史意义。

以上比较详细地分析了价值合理性对进一步发展新时期我国政治文明的重要作用。但是，在强调价值合理性对社会主义政治文明建设的作用的时候，必须防止走向极端。价值合理性一旦走向极端，会对我国政治、经济以及社会稳定带来严重的破坏作用。这是因为，价值合理性的过分强调，容易导致“左”的教条主义与对价值观的狂热崇拜。这在“文化大革命”期间表现得最为明显。这种对价值观的狂热崇拜，很容易导致不同价值观之间的尖锐冲突，以至于破坏社会秩序。而秩序的稳定是政治文明建设的基石，甚至在崇尚自由价值的西方学者那里，秩序也被赋予了极其重要的意义。“人当然可以有秩序而无自由，但不能有自由而无秩序。”① 因此，政治文明建设中对价值合理性的强调，必须以保持社会秩序稳定为前提，以政治制度化、规范化和程序化为基础。

六 价值理性对中国新时期政治文明建设的具体要求

前文已经提到政治文明由三部分组成：政治制度文明、政治意识文明与政治行为文明。下面将从这三个部分对价值理性在政治文明建设中的具体要求进行论述。当然，这些具体要求并不是凭空想象出来的。党的十六大报告中关于社会主义政治文明建设的论述，可以指导我们的探索。

1. 政治制度文明建设

正如前面提到的那样，价值理性要求政治制度的建设必须与相应的政治价值观、文化的培育相配套。对于我国社会主义政治制度改革来说，要求政治制度的改革必须坚持与体现人民当家作主、依法治国等社会主义政治价值观。在党的十

---

① 〔美〕塞缪尔·P. 亨廷顿：《变化社会中的政治秩序》，王冠华等译，三联书店，1996，第7页。

六大报告中，政治制度改革是社会主义政治文明建设的最重要的部分，其论述比较详细。其中包括如下几个方面的制度改革。

第一，关于社会主义民主制度改革。党的十六大报告除了继续强调人民代表大会制度等各项制度的作用以外，还提出了“扩大基层民主，是发展社会主义民主的基础性工作”的重要思想，强调基层自治组织和民主管理制度的建设重要性。① 这个重要论述，无疑是我国社会主义人民当家作主的政治民主价值观的一个重要体现。近年来，我国基层民主建设主要体现在村民自治制度的确立上。村民自治使农民拥有直接选举村干部的权利，真正把社会主义民主的价值理念落到实处，是我国基层民主建设的一个重要成就。

第二，关于法律各项制度的改革。主要包括立法、司法与执法三个方面。在党的十六大报告中，依法治国的思想再次得到了强调。依法治国除了要求完善各项法律制度、加强法律意识教育、提高执法水平以外，更重要的是要尊重人们的根本权利，做到法律面前，人人平等。而要做到这一点，就必须保证宪法和法律的权威不受任何政治主体的侵犯。政府的行政行为也必须在法律许可的范围内进行。“任何组织和个人都不允许有超越宪法和法律的特权。”② 这也是依法治国的政治思想的最重要体现。

第三，关于政府行政各项制度的改革。在政府改革中，如何使政府与社会主义市场经济主张的经济自由、效率等价值观念相适应是最重要的问题，主要表现在三个比较重要的方面。一是政府机构、职能的改革。市场经济要求政府不能过多地干预市场的正常运作，因此，在改革中必须在削减不必要的政府机构的同时提高政府效率，转变政府的经济职能，实现“小政府大社会”。二是人事行政改革。在政府干部的选任上，除了对其品德的考察之外，更要确立对其才能的考察。要完善公务员制度，建立一个高效率的行政队伍。这也是市场经济的效率原则对政府的要求。三是行政监督制度的改革。市场经济不仅要求经济自由与效率，同时也要求公平，这就要求政府提供一个公平的竞争环境。党的十六大报告明确提出，要加强对权力的制约和监督。“重点加强对领导干部特别是主要领导

---

① 江泽民：《全面建设小康社会　开创中国特色社会主义事业新局面——在中国共产党第十六次全国代表大会上的报告》，人民出版社，2002，第33页。

② 江泽民：《全面建设小康社会　开创中国特色社会主义事业新局面——在中国共产党第十六次全国代表大会上的报告》，人民出版社，2002，第32页。

干部的监督，加强对人财物管理和使用的监督。”[①] 只有这样，才能避免官员腐败对市场经济的影响，保持一个良好的公平竞争环境。

2. 政治意识、政治文化建设

过去，我国的政治意识文明建设存在着明显不足。我们往往把政治意识形态视为稳定社会的一个重要工具，过于强调政治意识的功效性。这样一种工具理性思维，在新的历史条件下给我国政治意识文明建设带来一些不良的影响。因为它要求我们继续强化不同的政治意识形态之间的对抗，而忽视了对政治文化、思想内在价值的深刻理解与研究。价值合理性的内在逻辑首先要求对我们所认可的价值观有深刻的理解，只有这样才能避免走上教条主义。因此，在新时期的政治意识文明建设中，我们必须对社会主义政治价值观、政治文化、理念进行细致的研究与理解，反对各种教条主义，并在新的历史条件下加入新的观念。同样，对待西方政治思想、意识文明，也要进行深刻研究，不能全盘否定，也不能全部肯定、吸收。

3. 政治行为文明的建设

在这里，我们主要考察价值理性思维对执政党的政治行为文明建设的要求与作用。我国实行的是一党执政、多党合作的政党制度。中国共产党是执政党，执政党的政治行为直接影响着它的权威与政权的巩固性。党的十六大报告也提出了要改革和完善党的领导方式和执政方式的主张。价值合理性要求党的政治行为文明建设必须紧紧围绕中国共产党的性质与政治价值观来进行，要在日常工作中体现出作为“三个代表”的本质。因此，既要在政治思想、文化上对党员进行宣传教育，使他们能更深刻地理解党的价值观，又要在具体工作中不断改革与完善党的领导与执政方式，在日常工作方式中体现党为人民服务的宗旨与政治价值观，使两者紧密相连。

简而言之，如果说，改革开放中的工具理性思维打破了传统的计划经济以及相应的政治文明的束缚的话，那么党的十六大报告则是在价值合理性思维的指导下，提出要建立社会主义政治文明，从而继承、巩固和发展了改革开放的成果。在新的历史条件下，党的十六大报告以及“三个代表”所体现的价值理性思维，必将在指导社会主义政治文明建设的过程中发挥重大的作用。

---

① 江泽民：《全面建设小康社会 开创中国特色社会主义事业新局面——在中国共产党第十六次全国代表大会上的报告》，人民出版社，2002，第26页。

参考文献

江泽民：《全面建设小康社会　开创中国特色社会主义事业新局面——在中国共产党第十六次全国代表大会上的报告》，人民出版社，2002。

《邓小平文选》第3卷，人民出版社，1993。

马克思·韦伯：《经济与社会》上卷，林荣远译，商务印书馆，1998。

虞崇胜：《政治文明概念辨析》，《理论前沿》2002年第4期。

虞崇胜：《政治文明建设：新世纪中国政治发展的优选之路》，《天津社会科学》2001年第3期。

戚珩等：《政治意识论》，浙江人民出版社，1995。

刘世军：《近代中国政治文明转型研究》，复旦大学出版社，2000。

福泽谕吉：《文明论概略》，北京编译社译，商务印书馆，1982。

林毓生：《中国传统的创造性转化》，三联书店，1996。

林毓生：《热烈与冷静》，上海文艺出版社，1998。

诺贝特·埃利亚斯：《文明的进程——文明的社会起源和心理起源的研究》，王佩莉译，三联书店，1999。

格林斯坦、波尔斯比：《政治学手册精选》，储复耘译，商务印书馆，1996。

塞缪尔·P. 亨廷顿：《变化社会中的政治秩序》，王冠华等译，三联书店，1996。

西里尔·E. 布莱克编《比较现代化》，国家社会科学基金"比较现代化"课题组译，上海译文出版社，1996。

吉尔伯特·罗兹曼等：《中国的现代化》，国家社会科学基金"比较现代化"课题组译，江苏人民出版社，1995。

萧功秦：《危机中的变革》，上海三联书店，1999。

李泽厚：《中国近代思想史论》，安徽文艺出版社，1994。

张宝明：《启蒙与革命——"五四"激进派的两难》，学林出版社，1998。

许纪霖、陈达凯编《中国现代化史》，上海三联书店，1996。

政治文明中的权力制约

陈国权*

文明是人的主体性不断觉醒和人的自由不断提升的结果。政治文明体现了人在社会生活中自由的实现，表现为人可以自我决定、自我做主，即不受某种外在力量的拘束，可以在无外部异己力量强制下对于自己的信仰、态度和行为作出选择。政治文明是一个历史的范畴，国家的建立是人类政治文明的发端，从此以后，政治文明的发展都与国家制度的变迁联系在一起。政治文明又是一个相对的范畴，反映了一个特定的政治制度与特定的社会经济发展相适应的历史状态。因此，世界上没有绝对意义上的政治文明，政治文明要反映时代的要求、有利于时代的发展。随着工业化生产方式的出现和自由市场经济的确立，传统集权专制国家愈来愈成为市场经济发展的桎梏，于是，伴随着近现代市场经济的发展，政治文明的进步集中体现在对国家权力监督制约的诉求和实现，以消解集权专制对市场经济的负面影响，维护社会的经济自由和政治自由。

一 国家权力的监督制约：市场经济的政治诉求

市场经济是人类经济发展的一个重要时代，市场经济诉求的政治文明要求赋予市场主体以平等和自由，从而维护市场经济运行的高效率，维护公民的民主权益和自由人权不受专制政权的践踏。与这一价值导向相适应的政治制度突出表现

* 作者简介：浙江大学公共管理系主任、教授，MPA 教育中心主任。

为：通过自由的市场和具有普遍适用性的规则，为市场主体竞争提供公正的起点；以公开、确定的法律规则，为“理性经济人”在变幻莫测的市场中实现利益最大化提供可计算的尺度；以公法与私法的明确划分，照应“政治国家”与“市民社会”的二元结构，在限定并压缩公域（即政府）活动的同时，为私域（即市民社会）的自由活动留下广阔的空间；以独立的、职业化的司法机构以及注重程序的司法活动，确保解决纠纷的形式的合理性。[①] 市场经济的这些客观要求，必然表现为对国家强权的限制。事实上，只有有效地限制政府对市场经济和市民社会的不确定干预，才能保障市场经济的正常发展。市场经济社会使人的自由得到了空前的提高，市场经济的运行方式与人的主体意识的日益觉醒，都要求国家权力得到明确的监督制约。

因此，政治自由是近现代政治文明的基本标志，是市场经济社会对政治的基本诉求。然而，人类社会愈来愈陷入进退维谷的两难困境。随着人类生活方式和劳动方式的日益社会化，客观上需要公共管理部门对社会生活进行组织协调，为社会提供更多的公共物品。但是，社会一旦赋予政府以公共管理权力，政府就具有了依法对公民进行强制性管理的权力。即使在民主法治社会，政府的公共管理要基于公意，但具体的管理并不以公民个人的同意为条件。在这种情况下，总有一些“社会公仆”将公共权力异化为个人谋取私利的手段，成为凌驾于人民之上的力量，限制或剥夺人民的自由。于是，伴随着国家职能的扩大和管理权限的膨胀，逐步形成了公共权力凌驾于社会之上、等级制的官僚凌驾于民众之上、外部强加的法律规则凌驾于人心之上的专制社会。国家越来越多地干预本来可以由社会或公民自己去履行和完成的事情，或是把国家权力深入到纯粹个人生活的私人领域。国家权力无限扩张的直接后果便是属于私人的权利和自由不断缩小，财产权和经济自由不断受到侵犯。在这一政治困境面前，人类提出的基本解决方案就是建立权力监督和制衡机制，在赋予国家公共管理权限的同时，建立监督机制对国家的权力进行监督制约。国家一旦违背了公民的意志和利益，公民有能力通过监督机制纠正和遏制国家的不当行为，阻止政府对公民权益的侵犯，保护公民的自由。

所以，与市场经济相适应的政治文明突出表现为对国家权力的监督制约。与

---

① 参见高鸿钧《现代法治的困境及其出路》，《法学研究》2003 年第 2 期。

近现代市场经济共同发展起来的政治文明主要表现为民主与法治，民主与法治的核心问题是国家与社会的权力均衡和国家内部的权力制约。民主法治国家的政治体制必须具备两个基本条件：第一，政治统治模式应该是民主政治体制。民主政治体制确立了社会和公民对国家进行政治监督的权力和机制。第二，国家权力结构应该具有分立和相互制衡的关系。分权制衡与法治在一定程度是相互重叠、互为因果的，国家权力的分立和制衡是国家实现权力自我约束的有效制度安排。

政治文明当然包括人的政治行为文明和人的政治意识文明，但政治文明的主要形态是政治制度文明。近现代政治文明所蕴涵的对国家权力的监督制约主要通过民主与法治的各种制度得以实现。民主与法治是人类社会孜孜以求的政治目标，近现代人类政治的发展史在一定意义上就是民主和法治不断实现的艰难历程。民主和法治的实现在根本上反映了国家权力与社会力量的某种均衡，并在实现形式上表现为国家监督体制的确立和完善，对国家权力的监督制约是民主和法治得以实现的基本机制。

二　民主政治对国家权力的监督制约

民主政治是人类政治文明的重要标志，人类的政治文明发展史是一部为民主与自由不屈不挠进行抗争的历史。“民主”一词来源于古希腊，原义是“人民的权力”或“人民进行统治”。在现代西方国家，民主被认为“是一种社会管理体制，在该体制中社会成员大体上能直接或间接地参与或可以参与影响全体成员的决策”。[①] 马克思主义认为，在本质上民主就是“承认少数服从多数的国家”。“民主是国家形式，是国家形态的一种。”“民主意味着形式上承认公民一律平等，承认大家都有决定国家制度和管理国家的平等权利。”[②] 民主政治制度是维护公民的权利和实现政治自由的制度安排，民主政治制度作为国家的制度形式，在本体意义上，必须实现人民对国家权力的支配。

民主的上述原则通过一系列制度得以实现，其主要制度形式是代议制和选举制。剖析这些制度，就会发现它们具有共同的制度功能，即对国家权力的监督制

① 科恩：《论民主》，聂崇信、朱秀贤译，商务印书馆，1997，第10页。

② 《列宁全集》第31卷，人民出版社，1985，第96页。

约。民主政治制度就是通过对政治权力的合理配置，防止政治权力的专制和滥用，确立公民在政治生活中的主人地位。可以说，民主政治的核心问题是建立有效的监督制约制度使公民有足够的力量监督和制衡国家权力，促使国家机关切实根据公民的意志和愿望进行管理，从而维护公民的政治自由，实现社会的政治文明。

民主政治的实现必须借助于政治制度的保障，必须借助于各种民主力量，其关键在于公民拥有民主政治的权力。在人类生活与生产日益社会化的条件下，客观上需要建立政府，以便为社会提供公共物品和公共服务，需要但只能是社会少数的国家公职人员，由他们接受公民委托代行人民主权。在这种情况下，公民就不是简单地、理想化地表现为直接掌握最高的决策权和管理权，直接参与最高决策和对社会进行直接的全面管理，而是表现为公民依据民主权利对政治国家进行限制与监督。政治民主和政治自由能否实现，在根本上取决于公民与国家的关系，取决于公民有没有权力监督国家公职人员的权力行使，取决于国家有没有政治监督制度来防止国家公职人员从“人民的公仆”变为“人民的主人”，从而切实保证公民的政治自由和政治意志的实现。

民主政治的上述原则体现在政治体制上，最基本的要求就是要实行代议制和选举制。代议民主是政治民主得以实现的基本方式，它由公民选举出特定的公职人员，实行社会政治管理的方式。代议民主的基本原则是保证公民的利益要求通过代议制政府得到实现，从而防止公职人员背离公民的利益行使权力。民主政治实现的第二个重要制度安排是选举制。选举制与代议制是相辅相成的，代议制必然要求选举制作为其制度基础，而选举制的普及程度反映了一个国家民主政治的实现程度。

剖析民主政治的上述两项最重要的制度安排——代议制和选举制，就会发现，民主政治的核心功能之一是通过制度的安排实现对国家权力的监督和制衡。无论是代议制还是选举制，实现对国家权力的监督制约都是其主要的制度功能。代议制的监督职能的必要性，根植于现代民主政治中的一种深刻的“委托责任关系理论”。该理论认为国家的一切权力属于人民，由于人民不便直接行使国家权力，因而要靠确立一种合理程序推选人民的代表或官员组成政府，行使国家的管理权。但是，政府及其官员权力的行使，要基于人民群众的同意。人民与政府之间形成了一种“委托责任关系”。人民把权力委托给政府，政府则对人民负责，保证忠于人民的意志和利益，按人民选出的代表制定的法律行事。如果政府违背人民的意志，损害人民利益，或行使权力超出法定范围，应对人民承担政治责任，直至受到处罚。因此，人民在向政府委托授权的同时，保留了对政府权力行使的监督和控制的权力。

同样，选举制的核心制度功能也是监督制约，赫尔德精辟地指出："民主的本质是公民能够以一个政府代替另一个政府，从而防止政治决策者把自己变成不可移易的力量。只要政府能够改变，只要选民可以在（两个以上）明显的政党纲领之间作出选择，暴政的危险就可以得到制约。"① 选举制事实上为公民定期对政治家和政府官员进行全面的审视和监督作了制度安排，并使公民具有决定政治家和政府官员政治命运的权力。公民只要掌握这种权力，就能形成强有力的政治监督力量，迫使政治家和官员们不敢将自己凌驾于公民之上，不得不重视和尊重公民的意愿和要求，从而实现建立与市场经济相适应的政治文明、有效地保障公民政治民主和政治自由的目的。

从民主政治的主要制度形式——代议制和选举制——的实际运作机制来看，我们清楚地看到在政治文明的实现过程中对国家权力进行监督制约的重要性，正是代议制与选举制提供了有效的权力制约和监督机制，才使专制政治失去了存在的基础，从而为公民的政治自由提供了保障，推动了人类政治文明的发展。

因此，建立完善的民主监督机制，通过各种形式的分权和制衡，使民主主体自始至终能够控制自己转让的权力，是保证大多数人公意的实现、最大限度地达到政治自由的基本途径。在一定意义上，一个社会对国家权力的监督制约能力与政治文明的水平具有正相关性。要提高社会的政治文明水平，就要改善和加强民主政治，并有效地运用民主政治制度对国家权力进行监督制约。政治实践表明，只有在对政治权力实行有效民主政治监督的社会里，公民才能既是社会生活的主人，又是自身生活的主人，从而获得真正的政治民主与政治自由。

三 对国家权力的限制与依法治国

政治文明的另一基本特征是法治或者说依法治国。依法治国是防止国家专制、维护社会利益、保障公民政治自由的重要途径，是实现国家与社会均衡的制

① 〔英〕戴维·赫尔德：《民主的模式》，燕继荣译，中央编译出版社，1998，第225页。

度安排。由于法治意味着国家机关除非实施众所周知的规则以外不得对个人实施强制，所以它构成了对国家机构的一切权力的限制，包括对立法机构的权力的限制。

法治是国家与社会矛盾的产物，是社会寻求民主自由和维护公民权益对国家提出的政治诉求。因此，对法治的研究，必须回到国家与社会的矛盾过程中去寻找答案，也只有在国家与社会的矛盾过程中才能真正理解依法治国在市场经济社会的政治意义。国家与社会的矛盾在根本上是利益冲突。任何利益主体都具有自我实现的内在要求，同时，任何利益也只有在社会中，通过特定的社会途径才能得到实现。占统治地位的阶级利用控制的国家机器为自己谋取利益，而社会为了维护自身的利益必然进行抗争。利益的冲突必然转变为政治权力的斗争，如果没有哪一方政治力量具有绝对的优势，政治权力就会出现分立和制衡的格局。在历史上，依法治国总是处于非主导地位的阶级或阶层的诉求。这些阶级或阶层受国家统治集团的压迫或剥夺，因此往往对国家抱敌视或对抗的态度，并致力于寻求政治力量对国家权力进行制衡。依法治国要求国家要依据正义、理性和社会规律治政，也就是要依“法”行使权力，不得进行专制和保护特殊利益。依法治国所依的“法”首先是一种“元法律”，是社会理性和意志以及社会发展的基本规律。

任何权力主体都有权力扩张与不受监督的倾向，国家也不例外。对国家进行制约，反映了社会对政治民主与自由的诉求，而制约过程是权力的抗争过程。依法治国的实现，事实上反映了社会力量与国家力量的一种均衡，表明国家权力与社会权力相互监督与制衡格局的形成。人类社会真正实现法治是资产阶级走上历史舞台的产物，它反映了市场经济的客观要求。

实行法治之下的国家是有限权力的国家，即“有限政府”。可以说，法治的主要功能在于防止、束缚专横的政治权力，铲除“无限政府”，确立和维持一个在权力、作用和规模上都受到严格法律限制的“有限政府”。法治要求政府的权力严格地受到法律的限制，要求政府的行为不得违背法治所认可的价值前提。因此，依法治国是依靠正义之法来治理国政与管理社会从而使权力和权利得以合理配置的国家类型。法治国家通过国家权力的分立和制衡实现对国家权力的监督制约。近代意义的分权体制始于英国，是17世纪英国新生资产阶级制约封建王权的政治努力，是历史上社会争取法治的重要成果，是政治文明的重大发展。后来，分权与制衡原理成为近代资产阶级实现法治理想的基本途径，也成为西方政治文明的基本特征之一。洛克是近代分权学说的奠基人，他以自然法为其法治理论的基础，其核心是保护个人自由权利。他认为，对个人自由权利的最大危害是国家权力的滥用，因此国家权力必须受到法律的约束。法治社会中的国家权力应当是有限的、分立的和负责的。孟德斯鸠对近代法治理论作了制度化的设计。他认为，为了防止个人被迫做他不应该做的事，就必须对国家权力加以限制，因为自由只能在“国家的权力不被滥用的时候才存在。但是一切有权力的人都容易滥用权力，这是万古不易的一条经验。有权力的人们使用权力一直到遇到界限的地方才休止”。[①] 基于这一理念，他把法治理论与权力制度设计联系在一起，派生出了立法权、司法权和行政权，并强调三权之间相互制衡的重要性。资产阶级启蒙思想家对国家权力分立与制衡的宪政安排，旨在实现国家权力的自我约束，防止国家的专制，从而使人类摆脱外在束缚，最终走向政治文明的社会。

依法治国建立在健全和完善的法制体系之上，依法治国的根本目的和基本价值要通过法律界定和制约国家权力才能得以实现。权力不受制约必然导致专制和腐败，这是一条铁的规律。在现代社会，有效的权力监督首要的就是法律监督。正如博登海默所说：“在人类努力建设有序与和平的‘国家组织’中，法律一直都起到了关键的和最主要的作用。法律是社会中合理分配权力、限制权力的一种工具。如果法律成功地完成了这一任务，那么它对社会团结与生活安全便作出了重大贡献。”[②]

以法律制约权力，就是要通过法律对国家权力及其行使设定各种制约机制，法律对权力的有效监督作用建立在法律至上的原则之上。法律至上意味着对于国家及政府来说，只有法律明文规定或允许的，才可以作为。它还意味着任何官员不得凌驾于法律之上，任何官员的行为都必须经得起法律的检验，一旦其逾越规范，社会的权力机制会迫使他向法律就范。

依法治国又具体表现为宪政，宪法在国家的政治生活中具有绝对的权威性。从某种意义上讲，“宪政”就是“限政”，即国家的权力受到宪法和法律严格限

---

① 〔法〕孟德斯鸠：《论法的精神》，张雁深译，商务印书馆，1961，第154页。

② E. 博登海默：《法理学——法哲学及其方法》，邓正来、姬敬武译，华夏出版社，1997，第379页。

制。宪法和法律为国家的行动范围划上明确的界限，国家立法机关必须依法立法，国家行政机关必须依法行政，国家司法机关必须依法审判。为了保证国家机关切实依照宪法和法律行使国家权力，应该对国家机关进行有力的政治监督。依法治国就是依靠健全的政治监督体制，通过公平、有效、独立的政治监督，确保社会与公民的权利和自由，防止国家机关逾越其法定的行动范围。

四　监督制约的整合与国家能力的提升

政治文明是一个有机的复杂系统，民主与法治作为政治文明两个最本质的特征具有内在的关联性。民主政治是实现法治必不可少的前提和基础，而法治则是民主政治必不可少的保障和结果。依法治国的实现程度取决于国家力量与社会力量的互动。依法治国所形成的对国家权力的监督制约事实上反映了国家与社会的较量、民主与专制的较量。任何国家都具有权力扩张的本能，具有不受监督的内在愿望。社会和公民能否对国家进行有效的制约，在根本上取决于社会和公民有没有足够的政治力量制约国家权力；取决于民主力量能否战胜专制力量，正义力量能否战胜腐败势力。

民主力量通过民主制度得以巩固和发挥作用，需要法治予以保障。法治的发展历程是民主与专制斗争的历史，民主的每一进步，都会促使监督制度的完善，从而推进依法治国的进程。依法治国的实现程度与政治民主化的水平具有正相关性。缺乏民主制度的国家，必然是专制政治横行的地方。民主是专制的天敌，没有牢固的民主制度结构，也很难有可靠的法治。要实现依法治国，就要提高国家的政治民主化水平。

政治文明不仅使公民获得政治自由，同时使公民享有国家提供的有力保障。因此，政治文明的意义不仅仅在于遏制国家的专制，同时也要提升国家的能力，政治文明中的政府应该是能对社会和公民担当责任的政府、能够增进人类福祉和社会繁荣的政府。理论与实践都表明，对国家权力的监督和制衡与提升国家的能力是一致的，有限政府不仅不会限制政府的有效性，反而能增强政府的能力。美国学者斯蒂文·霍尔姆斯曾深刻地指出：“有限政府也许会比无限政府更强有力。制约可能是力量的渊源，这并非自相矛盾，而是一种充满悖论的洞见……一部自由主义宪法通过限制政府官员的专断权力，可能在适当条件下增加国家解决特定问题以及为了共同目标而动员集体资源的能力。”[①] 所以，“宪法增加国家的力量”是现代政治的必然结果。之所以宪政下的分权与制衡能够增强而不是削弱国家的能力，这与国家权力的合法性权威有关。一个缺乏法治的政府、一个专断而恣意的政府必然是一个缺乏国民信任的政府，也是一个缺乏对国民动员能力的政府。这样的政府不可能是有效和有力的政府。

集权专制国家享有无限的权力，在表面上往往显得十分强大，但是，在这一强大的背后却是国家治理的低效率与公共供给的极度匮乏。最终集权专制国家以追求强国家为起点，却以弱国家作为结局。这一悖论的内在逻辑是显而易见的：集权专制国家所赖以生存的权力集中建立在极少数人上的智识之上，重大决策的频频失误是集权专制国家的基本特点。同时，国家权力的扩张需要庞大的官僚机器支撑，而维持庞大官僚机器需要巨大的公共财政收入。财政不足几乎是所有集权专制国家难以克服的顽疾。再者，国家权限太大、由国家配置社会资源太多，就为国家公职人员提供了广泛的寻租机会。寻租不仅造成社会的极大不平等，而且会大大削弱国家公共供给的有效性，使国家在保护产权、提供公平的竞争规则、保护国家利益等方面日益涣散和软弱无能。于是集权专制国家以高管理成本为基础，却是以低社会产出为结果。这样的国家不可能是强大的，也不可能长期延续。因此，我们不应将国家权限宽泛、国家权力专断的强权政治视为国家能力的强大，也不应把国家权力监督制约视为对国家能力的限制。民主法治国家所形成的合法性权威构成了现代国家能力的基础，同时，国家权力的监督制约能有效地防止国家决策的失误和权力的滥用，因此为提升国家能力发挥了重要的作用。

总之，政治文明的水平取决于人类自身解放的程度。人类的解放过程就是人类逐步摆脱各种外在的束缚，提高控制自身和生活环境的能力，以便最终成为具有自由个性的人。而民主与法治是人类摆脱外在束缚，防止专制的有效机制，因此，民主与法治作为监督制约国家权力的制度安排必然是实现人类政治文明的重要途径，也是现代政治文明的基本特征。

---

① 〔美〕斯蒂文·霍尔姆斯：《激情与制约：论自由主义民主理论》，载王焱《宪政主义与现代国家》，三联书店，2003。

“引咎辞职”与政治文明

吴　丕*

本文的讨论对象是“引咎辞职”。之所以讨论这一问题，是因为从2001年起，“引咎辞职”成为中国政府和人民群众关心的一个话题，学术界也有一些讨论。其原因是由于在中国政府中，长期以来几乎没有发生过领导干部引咎辞职的事例；但在事实上，有许多决策失误或领导不力引起严重后果的情况，本来都应当有人负责，有人以引咎辞职的方式来表示承担责任。改革开放以来，人们看到国外经常性地发生政府官员引咎辞职的情况，这就使得人们在中国发生某些事情后，也希望看到政府相关官员能够承担责任并引咎辞职；同时各级政府也在努力把引咎辞职作为一种制度，在干部队伍中实行，以便提高干部队伍的素质，获得人民群众更多的认同与支持。这样，“引咎辞职”就成为一个较受关注的话题，其中确有一些东西需要思考和解释。

一　何谓引咎辞职

引咎辞职，在中文的词典中未检索到。相关的词有：引咎，“把过失归在自己身上。自责。”[①]“引咎，由自己承担错误的责任。”[②] 英文的“引咎辞职”为：

---

* 作者简介：北京大学政府管理学院博士、副教授。

① 《现代汉语词典》，商务印书馆，1984，第1280页。

② 《辞海》（缩印本），上海辞书出版社，1980，第1081页。

take the blame and resign，意为：为严重过失承担责任，并且辞职。

引咎辞职虽然没有权威工具书的准确的定义，但是，从媒体上可以检索到大量的引咎辞职的事实中可以总结出它的定义。

把媒体报道的有关引咎辞职的事实（举例不限于政府）加以归类，大体有以下几种。

一是企业的总经理因为企业经营严重亏损而向董事会提出辞职。这是代理人向委托人提出辞职。亏损可能有很多种原因，比如下属部门经理工作不力，或客观环境所限没有实现预定目标，也有可能是计划有失误。基本上不能说是直接责任，但是必须有人承担责任。结果是负总责任的领导人引咎辞职。

二是体育俱乐部的领导人集体辞职。原因是某一运动队在重大比赛中失败。按说运动员，特别是教练员应负直接责任，但是俱乐部领导人也有可能要承担领导责任，引咎辞职。这和企业的情况是一样的。俱乐部的后面也有董事会。

三是政府重要官员引咎辞职。比如，2002 年2 月20 日，埃及火车发生大火，死亡百余人，埃及运输、交通和民航部长易卜拉欣·德米里和铁路部门负责人艾哈迈德·谢里夫于22 日引咎辞职。2002 年4 月13 日，美国俄亥俄州辛辛那提市负责警局和消防局工作的公共安全主任里安递交了辞呈，因为白人警察枪杀黑人托马斯引起民众骚乱。2002 年5 月，因接连发生重大铁路交通事故，在反对党和社会舆论的强大压力下，英国运输大臣斯蒂芬·拜尔斯于5 月28 日宣布辞职。

一般来说，引咎辞职是一种客观的称谓，它并没有固定的模式或制度。说到底，它就是辞职，人们可以根据具体情况将某些辞职行为称之为引咎辞职。比如上例中辛辛那提市负责警局和消防局工作的公共安全主任里安递交辞呈时，自称是因为身体原因，而非因为白人警察枪杀黑人事件，但是报刊报道时仍称之为引咎辞职。英国运输大臣的辞职也是如此。

引咎辞职是辞职的一种。辞职可以有各种原因，而引咎辞职的特点就是有咎可引，即有过错、失误等。过错、失误往往并非直接责任，但肯定是领导责任。所以，引咎辞职者一般都是重要官员或负责人。在企业是经理、总裁，在政府则是总统、部长或省、市、县级或某一部门的主要负责人。

为什么政府高官会采用引咎辞职这一做法？原因在于：高级官员一般比较难以被解职、免职或开除，要使他们去职的程序比较复杂，还有一个重要原因就是能够比较体面地下台。高官在他们管辖的范围内出了严重的问题，引起公众严重不满时，就会辞职以表示承担责任。有的是迫于来自公众或上级的压力，有的是完全出于责任感和荣誉感。比如，英国运输大臣斯蒂芬·拜尔斯在宣布辞职时表示，他如果继续留任将影响到政府形象，因此决定辞职。英国首相布莱尔随即发表声明，表示理解和尊重拜尔斯的决定。内政大臣布伦基特称拜尔斯“为了政府和工党的整体利益才作出了这一勇敢的决定”。[①] 这说明高官引咎辞职往往是为了政府或政党的集体利益而作出个人牺牲，但这种做法在客观上也是尊重民意，并使民众的不满得到补偿。所以，高官引咎辞职往往还是一种高尚的行为。它虽然能够体现某一政府对民众的负责精神，但更多的是体现了为官者个人应该具有的政治道德，也体现了政党和政府的政治文明程度。

在引咎辞职的例子中，很多是明显的非直接责任事故，特别是难以避免的偶然性事故，但它造成的损失特别大，民众中会出现强烈的不满。这时，真正负责的高官毅然选择引咎辞职的做法，的确值得钦佩。这无论如何都会使继任者更加小心谨慎，不敢有丝毫懈怠。也就是说，高官敢于承担责任，主动辞职以表示认错，这种做法还能够对其他政府官员敲响警钟，使政府官员更能认真负责。

现在可以给引咎辞职下一个定义了：引咎辞职，是指政府或企事业单位中的负责人，在所管辖范围内出现较为重大的失误、过错或事故，造成重大损失或者失败时，为了表示承担责任，而主动提出辞职的行为。它是辞职的一种，是在需要承担责任的前提下的辞职行为。勇敢地承担责任，主动地辞去职务，是一种高尚的行为，是政治文明的一种表现。这种辞职行为，可以维护政党或政府的形象，可以抚慰人民群众的不满，可以警示后来的领导人更加小心谨慎地履行职责。

二 引咎辞职的必要条件

明白了引咎辞职并非外国才有的，最好再想一想中国近几十年为什么没有。这就要看引咎辞职的传统是什么、条件是什么。

第一要有良好的政治道德。在中国传统社会就是儒家思想中的道德因素。

第二是受此道德影响很深的知识分子，在官员中占有相当比例，也可说中国传统政府中的一部分官员具有一定的独立人格。

① 2002年5月30日《京华时报》。

第三要有坚持正义的舆论批评并能起到一定的监督作用。人们敢于向有权势者提出批评。虽然有时会作出牺牲，但在社会上却有相当好的名声，也就是社会舆论还有自己的阵地。

第四要有能使引咎辞职可行的机制。

第五是社会结构合理，人员可以比较自由地流动。

这是从中国传统政治思想、政治道德与政治实践中得出的看法。西方国家的引咎辞职，其条件与此相仿。不同的是它有源于不同政治思想的另外的政治道德。总之，中国有引咎辞职的传统，这是肯定无疑的。

那么，在什么情况下会失去这个传统呢?

第一，传统道德丧失，取而代之的道德中没有相应的内容。确切地说，政治道德中没有引咎辞职的根据，甚至引咎辞职会被认为是背叛、逃脱、个人出风头。

第二，政府官员中不是以有独立人格的知识分子为主体。个人进退没有足够的自由度。僵死的纪律控制着人们的行为。

第三，舆论批评不能形成一定的压力。这可能是由于政府封锁消息、控制舆论所致。

第四，没有引咎辞职的机制。引咎辞职行为不被允许。

第五，社会结构之间没有足够的自由流动的机会。

中国要想重新采用引咎辞职这种做法，要考虑国情。考虑国情不是说不要这种做法，而是要看一看我们现在能不能这样做，怎样才能这样做。我们这几个方面的条件都不充分，需要逐步改变。笔者认为，对第二至第五条不需要作出什么说明，这些情况大家都明白。当然这些情况都在发生变化，这也是引咎辞职被重新提起的原因。这里要特别说明的是第一条，即提高政治道德。这并不是要全面恢复和发扬中国传统道德，而是既要从传统道德中吸取必要的成分，也要从西方的民主政治中有所借鉴，来建立新的现代的政治道德。这个政治道德就是官员的荣誉感、责任感，就是对民众负责，对政府负责。这是民主条件下的政治道德，也是新的政治文明。

三　率先实行引咎辞职制的地方与部门

这里我们集中介绍一下近年来开始实行引咎辞职的一些情况。

2001 年，中央组织部在深圳龙岗区等地试行的“处级科级干部引咎辞职和投票表决制度”，据说这是中国实行引咎辞职制的开端。该区制定的《关于处级领导干部引咎辞职的暂行规定》中规定：处级、科级干部由于个人能力不够，自身行为不当或因工作失误造成较大损失或影响的，不宜继续担任领导职务。其中还具体列举了应当引咎辞职的 10 种情况，包括因自身工作能力差等原因完不成任期工作目标、无明显政绩、社会公论差、民主测评“不称职”票超过 30%等情况（据报道已有两名干部引咎辞职）。

重庆市 2001 年 3 月 27 日颁布《重庆市人民政府关于开展安全生产大宣传、大检查、大整顿工作的通知》，其中有这样的规定：“对于一年内发生一次性死亡 10 人以上事故两次或发生死亡 30 人以上事故一次的地区、部门和单位的分管领导要引咎辞职，对党政领导也要给予相应的行政处分；因管理不到位，严重的官僚主义或失职、渎职而酿成社会影响大、性质恶劣的事故的地区、部门和单位行政一把手也要引咎辞职。”据说这是全国第一个提出“引咎辞职”的省级政令。[①] 其他有江苏省涟水县（有《乡局级干部引咎辞职暂行规定》，未报道引咎辞职人数），海南万宁市（以《责任书》的形式与干部约定，未报道引咎辞职人数），江苏省泗洪县推行领导干部“引咎辞职”制度（据报道有 15 名干部引咎辞职），吉林省蛟河市推出乡局级干部引咎辞职制（据报道已有 3 名乡局级干部引咎辞职）。[②]

以上是政府部门的情况。法院和检察院系统也有相关的举措。

上海市杨浦区人民法院于 2001 年 2 月制定了《关于法院院长辞职的暂行办法》。根据此文件，遇到以下情况，院长本人应当提出辞职：第一，院长年度述职后，本院 1/3 以上的群众代表认为其年度工作不称职；第二，法院工作报告报同级人大审议，未被通过；第三，法律规定不应当继续担任院长职务的；第四，发生其他不适宜继续担任院长职务事项的。[③]

云南省检察院推行领导干部引咎辞职的制度。此制度明确规定，凡领导干部本人因严重违纪造成恶劣影响、不宜再担任领导职务以及领导干部所管辖范围内

---

① http：//www. ycwb. com/big5/content/2001 －03/30/content_ 162662. htm.

② http：//book. people. com. cn/gb/paper85/44/class008500001/hwz29641. htm.

③ 2001 年 3 月 20 日《法制日报》。

发生严重贪赃枉法等重大违法违纪案件，领导干部因失教、失管、失察、失究而发生严重违法违纪案件的，除给该单位领导必要纪律处分外，领导干部应主动提出引咎辞职，不提出辞职的，按有关规定和程序撤职或罢免，不得易地做官。①

2001年11月，最高人民法院出台《地方各级人民法院及专门人民法院院长、副院长引咎辞职规定（试行）》，其中规定，地方各级人民法院及专门人民法院发生严重枉法裁判案件，在其直接管辖范围内的法院院长、副院长应当引咎辞职。在其直接管辖范围内的法院发生其他重大违纪违法案件隐瞒不报或拒不查处，造成严重后果或恶劣影响的，或者在装备、行政管理工作中疏于监管，发生重大事故或造成重大经济损失的，或者不宜继续担任院长、副院长职务的其他情形，院长、副院长也应当引咎辞职。按照规定，符合引咎辞职规定情形，而本人不提出辞职的，按照干部管理权限，经上级人民法院同意后由党委建议人大或人大常委会依照法定程序罢免、撤换和免除其职务。

四　中央的相关规定

《文汇报》2002年7月24日第一版刊登了《中共中央关于印发〈党政领导干部选拔任用工作条例〉的通知》。该通知是7月9日发出的，共13章、74条、约13000字；分为总则、选拔任用条件、民主推荐、考察、酝酿、讨论决定、任职、依法推荐、提名和民主协商、公开选拔和竞争上岗、交流、回避、免职、辞职、降职、纪律和监督、附则。

该报第二版刊登了《解读〈干部任用条例〉》，其中关于“引咎辞职”是这样讲的：“党政领导干部因工作严重失误、失职造成重大损失或者恶劣影响，或者对重大事故负有重要领导责任，不宜再担任现职，由本人主动提出辞去现任领导职务。”

《光明日报》2002年7月26日第一版发表《选贤任能的制度保证——中共中央组织部负责人就颁布实施〈党政领导干部选拔任用工作条例〉答人民日报、新华社记者问》。该报道说，条例公布的前提条件是：新的形势要求，干部人事制度改革的新进展、新经验，党的建设及干部工作的理论研究新成果。

---

① http：//news. sdinfo. net/72340168526266368/20010416/18238. shtml. 据悉，已有一位县检察长因本人严重违纪受到党纪处分并引咎辞职，退出领导岗位。

在谈到条例的几个鲜明特点时，该报指出：“坚持制度创新，纳入了干部公开选拔、竞争上岗、任前公示、试用期制度，完善了任职、免职、辞职和降职等制度。”其中的第二个特点是坚持扩大民主的基本方向，第五个特点是坚持有效的监督。这两条对于引咎辞职都比较重要。

“要实行干部免职制度、辞职制度、降职制度、聘任制度和试用期制度，为解决干部‘下’的问题疏通了‘出口’。”规定了党政领导干部辞职制度，辞职包括因公辞职、自愿辞职、引咎辞职和责令辞职。

五 对上述情况的分析

首先是实施引咎辞职的意义与作用。

有文章说：“一位长期从事行政管理研究的教授指出，尽管现在各个地方的干部‘引咎辞职’制度还都停留在县处级甚至科级这样一个层面，但这至少给了我们一个信号，即中国的干部任用制度已经发生了巨大的转变，而‘引咎辞职’恰恰是这种巨变的开始。”① 有些报道中也说，实行这一制度，对有些干部，好像一场地震，触动很大，有些机关工作作风焕然一新。

引咎辞职，本来是平常的事情，但在中国这一特定时期，确实有不同寻常的意义。在党的十六大之后，这一做法还将发生更大的影响。如果那些确有重大失误的高级领导干部真能勇敢地承担责任，主动引咎辞职，将为中国共产党的形象增添新的光彩，将标志着中国的政治文明发生重要的变化。

从上面所说的情况看，中国实行引咎辞职有以下一些问题。

（1）引咎辞职究竟是自愿行为，还是被迫行为。不可否认在国外发生的许多引咎辞职的事例中，确有一少部分是被迫的，而非完全自愿的。但不能由此得出结论，认为引咎辞职本身就是一种被迫行为。从根本上讲，引咎辞职应是个人主动的选择，是政治道德的体现。从这一点出发，笔者认为，在我国应该提倡这样一种精神，这样一种政治道德，即在必要情况下，政府有关领导人应该承担责任，引咎辞职。每一个负有重大责任的政府官员都应该有这种思想准备。这在中共中央发布的《党政领导干部选拔任用工作条例》中规定得比较恰当。

---

① http：//book. people. com. cn/gb/paper85/44/class008500001/hwz29641. htm.

（2）引咎辞职应不应该成为一种制度。《党政领导干部选拔任用工作条例》指出领导干部必要时可以引咎辞职，这样的规定本来并无必要。这是因为，我国1993年颁布的《国家公务员暂行条例》第十四章已经有关于辞职的规定了，引咎辞职的行为应该可以包含在其中。也就是说，引咎辞职已经于法有据，引咎辞职的程序可以依此规定进行。笔者个人认为没有必要专门为引咎辞职制定规定。但是，因为中国处于特殊时期，引咎辞职还需要通过一些措施才能逐渐实行开来，所以有各种举措都是可以理解的。与此同时，研究其中的问题也是必要的，也是为了使引咎辞职的这种做法能够真正实行起来，起到应有的作用。

六　现有地方性规定存在的问题

1. 以引咎辞职代替行政处分

比如，龙岗区干部应引咎辞职的10种情况之一是："所在单位连续两年年度任期目标责任制综合考核排名倒数第一。"这种情况实际上属于《国家公务员暂行条例》第七十四条规定的"国家公务员有下列情形之一的，予以辞退：在年度考核中，连续两年被确定为不称职的"。也就是说，本来应该被辞退的，在地方性规定中改为引咎辞职。这是什么问题？其实就是执法的问题，就是一个情面问题。长期以来我们的许多地方政府的领导不能或不敢对那些不称职的干部予以辞退。即使有了《国家公务员暂行条例》，也不能很好地执行。现在则想通过制定"引咎辞职"的规定来达到这一目的。所以有的地方是通过和干部订立《责任书》的办法，以使经过检验不称职的干部自行离职。本来应该果断地予以辞退的干部，要采用比较体面的方式，这也是不得已的临时性措施。

2. 辞职以后的去向问题

《国家公务员暂行条例》第七十七条规定："辞职离开国家行政机关和被辞退的国家公务员，不再保留国家公务员的身份。"引咎辞职的官员应该脱离公务员队伍，但是实际上不全是这样。"根据泗洪县干部引咎辞职制度的规定，凡主动辞职的干部，仍保留原级别，由组织上重新安排工作。当然，新的工作岗位都是'非实职性和非领导性'的职务。"① 笔者认为这样的引咎辞职已经失去了原

① http：//book. people. com. cn/gb/paper85/44/class008500001/hwz29641. htm.

本的意义，仍是长期以来人民群众十分反对的那种处理干部的做法。长期以来，我们就有犯了过错的干部“易地为官”或“易职为官”的做法。这种做法助长了许多官员不把犯错当回事的心理。像泗洪县这样对于引咎辞职的干部“保留原级别”、“重新安排工作”的做法，既不符合《国家公务员暂行条例》的规定，也不能起到有效地改善干部作风的作用。把这样的干部安排到“非实职性和非领导性”的职务上，其实是保护了那些不称职的干部，使国家养活一批这样的干部，增加了人民群众的负担。所以，引咎辞职的结果应该是离开干部队伍、公务员队伍，应该很难有重新任职的可能。这样才能真正起到警示后来者的作用。

3. 关于引咎辞职干部的级别问题

在国外，引咎辞职的往往是负有重大责任的高级官员。但在中国的一些地方性规定中，引咎辞职却成了负有重大责任的领导干部对付下级干部的一种手段。这是很不高明的。有些地方实行引咎辞职是以处级科级干部为对象，有些地方政府还以乡镇干部为对象，笔者认为这些都是不适当的。而法院和检察院系统的规定以领导干部为对象，相对而言是符合引咎辞职的本义的。中央颁布的《党政领导干部选拔任用工作条例》中将引咎辞职的对象限定为“党政领导干部”是正确的。一般而言，级别低、职务小的官员不担负重大责任。他们有过错，或者不称职，他们之上的领导干部有权辞退、撤职、开除。而真正发生重大责任问题时，担任重要职务的领导干部才是应该引咎辞职的人。所以，强调引咎辞职的对象是领导干部，还有一个意义就是防止那些负有重大责任的领导干部推卸责任，在出了问题时，把责任推到下级干部身上，推到普通公务员身上。这样的情况经常出现，许多领导干部以为可以欺骗公众，实际上往往引起人民群众的强烈不满。这种情况也是领导干部政治道德水平低下的表现，往大处讲也是政治文明程度不高的表现。要改变这种状况，就要特别强调重大问题要由高级领导干部承担责任并且引咎辞职。这里也附带讲一点，中国古代有“刑不上大夫”之说，一般评价以否定为主。其实，如果我们想一下，在政治道德水平较高的时候，这是可以做到的，而且是较为合适的。在古代，引咎辞职是高官承担责任、自我解除职务以示惩罚的一种手段，如果这样做了，就可以不必再加以惩罚了。这就是“刑不上大夫”的本义。而在政治道德水准普遍低下时，出现重大问题，官员照样做官，官场上官官相护，也没有有力的惩治，这也是一种“刑不上大夫”，是一种非正常的形态。我们长期以来基本上处于这样的状况，现在正开始有所改变。希望能向好的方向改变。

4. 关于解决“能上不能下”问题的考虑

中国的领导干部似乎与国外同行相比有一个最大的优势，就是“能上不能下”。只要当上了干部，只要不出大问题，一般就是一辈子的差事。现在开始有了引咎辞职，有人认为可以解决这一问题了。这里有个问题，这个“上”是什么意思？如果说，“上”是当大官，“下”是当小官，那么，引咎辞职后的领导干部还可以在公务员队伍中当个小官，比如县长引咎辞职后当某局局长，这样可以么？

一般说辞职有两种：一是公职，一是官职。国外政府高官辞职是辞去官职，同时也就辞去了公职。不可能辞去政府部长的官职，立即到国会去当议员，或到另一个政府部门的什么委员会当个委员。我们的高官辞职后却可以安排到另外的位子上照样做官，级别也不降低，待遇也不减少。如果说这是我们的传统使然，那实在是冤枉了中国的传统。说是“官本位”还可以，但这个“官本位”也与传统无关。这是我们现有的制度缺陷造成的。我们的身份、阶层、地位的固定化，比历史上要严重得多。这主要是指“干部队伍”而言的。在这个队伍中，有个不成文的规则，就是能进不能出、能上不能下。党、政、人大、政协、司法系统以及政府的事业与企业单位都可以相通，这给干部队伍的身份固定化提供了极大的便利。

因此，政府在根本观念上还需要有很大的调整，才能从根本上解决干部“能上不能下”的问题。这个“下”也应该和国际“接轨”，就是离开政府。而不是“易地为官”或“易职为官”。如果那样，引咎辞职就不能为中国带来什么新的变化，只是名称上的变化而已。

5. 关于所谓“无过错”引咎辞职

我们连有过错引咎辞职都做不到，却有人提出“无过错”辞职，这不仅是没有意义的，也是荒唐的。“引咎辞职”中的“咎”就是过错，“引咎”就是指为过错承担责任，如果没有过错，辞什么职？有人还提出“太平官”这样的说法，意思是当官不做事，不上进，只求平安无事。其实，这样的官比那些刻意追求“政绩”而胡来的干部要好多了。我们一些地方政府的领导为了追求政绩，做出许多伤害民众利益的事情，这已经不是新闻了。片面追求政绩是我国现行行政领导的一大弊端，应该予以制止。但是有人却借推行“引咎辞职”的时机，利用引咎辞职这一办法来强化对政绩的追求，这就使得“引咎辞职”这一本来是针对领导干部的办法，成为领导干部迫使下级干部去片面追求政绩的法宝。有的地方实行所谓“末位淘汰制”，规定“年度综合目标考评，本单位连续三年处于县最后三名的主要领导干部"要引咎辞职，笔者认为这也是不恰当的。当然这是我国近年来行政管理中的所谓目标管理所出现的问题，打着科学的名义，其实是一种不科学的管理方法，但这已经超出本文讨论的范围，这里不多探讨。关于引咎辞职的任何规定都要尽力避免这样的导向。引咎辞职的原因只能是两条，一是有重大过错，二是民众严重不满。

七　结论

引咎辞职应该如何实行？笔者的意见如下。

（1）引咎辞职的对象是政府中负有较为重大责任的领导干部，而不是一般干部。稍为具体一点，就是指某一部门的最高领导干部。比如，某县矿山出现特别重大事故，那么，分管矿山工作的副县长或相关局长就应该引咎辞职。出现全国性的重大事故或重大损失，影响重大时，相关部长就应该引咎辞职。

（2）引咎辞职是有较高职务的领导干部的政治道德的表现，不是制度性的要求。在制度上对犯有过错的干部只有处分、罢免、撤职等惩罚性规定。引咎辞职这一做法给这些领导干部一个比较体面的下台的出路，也避免引起法律程序的烦琐过程，同时也起到了尽快安抚民心，稳定局面的作用。因此，应该加强对高级领导干部这一方面的思想道德教育，使引咎辞职成为一种传统。这也是提高政治文明的要求。

（3）要防止把引咎辞职作为领导干部对付下级干部的手段，从而使其失去本义，而与过去一些不良行政手段混为一体。要防止把引咎辞职涉及的内容扩大化，使引咎辞职成为一种处理小事的制度性规定。真正应该引咎辞职的，只有一种情况，即党政领导干部因工作严重失误、失职造成重大损失或者恶劣影响，或者对重大事故负有重要领导责任。只有这一情况下才允许引咎辞职。如果不辞职，必然的后果就是罢免或撤职。

（4）最后要再次强调的是，引咎辞职只是一种辞职的方式，是个人主动承担责任，自行提出辞职的行为。它不可能成为一种制度，但它属于辞职的范畴，其程序可以按照《国家公务员暂行条例》中辞职的有关规定进行。领导干部引咎辞职的结果应该是辞去公职，而不仅仅是现任的官职。否则，引咎辞职就不能起到应有的作用，只会成为保护有过错的官员的挡箭牌、保护伞，成为掩护他们"易地为官"、"易职为官"的烟幕弹。

改革·转型·发展丛书
政治改革与政府转型

主　　编／谢庆奎　佟福玲

出 版 人／谢寿光
总 编 辑／邹东涛
出 版 者／社会科学文献出版社
地　　址／北京市东城区先晓胡同 10 号
邮政编码／100005
网　　址／http：//www. ssap. com. cn
网站支持／（010）65269967
责任部门／皮书出版中心（010）85117872
电子信箱／pishubu@ ssap. cn
项目经理／邓泳红
责任编辑／曹义恒
责任校对／单远举　南秋燕
责任印制／岳　阳

总 经 销／社会科学文献出版社发行部
（010）65139961　65139963
经　　销／各地书店
读者服务／市场部（010）65285539
排　　版／北京中文天地文化艺术有限公司
印　　刷／三河市尚艺印装有限公司

开　　本／787×1092 毫米　1/16
印　　张／24. 5
字　　数／416 千字
版　　次／2009 年 1 月第 1 版
印　　次／2009 年 1 月第 1 次印刷

书　　号／ISBN 978－7－5097－0556－8
定　　价／59. 00 元

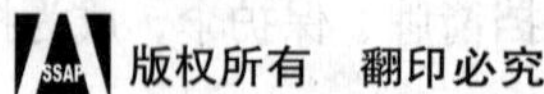